科学出版社“十四五”普通高等教育本科规划教材

中药学系列教材

药用植物学

Medicinal Botany

晁　志　童巧珍　主编

科 学 出 版 社

北 京

内 容 简 介

本教材由绪论，上、中、下三篇以及附录构成。上篇为药用植物形态学内容，重点介绍各种植物器官的外部形态，为学习药用植物分类知识的基础；中篇为药用植物分类学和植物系统学内容，重点介绍植物分类基础知识和主要药用植物类群；下篇为药用植物解剖学内容，重点介绍药用植物细胞和组织，以及根、茎、叶等器官的内部显微结构特点。附录部分为植物谱系树和基于APG系统的被子植物分科检索表。本书全彩色印刷，采用大量精美植物照片及精细解剖图谱，每章章首有案例引入，章中有知识拓展，章末有思维导图形式的小结。

本教材供中药学、药学等相关专业使用。

图书在版编目（CIP）数据

药用植物学 / 晁志，童巧珍主编. —北京：科学出版社，2022.7

科学出版社"十四五"普通高等教育本科规划教材. 中药学系列教材

ISBN 978-7-03-072243-0

Ⅰ. ①药… Ⅱ. ①晁… ②童… Ⅲ. ①药用植物学－高等学校－教材 Ⅳ. ①Q949.95

中国版本图书馆CIP数据核字(2022)第079003号

责任编辑：周　倩　马晓琳 / 责任校对：谭宏宇
责任印制：黄晓鸣 / 封面设计：殷　靓

科学出版社 出版
北京东黄城根北街16号
邮政编码：100717
http: // www. sciencep. com
南京展望文化发展有限公司排版
广东虎彩云印刷有限公司印刷
科学出版社发行　各地新华书店经销

*

2022年7月第　一　版　开本：889×1194　1/16
2025年7月第四次印刷　印张：17
字数：479 000

定价：85.00元

（如有印装质量问题，我社负责调换）

科学出版社“十四五”普通高等教育本科规划教材
中药学系列教材
顾问委员会

（以姓氏笔画为序）

科学出版社“十四五”普通高等教育本科规划教材
中药学系列教材
专家指导委员会

主任委员

刘中秋

副主任委员

李　华　周玫瑶　桂双英

编　委

（以姓氏笔画为序）

于华芸	山东中医药大学	马　伟	黑龙江中医药大学
马　燕	广州中医药大学	马云淑	云南中医药大学
王　瑞	山西中医药大学	王　蕾	首都医科大学
王加锋	山东中医药大学	王艳宏	黑龙江中医药大学
王晓琴	内蒙古医科大学	王淑美	广东药科大学
田雪飞	湖南中医药大学	白吉庆	陕西中医药大学
曲中原	哈尔滨商业大学	全世建	广州中医药大学
刘　强	南方医科大学	刘中秋	广州中医药大学
刘军民	广州中医药大学	刘明平	广州中医药大学
许　亮	辽宁中医药大学	许　霞	安徽中医药大学
许汉林	湖北中医药大学	孙庆文	贵州中医药大学
严寒静	广东药科大学	李　华	福建中医药大学
李　玮	贵州中医药大学	李　明	广东药科大学
李　敏	陕西中医药大学	杨　莉	上海中医药大学
杨扶德	甘肃中医药大学	杨武德	贵州中医药大学
吴庆光	广州中医药大学	吴德玲	安徽中医药大学
何　新	广东药科大学教授	何蓉蓉	暨南大学

汪　宁	安徽中医药大学	张　玲	安徽中医药大学
张　荣	广州中医药大学	张金莲	江西中医药大学
张学兰	山东中医药大学	张智华	湖北中医药大学
陈丽霞	沈阳药科大学	邵　晶	甘肃中医药大学
季旭明	浙江中医药大学	周　华	澳门科技大学
周小江	湖南中医药大学	周玖瑶	广州中医药大学
孟　江	广东药科大学	赵　敏	河南中医药大学
赵钟祥	广州中医药大学	禹志领	香港浸会大学
俞　捷	云南中医药大学	姜　海	黑龙江中医药大学
都广礼	上海中医药大学	桂双英	安徽中医药大学
贾晓斌	中国药科大学	贾景明	沈阳药科大学
夏　荃	广州中医药大学	夏永刚	黑龙江中医药大学
晁　志	南方医科大学	钱海兵	贵州中医药大学
徐文芬	贵州中医药大学	唐中华	东北林业大学
姬生国	广东药科大学	黄海波	广州中医药大学
寇俊萍	中国药科大学	董志颖	上海中医药大学
蒋桂华	成都中医药大学	韩　彬	广东药科大学
童巧珍	湖南中医药大学	曾元儿	广州中医药大学
熊　阳	浙江中医药大学		

《药用植物学》编委会

主　编

晁　志　童巧珍

副主编

孙庆文　严寒静　许　亮　白吉庆

编　委

（以姓氏笔画为序）

卢有媛（宁夏医科大学）
白吉庆（陕西中医药大学）
兰金旭（河南中医药大学）
刘湘丹（湖南中医药大学）
许　亮（辽宁中医药大学）
严寒静（广东药科大学）
李宏哲（云南中医药大学）
李晓瑾（新疆中药民族药研究所）
汪文杰（湖北中医药大学）
张　英（暨南大学）
张宏伟（南方医科大学）
周学刚（哈尔滨医科大学）
晁　志（南方医科大学）
郭　敏（广西中医药大学）
崔治家（甘肃中医药大学）
葛斌杰（上海辰山植物园）
童　毅（广州中医药大学）
樊锐锋（黑龙江中医药大学）
田建平（海南医学院）
包华音（山东中医药大学）
刘计权（山西中医药大学）
齐伟辰（长春中医药大学）
孙庆文（贵州中医药大学）
杜小浪（江西中医药大学）
李忠虎（西北大学）
吴靳荣（上海中医药大学）
张　坚（天津中医药大学）
张　瑜（南京中医药大学）
张建逵（辽宁中医药大学）
郑希龙（广东药科大学）
徐海燕（新疆医科大学）
黄德青（桂林医学院）
彭光天（广州中医药大学）
韩晓伟（河北中医学院）
童巧珍（湖南中医药大学）

序

教材建设是教学改革的重要组成部分，是提高高等院校教学质量的重要保证。中医药事业的不断发展，对中医药人才的培养质量、知识结构、专业能力、综合素质提出了新的更高的要求，改进和完善中医药类本科教材成为中医药事业发展的重要基础性工程。为进一步贯彻落实《教育部关于加快建设高水平本科教育全面提高人才培养能力的意见》(教高〔2018〕2号)、《教育部关于一流本科课程建设的实施意见》(教高〔2019〕8号)、《中共中央 国务院关于促进中医药传承创新发展的意见》(2019年)等文件精神，更好地服务于普通高等院校全面深化教育改革、加强一流本科专业和一流本科课程的高水平教材建设，由广州中医药大学和科学出版社上海分社共同策划、组织、启动了“科学出版社‘十四五’普通高等教育本科规划教材·中药学系列教材”，并成立了“科学出版社‘十四五’普通高等教育本科规划教材·中药学系列教材”专家指导委员会。

本系列教材第一期囊括《中药药理学》《中药炮制学》《中药分析学》《中药学》《方剂学》《中药化学》《中药药剂学》《中药鉴定学》《药用植物学》《中药资源学》十门中药学专业核心课程，采用了“以中医药院校为主导，跨校、跨区域合作，出版社协助”的模式，邀请了全国50多所院校中药学专业的330多名教学名师、优秀学科带头人及教学一线的老师共同参与。本系列教材坚持内容简单新颖、文字精练、图文并茂、经典实用的编写指导思想，对课程经典内容和学科最新进展进行合理的取舍，对文字叙述反复斟酌和提炼，根据实际需要安排图表，力争既能包含经典理论与知识，又能全面、准确、合理地反映本学科最新进展，使学生能较为系统地掌握中药学的理论知识。

本系列教材分纸质与数字内容两部分，具有以下创新：① 纸质内容中融入案例以引导教学，大部分教材还融入思维导图以帮助学生梳理知识架构。② 数字内容为每章配套授课课件，供老师教学使用；大部分还配有视频，以便学生随时、反复学习；建设数字题库，方便课后学习与教学考核；增加知识拓展以帮助学生开拓思维和视野。

本系列教材在组织过程中得到了由王琦院士、王广基院士、仝小林院士、刘良院士、肖伟院士、陈凯先院士、王伟教授、孔令义教授、谭仁祥教授及国医大师禤国维教授组成的顾问委员会的倾力指导；在教材的主编遴选、编委会的成立及审定稿等过程中，得到了全国各高等中医药院校的大力支持。在此致以衷心的感谢！

尽管所有编写人员竭心尽智，精益求精，但本系列教材仍有提升空间。敬请各位专家、老师、同学在使用本系列教材的过程中多提宝贵意见，以便我们在再版时进一步提高教材的质量，为广大师生提供更优质的教学资源。

刘中秋

2022年1月

前言

为贯彻《中共中央 国务院关于促进中医药传承创新发展的意见》《教育部关于深化本科教育教学改革全面提高人才培养质量的意见》教高〔2019〕6号等重要文件的精神，满足新形势下我国中医药事业发展所需人才的要求，在习近平同志关于守正创新的重要论述指导下，科学出版社组织编写了本教材。本教材在编写过程中，遵循以下指导原则：

1. 思想性和引导性　通过融入思政元素，引导学生建立正确的价值观、人生观和世界观，树立爱国爱党、敬业奉献、把论文写在祖国大地上的理想信念；通过案例引入，引导学生增强发现问题、解决问题的能力。本教材列出国家重点保护植物，培养学生的保护意识。

2. 科学性和先进性　突出基本理论、基本概念的科学性和严谨性，对以往教材中的一些表达不当之处进行修正，植物形态描述突出了鉴别特征；并反映植物学科的最新成果，尤以采用植物分类新系统为明显特色，如PPG Ⅰ系统和APG Ⅳ系统；各科内属、种也按系统排列，以反映进化和亲缘关系。本教材为国内较早采用新的植物分类系统的药用植物学教材，所附被子植物检索表也相应做了更新。通过知识拓展，着重介绍了药用植物的生长发育及调控、化学成分形成、变化及调控、药用植物资源开发方面的新进展。

3. 实用性和通用性　本教材精简了部分内容，紧扣《中国药典》(2020年版)，收入的药用植物以其中收载的药材和饮片原植物为主；紧跟相关工作的需求及研究生入学考试和执业中药师、医院药剂师资格考试案例分析的命题方向；收载了一些国外常用药用植物，以开阔学生视野。本教材不仅适用于中药学相关专业，也适用于药学相关专业。

4. 规范性和可读性　药用植物学名采用最新接受名，命名人的缩写为现行标准规范形式。《中国药典》(2020年版)与最新分类系统处理不一致的，放在括号内作为异名。中文名也按此原则处理。《中国药典》(2020年版)正文收载药材品种的原植物名称以黑体突出显示，附录里出现的则为正常字体；药材名置于药用部位后的括号内。《中国药典》(2020年版)里没有收载的，不附药材名，利于掌握重点。书中所举示例，除特别指出，均为植物名，易混淆者加注学名。采用彩色印刷，彩色药用植物照片能更精确反映其特征；本教材设计了笔记栏，便于学生记笔记。

5. 延伸性和扩展性　对一些比较新颖或比较重要但限于篇幅未列入正文的内容和概念，以知识拓展的形式，作为数字资源，制成二维码，供学习和参考。

本教材由绪论，上、中、下三篇及附录构成。上篇为药用植物形态学内容，重点介绍各种植物器官的外部形态，本部分为学习药用植物分类知识的基础；中篇为药用植物分类学和植物系统学内容，重点介绍植物分类基础知识和主要药用植物类群；下篇为药用植物解剖学内容，重点介绍药用植物细胞和组织，以及根、茎、叶等器官的内部显微结构特点。附录部分为植物谱系树和基于APG系统的被子植物分科检索表。

本教材编写的具体分工：第一至第十三章，分别由晁志、卢有媛、童巧珍、孙庆文、张英、崔治家、樊锐锋、许亮、包华音、张建逵、郭敏、杜小浪、徐海燕编写；第十四章，由吴靳荣、李忠虎、李宏哲、齐伟辰、张瑜、张坚、李晓瑾、黄德青、兰金旭、周学刚、彭光天、童毅、田建平、郑希龙负责概述和基部群、木兰支、单子叶植物菖蒲科至兰科、石蒜科至禾本科、真双子叶植物罂粟科至芍药科、虎耳草科至豆科、蔷薇科至葫芦科、大戟科至无患子科、芸香科至蓼科、石竹科至杜鹃花科、茜草科至紫草科、旋花科至爵床科、马鞭草科至桔梗科、菊科至伞形科的编写；第十五章至第十九章则分别由刘计权、韩晓伟、刘湘丹、张宏伟、汪文杰负责编写；附录中的被子植物分科检索表由严寒静编写。葛斌杰提供了所有的精细解剖照片。刘湘丹兼任编写秘书。孙庆文、白吉庆、许亮、严寒静分别承担了植物形态学、植物解剖学、藻类至裸子植物、被子植物的书稿审阅；本教材由晁志和童巧珍完成统稿。

本教材的彩色照片大部分为编写人员拍摄，杜小浪、黄德青、孙庆文、张宏伟、张瑜等做出了较大贡献；也有不少由陈兴兴、程翔、程延奎、葛菲、何小群、李海涛、李明辉、李忠宇、廖志华、刘培亮、马鸿雁、色仁那木吉拉、史小强、唐其、田甜、万鹏、王智、魏伟锋、温秀萍、吴萍、吴清韩、冼建春、谢景、熊铮、徐涛、徐艳琴、许佳明、许雷、严辉、仰铁锤、于俊林、张洪胜、张水利、张重义、周良云、朱鑫鑫、邹立思等同行无私提供；另外，卢峄为全书绘制了彩色插图。来源于网络共享版权的，已在图下标明。在此一并致以诚挚的谢意！

由于时间仓促，作者队伍年轻，书中难免存在不足之处，敬请广大师生读者批评指正，提出宝贵意见，以便再版时修订提高。

《药用植物学》编委会

2022年5月

目录

中篇 药用植物分类学和植物系统学

下篇 药用植物解剖学

第一章　绪　　论

第一章授课视频

自然界中生活的植物、真菌、蓝细菌、褐藻等有50余万种，其中，有大量种类具有治疗疾病、养生保健、美妆等作用，我们将其统称为药用植物（medicinal plants）。我们伟大的祖国幅员辽阔，山河壮丽，地形地貌十分复杂多样，蕴育了丰富的生物多样性，是世界上药用植物资源最丰富的国家之一。第三次全国中药资源普查资料显示，我国药用植物有11 000余种（含真菌等，包括变种等种下等级），约占全部中药资源种类的87%。学习药用植物学知识，对认识、利用、保护这些药用植物资源，继承和发扬祖国医药遗产，守护人民生命健康，有重要的意义。

第一节　药用植物学的研究内容与任务

药用植物学（medicinal botany）研究内容广博，主要包括药用植物的形态结构、分类鉴定、生长发育规律、资源开发和合理利用等。学习药用植物学，可为以下工作和任务打好基础：

一、识别、鉴定药用植物，保证药材来源的准确性

在常用中药中，多品种、多来源、同名异物、同物异名的现象非常普遍。一种药材，除正品外，经常还有一些地区的习用品、形似而实异的混杂品及以假乱真的伪品。出现这种情况，一方面是由于中药及其原植物种类繁多，来源十分复杂，相似者颇多；另一方面还由于各地用药历史、用药习惯的差异，造成植物和药材的名称不统一。例如，中药柴胡，正品为伞形科柴胡属植物北柴胡 *Bupleurum chinense* 和红柴胡 *B. scorzonerifolium* 的干燥根；我国共有柴胡属植物约47种，11变种，5变型；根据全国范围的调查，发现有25种、6变种、1变型在不同地区作为柴胡入药，其中包括具有毒性的大叶柴胡 *B. longiradiatum* 和主要活性成分柴胡皂苷含量很低的川滇柴胡 *B. candollei*、小柴胡 *B. hamiltonii* 等；有的地区甚至把当地所产的五六种柴胡混在一起使用，造成市场上品种混乱，药材质量极不稳定，甚至出现服用后致人死亡的严重事件。又如，中药卷柏的原植物卷柏 *Selaginella tamariscina* 通常因其旱时干枯卷缩、遇水则重新伸展生长的习性被称为"还魂草"，在河北太行山区则因其卷缩后的形态被形象地称为"老虎爪"或"老虎蹄"，在云南一带的名称"石花"则缘于其位于岩石缝中的生长环境。这种错综复杂的现象，只有熟练掌握了药用植物学中的植物形态、结构和分类等知识，才能够正确进行中药基原植物及中药材的真伪鉴定，以达到正本清源、澄清混乱的目的，为中药材的生产、研究及临床应用的安全有效保驾护航。

二、药用植物资源的合理利用及新药源的发现

如前所述，我国药用植物有一万余种，然而，这仅是我国植物资源的一小部分（约1/5），新的药用植物或同种植物新用途必将不断被发现。要合理利用这些药用植物资源，必须识别并找到它们，进行资源调查，摸清它们及近缘物种的分布区域和地点、生境、资源蕴藏量、是否濒危及濒危程度，以便更好地保护野生资源，或创造适宜条件引种栽培，保证药源供应。中华人民共和国成立以来，我国已经开展了三次大规模的中药资源普查；目前，第四次全国中药资源普查已进入尾声，有望摸清我国当前中药资源的家底，具有重要的战略意义。这项工作，自然离不开精深的药用植物学及相关学科的知识和技能。

我国应用的中药，有不少源自域外，其原植物在国内没有分布。对植物化学成分与植物系统发育两者关系的研究表明，亲缘关系相近的植物种类由于有相近的遗传关系，往往具有相似

—•笔记栏•—

的生理生化特征，产生相似的化学成分。这一概念可用于进口药材国产替代品、新药用植物资源的寻找等方面。具有降压与安定作用的利血平（蛇根碱reserpine），1952年发现产自印度的夹竹桃科萝芙木属植物蛇根木*Rauvolfia serpentina*中，我国学者开展了从国内寻找其替代品的工作，不仅在云南南部发现了蛇根木的分布，还在云南、广东、广西及海南岛找到了资源更加丰富的同属植物萝芙木*R. verticillata*等，其总生物碱和利血平含量均较高，随后以之为原料开发出降压灵。其他如寻找阿托品、士的宁、麻黄碱、小檗碱等资源植物的成功实践，均证明了这是一条行之有效的途径。

我国古代大量的医药学著作是"一个伟大的宝库，应当努力发掘，加以提高"。我国科学家屠呦呦因发现抗疟药物青蒿素获得2015年诺贝尔生理学或医学奖；研究团队在研究过程中，对发现青蒿抗疟作用至为关键的、用乙醚抽提的步骤，即是受到东晋葛洪所著《肘后备急方》中"青蒿一握，以水二升渍，绞取汁，尽服之"记载的启发。另外，我国药用植物学家考证认为，历代使用的青蒿原植物应为黄花蒿*Artemisia annua*，而不是日本学者错误认为的植物青蒿*A. caruifolia*；现代研究也证明，蒿属植物中只有黄花蒿含有青蒿素。青蒿药材基原的确定，也对青蒿素的发现做出了贡献。

除此之外，还可以借鉴民族用药、民间用药和国外用药经验等，发现药用植物新资源。

三、探索药用植物生长发育、化学成分形成和变化规律，服务于中药材生产

随着人民生活水平的提高及中药产业的发展，对中药材的需求日益增长。我国常用中药材有600余种，其中300余种实现了野生变家种。有部分常用野生药材供不应求、一些珍稀品种濒危，因此，实现常用中药材的人工栽培是探索研究药用植物工作的重中之重。每一个野生物种的驯化都是不容易的，但所有植物的生长发育都是有规律可循的，掌握其规律后就能实现人工栽培。研究栽培过程中，生物学特性、农艺措施、植物生长调节剂、农药、化肥等对药用植物生长发育的影响，特别是对药用部位发育的影响，对提高药材产量和质量，保证其有效性和安全性，有重要意义。

药用植物中的化学成分，尤其是通常具有明显生物活性的次生代谢产物，是植物在长期进化过程中与其生存环境相互作用的结果。这些次生代谢产物的产生、分布、积累和变化，与物种本身及其地理分布和生长环境、生长发育阶段、器官和部位等都有关系。研究药用植物化学成分形成与变化规律，解析其在植物体内的生物合成途径，可以揭示药材质量形成机制，为优质中药材生产提供理论指导。

四、发展药用植物生物技术，进行药用植物活性成分生产，以及重要种质的保存和创研

以基因工程、细胞工程、蛋白质与酶工程、发酵工程为代表的现代生物技术发展迅猛，已经深度影响了药用植物学的方方面面。特别是系统生物学（systems biology）与合成生物学（synthetic biology），将会为药用植物研究揭开新的篇章。

植物的每个细胞都包含着该物种的全部遗传信息，从而具备发育成完整植株的遗传能力。根据植物细胞具有全能性（totipotency）的理论，可利用药用植物的离体器官、组织或细胞，在无菌和适宜的人工培养基及光照、温度等条件下，诱导出愈伤组织、不定芽、不定根，最后分化、生长形成完整植株。利用植物组织培养技术，进行快速繁殖生产大量种苗，可为有效缓解某些具有重要药用价值的物种如铁皮石斛、罗汉果等，由自身繁殖条件、过度采挖及人工栽培局限性等导致的资源匮乏，甚至濒临灭绝的困境提供技术手段，从而达到保存种质资源、保护物种多样性的目的。

植物组织培养技术还可以用于防止种质退化，培植脱毒优良种苗，优化种质。一些药用植物如地黄、太子参等易因病毒危害导致退化，地下块根不能正常膨大，严重影响了产量和品质。而植物茎尖部位几乎不含病毒，采用分裂旺盛的茎尖组织培养，可以去除病毒获得脱病毒苗；通过此技术获得的地黄脱病毒苗，栽培后块根产量提高，品质得到改善，增产幅度在77.35%以上，

药用成分梓醇含量可提高32.90%。

通过组织培养，获取愈伤组织或悬浮细胞，然后进行大量培养，从细胞或培养基中直接提取活性成分，或进一步通过生物转化、酶促反应获取活性成分，也是该技术的一项重要应用。我国在利用植物组织或细胞的大量培养直接生产药物的研究方面也取得了很大进展。目前，从各种培养物中产生的药用成分已有200余种。其中，药用成分含量超过或等于原植物的有30余种，包括人参皂苷、人参皂苷元、三七皂苷、地高辛、紫草宁、莨菪碱等。

转基因技术是基因工程的一种手段和方法。通过转基因技术，可以将人工分离或修饰的功能基因（可为来源于一种或数种生物的一个或数个基因），利用基因重组原理，整合到另一种生物的基因组里并表达和遗传，进而使目标生物获得抗病虫害、抗逆、营养和品质等方面的优良性状，满足农业生产和人类消费需求。在药用植物研究中，可利用该技术克服植物远缘杂交不亲和障碍，扩大物种杂交范围，并加快变异速度等，进行定向创制新种质。

圆柚酮（nootkatone）是葡萄柚合成的一种具有独特愉悦香味的倍半萜，在香水和食品行业中应用广泛，价格昂贵，但其在葡萄柚中含量却很低。圆柚酮和青蒿素的基本前体物质为法尼焦磷酸。青蒿富含法尼焦磷酸，然而其由于缺乏合成圆柚酮的酶，不能产生圆柚酮。我国科研工作者采用合成生物学技术，在青蒿中引入了圆柚酮生物合成模块，创制出产圆柚酮且高产青蒿素的青蒿新种质，具有更高附加值和良好应用前景。

近年来，高通量测序技术快速发展，产生了植物基因组和转录组的大量信息，为解析植物次生代谢途径提供了有力工具，推动了植物活性代谢物合成生物学的发展，进一步加快了新种质的创研。

第二节 药用植物学发展简史

一、中国古代的药用植物知识

中国古代人民对药用植物的认识，是在长期的劳动和生产实践中逐渐积累和加深的。“神农尝百草，一日而遇七十毒”的传说，即是此过程的生动写照。这些药用植物知识和经验最早散在于春秋战国时期的文学作品中，如《诗经》《山海经》《尔雅》中已有关于药用植物的文字记载；秦汉以后出现了专门的药物学知识和用药经验的著作，通常称之为本草。历代具有代表性的本草及药用植物相关著作见表1-1。

表1-1 历代主要本草及药用植物相关著作

书名	作者	成书年代	记载药物种数	说明
《神农本草经》	不详	东汉末年	365	目前已知的我国最早的药物学著作。原书已佚，所见均为辑本。其中将收载的药物分为上、中、下三品。上品120种为君，主养命，无毒，久服不伤人；中品120为臣，主养性，无毒或有毒，宜斟酌使用；下品125种为佐使，主治病，多有毒，不可久服
《本草经集注》	陶弘景	南北朝（约498年）	730	除辑录《神农本草经》收载的365种药物外，又新增《名医别录》中药物365种。首创按自然属性分类的方法，将药物分玉石、草木、虫兽、果、菜、米食等7类，各类又分上、中、下三品。原书已佚
《新修本草》（《唐本草》）	苏敬、李勣等	唐显庆四年（659年）	850	我国历史上第一部由国家颁布、具有药典性质的本草著作，比欧洲最早的《纽伦堡药典》早800多年。吸收了不少外来药物，丰富了祖国的药物学。体例近似《本草经集注》，并有《药图》25卷、《图经》7卷，但均已佚

—•笔记栏•—

（续表）

书　名	作　者	成书年代	记载药物种数	说　明
《本草图经》(《图经本草》)	苏颂等	宋嘉祐七年(1062年)	780	搜集全国各郡县的草药图，绘制了大量的药物图形，加以文字说明，图文并茂。原书已佚
《经史证类备急本草》(《证类本草》)	唐慎微	宋绍圣四年至大观二年(1097～1108年)	1 746	系将《嘉祐本草》《本草图经》两书合一，予以扩充调整编成。药物分类大体沿袭《新修本草》旧例。参引经史百家、前世本草、医方条文尤多，资料丰富，内容深广，体例严格，为集大成之作，弥足珍贵。后世辑佚古本草，多取材于此。由朝廷组织分别于大观、政和、绍兴年间修订三次，作为官书刊行
《本草品汇精要》	刘文泰	明弘治十八年(1505年)	1 815	明代唯一的官修大型综合性本草，也是我国古代最大的一部彩色本草图谱。全书有彩图1 358幅。未公开发行
《本草纲目》	李时珍	明万历二十四年(1596年)	1 892[1]	将所载药物分为16部，各部之下再分若干类，如草部分为山草、芳草、隰草、毒草、蔓草、水草、石草、苔类、杂草等11类；不分三品，以部为纲，以类为目，目随纲举；体现出生物进化的思想萌芽。刊行后被译成多国文字，是我国影响最大的一部本草学著作
《本草纲目拾遗》	赵学敏	清乾隆三十年(1765年)	921	记载《本草纲目》未收载的药物716种，包含了不少民间药材，如冬虫夏草、鸦胆子、太子参等，以及金鸡纳、西洋参等一些外来药物
《植物名实图考》	吴其濬	清道光二十八年(1848年)	1 714	考订大江南北植物名实，涉及19个省区，远及云贵，收载的植物数量超过了历代本草著作，其中药用植物甚多。附图1 865幅，绝大多数系工笔写生而成，甚精美，据此常可鉴定植物科属，是一部具有近代植物学意义的著作，标志着从本草到植物学的转变

在历代本草中，对药用植物的分门别类的依据多为其用途、生活型或生长环境等，而对药用植物形态的描述则采用定性、类比的方法。例如，《本草图经》中人参的条文："春生苗，多于深山背阴，近漆下湿润处。初生小者三、四寸许，一椏五叶；四五年后生两椏五叶，未有花茎；至十年后生三椏；年深者生四椏，各五叶。中心生一茎，俗名百尺杵。三月、四月有花，细小如粟，蕊如丝，紫白色。秋后结子，或七、八枚，如大豆，生青熟红，自落。根如人形者神。"这些认知尚是经验性的、主观的。这个阶段对药用植物认识，没有形成科学体系，还处于本草学阶段。

二、药用植物学在西方国家的发展历程

西方国家应用药用植物的历史也可以追溯至数千年前。公元前1550年，古埃及人在纸莎草纸上（埃伯斯纸草文稿，*Ebers Papyrus*）就已记载700多种药物配方，如柳树皮、叶用于消炎镇痛等。尔后，古希腊名医希波克拉底（Hippoerates）曾广泛应用植物药治病，他提及的药用植物的数量为300～400种。泰奥弗拉斯托斯（Theophrastus）在《植物问答录》(*Peri Phytōn Historia*)中，对药用植物做了系统的记述，被视为当时药用植物学的典范。狄奥斯科里迪斯（Dioscorides）公元77年著成对后代影响最大、篇幅最浩繁的药物学专著《药物学》(*De Materia Medica*)，在所载的900余种药物中，有植物药600种，书中记述了它们的效用、剂量等内容。公元2世纪，古罗马最著名的医生盖伦（Galen）曾在其处方集中记载了540种植物药，包括植物药组成的治疗处

1　注：人民卫生出版社校点本计各卷种数为1 897种。

—•笔记栏•—

方。与中国类似,这种经验的、实用的本草学阶段一直持续到16世纪。

文艺复兴推动了欧洲近代植物学的发展。16世纪末,意大利学者西沙尔比诺(Andrea Cesalpino)在其《植物》(*De Plantis Libris* XⅥ)一书中,以植物的生殖器官作为分类基础,他的见解,使植物学和实用的本草区别开来,对以后植物学的发展有很大影响。17世纪,英国科学家罗伯特·胡克(Robert Hooke)利用显微镜观察植物材料,推动了对植物显微结构的研究。植物细胞学、植物组织学、植物胚胎学和藻类学、菌类学、苔藓学等都相继得到发展。18世纪,瑞典植物学家卡尔·冯·林奈(Carl von Linné)创立了植物分类系统和双名法,为现代植物分类学奠定了基础。达尔文《物种起源》一书出版,其进化论的观点大大地推动了植物学的研究。植物学从博物学进入科学阶段。阿道夫·恩格勒(Adolf Engler)和卡尔·勃兰特(Karl Prantl)于1897年在其著作《植物自然分科志》(*Die Naturlichen Pflanzenfamilien*)中发表了第一个比较完整的植物自然分类系统。与此同时,植物化学得到发展,继从鸦片中分离出吗啡单体之后,相继发现了多种植物药的有效成分。

三、中国近现代的药用植物学

明清两代的闭关锁国政策阻碍了中国近代科学技术的发展,特别是鸦片战争后中国沦为半殖民地半封建社会,政治腐败,经济凋敝,战乱频发,山河破碎,民不聊生,科技发展更是几近停滞,植物资源也受到大肆掠夺。仁人志士救亡图存,一些青年知识分子走上变革兴学的救国道路,近代植物学也从此时传入中国。

1857年,数学家和翻译家李善兰与英国传教士韦廉臣(Alexander Williamson)、艾约瑟(Joseph Edkins)合作,主要根据约翰·林德利(John Lindley)《植物学基础》(*Elements of Botany*)中的重要篇章,编译出版了《植物学》一书。这是我国第一部植物学的译本,传播了近代植物学在实验观察基础上所建立的基本理论,对发展我国近代植物科学起了积极作用。钟观光是我国第一个用科学方法调查采集高等植物的学者,其于1918年就开始采集、研究海南的植物。1922年,胡先骕、钱崇澍等植物学先驱共同编著了我国第一部《高等植物学》教材。1936年,韩士淑根据日本下山顺一郎的药用植物学编译了第一部中文《药用植物学》教科书。1949年,李承祜编著的《药用植物学》,则是我国第一部以现代观点编写的《药用植物学》大学教科书,较系统地介绍了药用植物有关的形态学、生理学和分类学,为后期的生药鉴定、药用植物栽培与成分探讨等提供了基础理论,并着重于国产药用植物。这一阶段,中国国贫民弱,加之反动统治阶级对中医中药采取蔑视的态度和消灭的政策,药用植物学虽有发展,但相当缓慢。

中华人民共和国成立后,党和国家十分重视祖国医药遗产的继承和发扬,在各地陆续设立了药用植物教学与研究机构,将植物学与中药传统知识相结合,培养了大批药用植物研究人才,药用植物学取得蓬勃发展。全国范围内开展了一系列的普查和专题调查,各地相继发现了许多丰富的药用植物新资源,包括过去认为我国不产而靠进口的,如新疆阿魏、软紫草(新疆紫草)、胡黄连、诃子、儿茶、萝芙木、降香、缬草、麦角等。各地还及时总结中草药应用经验,特别是大力开展中草药防治疾病的群众运动过程中的经验,先后出版了一大批药用植物专著和工具书,如《全国中草药汇编》《中药大辞典》《中国高等植物图鉴》《中药志》《中国民族药志》《中国药用植物志》《东北药用植物志》《中华本草》等。《中国植物志》的编撰为合理开发利用药用植物资源提供了极为重要的基础信息和科学依据。该书基于全国80余家科研教学单位 的312位作者和164位绘图人员80年的工作积累、45年艰辛编撰才得以最终完成,是目前世界上最大型、种类最丰富的一部巨著;全书80卷126册,5 000多万字,记载了我国301科3 408属31 142种植物的科学名称、形态特征、生态环境、地理分布、经济用途和物候期等。从1988年开始,历时25年,又完成了*Flora of China*(《中国植物志》英文修订版)的编撰。另一部重要典籍是《中华人民共和国药典》(简称《中国药典》),对常用中药材基原植物进行了明确规定。

近年来,药学、医学、生物学、数学、物理、化学、计算机和信息科学等其他学科的进步,给药用植物学的发展提供了源源不断的动力。特别是蓬勃兴盛的分子生物学与药用植物学各分支方向交叉融合，对药用植物学产生了深刻的影响。相信在不久的将来，在药用植物的细胞及结构、分类与鉴定、系统及进化、发育与遗传、代谢与合成、群落与环境、栽培与应用等各个方面都会取得更大的突破。

第三节　药用植物学的学习方法

药用植物学是中药学、药学等专业的一门专业基础课，是中药鉴定学、生药学、中药资源学、药用植物栽培学、中药化学、天然药物化学等课程的前提和基础。它是一门实践性很强的课程，在掌握基本理论、知识和技能的基础上，必须注意理论联系实际，以理论指导实践，再通过实践加深对理论的理解，方能达到学习目标。

药用植物学是植物学的分支，但首先是为中药的生产、应用和研究服务的，学习时应从这一宗旨出发。要注意培养辨证的思维方法，用普遍联系和发展变化的观点来指导学习，通过分析与综合、归纳与演绎、抽象与具体等方式，来掌握相关概念、知识。

例如，植物的地下茎都具有节和节间，节上生鳞叶，先端有顶芽，叶腋有侧芽，这是事物的普遍性；但又呈现为根状、块状、球形、盘状等不同形状，具体到某种植物，又更有其自身特点，此为事物的特殊性。又如，可根据低级分类阶元特征（如种、属）归纳出高级分类阶元（如属、科）特征，反过来，我们知道了某分类阶元特征，也可推断其下级阶元的一些属性。举个例子，我们学习了唇形科的特征，然后在文献上看到某种没见过的植物属于该科，就可以知道这种植物大致是草本，叶子是对生的，花是二唇形的，并且含有挥发油，具有香气等，有机会见到的话印象就十分深刻了。

具体到学习方法，要注重实践，重视实验，特别是探索性实验，要认真细致地做好各种实验；要多到药用植物园/校园和野外观察，通过认识身边的植物，加深对概念、术语的理解和记忆，切忌脱离实际，死记硬背；要善于抓住重点，带动一般，灵活运用系统比较和纵横联系，提高学习效率；要充分利用信息化和人工智能的进步，随时随地学习药用植物相关知识，但要注意去粗取精，去伪存真。

学习是一项艰苦的劳动，要学好药用植物学也不例外。课前要做好预习，课堂上要集中精力听课，积极讨论，课后不忘进一步钻研教材和复习、观察，有效地进行自学，这样才能提高分析问题和解决问题的能力。

上篇　药用植物形态学

—•笔记栏•—

第二章授课视频

钟扬与西藏种子保护

第二章　种子的形态

案例

种子库是利用仪器设备控制贮藏环境，长期贮存植物种子的仓库。入库的植物种子先行于15℃、相对湿度15%的环境中干燥，使种子含水量降到5%～7%；然后清理去除杂质、空瘪和虫蛀种子，并检查种子的活力；检查完毕后再次干燥，放入密闭的容器内，保存于−20℃的地下室中，保存期可长达数十年甚至上千年。我国已建设了国家农作物种质资源库、国家重要野生植物种质资源库、国家药用植物种质资源库（离体库）等多个种子库，其中国家重要野生植物种质资源库已保存植物种子10 601种、85 046份，占我国种子植物物种总数的36%，是亚洲最大的种子库。国际上较著名的类似机构是位于英国邱园（Royal Botanical Garden, Kew）的“千年种子库”（Millennium Seed Bank），其始建于2000年，计划从世界各地收集24.2万种野生植物的种子。

建设种子库有哪些重要意义？

种子（seed）是种子植物特有的器官，其中有植物体的雏形——胚（embryo），还储藏着大量的营养物质。种子萌发后胚发育成幼苗，最终形成植株。

一、种子的外部形态

植物种类不同，其种子形状、大小、颜色、表面特征等外部形态差异较大。种子常呈圆球形、卵球形、椭球形、肾形、圆锥形、多角形等。其大小差异悬殊。例如，海椰子 *Lodoicea maldivica* 的种子硕大，椭圆形，长约50 cm，宽约30 cm，可重达30多千克；斑叶兰 *Goodyera schlechtendaliana* 的5万粒种子却只有0.025 g，微如尘埃，只有在显微镜下才能看清楚。药用植物中种子较大的有槟榔、银杏等，较小的有菟丝子、播娘蒿等，极小的有白及、天麻等。

种子以褐色和黑色较多，但也有其他颜色的，如大豆的种子为黄色或黑色，赤豆和赤小豆的种子为红紫色、绿豆的为绿色、扁豆的为白色，相思子 *Abrus precatorius* 的种子则大部为鲜艳的红色，下部有一小块发亮的黑色。

此外，种子表面的特征也不相同，有的光滑、具光泽，如红蓼、五味子的种子；有的粗糙，如长春花、天南星的种子；有的具皱褶，如乌头、车前的种子；有的密生瘤刺状突起，如孩儿参的种子；有的具翅，如木蝴蝶的种子；有的顶端具毛［种缨（coma）］，如白前、萝藦、络石等的种子。种子外部形态差异常为植物鉴定的重要依据。

二、种子的结构

种子一般由种皮（seed coat, testa）、胚、胚乳（endosperm）三部分组成（图2-1）。也有的种子没有胚乳（图2-2），有的种子还具有外胚乳（perisperm）。

1. 种皮　包被于种子的表面，起保护作用。常分为外种皮（exotesta）和内种皮（endotesta），一般外种皮较坚韧，内种皮较薄，如蓖麻。种皮可以是干性的，如豆类；也可以是肉质的，如石榴。有的种子在种皮外尚有假种皮（aril）；龙眼、荔枝、苦瓜、卫矛等的假种皮呈肉质，砂仁、草豆蔻等的假种皮则呈菲薄的膜质。

在种皮上常可看到以下结构：

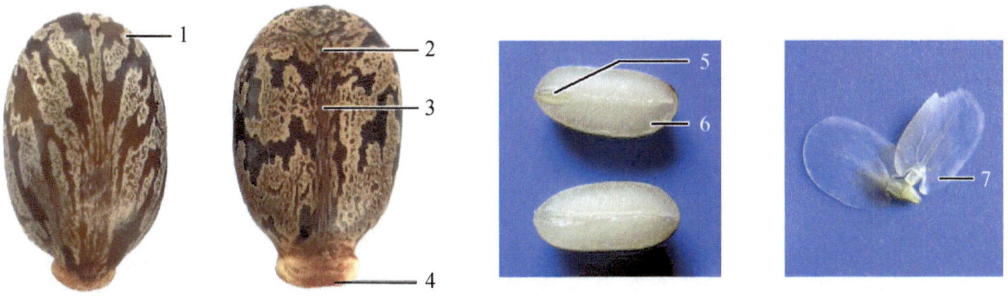

图2-1　蓖麻种子(有胚乳种子)

1. 种皮; 2. 合点; 3. 种脊; 4. 种阜(其下为种脐); 5. 胚; 6. 胚乳; 7. 子叶

(1)种脐(hilum):种子成熟后从种柄脱落后留下的痕迹,通常为圆形或椭圆形。

(2)种孔(micropyle):种脐一端存在的小孔,是种子萌发时吸收水分和胚根伸出的部位。

(3)种脊(raphe):种脐另一端发出的线状隆起或痕迹,内含输送水分、无机盐和有机养分的输导组织。不同植物的种子,种脊的长度不同;有的种子无种脊。

(4)合点(chalaza):种脊远端尽头之处是合点,合点是输导组织进入种子内部的位置。

(5)种阜(caruncle):某些植物种子的种脐和种孔处覆盖的海绵状突起物,称为种阜,在种子萌发时帮助吸收水分,促进种子萌发,如蓖麻、巴豆等。

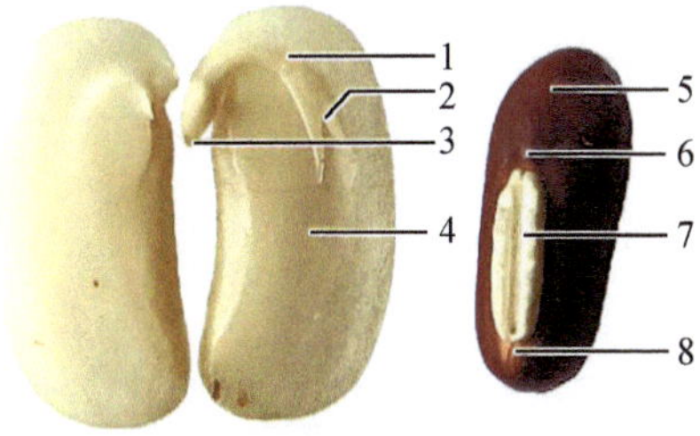

图2-2　赤小豆种子(无胚乳种子)

1. 胚轴; 2. 胚芽; 3. 胚根; 4. 子叶; 5. 种皮; 6. 种孔; 7. 种阜(其下为种脐); 8. 种脊

2. 胚　是种子中尚未发育的幼小植物体,由胚根(radicle)、胚轴(embryonal axis)、胚芽(plumule)和子叶(cotyledon)四部分组成。

(1)胚根:正对着种孔,种子萌发时首先从种孔伸出,发育成植物的主根。

(2)胚轴:又称胚茎,是连接胚根与胚芽的部分,向上伸长,发育成为根和茎的连接部分。

(3)胚芽:胚的顶端未发育的地上枝,种子萌发后发育成植物的主茎。

(4)子叶:为胚吸收和储藏养料的结构,占胚的较大部分,出土后变绿,可以进行光合作用。通常单子叶植物具1枚子叶,双子叶植物具2枚子叶,裸子植物具2至多枚子叶。

3. 胚乳　常位于胚的周围,呈白色。胚乳中含丰富的淀粉、蛋白质、脂肪等,是种子内的营养组织,在种子萌发时供给胚发育所需的养料。

有少数植物如肉豆蔻、槟榔、姜等的种子,在其胚发育和胚乳形成时,外围的组织未被完全吸收,形成营养组织包围在胚乳和胚的外部,称外胚乳。有些植物种皮内层和外胚乳常插入内胚乳中形成大理石样的纹理习称为错入组织,如槟榔;少数植物的外胚乳内层细胞向内伸入,与类白色胚乳交错,亦形成错入组织,如肉豆蔻。

槟榔种子切面图

三、种子的类型

依据胚乳的有无,可将种子分为有胚乳种子(albuminous seed)和无胚乳种子(exalbuminous seed)。

1. 有胚乳种子　由种皮、胚和胚乳等三部分组成。种子中具有发达的胚乳,胚相对较小,子叶薄,如蓖麻(图2-1)、大黄、小麦、玉米、洋葱等的种子。

2. 无胚乳种子　仅由种皮和胚两部分组成,常具有发达的子叶。在胚和胚乳发育过程中,胚乳的养分被胚吸收后,营养储藏于胚的子叶中,供种子萌发所需。种子则无胚乳或仅残留一薄层胚乳遗迹,如赤小豆(图2-2)、油菜、泽泻等的种子。

—•笔记栏•—

种子的休眠、萌发和种子的寿命

【小结】

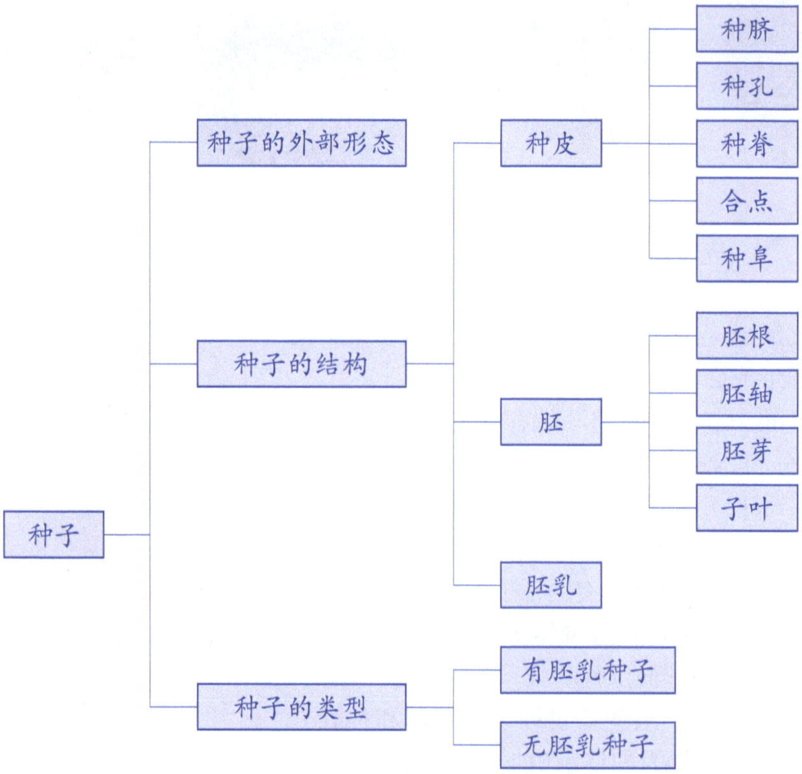

第三章 根的形态

—•笔记栏•—

第三章授课视频

案例

药用植物从一颗种子到变成植株的过程中，发生了一系列有序的生理和形态变化，如种子的吸胀、种子细胞的水合及酶的活化、细胞的分裂与增大、胚突破种皮、长成幼苗等，其中根尖的形成和根的结构对于植物的生长具有重要意义。分析下列问题：

（1）植物种子在萌发过程中哪部分先突破种皮？

（2）植物种子变成植株的过程中，各部分是如何变化的？

（3）移栽药用植物时应注意哪些问题？

（4）根系在土壤中的生长与分布对植物有何影响？

根（root）是植物的重要营养器官，是植物在长期进化过程中适应陆地生活的产物。植物根具向地性、向湿性和背光性的特点，可将植物体固着在土壤中，吸收生活所需要的水分及无机盐，并将其输送至植物体其他各部。根可以合成和储藏淀粉、蛋白质等营养物质、植物激素，以及生物碱、皂苷等次生代谢产物，如烟草的根能合成烟碱、橡胶草 *Taraxacum kok-saghyz* 的根能合成橡胶。有些植物的根还有繁殖功能。

根是药用植物重要的入药部位，以主根入药的有人参、当归、党参、蒙古黄芪、甘草、黄芩、丹参、北柴胡等，以块根入药的有何首乌、麦冬、百部等，以根皮入药的有牡丹、枸杞、细柱五加等。

第一节 根的一般形态

根通常呈圆柱形，向下逐渐变细，并向四周分枝，形成复杂的根系。根不分节，一般不生芽、叶和花，细胞中不含叶绿体。

一、根的类型

1. 按等级分　分为主根（main root）、侧根（lateral root）和纤维根（fibrous root）。植物种子萌发时，胚根最先突出种皮，向下垂直生长。这条由种子的胚根直接发育而来、植物体上最早出现的根称为主根，也称直根（taproot）或初生根（primary root）。多数双子叶植物和裸子植物如薄荷、菠菜、银杏等都有一个明显的主根。主根上生长出来的分枝，称为侧根（lateral root）或支根。直接从主根上生出的侧根为一级侧根或次生根（secondary root）；一级侧根上生出的侧根，称为二级侧根或三生根（tertiary root）；继续形成的细小分枝称纤维根或须根。

2. 按发生起源分　可分为定根（normal root）和不定根（adventitious root）。主根、侧根和纤维根都是直接或间接由胚根形成，有固定的生长部位，故称为定根，如桔梗、人参、党参等的根。有些植物的根并不是直接或间接由胚根形成，而是从茎、叶或其他部位生长出来的，这些根的产生无固定位置，称为不定根；如麦、稻、玉蜀黍、薏米等的种子萌发后，由胚根发育成的主根不久即枯萎，而从茎的基部节上长出许多大小、长短相似的须根，这些根就是不定根。人参根状茎（芦头）上的不定根，药材上称为“艼”。秋海棠、落地生根的叶上，以及桑、菊、木芙蓉的枝条插入土中后，均可生出不定根，在栽培上常利用此特性进行扦插繁殖。

—•笔记栏•—

根在土壤中的生长和分布

二、根系及其类型

根系(root system)为一株植物地下部分所有根的总和。根系可分为直根系(taproot system)和须根系(fibrous root system)两类(图3-1)。

图3-1　直根系和须根系

1. 直根系(茵陈蒿); 2. 须根系(金丝草)

1. 直根系　　直根系中主根发达而粗大,其上产生逐级变细的侧根,主根和侧根界限非常明显。直根系为裸子植物和大多数双子叶植物的主要根系类型,如马尾松、茵陈蒿、人参、沙参、桔梗等的根系。

2. 须根系　　主根不发达或早期死亡,而从胚轴或茎的基部节上生长出许多大小、长短相仿的不定根,呈须状簇生,没有主次之分的根系称须根系。须根系是单子叶植物的主要根系类型,如金丝草 *Pogonatherum crinitum*、玉蜀黍、稻、麦、葱等的根系。白前、徐长卿、龙胆等双子叶植物也有须根系。

第二节　根 的 变 态

在长期的生长过程中,某些植物的根由于适应生活环境的变化,形态结构和生理功能发生了特化,称为根的变态,是一种可以稳定遗传的变异。常见的有以下几种(图3-2):

一、贮藏根

根的一部分或全部因储藏营养物质而肉质肥大,是植物为适应越冬需要或进行营养繁殖最常见的变态根。除了吸收水分和矿物质外,其内储藏大量的营养物质,这种根称贮藏根(storage root)。贮藏根多见于2～3年或多年生草本植物中,根据发生来源及形态的差异,又可分肉质直根(fleshy taproot)和块根(tuberous root, root tuber)。

1. 肉质直根　　肉质直根的主体是肉质肥大的主根,其上部一般有少量下胚轴和很短的茎,少数侧根,细小呈须状。一株植物上只有一个肉质直根。其肥大部位可以主要是次生韧皮部(输送有机养分的部分),如胡萝卜,也可以主要是次生木质部(输送水分和无机盐的部分),如萝卜。肉质直根有的呈圆锥状,如商陆、白芷等;有的呈圆柱形,如蒙古黄芪、甘草等;有的呈圆球形,主要由下胚轴部位显著肥大而成,如芜菁、甜菜等。

2. 块根　　由不定根或侧根局部膨大而成,形状往往不规则,多为纺锤形或块状。一棵植株上可形成多个块根。扦插繁殖的甘薯,其块根就是由不定根形成的;麦冬的块根也是由须根前端或中部膨大而成。药用的块根还有何首乌、天门冬、郁金、百部等。

有些植物的根,在多个部位膨大,膨大之间缢缩,成为念珠状,如乌药。

—•笔记栏•—

图3-2　根的变态

1. 肉质直根（商陆）；2. 块根（天门冬）；3. 支持根（玉蜀黍）；4. 气生根（榕树）；5. 攀缘根（常春藤）；6. 呼吸根（落羽杉）；7. 水生根（大薸）；8. 寄生根（桑寄生）

二、支持根

支持根（prop root）或称支柱根，通常从茎基部长出、伸入土中，主要起到增强支持茎干的作用，如薏苡、玉蜀黍等植物在接近地面的茎节上生出的不定根。一些热带树种，树干基部的支持根宽扁延伸，如同板状，称为板根（buttress）。

三、气生根

由茎上长出、生长在地面以上，暴露在空气中的不定根，称为气生根（aerial root）。气生根多见于热带植物，具有在潮湿空气中吸收和储藏水分的能力。榕树具有发达的气生根，接触到地面可以转变为支柱根。石斛、石柑子等植物的气生根，还具有帮助植物体附着于其他物体的作用，又被称为附生根（epiphytic root）。

四、攀缘根

一些木质藤本植物，如薜荔、凌霄、络石、常春藤等，从茎藤上长出不定根，帮助其细长柔弱的茎攀附于石壁、墙垣、树干或其他物体上生长，这种具攀附作用的不定根为攀缘根（climbing root）。

五、呼吸根

一些生长在沼泽或海滩地带的植物，其主干附近有部分根垂直向上生长，暴露于空气中，表面有皮孔，内有发达的通气组织，具通气和呼吸功能，这种根称为呼吸根（respiratory root）。红树、木榄、落羽杉等具有呼吸根。

—•笔记栏•—

支持根、气生根(狭义)、攀缘根、呼吸根等均生长于空气中,可归于广义的气生根。

六、水生根

大薸、浮萍、凤眼莲、满江红等水生植物的根,垂直漂浮在水中,一般呈须状,内部也具有发达的通气组织,以适应水生生活。

七、寄生根

寄生植物茎上发育的、侵入寄主体内以获取养分和水分的根称为寄生根(parasitic root)。寄生植物又可分为两种类型:一类本身不含叶绿素,不能自制养料而完全依靠寄生根吸收寄主体内的养分维持生活,这类植物为全寄生植物,如菟丝子、列当等植物;另一类自身含叶绿体,既能自制部分养料,又依靠寄生根吸收寄主体内的养分,这类植物为半寄生植物或绿色寄生植物,如独脚金、檀香等植物。有些药用的寄生植物,可以通过寄生根的吸收作用,把有毒寄主的毒性成分带入其体内,如寄生在桑树上的广寄生 *Taxillus chinensis*、寄生在桂花树上的红花寄生 *Scurrula parasitica* 中均不含强心苷,而寄生在夹竹桃上的两种植物则含有与夹竹桃相同的一些强心苷;寄生在马桑上的红花寄生、梨果寄生 *S. philippensis*、川桑寄生 *Taxillus sutchuenensis* 含马桑毒素、马桑宁等。这种现象值得注意。

根瘤和菌根

【小结】

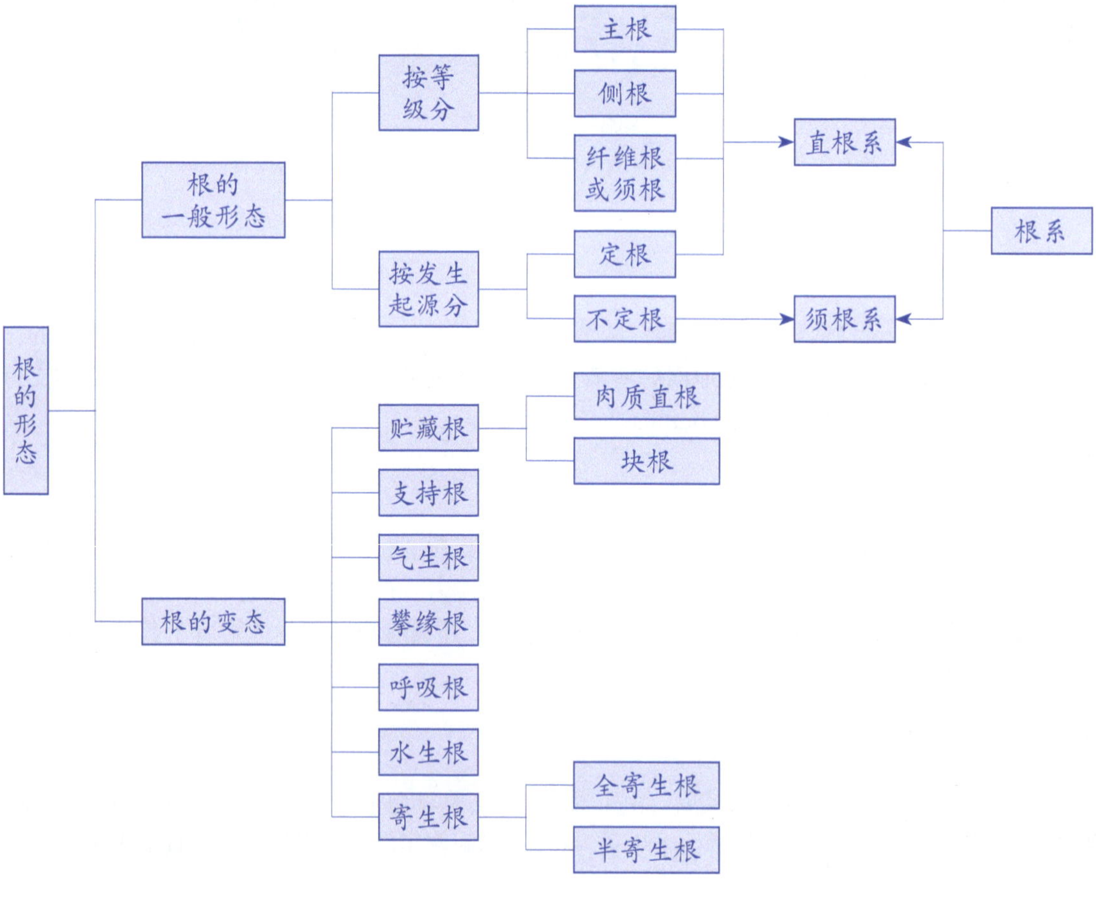

第四章　茎的形态

—•笔记栏•—

第四章授课视频

案例

茎是联系根和叶，输送水、无机盐和有机养料的轴状体。在系统演化上，茎是早于根和叶出现的营养器官，茎一般生长于地上，少数生长于地下。多数植物茎的顶端能无限地向上生长，连同叶形成庞大的枝系。分析下列问题：

（1）根状茎与根的主要区别是什么？

（2）茎发生变态有什么意义？

（3）茎的经济价值有哪些？

茎（stem）由胚芽连同胚轴发育而来，是植物体的支柱系统，连接根和叶、花、果实，一般生长在地面以上（部分植物的茎生长在地下或水中），其主要功能是输导和支持。茎支持着叶、花、果实，将它们有序地排列在一定的空间位置，并将根部吸收的水分和无机盐及叶制造的有机物质，输送到植物体的各个部位，以维持植物体正常生长发育。此外，茎还具有储藏、繁殖等功能。许多植物的茎储有水分和营养物质，特别是一些植物的地下茎，储藏物质尤为丰富。有些植物的茎能产生不定根和不定芽，可通过扦插、压条、嫁接等途径，形成新的植株。

来源于植物茎的全部或部分的药材很多，如来源于茎枝的麻黄、桂枝、桑寄生，来源于藤茎的鸡血藤、大血藤、木通，来源于心材的沉香、降香、苏木，来源于茎髓的通草、灯心草，来源于树皮的厚朴、肉桂、黄柏，以及来源于地下茎的黄连、半夏、黄精、天麻、白及等。

第一节　茎的形态和类型

一、茎的形态

茎通常为圆柱形，但也有一些植物的茎为其他形状，如益母草、丹参的茎为方形，香附子、荆三棱 *Bolboschoenus yagara* 的茎为三棱形，仙人掌的茎为扁平形等。茎大多是实心的，但连翘等植物的茎中央空洞。禾本科植物小麦、水稻、竹等的茎中空，且有明显的节，特称为秆（culm）或竿。

枝条（shoot）是着生叶和芽（bud）的茎。去除枝条上的叶，我们可以观察到茎在外形上的主要特点：其上具有节（node）和节间（internode），节上着生叶，叶腋部位和茎的顶端着生有芽；位于顶端的称为顶芽（terminal bud），位于叶腋的称为腋芽（axillary bud）。这是其与根的最主要区别（图4-1）。

多数植物的茎节部仅稍有膨大；部分植物的茎节部膨大明显，如牛膝、水蓼、青竿竹等；也有植物的茎节部细缩，如莲。各种植物节间的长短也不一，长的可达几十厘米，如竹类、南瓜；短的还不足1 mm，其叶在茎节簇生呈莲座状，如蒲公英。在梨、苹果等植物的植株上，有一种枝条节间显著伸长，其上的叶螺旋状排列，称长枝（long shoot）；长枝上常生有许多节间短缩、各节紧密相接的枝条，其上的叶呈簇生状态，称短枝（dwarf shoot）；花多着生在短枝上，花后结果，因此短枝又称果枝。

木本植物的枝条上还常见叶、托叶、芽鳞等脱落后留下的痕迹，分别称为叶痕（leaf scar）、托叶痕（stipule scar）、芽鳞痕（bud scale scar）。枝条表面还多有进行内外气体交换的结构，即皮孔（lenticel），常呈点状、裂隙状的突起；皮孔的形状、颜色和分布疏密因不同物种而异，可以作为植

—• 笔记栏 •—

图4-1　茎的外形

1. 顶芽；2. 花芽；3. 节；4. 枝芽；5. 腋芽；6. 节间；7. 叶痕；8. 皮孔

物、药材鉴定的参考依据。

二、芽的类型

芽是幼态而尚未发育的枝叶、花或花序。芽有多种类型，其生长位置、发育性质、芽鳞有无及活动状态不同。

根据芽在枝上的生长位置，可将芽分为定芽（normal bud）和不定芽（adventitious bud）。顶芽和腋芽都是定芽，生于顶芽或腋芽旁的副芽（accessory bud）也是。不定芽指生长位置不固定的芽，可以生长在茎的节间、根、叶及其他部位上；不定芽常被用来进行营养繁殖。

根据芽将发育成的器官性质，可将芽分为枝芽（又称叶芽，发育成枝和叶，leaf bud），花芽（发育成花或花序，flower bud）和混合芽（同时能发育成枝、叶和花或花序，mixed bud）。

根据芽有无鳞片包被，可将芽分为外面有鳞片包被的鳞芽（scaly bud）和外面无鳞片包被的裸芽（naked bud）。

根据芽的活动能力，则可将芽分为活动芽（active bud）和休眠芽（潜伏芽，dormant bud）。通常一年生草本植物的芽都是活动芽，而木本植物常常只有顶芽和顶芽附近的侧芽是活动芽。休眠芽在适当条件下可以打破休眠而萌发。

三、茎的类型

（一）按茎的质地分

茎的类型（按质地分）

茎按质地可以分为木质茎（woody stem）、草质茎（herbaceous stem）、肉质茎（succulent stem）等。

1. 木质茎　茎强烈木质化，质地坚硬。具木质茎的植物称木本植物（woody plant），可分为乔木（tree）、灌木（shrub）、半灌木（subshrub）和木质藤本（woody vine）等类型。乔木的植株高大，有一个明显主干，下部无分枝，如银杏、杜仲、厚朴等；灌木在近基部即丛生分枝，无明显主干，如连翘、夹竹桃、茸球蓝等；半灌木又称亚灌木，其茎仅基部木质化，上部分枝仍为草质，如艾纳香、草麻黄、草珊瑚等；木质藤本的茎虽然木质化，但细长不能直立，常缠绕或攀缘他物向上生长，如昆明山海棠、大血藤、雷公藤等。

2. 草质茎　茎不木质化或木质化程度低，质地柔软。具有草质茎的植物称草本植物（herb）。草本植物生命周期的长短不同，有一年生草本（annual herb），如红花、马齿苋等；二年生草本（biennial herb），如芸薹、萝卜；以及多年生草本（perennial herb），如掌叶大黄、白薇等。每年地上部分死亡，而地下部分仍保持生活能力、次年生出新的地上部分的多年生草本称宿根草本（perennial root herb），如人参、白及、桔梗等。草质藤本（herbaceous vine）也很多，如党参、马兜铃、薯蓣等。

3. 肉质茎　茎肥厚肉质，柔软多汁，如仙人掌、肉苁蓉等植物的茎。

（二）按茎的生长习性分

按生长习性，茎可以分为直立茎（erect stem）、缠绕茎（twining stem）、攀缘茎（climbing stem）、匍匐茎（creeping stem）等（图4-2）。

图4-2　茎的生长习性

1. 直立茎（菘蓝）；2. 缠绕茎（金灯藤）；3. 攀缘茎（山蒟）；4. 匍匐茎（铜锤玉带草）；5. 平卧茎（地锦草）

1. 直立茎　垂直于地面，呈背地性生长的茎。多数植物具直立茎，如菘蓝、银杏、山楂、桔梗、益母草等。

2. 缠绕茎　茎幼时柔软，不能直立，以其本身螺旋缠绕其他支持物向上生长，如金灯藤、牵牛、忍冬等植物的茎。

3. 攀缘茎　茎幼时亦柔软，细长不能直立，需要借助植物体生有的一些特殊结构攀附他物生长。常见的攀缘结构有卷须（如栝楼、豌豆）、吸盘（如地锦 *Parthenocissus tricuspidata*，俗名爬山虎）、钩（如钩藤）或刺（如葎草）、攀缘根（如薜荔、山蒟）等。

4. 匍匐茎　茎细长柔弱，平卧地面，沿地面蔓延生长。狭义的匍匐茎（stolon）指其中节上生不定根者，如活血丹、积雪草、铜锤玉带草等植物的茎；而节上无不定根者，称平卧茎（procumbent stem），如地锦草 *Euphorbia humifusa*、蒺藜等植物的茎。

第二节　茎的变态

植物的茎大多生长于地上，但也有不少生长于地下的。无论是地上茎（aerial stem），还是地下茎（subterraneous stem），为适应复杂的生活环境，形态结构和生理功能均可能发生特化，形成各种变态茎。

一、地下茎的变态

生长在地下的茎形态与根相似，然而仍具有茎的典型特征，即有节和节间，节上生叶，脱落

—•笔记栏•—

图4-3 地下茎的变态

1. 根状茎（姜）；2. 块茎（天麻）；3. 球茎（荸荠）；4. 鳞茎（淡黄花百合）

后留有叶痕，叶腋内有腋芽，顶端有顶芽；但地下茎节上的叶一般退化成鳞片状（图4-3）。

1. 根状茎（rhizome） 习称根茎，常匍匐或直立生长于地下，节和节间明显，节上有退化的鳞叶，具顶芽和腋芽。不同植物根状茎形态各异，如人参、三七等的根状茎短而直立；川芎、白术等的根状茎呈团块状；白茅、芦苇等的根状茎细长。姜、黄精、玉竹等的根状茎上则具明显的圆形茎痕。

2. 块茎（tuber） 粗短而肉质肥大，呈不规则块状；节上具鳞片状叶，或早期脱落，有腋芽和顶芽。由根状茎先端膨大，积累养分所形成，或由茎基部的腋芽生长于土壤中形成，如天麻、半夏、延胡索等。

3. 球茎（corm） 也由根状茎先端膨大而成，呈肥厚的球形或扁球形，具明显的节和节间，节间缩短，节上的鳞叶明显，常褐色而膜质，顶芽发达，腋芽常生于其上半部，基部生不定根，如番红花、慈姑、荸荠等。

4. 鳞茎（bulb） 指由许多肥厚的肉质鳞叶包围的扁平或圆盘状的地下茎，又名鳞茎盘，其顶端有顶芽，鳞叶内生有腋芽，基部具不定根。洋葱、蒜等的鳞叶阔，内层被外层完全覆盖，称有被鳞茎；百合、浙贝母等的鳞叶窄，呈覆瓦状排列，外层无被覆盖，称无被鳞茎。

二、地上茎的变态

地上茎的变态亦有多种，无论其形态如何，总是着生于叶腋处（图4-4）。

1. 叶状茎（cladode，cladophyll，phylloclade） 茎枝扁化成叶状，通常呈绿色，能进行光合作用；节与节间明显，在节的位置可分枝、生叶和开花；其上的叶小而不明显，或退化成鳞片状、线状或刺状；又称叶状枝，如仙人掌、竹节蓼等植物的茎。天门冬的叶退化成鳞片状，基部延伸成刺，而叶腋部位的小枝近叶状，扁平或略呈锐三棱形，常3枚成簇着生。

2. 枝刺（thorn） 枝的形态变为坚硬的刺状，又称茎刺或刺状茎。山楂、酸橙等的枝刺无分枝；皂荚、枸橘等的枝刺有分枝。枝刺从茎的内部产生，和茎的维管束是相连的，一般不容易折断或剥离。月季、花椒茎上的刺是由茎表皮细胞突起形成的，称皮刺（prickle），生长位置不定，易脱落，可与枝刺相区别。

3. 钩状茎（hook-like stem） 茎的一部分（常为侧枝）变态呈钩状，粗短坚硬且无分枝，如钩藤。

4. 茎卷须（stem tendril） 某些植物的茎细长柔软，茎的一部分或茎端变态形成卷须，用以攀缘生长。茎卷须或由腋芽发育形成而生于叶腋，如栝楼、丝瓜等葫芦科植物，或由顶芽或花枝发育而来，在生长后期常发生位置的扭转，其腋芽代替顶芽继续发育，而使茎卷须与叶对生，如葡萄、尖叶乌敛莓等葡萄科植物。

5. 小块茎（tubercle）和小鳞茎（bulblet） 有些植物的腋芽或叶柄上的不定芽变态形成肉质球形或不规则块状物，类似块茎，但不具鳞叶，称小块茎，如薯蓣（山药）的零余子。某些

—•笔记栏•—

图4-4　地上茎的变态

1. 叶状茎（梨果仙人掌）；2. 枝刺（皂荚）；3. 钩状茎（华钩藤）；4. 茎卷须（尖叶乌蔹莓）；5. 小块茎（薯蓣）；6. 小鳞茎（薤白）

植物在叶腋或花序等处由腋芽或花芽等形成小球体，具肥厚的小鳞叶，称为小鳞茎，也称珠芽（bulbil）。卷丹的珠芽生于叶腋处，由腋芽形成；半夏的珠芽生于叶柄上，源于不定芽；洋葱、薤白花序中的珠芽则由花芽形成。小块茎和小鳞茎均有繁殖作用，可作为无性繁殖的材料。

茎的分枝方式

【小结】

- 茎的形态
  - 茎的形态和类型
    - 茎的形态（节、节间、芽、叶痕、皮孔等）
    - 芽的类型
    - 茎的类型
      - 按茎的质地分
        - 木质茎
          - 乔木
          - 灌木
          - 半灌木
          - 木质藤本
        - 草质茎
          - 一年生草本
          - 二年生草本
          - 多年生草本
          - 草质藤本
        - 肉质茎
      - 按茎的习性分
        - 直立茎
        - 缠绕茎
        - 攀缘茎
        - 匍匐茎
  - 茎的变态
    - 地下茎的变态
      - 根状茎
      - 块茎
      - 球茎
      - 鳞茎
    - 地上茎的变态
      - 叶状茎
      - 枝刺
      - 钩状茎
      - 茎卷须
      - 小块茎
      - 小鳞茎

第五章　叶的形态

第五章授课视频

案例

自然界中植物千姿百态，这是环境因子与遗传因子共同作用的结果。为了适应复杂多变的环境，植物的器官形态演化出了丰富的多样性。

请观察图5-1并判断，图中1、2、3（1、2为同一种植物的花期和果期）哪种植物的卵形片状体是真正的叶呢？

图5-1　真假叶上生花

叶的光合作用和蒸腾作用

叶（leaf）是植物重要的营养器官，着生于茎的节上，其主体部分叶片一般为绿色扁平体，具有向光性，是植物进行光合作用、气体交换和蒸腾作用的主要场所。有些植物的叶具有储藏作用，如贝母、百合、洋葱等的肉质鳞叶；还有些植物的叶具有繁殖作用和吸收作用，如秋海棠的叶柄、落地生根的叶片，这些叶片上可以形成不定根和不定芽。

来源于叶的重要中药材有番泻叶、大青叶、枇杷叶、艾叶、桑叶、罗布麻叶等；也有一些药材，叶连同地上的其他部分入药，如广藿香、薄荷、穿心莲等。

第一节　叶的组成与形态特征

一、叶的组成

图5-2　完全叶

1. 托叶；2. 叶柄；3. 叶基；4. 叶缘；5. 叶片；6. 叶脉；7. 叶端

不同植物叶的形态、大小差别很大，但它们的组成基本一致，一般由叶片（blade）、叶柄（petiole）、托叶（stipule）三部分组成。具有这三部分的叶称完全叶（complete leaf，图5-2），如玫瑰、葛、茜草等植物的叶。缺少其中一或两部分的，称不完全叶（incomplete leaf），如连翘的叶不具托叶，蒲公英叶不具叶柄和托叶，台湾相思 *Acacia confusa* 的叶缺少叶片和托叶。

1. 叶片　通常为绿色扁平体，具有上表面（腹面）和下表面（背面）。叶片的形状称叶形，顶端称为叶端（leaf apex）或叶尖，基部称为叶基（leaf base），周边称为叶缘（leaf margin），叶片内分布着形态多样的叶脉（vein，nerve），即叶片中的输导组织维管束。

2. 叶柄　是叶片与茎的连接部位，具有支持和输导的作用。叶柄的形状多为圆柱形、半圆柱形或稍扁平，上表面(腹面)多有沟槽，并且随植物种类的不同还形成气囊(air sac)、叶枕(pulvinus)、叶鞘(leaf sheath)等结构，如凤眼蓝的叶柄膨大形成气囊，有助于叶漂浮在水面上；含羞草叶柄基部膨大为叶枕，其弹性和延展性能调节叶片的位置和休眠运动；白芷、茴香等伞形科植物的叶柄基部扩大呈鞘状，形成叶鞘。叶柄的有无、长短和形状是识别药用植物的依据之一。

3. 托叶　是叶柄基部、两侧或腋部成对而生的附属物。托叶的有无、大小和形状是识别药用植物的依据之一。有些植物托叶细小，如桑、梨的托叶呈线状，刺槐、六月雪的托叶呈刺状；有的托叶大而呈叶状，如茜草、豌豆；有的托叶与叶柄愈合而呈翅状，如玫瑰、蔷薇、月季花；有的变态呈卷须状，如菝葜、土茯苓；有的联合成鞘状，包围在茎节的基部，形成托叶鞘(ocrea)，如虎杖、红蓼等蓼科植物(图5-3)。

图5-3　不同类型的托叶

1. 刺状(刺槐)；2. 叶状(豌豆)；3. 翅状(粉团蔷薇)；4. 卷须状(菝葜)；5. 托叶鞘(红蓼)

姜科、禾本科、莎草科等一些类群的单子叶植物，叶由叶片和叶鞘两部分组成。叶鞘包围着茎杆(姜科植物的叶鞘互相包裹形成假茎)，具有保护茎杆、加强茎的支持作用的功能。不少姜科、禾本科植物，如高良姜、草豆蔻、稻等，在叶鞘与叶片连接处常会形成膜质片状突起物，称为叶舌(ligule)；某些蕨类植物如卷柏的营养叶和孢子叶近基部面上也有叶舌。有些禾本科植物，在叶舌两旁会形成自叶片基部边缘延伸出来的一对突出物，即叶耳(auricle)。叶舌、叶耳的有无、大小及形状，常作为识别上述类群植物的依据之一。

二、叶的形态特征

对叶片形态的描述，通常包括叶片的整体形状和叶端、叶基、叶缘、叶片缺刻与分裂和叶脉及脉序、叶片的质地、叶的表面附属物等。

(一) 叶片的整体形状

叶片的形状和大小常随植物种类的不同而呈现出多种表现形式，但同一种植物叶片的形状相对比较稳定，在分类学上常作为植物的鉴别依据。确定叶片的全形主要依据两点：叶片长度和宽度的比例、叶片最宽处的位置。常见的叶片形状有圆形(round)、卵形(ovate)、椭圆形(elliptic)、心形(cordate)、针形(acicular, needle-shaped)、披针形(lanceolate)、阔卵形(broad ovate)等，如积雪草的叶片为圆形、薄荷叶片为椭圆形、银杏叶片为扇形、乌桕叶片为菱形、金荞麦叶片为三角形等(图5-4)。叶片的形状众多，为更准确地描述叶形，也常使用“广”“长”“倒”等字放在形状词之前，如长椭圆形、倒阔卵形、倒卵形、倒披针形等。如果植物的叶片属于两种形状的综合，可以用不同的术语予以描述，如三角状卵形、卵状披针形等。

叶片形状图解

(二) 叶端

常见的叶端形状有芒尖(aristate)、尾尖(caudate)、渐尖(acuminate)、急尖(acute)、微凹(retuse)、微缺(emarginate)、倒心形(obcordate)、钝(obtuse)等(图5-5)。

—•笔记栏•—

图5-4　常见的叶片形状

1. 针形；2. 披针形；3. 矩圆形；4. 椭圆形；5. 卵形；6. 条形；7. 圆形；8. 匙形；9. 扇形；10. 镰形；11. 肾形；12. 倒披针形；13. 倒卵形；14. 倒心形；15. 提琴形；16. 三角形；17. 心形；18. 鳞片状（鳞叶）；19. 盾形；20. 箭形；21. 戟形

（三）叶基

常见的叶基形状有心形、耳形（auriculate）、箭形（sagittate）、戟形（hastate）、楔形（cuneate）、渐狭（attenuate）、偏斜（oblique）、截形（truncate）、圆钝、抱茎（amplexicaul）、穿茎（perfoliate）、盾形（peltate）等（图5-6）。

（四）叶缘

常见的叶缘形状有全缘（entire）、波状（undulate）、锯齿状（serrate）、重锯齿状（double serrate）、圆齿状（crenate）、牙齿状（dentate）等（图5-7）。

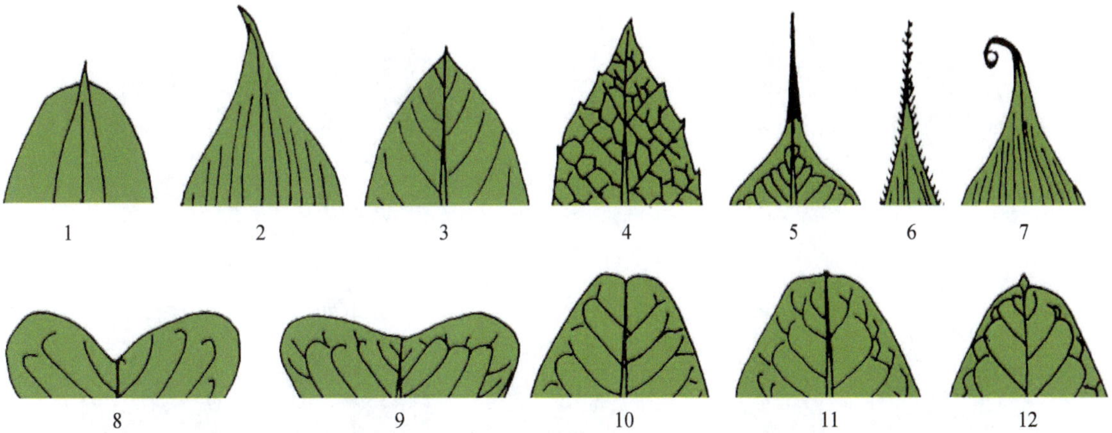

图5-5　叶端的形状

1. 凸尖；2. 骤尖；3. 急尖；4. 渐尖；5. 尾尖；6. 芒尖；7. 卷尾状；8. 倒心形；9. 微缺；10. 微凹；11. 钝；12. 微凸

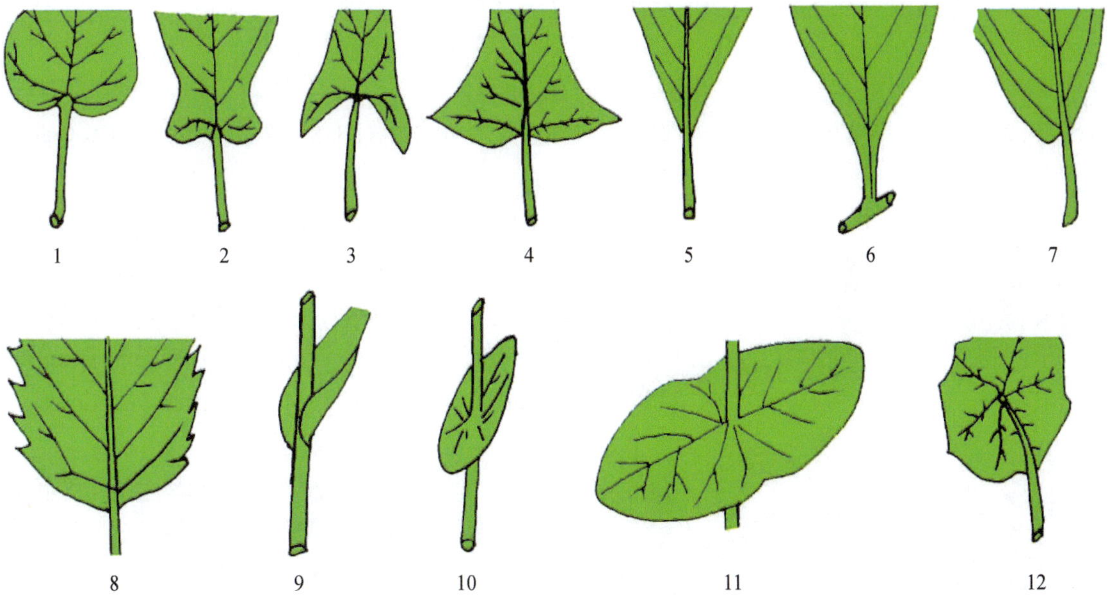

图5-6　叶基的形状

1. 心形；2. 耳形；3. 箭形；4. 戟形；5. 楔形；6. 渐狭；7. 偏斜；8. 截形；9. 抱茎；10. 穿茎；11. 合生穿茎；12. 盾形

（五）叶片缺刻与分裂

有些植物的叶片无分裂、无齿或无缺刻，称为全缘叶。有些植物叶的叶缘具有不同程度的缺刻，较深而大的缺刻进一步形成分裂，叶片的分裂有利于增大叶的光合面积，减少对风雨的阻力，是植物为适应自然环境的进化策略。常见的叶片分裂有羽状分裂、掌状分裂和三出分裂三种类型，并可依据叶片裂隙的深浅不同，分为浅裂（lobed）、深裂（parted）和全裂（divided）（图5-8）。

1. 浅裂　叶片分裂深度不超过或接近叶片宽度的1/4，如常春藤、山里红等植物的叶片。

2. 深裂　叶片分裂深度超过叶片宽度的1/4，但不超过叶片宽度的1/2，如唐古特大黄、山楂等植物的叶片。

3. 全裂　叶片分裂几乎达到叶的主脉基部或两侧，形成数个全裂片，如大麻、苏铁等植物的叶片。

（六）叶脉及脉序

叶脉是叶的输导和支持结构，其中粗大的叶脉为主脉或中脉（midrib），主脉上较大的分枝为

—•笔记栏•—

图5-7 叶缘的形状

1. 全缘；2. 浅波状；3. 深波状；4. 皱波状；5. 圆齿状；6. 锯齿状；7. 细锯齿状；8. 牙齿状；9. 睫毛状；10. 重锯齿状

图5-8 叶片的分裂

1. 三出浅裂；2. 三出深裂；3. 三出全裂；4. 掌状浅裂；5. 掌状深裂；6. 掌状全裂；7. 羽状浅裂；8. 羽状深裂；9. 羽状全裂

侧脉（lateral vein），侧脉上细小的分枝为细脉（veinlet）。叶脉在叶片中的分布及排列形式称为脉序（venation），主要分为3种类型：叉状脉序（dichotomous venation）、平行脉序（parallel venation）和网状脉序（netted venation）（图5-9）。

1. 叉状脉序　每条叶脉呈多级二叉状分枝，又称二叉脉序，常见于蕨类植物，少数裸子植物也有，如铁线蕨、银杏的脉序。

2. 网状脉序　具有界限分明的主脉、侧脉和细脉，经多级分枝后，细脉末梢相互连接形成网状，脉梢游离。多数双子叶植物具有网状脉序。

（1）羽状网脉：主脉1条，两侧分出许多羽状排列的侧脉，侧脉再分出细脉交织成网状，如桑、萝藦等植物的脉序。

（2）掌状网脉：主脉数条，由叶基辐射状发出伸向叶缘，再多级分枝形成网，如蓖麻、木芙蓉等。

少数单子叶植物也具有掌状网脉，如薯蓣、天南星，但其叶脉末梢大多数彼此连接，脉梢非游离，可与双子叶植物的网状脉序区分。

3. 平行脉序　叶脉多不分枝，平行或近平行分布。多数单子叶植物具有平行脉序。

（1）直出平行脉：叶脉自叶片基部平行伸出直达叶端，如淡竹叶等。

（2）横出平行脉：中央主脉明显，侧脉彼此平行，与主脉垂直排列，如芭蕉等。

（3）射出平行脉：各条叶脉均自基部辐射状伸出，如蒲葵等。

（4）弧出平行脉（弧形脉）：各叶脉从叶基部直达叶端，中部弯曲为弧形，如车前等。

（七）叶片的质地

叶片的质地随植物种类而异，主要分为以下几种类型：

1. 膜质（membranaceous）　叶片薄而半透明，如草胡椒、膜叶星蕨等植物的叶片；有的膜质叶干薄而脆，不呈绿色，称为干膜质，如麻黄的叶等。

2. 草质（herbaceous）　叶片薄而柔软，如薄荷、酢浆草、牵牛等的叶片。

3. 纸质（papery）　叶片较薄而柔韧，如叶下珠、刺五加的叶片；有薄纸质、厚纸质之分。

4. 革质（coriaceous）　叶片厚而较强韧，略似皮革；在高温情况下可有效反射太阳直射，避免叶片灼伤，严寒时又能保护叶片不受低温损伤，如枇杷、枸骨、荷花玉兰等的叶片。革质叶片又有薄革质和厚革质、软革质和硬革质的区别。

5. 肉质（succulent）　叶片储藏较多水分，肥厚多汁，如马齿苋、垂盆草、落地生根等的叶片。

（八）叶片表面的附属物

叶片的表面常有毛茸、蜡被等附属物，使得叶片呈现各种不同的表面形态特征，如光滑、粗糙、被粉、被毛等。叶片光滑的有栀子、竹柏、鹅掌藤等；叶片粗糙的有锡叶藤、茜草等；叶片被粉的有芸香、厚朴等；叶片被毛的有木芙蓉、柔毛淫羊藿等。

三、单叶和复叶

植物的叶有两类：单叶（simple leaf）和复叶（compound leaf）（图5-10），是植物类群的鉴别依据之一。

（一）单叶

单叶指1个叶柄上只生1枚叶片，如阴香、桑、肉桂、女贞等。

（二）复叶

复叶指1个叶柄上生有2枚或2枚以上

图5-9　叶脉及脉序

1. 叉状脉序；2. 羽状网脉；3. 掌状网脉；4. 直出平行脉；5. 横出平行脉；6. 射出平行脉；7. 弧出平行脉

图5-10　单叶和复叶

1. 单叶（阴香）；2. 一回奇数羽状复叶（盐肤木）；3. 一回偶数羽状复叶（枫杨）；4. 二回羽状复叶（复羽叶栾树）；5. 三回羽状复叶（南天竹）；6. 羽状三出复叶（刺桐）；7. 掌状三出复叶（迎春花）；8. 掌状复叶（五月瓜藤）；9. 鸟趾状复叶（虎掌）；10. 单身复叶（柚）

—•笔记栏•—

叶片，如三七、野葛、合欢等。复叶的叶柄称总叶柄（common petiole），着生叶片的轴状部分称叶轴（rachis），其上的每片叶称小叶（leaflet），小叶的叶柄称小叶柄（petiolule）。根据小叶的数目和在叶轴上排列方式的不同，复叶可分为如下类型：

1. 羽状复叶（pinnately compound leaf）　小叶片在较长的叶轴两侧排成羽毛状。

（1）奇（单）数羽状复叶（odd-pinnately compound leaf）：羽状复叶的叶轴顶端生有 1 片小叶，如月季花、甘草、黄檗、盐肤木等。

（2）偶（双）数羽状复叶（even-pinnately compound leaf）：羽状复叶的叶轴顶端生有 2 片小叶或卷须，如决明、皂荚、蒙古黄芪、枫杨等。

（3）二回羽状复叶（bipinnate leaf）：叶轴经过一次羽状分枝，形成许多侧生小叶轴，在小叶轴上又形成羽状复叶，如合欢、云实、复羽叶栾树等。

（4）三回羽状复叶（tripinnate leaf）：叶轴经过二次羽状分枝，第二级分枝上又形成羽状复叶，如南天竹、楝等。

2. 掌状复叶（palmately compound leaf）　无叶轴，小叶集生于总叶柄顶端辐射状排列，呈掌状展开，如西洋参、三七、刺五加、五月瓜藤 *Holboellia angustifolia* 等。虎掌、绞股蓝、乌蔹莓等的侧生小叶再一分为二，成为鸟趾状复叶（pedately compound leaf）。

3. 三出复叶（trifoliolate leaf，ternately compound leaf）　生有3片小叶的复叶。若顶生小叶下有叶轴，称为羽状三出复叶，如刺桐、扁豆等；总叶柄顶端无叶轴的，称为掌状三出复叶，如半夏、白簕、迎春花等。

4. 单身复叶（unifoliate compound leaf）　叶轴顶端具有1片大型小叶，与叶轴连接处具一明显关节，两侧的小叶常退化成翼状，如柑橘、柚、酸橙等芸香科柑橘属植物的叶。

有些时候生有单叶的小枝易被误认为复叶，区别的关键在于：① 复叶叶轴的顶端无顶芽，而小枝常具顶芽；② 叶轴上小叶的叶腋一般没有腋芽，芽只出现在总叶柄的腋内，而小枝上叶的叶腋都有腋芽；③ 复叶脱落时整个复叶从总叶柄处脱落，或是小叶先脱落，然后叶轴连同总叶柄一起脱落；而小枝不脱落，只有着生其上的叶脱落；④ 复叶的小叶与叶轴大体成一平面，小枝上的叶通常与小枝成一定角度。

四、叶序

常见叶序类型

叶在茎枝上排列的次序或方式称叶序（phyllotaxy）。常见的叶序有互生（alternate）、对生（opposite）、轮生（verticillate）、簇生（fascicled）等。

1. 互生　茎枝的每个节上只生1枚叶，各叶交互而生，常沿茎枝螺旋状排列，如一枝黄花等。

2. 对生　每个节上相对着生2枚叶。有的与相邻节上的叶呈十字形排列，如益母草、小蜡等。

3. 轮生　3枚或3枚以上的叶有规则地排列于同一节上，轮状排列，如人参、三七、轮叶沙参等。

4. 簇生　节间极度缩短的侧生短枝上着生2枚或2枚以上的叶，密集成簇，如金钱松、枸杞等。

5. 基生　有些植物的茎极为缩短，节间不明显，其叶如同从根上生出，称基生叶（basal leaf）；基生叶常丛生呈莲座状（rosette），如蒲公英、车前等。

同一株植物可能同时存在两种或两种以上的叶序，如桔梗茎下部的叶常对生或3～4枚轮生，上部的叶常互生；栀子具有对生和3叶轮生两种叶序。

叶在茎枝上的排列存在着叶镶嵌（leaf mosaic）现象，即无论何种叶序，相邻两节的叶片总是以相当的角度彼此镶嵌而生，互不遮盖，以利于增大光合作用面积。

五、异形叶性

同一种植物的叶形，具有一定的稳定性。然而，有些植物的不同部位或同一植株，在生长发育时期的不同阶段或不同生态环境下，叶形常会发生变化，这种现象称为异形叶性（heterophylly）。

在不同发育时期，有些植物会出现叶形的变化。例如，一年生的人参只有1枚3小叶复叶，二年生的为1枚由5片小叶组成的掌状复叶（习称"巴掌"），三年生的常见2枚掌状复叶（二甲子），以后每年递增1叶，一般不超过6枚复叶（六品叶）。台湾相思的第一片初生叶是羽状复叶，再出现二回羽状复叶，继而在第六或第七节上叶的叶柄向两侧扩展而成叶状柄。构树幼时叶形多变，多为3～5深裂叶，成年树基部的叶片多为心状卵形叶，中部则以浅裂叶居多，树冠顶端的叶片多为深裂叶。

还有为适应外界环境而引起的叶形变化，如华夏慈姑*Sagittaria trifolia* subsp. *leucopetala*有3种不同形状的叶，挺水叶呈箭形，浮水叶呈椭圆形，沉水叶则为线形。合果芋*Syngonium podophyllum*匍匐在地上生长时，叶为箭形，攀附其他植物生长时，叶的分裂会随之增加，裂片可多达七八片。

第二节　叶的变态

在植物的各种器官中，叶的可塑性最大，发生的变态最多。常见的有苞片（bract）、鳞叶（scale leaf）、叶状柄（phyllode）、叶刺（leaf thorn）、叶卷须（leaf tendril）、捕虫叶（insect-catching leaf）等。

1. 苞片　着生于花的基部、花序基部或花序中小花的基部。其中，着生于花序基部的称为总苞片（involucral bract），着生于花序中每朵小花基部的称小苞片（bractlet）。菊科等一些类群的植物花序基部1至多层的总苞片常合称为总苞（involucre）。苞片常为绿色，较普通叶为小，也有的较大而明显的，如蕺菜（鱼腥草）花序基部的4枚白色总苞片。海芋、天南星、半夏等天南星科植物的花序下或外方有1片大型的总苞片，常大而鲜艳，称佛焰苞（spathe）（图5-11）。

图5-11　叶的变态

1. 佛焰苞（海芋）；2. 苞片（蕺菜）；3. 总苞及总苞片（小蓟）；4. 肉质鳞叶（披针叶百合）；5. 叶刺（豪猪刺）；6. 叶刺（仙人掌）；7. 叶卷须（四籽野豌豆）；8. 捕虫叶（猪笼草）

2. 鳞叶　叶特化或退化呈鳞片状。可分为膜质和肉质两种：膜质鳞叶菲薄，一般不呈绿色，多为地下茎上退化的叶，如慈菇和荸荠球茎上的鳞叶；肉质鳞叶肥厚，如披针叶百合、川贝母

—• 笔记栏 •—

等鳞茎盘周围着生的肉质鳞片。一些木本植物芽的外方存在的芽鳞也是一种鳞叶。

3. 叶状柄　叶柄转变成扁平的片状，并行使叶的功能。台湾相思和其他一些生长于干旱地区的金合欢属植物后期长出的叶，小叶都退化，仅存叶状柄。

4. 叶刺　或称刺状叶，叶片或托叶变态形成坚硬的刺。例如，豪猪刺的叶常变成3条刺，称为“三颗针”；很多仙人掌类、一些大戟类植物的叶退化呈针刺状；刺槐复叶基部的刺则由托叶变成。

5. 叶卷须　叶的全部或一部分变为卷须，常见于一些攀缘藤本。例如，豌豆的羽状复叶先端的小叶变成卷须，而土茯苓的卷须则由托叶变成。

6. 捕虫叶　食虫植物的捕食机构多为叶片或由叶片的一部分特化而成，称作捕虫叶。捕虫叶有的呈瓶状，如猪笼草；有的为囊状，如狸藻；有的呈盘状，如茅膏菜。捕虫叶上有分泌黏液和消化液的腺毛，当捕捉到昆虫等小动物后，由腺毛分泌消化液，将其消化并吸收。

开发具有药用价值的叶

【小结】

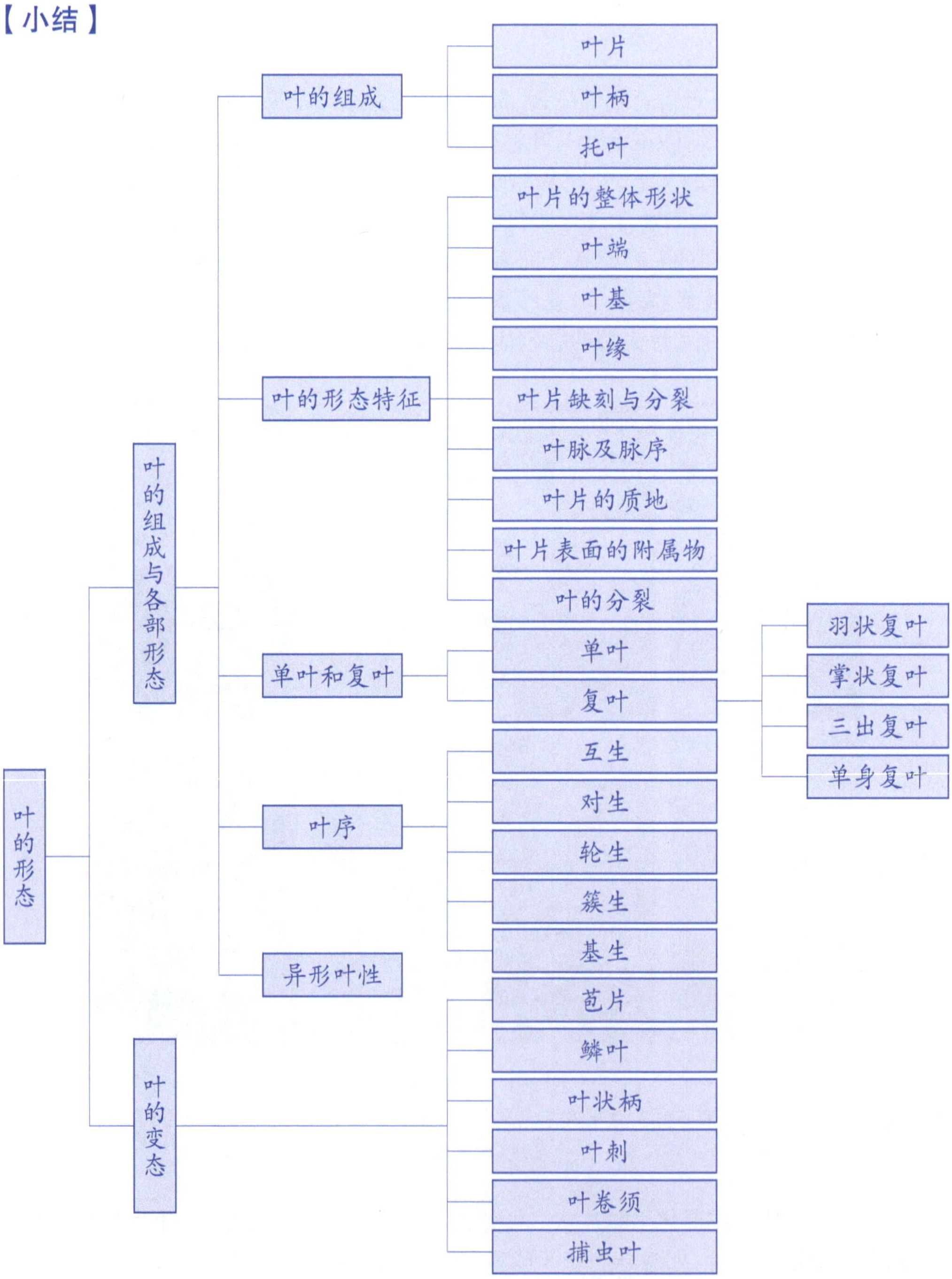

第六章 花的形态

— • 笔记栏 • —

第六章授课视频

案例

中国古诗文中多喜写梅、兰、竹、菊，它们亦被称为“花中四君子”。林翁爱梅之傲霜斗雪、朽木爱兰之空谷幽香、坡翁爱竹之坚韧挺拔、陶翁爱菊之恬然自处，正是人世间的四种高尚品质的象征。四君子中，除了竹以外，皆以花为语。分析下列问题：

(1) 梅、兰、竹、菊分别指的是一种特定植物还是一类植物？

(2) 梅花和兰花的花基数、对称性、子房位置、胎座形式有何不同？

(3) 您见过竹类的花吗？其主要结构如何？

(4) 我们常说的菊花是一朵花吗？

(5) 试写出各类一种代表植物的花程式。

有花植物的范畴

花(flower)由花芽发育而成，是适应生殖、节间极度缩短、不分枝的变态枝。花是被子植物特有的繁殖器官；被子植物通过开花、传粉和受精，形成果实和种子，繁衍后代、延续种族，又被称为有花植物(flowering plant)。

很多植物的花可供药用，入药部位多样。例如，紫玉兰、槐、丁子香、忍冬等的花蕾，洋金花、木棉、金莲花等的开放的花，莲的花托和雄蕊、玉蜀黍的花柱、番红花的柱头、马尾松和东方香蒲的花粉，菊、旋覆花、款冬等的花序等。

第一节 花的组成与形态

花的组成与形态随植物种类不同而变化，反映了植物在长期进化过程中对环境的适应。对于某种特定植物而言，花的形态结构特征比较稳定，其变异较其他器官小。因此，掌握花的特征对研究植物分类学、药用植物鉴定及花类药材的真伪鉴别等具有重要意义。

图6-1 花的基本结构

1. 花柄；2. 花托；3. 花萼；4. 雄蕊；5. 雌蕊；6. 花冠

一朵完整的花由花柄(pedicel)、花托(receptacle)、花萼(calyx)、花冠(corolla)、雄蕊群(androecium)和雌蕊群(gynoecium)等部分组成；花萼和花冠通常统称为花被(perianth)(图6-1)。各部完整的花，称为完全花(complete flower)；缺少其中任何一部分，即为不完全花(incomplete flower)。

例如，一朵花中兼具雄蕊和雌蕊，为两性花(bisexual flower)，如桔梗、芸薹等的花；而一朵花中仅有雄蕊或雌蕊，则为单性花(unisexual flower)，其中仅有雄蕊的为雄花(male flower)，仅有雌蕊的为雌花(female flower)。有的雌花中可见败育或退化的雄蕊，而有的雄花中则有退化雌蕊。还有的花中，雄蕊和雌蕊均退化或发育不全，则为无性花(asexual flower)，也称中性花(neutral flower)或不孕花(sterile flower)，如绣球 *Hydrangea macrophylla*、

—•笔记栏•—

矢车菊*Centaurea cyanus*花序周围的边缘花。

具有单性花的植物，雄花和雌花生于同一植株上，称单性同株或雌雄同株（monoecism），如冬瓜、半夏、薏苡等；若同种植物的雌花和雄花分别生于不同植株上，称单性异株或雌雄异株（dioecism），如银杏、五味子、薯蓣等。同一植株上既有两性花又有单性花的称杂性同株（polygamo-monoecism），如杧果、喜树；若同种植物两性花和单性花分别生于不同植株上则称杂性异株（polygamo-dioecism），如葡萄、胖大海等。

一、花柄

花柄又称花梗，连接花与茎，使花处于一定的空间位置。花柄通常绿色、圆柱形，其长短粗细随植物种类而异；有些植物的花，花柄缺失，为无柄花。果实形成时，花柄成为果柄。

二、花托

花托是花柄顶端稍膨大的部分，花的其他部分（花被、雄蕊群、雌蕊群）按一定的方式着生于花托上。花托的形状多样，随植物种类不同而不同。大多数植物的花托呈上部平坦或稍凸起的圆顶状。有的花托凸起呈圆柱状，如玉兰、厚朴；有的花托呈圆锥状，如毛茛；有的花托呈倒圆锥状，如莲；有的花托凹陷呈杯状，如金樱子、玫瑰。有的花托在雌蕊基部或在雄蕊与花冠之间形成肉质增厚部分，呈扁平状或垫状的盘状体，可分泌蜜汁，称花盘（floral disc），如柑橘、枣、长春花等。有的花托在雌蕊基部向上延伸成柄状，称雌蕊柄（gynophore），如黄连、杜仲、屈头鸡*Capparis versicolor*等。也有的花托在花冠以内的部分延伸成柄状，称雌雄蕊柄（androgynophore），如苹婆*Sterculia monosperma*、破布叶*Microcos paniculata*等。

三、花被

花被由着生在花托外围或边缘部分的扁平状瓣片组成，起着保护内部的雄蕊群和雌蕊群的作用，还有助于传粉作用的完成。

花被一般可分为内、外两部分。外方为花萼（calyx），一般为绿色，形状和结构均类似叶片；内方为花冠，多具鲜艳色彩。具有分化明显的花萼和花冠的花，称双被花或重被花（double perianth flower），如梅、牵牛的花。有些植物的花没有明显的花萼和花冠的分化，或者各轮花被片（tepal）的形状、色泽等基本没有区别，称为同被花（homochlamydeous flower），如玉兰、百合等；或只有一轮花被，称为单被花（simple perianth flower），该轮花被即使具鲜艳的颜色而呈花瓣状（petaloid），通常也认为其是花萼，如铁线莲、白头翁、乌头、青葙等。也有一些植物的花没有花被片，称为无被花（achlamydeous flower），如胡椒、半夏等。

（一）花萼

花萼由萼片（sepal）组成。一朵花中萼片的数目随植物科属的不同而异，以3～5片多见。有的花萼片彼此完全分离，称离生萼（aposepalous），如黄连、菘蓝等。有的花萼片互相连合，称合生萼（synsepalous），上部分离的部分称萼齿（calyx tooth）或花萼裂片，下部连合的部分称萼筒（calyx tube）或萼管，如蒙古黄芪、黄芩、地黄等。

花萼在花枯萎时通常脱落。有些植物的花萼在花开放时即脱落，称早落萼（caducous calyx），如罂粟、白屈菜等。有些植物的花萼果实成熟时依然存在，且通常较花时增大，称宿存萼（persistent sepal），如柿、辣椒、益母草等。

凤仙花有3枚萼片，其中下方1枚明显较大，状如花瓣，称为唇瓣（lip，labellum），其基部渐狭或急收缩呈伸长或短的管状，称距（spur）；观赏植物旱金莲也有1枚萼片延长而形成距。菊科植物的萼片常变态呈毛状，以帮助果实传播，称冠毛（pappus），如苍术、蒲公英等。有的植物花萼外方还有一轮萼片状物，称副萼（epicalyx，accessory calyx），如锦葵、苘麻等。

（二）花冠

花冠由花瓣（petal）组成，常具有鲜艳的颜色。花瓣中或具有分泌组织，能分泌挥发油而使花具有香味，或在花瓣基部存在可分泌蜜汁的腺体，以吸引昆虫等帮助传播花粉。

各花瓣彼此分离的花称离瓣花（choripetalous flower），如芍药、当归等的花。花瓣全部或部分合生的花为合瓣花（synpetalous flower），其中花冠下部连合的部分称花冠筒（corolla tube）或花筒，上部分离的部分称花冠裂片（corolla lobe），如丹参、桔梗等的花。萝卜、瞿麦等的花瓣，前端宽大，称为冠檐（limb），中部急剧缩窄并下延，下延的部分称爪（claw）。紫花地丁、延胡索等的花瓣基部延长呈管状或囊状的距。有些植物的花被或花冠与雄蕊之间生有瓣状附属物，称副花冠（corona），如夹竹桃、水仙等。

一般植物的花为单瓣花（simple flower），花瓣常排成一轮；但许多栽培植物的花瓣数目常比正常的多，且排成数轮，称重瓣花（double flower），如桃、月季花等的栽培种。

花冠除花瓣彼此分离或合生外，不同类别植物花瓣的形状和大小也不同，整个花冠呈现特定的形状，通常为不同类别植物的独有特征。常见的花冠有以下种类（图6-2）：

图6-2　花冠的类型

1. 十字形花冠（萝卜）；2. 蝶形花冠（扁豆）；3. 假蝶形花冠（云实）；4. 唇形花冠（黄芩）；5. 管状花冠（千里光）；6. 假舌状花冠（千里光）；7. 漏斗状花冠（圆叶牵牛）；8. 高脚碟状花冠（长春花）；9. 钟状花冠（杏叶沙参）；10. 辐状花冠（枸杞）

1. 十字形（cruciform）　花瓣4枚，分离，两两相对，上部外展呈十字形排列，常具爪，如萝卜、菘蓝等十字花科植物的花冠。

2. 蝶形（papilionaceous）　花瓣5枚，分离，上方1枚位于最外侧且最大，称旗瓣（standard），侧方2枚称翼瓣（wing），最下方2枚瓣片位于最内侧，前端常连合并向上弯曲，称龙骨瓣（keel），如扁豆、葛、甘草等的花冠。若上方的1枚花瓣最小且位于最内侧，则称假蝶形花冠（peudopapilionaceous corolla），如云实、苏木等的花冠。

3. 唇形（labiate）　花冠下部连合成筒状，上部分裂成上唇（upper lip）和下唇（lower lip）两部分，上唇具2个裂片，下唇常3个裂片，如丹参、黄芩、玄参、穿心莲等的花冠。

4. 管状（tubular）　花冠合生呈细长管状，上端有裂齿，如千里光花序中央小花的花冠，以及红花、蓟等植物花序中全部小花的花冠。

—•笔记栏•—

5. 舌状(ligulate) 花两性,花冠基部连合呈短筒状,上部向一侧延伸呈长扁平舌状,前端常5齿裂,如蒲公英、菊苣等的花冠。千里光花序的边缘花近似舌状,但其是单性雌花,花冠上部3齿裂,称为假舌状(pseudoligulate)。

6. 漏斗状(funnelform) 花冠筒较长,自下向上逐渐扩大,上部外展呈漏斗状,裂片一般不明显或较小,如牵牛、曼陀罗等的花冠。

7. 高脚碟状(salverform) 花冠管为细长的圆筒状,裂片骤然水平展开呈碟状,如长春花、白花丹、栀子等植物的花冠。

8. 钟状(campanulate) 花冠筒短阔,长宽近相等,裂片扩大平缓外展,整体似钟形,如沙参、党参、龙胆、南瓜等的花冠。

9. 辐状或轮状(rotate,wheel-shaped) 花冠筒甚短,裂片由基部向四周扩展,状如轮辐,如枸杞、女贞等的花冠。

(三) 花被卷叠式

花被卷叠式(aestivation)指各花被片或花被裂片在花蕾中的排列位置关系。常见的花被卷叠式有以下几种(图6-3):

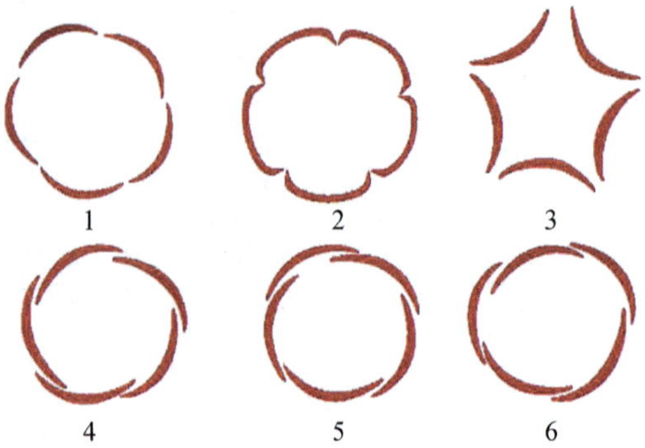

图6-3 花被卷叠式

1. 镊合状; 2. 向内镊合状; 3. 向外镊合状; 4. 旋转状; 5. 覆瓦状; 6. 重覆瓦状

1. 镊合状(valvate) 各花被(裂)片的边缘彼此接触而不重叠,如桔梗、刺五加的花冠。若各(裂)片的边缘稍向内弯称内向镊合,如铁线莲的萼片、沙参的花冠裂片;若花被各(裂)片的边缘稍向外弯称外向镊合,如蜀葵的萼片。

2. 旋转状(convolute,contorted) 花被(裂)片的一边覆盖着相邻的一片,而另一边被该侧的相邻花被(裂)片所覆盖,呈顺时针或逆时针的旋转状,如夹竹桃、龙胆、牵牛的花冠裂片。

3. 覆瓦状(imbricate) 花被(裂)片边缘彼此覆盖,其中有1片完全在外面,覆盖着两侧的相邻花被(裂)片,另有1片两边均被相邻花被(裂)片所覆盖而完全处于内面,如扁豆、云实的花瓣、紫草 *Lithospermum erythrorhizon* 的花冠裂片等。

4. 重覆瓦状(quincuncial) 与覆瓦状相似,但花被(裂)片中有2片完全在外面,有2片完全在内面,如桃、决明的花瓣。

(四) 花的对称性

1. 多面对称花(polysymmetrical flower) 花被各片的形状、大小、排列方式相似,通过花的中心可做出3个或3个以上对称面的花,如具有十字形、管状、漏斗状、钟状、辐状等花冠的花,常称为辐射对称花(actinomorphic flower)或整齐花(regular flower)。

2. 双面对称花(disymmetrical flower) 通过中心,可做出2个对称面的花,如荷包牡丹 *Lamprocapnos spectabilis*、紫金龙 *Dactylicapnos scandens* 等的花。

3. 单面对称花(monosymmetrical flower) 花被各片的形状大小不一,通过其中心只可做出1个对称面,又称左右对称花(zygomorphic flower),如具有蝶形、唇形、舌状花冠的花。

过去把单面对称花和双面对称花均称为两侧对称花(bilateral flower)。

4. 不对称花(asymmetrical flower) 通过花的中心不能做出对称面的花,如美人蕉等极少数植物的花。

双面对称花、单面对称花和不对称花又称不整齐花(irregular flower)。

四、雄蕊群

雄蕊群是1朵花中所有雄蕊(stamen)的总称。雄蕊位于花被的内侧,常直接着生在花托

—•笔记栏•—

上，也有的着生在花冠筒或花被筒上。不同植物雄蕊数目不同。一般与花瓣同数或为其倍数，有时多达10枚以上，称雄蕊多数（polyandrous）。

（一）雄蕊的组成

雄蕊由花丝（filament）和花药（anther）两部分组成。花丝通常呈细长的柄状，其粗细、长短因植物种类而异，个别植物花丝极短或近无。花药着生于花丝先端，为膨大的囊状体。成熟的花药通常有两个药室（anther cell），中间由药隔（connective）相连。每个药室由2个或1个花粉囊（pollen sac）组成，其中充满花粉粒（pollen grain）。雄蕊成熟时，花药自行裂开，花粉粒散出。

花药按其在花丝上着生方式，常见的有全着药（贴着药）、基着药、背着药、丁字着药、个字着药、广歧着药等；花药的开裂方式则有纵裂、孔裂、瓣裂、横裂等（图6-4）。

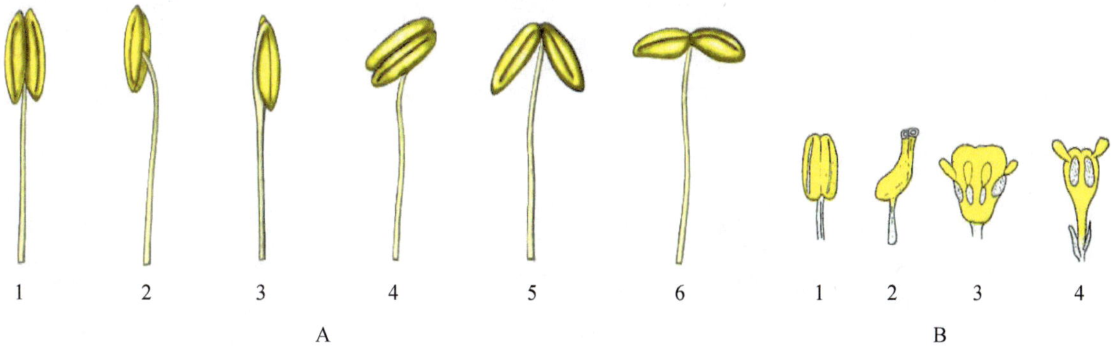

图6-4　花药着生与开裂方式

A. 花药的着生方式：1. 基着药；2. 背着药；3. 全着药；4. 丁字着药；5. 个字着药；6. 广歧着药
B. 花药的开裂方式：1. 纵裂；2. 孔裂；3、4. 瓣裂

少数植物的花一部分雄蕊不具花药或仅见其痕迹，称不育雄蕊或退化雄蕊（staminode），如肉桂花中的最内轮雄蕊。姜、美人蕉的花中，部分退化雄蕊特化呈花瓣状，也称为唇瓣（labellum）。某些重瓣花中，花瓣数量的增加也是由于雄蕊的瓣化而成。

（二）雄蕊的类型

一朵花中雄蕊的数目、长短、离合、排列方式等随植物种类不同而异。多数植物的雄蕊，相互分离，长短相似，称离生雄蕊（distinct stamen），如打破碗花花*Anemone hupehensis*、桃、月季花、玉兰等。有些植物的雄蕊部分或全部连合在一起或长短不一，形成以下不同类型的雄蕊（图6-5）：

1. 单体雄蕊（monadelphous stamen）　所有雄蕊的花丝连合成1束，形成花丝筒，花药分离，如金铃花、木槿等锦葵科植物的雄蕊。

2. 二体雄蕊（diadelphous stamen）　雄蕊的花丝连合成2束。甘草、葛、鸡冠刺桐等豆科植物的雄蕊为（9）+1式二体雄蕊，即10枚雄蕊中9枚连合，1枚分离。延胡索、紫堇等罂粟科植物的雄蕊也为二体雄蕊，其6枚雄蕊，分为2束，每束3枚。

3. 多体雄蕊（polyadelphous stamen）　雄蕊多数，花丝连合成多束，如蓖麻、金丝梅*Hypericum patulum*、柑橘、酸橙等植物的雄蕊。

4. 二强雄蕊（didynamous stamen）　雄蕊4枚，分离，其中2枚较长，2枚较短，如铁轴草*Teucrium quadrifarium*、益母草、水苏等唇形科植物的雄蕊。

5. 四强雄蕊（tetradynamous stamen）　菘蓝、独行菜、萝卜等十字花科植物的花中，雄蕊6枚，分离，其中外轮2枚较短，内轮4枚较长，称为四强雄蕊。

6. 聚药雄蕊（synantherous stamen）　雄蕊的花药连合成筒状，花丝分离，如向日葵、蒲公英等菊科植物，以及南瓜等植物的雄蕊。

—• 笔记栏 •—

图6-5 雄蕊的类型

1. 离生雄蕊(打破碗花花); 2. 单体雄蕊(金铃花); 3. 二体雄蕊(鸡冠刺桐); 4. 多体雄蕊(金丝梅);
5. 二强雄蕊(铁轴草); 6. 四强雄蕊(萝卜); 7、8. 聚药雄蕊(向日葵)

(三) 花粉粒

花粉粒来源于花粉母细胞。每个花粉母细胞通过减数分裂,形成4个单倍体的花粉粒,最初连在一起称四分体(tetrad),呈四面体形、平面形或直线形。绝大多数植物的四分体会分离,并发育为4个独立的成熟花粉粒,称单粒花粉粒;有些植物的花粉粒形成时四分体不分离,4个成熟花粉粒集合在一起,称复合花粉粒(四合花粉粒),如杠柳;还有些植物的多数花粉粒集合在一起呈团块状,称花粉块(pollinium),如铁皮石斛、萝藦等。

花粉粒在四分体中朝内的部分,称为近极面,朝外的部分称为远极面。连接花粉近极面中心点与远极面中心的假想中的一条线,称为极轴,与极轴成直角相交的一条线称为赤道轴,沿花粉两极之间表面的中线为赤道。花粉粒的形状按极轴与赤道轴的比例划分为圆球形、扁球形、长球形等,直径大多为15 ~ 50 μm。

成熟花粉粒的壁分为两层,内壁(intine)主要由纤维素和果胶组成,软薄而易被破坏;外壁(exine)主要由孢粉素(sporopollenin)组成,较厚而坚硬,通常还因有些色素类物质而具有一定的色彩。花粉粒外壁表面或光滑,或有颗粒状、瘤状、棒状、棘刺状、条纹状、网状、脑纹状等各种各样的纹饰(雕纹,sculpture)。花粉粒有的地方外壁较薄或缺失,形成萌发孔(aperture),萌发孔有简单的孔(pore)、沟(colpus)、槽(sulcus)或复合的孔沟(colporate)等形式,是花粉粒萌发时花粉管突出的地方(图6-6)。

花粉粒的形状、大小、对称性和极性,萌发孔的数目、结构和位置,壁的结构及表面雕纹等,可为植物的分类、鉴定、系统发育的研究提供有价值的资料。特别是组成花粉粒外壁的孢粉素,其化学性质极为稳定,抗高温、抗高压、耐酸碱、抗分解,使得花粉粒在自然界中历经千百万年仍保持完好,在古植物学、考古等研究中极具价值。

有些植物的花粉粒为二核花粉粒,其内部有2个细胞,1个为营养细胞,占大部分体积;另1

—•笔记栏•—

个为生殖细胞，较小，透镜形，一般包埋于营养细胞的细胞质中，之后生殖细胞在花粉管中再分

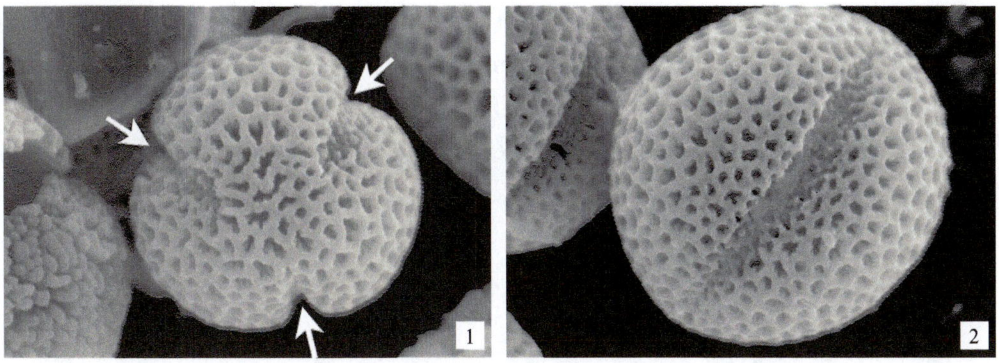

图6-6　扫描电镜下南芥属*Arabis sp.*花粉粒的极面观（1）和赤道面观（2）
箭头所指为萌发沟（Maria Majaura, 2007, CC BY-SA 3.0）

裂形成两个精子，如棉花、茶、柑橘等。有些植物如小麦、水稻等的生殖细胞在花粉粒内就已经分裂为两个精子，因而其中有3个细胞，为三核花粉粒。

花粉中含有人体必需的氨基酸、维生素、脂类、矿物成分、微量元素及激素、黄酮类化合物、有机酸等，对人体有保健作用。但钩吻（大茶药）、博落回、乌头、雷公藤、藜芦、羊踯躅（闹羊花）等植物的花粉和花蜜均有毒。也有些植物的花粉能引起人体变态反应，如黄花蒿、艾、三裂叶豚草、葎草、野苋菜、蓖麻、苦楝、木麻黄等的花粉，可引起花粉病。

五、雌蕊群

雌蕊群是1朵花中所有雌蕊（pistil）的总称，位于花的中心部分。

（一）雌蕊的组成

雌蕊由子房（ovary）、花柱（style）和柱头（stigma）3部分组成。

1. 子房　是雌蕊基部膨大呈椭圆形、卵形、壶形等形状的囊状部分。其外层为子房壁，内部为1个或数个腔室，称子房室（locule），内有胚珠（ovule）。

2. 花柱　子房顶部的突起部分，通常细长，是花粉管进入子房的通道。有些植物如莲的花柱粗短如棒，有些植物如木通、罂粟则无花柱。唇形科和紫草科的大多数植物，子房四深裂，花柱从分裂的子房基部生出，称花柱基生（gynobasic）。有些植物的花柱与雄蕊合生成一柱状体，称合蕊柱（gynostemium），如天麻、白及等兰科植物。

3. 柱头　位于花柱顶端，或直接生长于子房顶部，常稍膨大成圆盘状、羽毛状、星状、头状等多种形状，其上带有乳头状突起，并常能分泌黏液，利于花粉粒的附着和萌发。

（二）雌蕊的类型

构成雌蕊的基本单位是心皮（carpel）。心皮是适应生殖的变态叶，其边缘着生卵形或球形的胚珠。心皮两侧向内包卷，边缘互相连合，将胚珠包藏在内，即形成雌蕊（图6-7）。

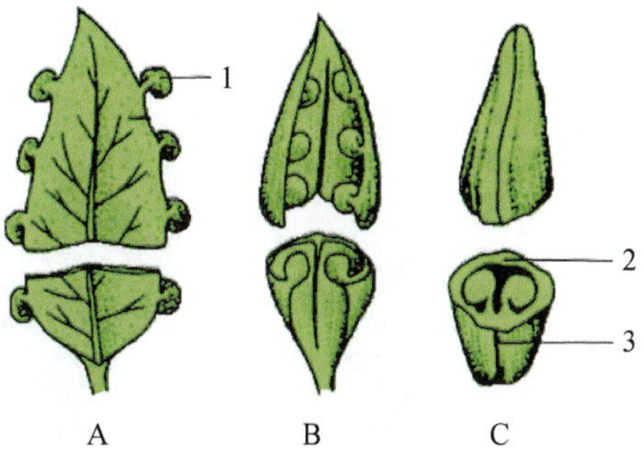

图6-7　心皮及其形成雌蕊过程示意图
（A～C表示心皮内卷形成雌蕊的步骤）
1. 胚珠；2. 背缝线；3. 腹缝线

有些植物的花中，只有1枚这种简单的、只由1个心皮构成的雌蕊，称为单雌蕊（simple pistil），如大豆、杏等；其心皮中央相当于叶片中脉部分的缝线称背缝线（dorsal suture），边缘相连合处的缝线称腹缝线（ventral suture），胚珠着生在腹缝线上。

有些植物的雌蕊群包括2枚以上、多至数百枚的

—•笔记栏•—

雌蕊，各自分离，每枚雌蕊均为单心皮形成的单雌蕊，聚生在同一花托上；这种情形的雌蕊，称为离生雌蕊（apocarpous pistil），如玉兰、毛茛等。

有些植物的花中，也只有1枚雌蕊，但这枚雌蕊是由2个或2个以上心皮完全或部分连合在一起构成的。这种类型的雌蕊称为复雌蕊（compound pistil），又称合生心皮雌蕊（syncarpous pistil），如蛇根木、百合、桔梗、柑橘等的雌蕊。复雌蕊的腹缝线位于相邻2个心皮愈合处。在复雌蕊上，背、缝线的数目、子房室数、花柱和柱头或其分裂的数目，往往与组成雌蕊的心皮数相同（图6-8）。

图6-8 雌蕊的类型

1. 单雌蕊；2. 二心皮复雌蕊；3、4. 三心皮复雌蕊；5. 离生雌蕊

单雌蕊或离生雌蕊的子房，只有1个子房室，称单子房（simple ovary）。复雌蕊由数个心皮合生而成，子房可为1室或数室，称为复子房（compound ovary），具体子房室数由组成雌蕊的心皮数目及其结合状态而决定。如果各心皮边缘连合，全部心皮均成为子房外壁，形成的子房只有1室，称为单室复子房；如果各心皮向内卷入，边缘在子房中央连合成柱状的中轴（axis），心皮的一部分成为子房壁，卷入部分则成为子房内的隔膜（diaphragm），就形成与心皮数相等的多个子房室，称为多室复子房。有的植物子房原为1室，由于腹缝线处产生假隔膜（septum）而成为多室，如萝卜、芥菜、桃金娘等；也有的植物子房原为多室的，由于隔膜消失而成为1室，如石竹、报春花等。

（三）子房的位置

不同植物的花，花托的形状有所不同。花托形状的变化，改变了各花部在花托上的排列位置，特别是子房在花托上着生位置和与花托的愈合程度，呈现以下几种不同的形态（图6-9）：

1. 子房上位（superior ovary）　子房仅底部与花托相连。有些具上位子房的花，花托扁平或隆起，花被、雄蕊均着生在子房下方的花托边缘，称为下位花（hypogynous flower），如紫玉

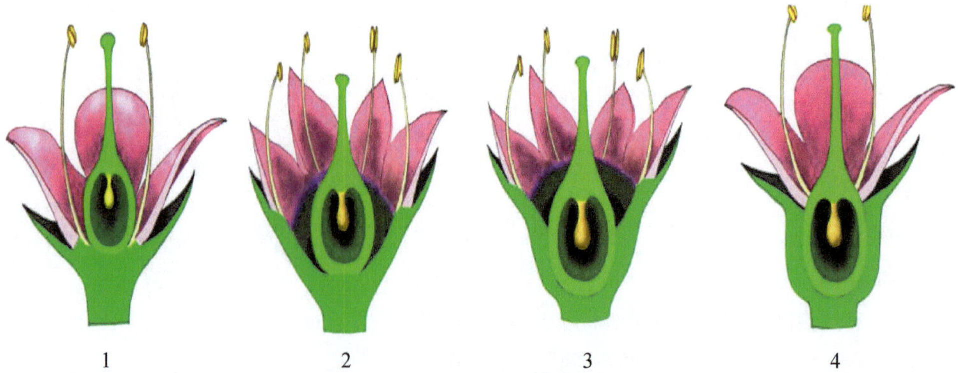

图6-9 子房的位置示意图

1. 子房上位（下位花）；2. 子房上位（周位花）；3. 子房半下位（周位花）；4. 子房下位（上位花）

兰、牡丹、百合等。另有些具上位子房的花，花托下陷为杯状，子房仅基部着生于杯状凹陷内壁的中央或侧壁上，花被、雄蕊则着生于杯状花托的上端边缘，称周位花（perigynous flower），如粉团蔷薇、金樱子、山桃等。

2. 子房下位（inferior ovary）　子房被凹陷的花托包围，并完全与花托愈合，仅花柱和柱头露出，花被、雄蕊均着生于子房上方的花托边缘；具下位子房的花称上位花（epigynous flower），如梨、枇杷、西瓜、红花、独蒜兰等。

3. 子房半下位（half-inferior ovary）　子房下半部分与花托愈合，而上半部分游离于外，花被、雄蕊均着生于花托四周的边缘；具半下位子房的花也属于周位花，如常山、党参、麦冬等。

（四）胎座及其类型

胚珠在子房室内着生之处称为胎座（placenta），常呈肉质的突起。胎座一般发生在心皮边缘的连合处，但是心皮的基部与端部也是时常发生胎座的地方。由于心皮数目及心皮连合的方式不同，胎座有不同的类型（图6-10）。常见的有以下几种。

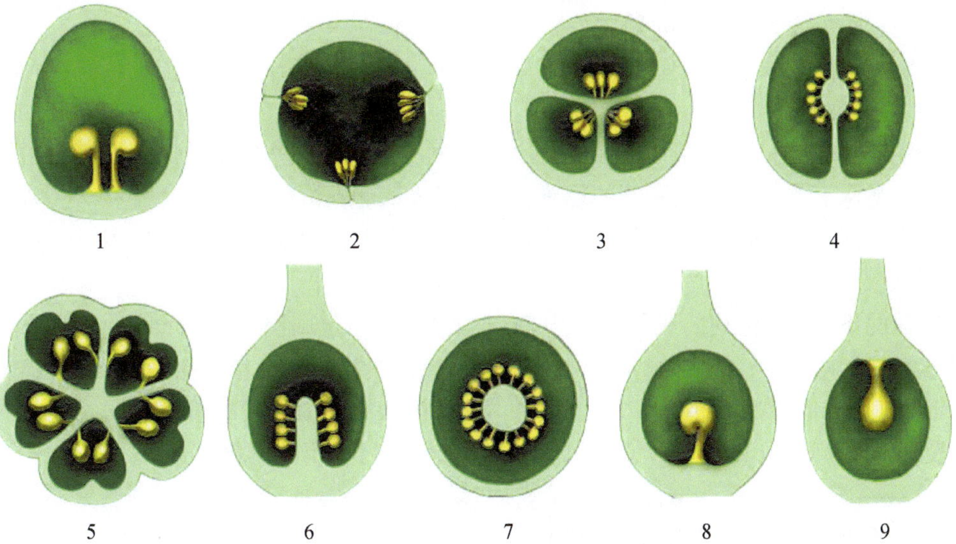

图6-10　胎座的类型

1. 边缘胎座；2. 侧膜胎座；3 ～ 5. 中轴胎座；6、7. 特立中央胎座；8. 基生胎座；9. 顶生胎座

1. 边缘胎座（marginal placenta）　单心皮雌蕊的子房中，胚珠沿腹缝线纵列着生，如八角、绿豆、萝藦等植物的胎座。

2. 侧膜胎座（parietal placenta）　在单室的复子房中，胚珠沿相邻两心皮接合处的腹缝线排列，成若干纵行，如紫花地丁、丝瓜、石斛等植物的胎座。

3. 中轴胎座（axile placenta）　多室的复子房中，胚珠着生于心皮内延交汇于中央形成的中轴上，如百合、玄参、地黄等植物的胎座。

4. 特立中央胎座（free-central placenta）　多室复子房的隔膜和中轴上部消失，胚珠着生于残留的短柱状中轴上，如石竹、过路黄等植物的胎座。特立中央胎座的短柱状中轴，也有由子房基部向中央伸长而成的。

5. 基生胎座（basal placenta）　子房1室，胚珠着生在子房基底部，如胡椒、荞麦、香附子等植物的胎座。

6. 顶生胎座（apical placenta）　子房1室，胚珠从子房室顶部悬垂，如桑、杏等植物的胎座。

（五）胚珠

1. 胚珠的结构　胚珠是种子的前身，由珠心（nucellus）、珠被（integument）、珠孔

—•笔记栏•—

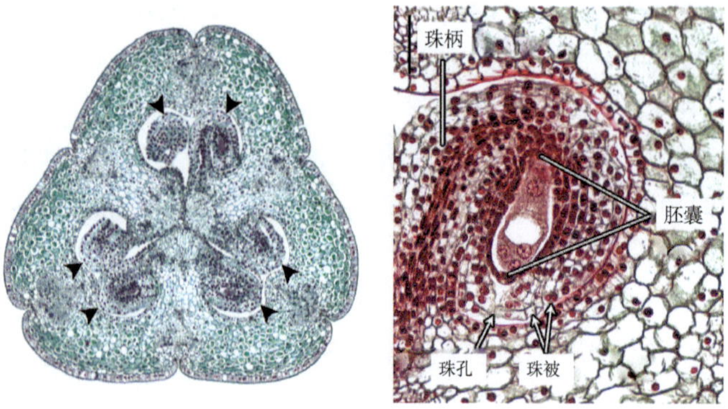

图6-11　百合子房横切及其胚珠的结构
（Jon Houseman, Matthew Ford, 2014, CC BY-SA 4.0）
黑色箭头所指为胚珠

（micropyle）和珠柄（funiculus）等组成（图6-11）。

（1）珠心：位于胚珠的中央，是胚珠中最早发育的部分，也是胚珠中最重要的部分。珠心表层为1或数层细胞，中央发育着胚囊（embryo sac）。

（2）珠被：珠心外围的包被，由珠心基部细胞分裂而来。有些植物的胚珠仅有1层珠被，如胡桃、向日葵等。多数植物的珠被有2层，即内珠被（inner integument）和外珠被（outer integument），外珠被是在内珠被形成之后发育的，如小麦、油菜、百合等。极少数植物如檀香没有珠被。珠被发育成种子的种皮。

（3）珠孔：珠被顶端的孔道，是多数植物受精时花粉管到达珠心的通路。胚珠发育成种子后，珠孔即成为种孔。

（4）珠柄：由胚珠基部的部分细胞发展而来的短柄，将胚珠连接于胎座上，维管束从胎座通过珠柄进入胚珠。维管束进入胚珠的位置，也即胚珠基部珠被、珠心和珠柄汇合处，称为合点。珠柄发育为种柄，种子从种柄上脱落后在种皮上形成种脐。部分植物的珠柄可发育成假种皮，如荔枝、龙眼等。

普遍情况下，被子植物的成熟胚囊中，在珠孔端有1个卵细胞和2个助细胞，在合点端有3个反足细胞，中央为1个中央细胞，其中具有2个极核。当发生受精作用时，花粉管中2枚精子中的1枚与卵细胞结合形成受精卵（$2n$），另1枚与2个极核结合成受精的极核（$3n$），这种受精方式称为双受精（double fertilization）。之后，受精卵发育成胚，受精的极核发育成胚乳。

2. 胚珠的类型　胚珠生长时，由于珠柄、珠被、珠心等各部分的生长速度并不是均匀的，形成不同的胚珠类型，常见的有（图6-12）：

1　　2　　3　　4

图6-12　胚珠的类型
1. 直生胚珠；2. 横生胚珠；3. 弯生胚珠；4. 倒生胚珠

（1）直生胚珠（atropous ovule）：胚珠正直，各部分生长速度相同，珠孔向上，珠柄、合点、珠心、珠孔在一条直线上，如三白草、胡椒、水蓼、藜等植物的胚珠。

（2）横生胚珠（hemitropous ovule）：胚珠一侧生长较快，使得胚珠横向着生，合点和珠孔的连线与珠柄垂直，如毛茛、锦葵、玄参和茄等植物的胚珠。

（3）弯生胚珠（campylotropous ovule）：胚珠一侧生长速度快于另一侧，导致胚珠上部明显扭转，使珠孔弯向珠柄，合点和珠孔的连线呈弧形，珠心和珠被弯曲，胚珠呈肾形，如赤小豆、油菜、柑橘等植物的胚珠。

（4）倒生胚珠（anatropous ovule）：胚珠两侧生长速度极不均匀，珠柄细长，胚珠180°扭转倒置，合点在上，珠孔靠近珠柄基部，珠心并不弯曲，合点、珠心、珠孔的连线与珠柄平行。

上述类型的胚珠中，直生胚珠和倒生胚珠是两个基本的类型，横生胚珠、弯生胚珠等是过渡类型。其中，倒生胚珠最常见，其珠柄常与珠被愈合，形成一明显的纵向隆起，称珠脊，种子发育后成为种脊。直生胚珠发育成的种子无种脊，横生胚珠、弯生胚珠等发育成的种子，种脊长度较短。

第二节　花程式和花图式

为了简化对花的文字描述和叙述，可利用一些符号、数字或标记等，以方程式或图解的形式来记载和表示出各类或某种花的结构和特征，分别称为花程式（floral formula）和花图式（floral diagram）。两种方法各有侧重与不足，在描述时可根据不同需要选用其中一种或两种方法联用。

一、花程式

花程式是用字母、符号和数字表示花的性别、对称性、各花部的组成、排列及相互位置关系的公式。其表示方法主要为：

（1）花的各部，用其拉丁词或德文的第一个字母大写表示，即P表示花被（perianth），K表示花萼（kelch），C表示花冠（corolla），A表示雄蕊群（androecium），G表示雌蕊群（gynoecium）。

（2）花各部分的数目，在其代表字母的右下角，用阿拉伯数字表示。若某一部分的数目超过10个或数目多而不定，以"∞"表示；若缺少或退化，则以"0"表示。组成雌蕊的心皮数、子房室数、每室胚珠数，在雌蕊代表字母的右下角用数字依次表示，并用"："间隔。

（3）以符号表示其他特征，如两性花、雄花、雌花的符号分别为"⚥""♂""♀"（两性符号常可省略）；多面对称花以"*"表示，双面对称和单面对称花以"↑"表示；"（　）"表示组成此部分的各单位是合生的；如果某一部分不止一轮，在各轮数字之间加"+"表示。子房的位置通过在雌蕊符号的上、下划线表示，子房上位在G的下方画横线，子房下位在G的上方画横线，子房半下位则在G上方和下方同时加画横线。

书写花程式时，先写出花的性别、对称性，然后按从外到内的顺序依次记述花萼、花冠、雄蕊群、雌蕊群的情况。若为单性花，则需要分别记录，一般雄花在前，雌花在后。为方便理解，略举几例如下：

（1）樟⚥$*P_{3+3}A_{3+3+3}\underline{G}_{(3:1:1)}$：花两性；辐射对称；花被片2轮，每轮3枚，分离；雄蕊3轮，每轮3枚，分离；雌蕊由3心皮合生而成，子房上位，1室，内有胚珠1枚。

（2）毛茛⚥$*K_5C_5A_\infty\underline{G}_{\infty:1:1}$：花两性；整齐花；花萼片、花瓣各5枚；雄蕊多数，离生；心皮多数，离生单雌蕊，子房上位，1室，内有胚珠1枚。

（3）沙梨⚥$*K_{(5)}C_5A_\infty\overline{G}_{(5:5:2)}$：花两性；辐射对称；花萼片5枚；花瓣5枚；雄蕊多数，分离；5心皮合生复雌蕊，子房下位，5室，每室2枚胚珠。

（4）甘草⚥$\uparrow K_{(5)}C_5A_{(9)+1}\underline{G}_{1:1:\infty}$：花两性；左右对称；花萼5裂；花瓣5枚；雄蕊10枚，为(9)+1式二体雄蕊；雌蕊单心皮，子房上位，1室，每室胚珠数枚。

（5）红花⚥$*K_0C_{(5)}A_{(5)}\overline{G}_{(2:1:1)}$：两性的整齐花；花萼片缺如；花冠5裂；雄蕊5枚，连合（聚药雄蕊）；雌蕊2心皮合生，子房下位，1室，内有胚珠1枚。

（6）桑♂$*P_4A_4$；♀$*P_4\underline{G}_{(2:1:1)}$：花单性；雄花辐射对称，花被片和雄蕊各4枚；雌花辐射对称，花被片4枚，雌蕊2心皮合生，子房上位，1室，内有1枚胚珠。

二、花图式

花图式（floral diagram）用图形符号来表示花各部分的数目、离合情况、排列方式、相互位置关系等，相当于花的各部分垂直于花轴平面的投影图（图6-13）。

通常在花图式的上方用小圆圈表示花轴或茎的位置。在花轴的对方或侧方，中央有突起的新月形空心弧线，表示苞片和两侧的小苞片。萼片通常以外侧为三角状突起、内侧为弧线，内填

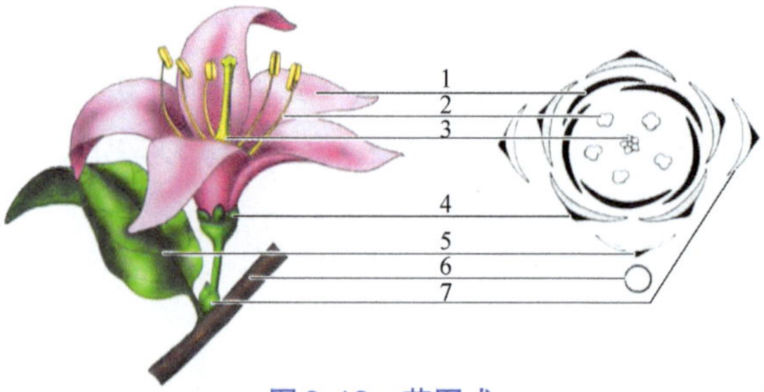

图6-13 花图式

1. 花瓣；2. 雄蕊；3. 雌蕊；4. 萼片；5. 苞片；6. 花序轴；7. 小苞片

短线的新月形表示，花瓣则用黑色或空白的新月形符号表示；这两部分如为合生的情况，则以虚线连接各被片。雄蕊和雌蕊分别按花药和子房横断面的形状绘制。

花图式可形象地表现花程式难以体现的花各部分空间位置、花各轮的相互关系及花被的卷叠情况等特征，但也有所欠缺，如看不出子房位置。两者配合使用，互相取长补短，可更好地表示某一分类单位（如科、属、种）的花部特征。

第三节 花 序

有些植物的花，单朵生于茎的顶端或叶腋内，称单生花（solitary flower），如玉兰、牡丹等。大多数植物的花会按一定方式有规律地着生在花枝或花轴上，按顺序开放，形成花序（inflorescence）。花序中的每一朵花称小花（floret），着生小花的轴状部分称花序轴（rachis），花序轴有时分枝。支持整个花序的茎轴部分称总花梗或花序梗（peduncle），小花的花梗称小花梗或小柄。一些无茎植物，往往从基生莲座状叶丛中抽出无叶的花序梗，称花葶（scape）。花序下常有总苞片（involucral bract），小花基部生有小苞片（bractlet）。

根据小花在花轴上的排列方式和开放顺序，花序可以分为无限花序（indefinite inflorescence）和有限花序（definite inflorescence）两类。

一、无限花序

无限花序（总状花序类）的花序轴在开花期间，顶端继续向上生长，并不断产生新的小花；小花由花序轴的基部向顶端，或在短缩呈盘状或头状的花序轴上由边缘向中心依次开放。常见的无限花序类型有（图6-14）：

1. 总状花序（raceme） 花序轴细长，其上着生许多花梗近等长的小花，如天麻、紫藤等植物的花序。

2. 复总状花序（panicle） 总花序轴上产生许多分枝，各分枝又形成总状花序，整个花序似圆锥状，又称圆锥花序，如南天竹、槐、小叶女贞等植物的花序。

3. 穗状花序（spike） 花序轴直立细长，其上着生许多花梗极短或无花梗的小花，如车前、马鞭草等的花序。

4. 复穗状花序（compound spike） 总花序轴分枝，每一分枝是一个小的穗状花序（小穗，spikelet），如香附子、普通小麦等植物的花序。

5. 柔荑花序（catkin） 形似穗状花序，但花序轴常下垂（少有直立），其上着生许多无梗的单性小花，开花后一般整个花序一起脱落，如胡椒、构树、胡桃等植物的花序。

6. 肉穗花序（spadix） 也类似穗状花序，但花序轴为肉质肥厚的棒状，着生多数无梗的单性小花，如玉蜀黍、香蒲的雌花序。有些植物的肉穗花序外面常有1枚称为佛焰苞（spathe）的大型苞片，如天南星、半夏、海芋等天南星科植物的花序。

7. 伞房花序（corymb） 是变形的总状花序，其特点在于着生在花轴下部的小花，小花梗较长，上部小花的花梗依次渐短，整个花序的小花几近排列于一个平面上，如山楂、苹果等植物的花序。伞房花序也可进一步组成复伞房花序（compound corymb），如光叶粉花绣线菊。

8. 伞形花序（umbel） 花序轴缩短，小花集生在总花梗顶端，小花梗近等长，放射状排列如伞状，如刺五加、人参、薤白等植物的花序。

—•笔记栏•—

图6-14 常见的无限花序

1. 总状花序(天麻); 2. 复总状花序(小叶女贞); 3. 穗状花序(车前); 4. 复穗状花序(小麦,右侧为一个小穗); 5. 柔荑花序(构树); 6. 肉穗花序(海芋); 7. 复伞房花序(光叶粉花绣线菊); 8. 伞形花序(薤白); 9. 复伞形花序(短毛独活); 10. 头状花序(刺儿菜); 11. 隐头花序(薜荔)

9. 复伞形花序(compound umbel) 花序轴顶端集生许多近等长或不等长的伞形分枝,每一分枝又形成小伞形花序(小伞,umbellule),如滨海前胡、北柴胡、茴香、短毛独活 *Heracleum moellendorffii* 等伞形科植物的花序。

10. 头状花序(capitulum) 花序轴常缩短膨大形成头状或盘状的花序托,其上着生许多无梗或近无梗小花,下方常有1至数层苞片组成的总苞,如刺儿菜、蓟、旋覆花、野菊等菊科植物的花序。

11. 隐头花序(hypanthodium) 花序轴肉质膨大,向内凹陷成中空的囊状,顶端有与外面相通的孔道,口部有多枚覆瓦状排列的苞片,内壁上着生许多无梗的单性小花,如无花果、薜荔等榕属植物的花序。

二、有限花序

有限花序(聚伞花序类)与无限花序的不同点在于,花序轴顶端或中心的小花先行开放,限

—•笔记栏•—

制了花序轴的继续生长，而只能在顶花下方以合轴生长的方式，产生数级顶端生花的分枝，其开花顺序是由上而下或由内而外的。有限花序可分为以下类型（图6-15）：

图6-15　常见的有限花序

1. 螺旋状聚伞花序（大尾摇）；2. 蝎尾状聚伞花序（雄黄兰）；3. 二歧聚伞花序（乌蔹莓）；4. 多歧聚伞花序（催吐萝芙木）；5. 轮状聚伞花序（益母草）

1. 单歧聚伞花序（monochasium）　花序轴顶端生1朵花，在其下方产生1侧轴，侧轴顶端同样生1花，又如前分枝，连续数次就形成单歧聚伞花序。若花序轴的分枝均在同一侧产生，花序呈螺旋状卷曲，称螺旋状聚伞花序（helicoid cyme），如紫草、大尾摇等的花序。若分枝在左、右交互产生，称蝎尾状聚伞花序（scorpioid cyme），如雄黄兰、姜等的花序。

2. 二歧聚伞花序（dichasium）　花序轴顶端生1朵花，其下方两侧同时各产生1等长侧轴，每个侧轴再以同样方式生花并分枝，称二歧聚伞花序，如乌蔹莓、冬青卫矛、卷耳等植物的花序。

3. 多歧聚伞花序（pleiochasium）　花序轴顶端发育1朵小花，其下方同时产生3个以上的侧轴，侧轴常比主轴长，各侧轴顶端生花，又有数个分枝，其上再形成小的聚伞花序，称多歧聚伞花序，如催吐萝芙木的花序。

泽漆、大戟、甘遂等大戟属植物，多组雄花组成的聚伞花序和1枚雌花聚生在一个杯状总苞内，称为杯状聚伞花序（大戟花序，cyathium）。益母草、薄荷等唇形科植物的聚伞花序生于对生叶的叶腋，在各节上轮状排列，称为轮状聚伞花序（verticillaster），习称轮伞花序。

一种植物通常生有一种类型的花序，并且往往同科植物或亲缘关系较近的种类具有同类型的花序。但植物的花序类型是复杂多样的，不少植物的花序为混合花序（mixed inflorescence），即同一花序上兼具无限花序和有限花序两种类型的特征，如楤木、八角金盘的花序，为伞形花序排成聚伞状，再进一步排列成大型的圆锥状花序；黄鹌菜的头状花序，少数或多数在茎枝顶端排列成伞房花序；玄参的花序为疏散的大圆锥花序，由顶生和腋生的聚伞圆锥花序合成。

【小结】

—•笔记栏•—

开花与传粉

- 花的形态
  - 花的组成与形态
    - 花柄 — 花梗
    - 花托 — 形态多样
    - 花被
      - 花萼
      - 花冠
        - 离瓣花 — 十字形、蝶形
        - 合瓣花 — 唇形、管状、舌形、漏斗形、高脚蝶状、钟状、辐射或轮状
    - 雄蕊群
      - 雄蕊的组成 — 花丝、花药
      - 雄蕊的类型 — 单体、二体、多体、二强、四强、聚药雄蕊
    - 雌蕊群
      - 雌蕊的组成 — 子房、柱头、花柱
      - 雌蕊的类型 — 单、离生、复雌蕊
      - 子房的位置 — 子房上、下、半下位
      - 胎座及其类型 — 边缘、侧膜、中轴、特立中央、基生、顶生胎座
      - 胚珠
        - 胚珠的结构 — 珠心、珠被、珠柄 — 珠孔
        - 胚珠的类型 — 直生、横生、弯生、倒生胚珠
  - 花程式和花图式
    - 花程式 — 用字母、符号、数字表示花的结构特征
    - 花图式 — 用图形符号表示花的结构特征
  - 花　序
    - 无限花序
      - 简单花序 — 总状、伞房、伞形、穗状、柔荑、肉穗、头状、瘾头花序
      - 复合花序 — 复总状、复穗状、复伞状花序
    - 有限花序
      - 单歧聚伞花序 — 螺旋状、蝎尾状聚伞花序
      - 二歧聚伞花序
      - 多歧聚伞花序

—•笔记栏•—

第七章授课视频

第七章　果　　实

案例

名称中带“子”的中药材有很多种，其中有来源于种子的，也有来源于果实的。

请您整理出《中国药典》里收载的名称中带“子”的中药材，分析其中来源于果实的，各是哪种类型的果实。

果实为被子植物所特有，由子房或子房连同花（花序）的其他部分发育而成。其组成包括果皮及内含的种子，主要起到保护和散布种子的作用。

一、果实的形成与果皮的结构

单性结实

（一）果实的形成

被子植物经传粉和受精后，花的各部分开始发生变化，花柄发育成果柄，花萼、花冠一般脱落，雄蕊及雌蕊的柱头、花柱往往枯萎，子房逐渐膨大，发育成果实，子房室内的胚珠则形成种子。

单纯由子房发育形成的果实，称真果（true fruit）；大多数被子植物的果实属于此类，如梅、柑橘、连翘等。但也有些植物除子房外，花的其他部分如花被、花托及花序轴等也参与果实的形成，这类果实称假果（false fruit），如山楂、栝楼、桑椹、无花果等。

（二）果皮的结构

果皮（pericarp）是果实重要的组成部分，由子房壁或连同其外的花被部分形成，通常可分为外果皮、中果皮、内果皮3层。有些果实可明显观察到3层果皮，如杏、柑橘等；有些果实的果皮分层不明显，甚至与种皮合生，如薏苡等。植物种类不同，果皮的质地、色泽及各层果皮发达程度也有所区别，这在果实类药材的鉴别上具有重要意义。

1. 外果皮（exocarp）　是果实的最外层，通常较薄，光滑，或有角质层、蜡被、毛茸、气孔、刺、瘤突、翅等附属物。例如，八角的外果皮被有具不规则小突起的角质层；柿的外果皮上有蜡被；桃的外果皮密被短柔毛；曼陀罗的外果皮上有刺；荔枝的外果皮上有瘤突。有的果实表皮中尚含有色物质或色素，如花椒；或含有油细胞，如五味子。

2. 中果皮（mesocarp）　是果皮的中层，一般占果皮的大部分。在桃、李等肉质果实中，中果皮肉质肥厚，是主要的可食用部分，而落花生、扁豆等果实的中果皮膜质干燥。有些植物的果实，中果皮因含石细胞、纤维等厚壁细胞而变得比较坚硬，如连翘等；有的则有油细胞、油室及油管等分泌结构，如胡椒、花椒、茴香、蛇床等。

3. 内果皮（endocarp）　为果皮的最内层，常薄而呈膜质，但也有较多的变化，如杏、桃等的内果皮为坚硬的果核，柑橘类植物果实的内果皮能生出充满汁液的肉质囊状毛。

二、果实的类型

果实类型的判断

果实通常分为单果（simple fruit）、聚合果（aggregate fruit）和聚花果（syncarp, collective fruit）三大类。

（一）单果

一朵花中只有1枚雌蕊，花后只形成1个果实的，称为单果。依据果实成熟时果皮质地的不同，又可将其分为肉质果(fleshy fruit)和干果(dry fruit)。

1. 肉质果　果皮肉质，肥厚多汁，不开裂。主要有以下5个类型(图7-1)：

(1) 浆果(berry)：外果皮薄，中果皮和内果皮肉质，常富含汁液，内有种子1至多枚，如枸杞、番茄等。

(2) 柑果(hesperidium)：柑橘类植物的果实，特称为柑果。外果皮较厚，革质，有大量透明油点；中果皮与外果皮结合，常呈白色海绵状；内果皮膜质，分隔成多室，内壁上生有许多肉质多汁的囊状毛，如酸橙、柚、柑橘等。

图7-1　肉质果
1. 浆果(番茄)；2. 柑果(柑橘)；3. 瓠果(黄瓜)；4. 核果(桃)；5. 梨果(苹果)

(3) 瓠果(pepo)：是栝楼、西瓜、丝瓜、黄瓜等葫芦科植物特有的果实。葫芦科植物的雌蕊是三心皮合生的复雌蕊，子房下位，具侧膜胎座；其果实由子房连同花托一起发育而成，因而是一种假果，其中花托与外果皮愈合形成坚韧的果实外层，中、内果皮及胎座均为肉质，是果实的可食部分。

柑果和瓠果可看作特殊类型的浆果。

(4) 核果(drupe)：核果的内果皮木质或骨质，坚硬，形成果核。桃、杏等是典型的核果，外果皮薄，中果皮肉质，果核内含1粒种子。人参、蔓荆、楝等的果实，也具有坚硬果核，同样属于核果。

(5) 梨果(pome)：苹果、梨等植物，雌蕊由2～5个心皮组成，子房下位，与萼筒愈合，其果实也是子房与萼筒一起发育而成的假果，称为梨果。其中的肉质可食部分是由花筒与外、中果皮一起发育而成，彼此界限不明显，内果皮坚韧，革质或木质，常分隔成2～5室，每室常含2粒种子。

2. 干果　成熟时果皮干燥。根据开裂与否，可分为裂果(dehiscent fruit)和闭果(indehiscent fruit)。

(1) 裂果：果实成熟后果皮自行开裂，依据开裂方式不同分为(图7-2)：

1) 蓇葖果(follicle)：由单心皮雌蕊的子房发育而成，成熟后果皮沿腹缝线或背缝线一侧开裂，如淫羊藿、萝藦等植物的果实。

2) 荚果(legume)：也由单心皮雌蕊的子房发育而成，但成熟时果皮通常沿腹缝线和背缝线同时开裂，裂成2片，是豆科植物特有的果实，如膜荚黄芪、大豆、绿豆等。荚果的形态多样，如落花生、皂角的荚果成熟时不开裂；含羞草、多序岩黄耆的荚果成熟时在种子间呈节节断裂，称为节荚(articulate legume)，每节含1粒种子，不开裂；甘草的荚果呈镰刀或环状，具刺毛；槐的荚果肉质，在种子间缢缩呈念珠状。

3) 角果：是绝大多数十字花科植物所具有的果实。这类植物的雌蕊由2心皮合生而成，子房1室，具侧膜胎座。在果实形成过程中，由二心皮边缘合生处生出假隔膜(septum)，将子房分隔成2室；果实成熟时，果皮沿两侧腹缝线开裂，成2片脱落，假隔膜仍留在果柄上，种子着生于假隔膜上。角果有两种形态：果型细长，长度为宽度2倍以上的，为长角果(silique)，如萝卜、播娘蒿、油菜等的果实；果型宽短，长宽近似的，为短角果(silicle)，如荠、独行菜等的果实。

4) 蒴果(capsule)：由复雌蕊的子房发育而成的果实，1至多室，每室含多数种子。果实成熟后开裂的方式较多，最常见的为纵裂(longitudinal dehiscence)，其中沿心皮腹缝相接处开裂的称室间开裂(septicidal dehiscence)，如马兜铃、薯蓣等；沿心皮背缝线开裂的称室背开裂

—•笔记栏•—

图7-2 裂果

1. 蓇葖果(萝藦); 2. 荚果(膜荚黄芪); 3. 短角果(荠); 4. 长角果(油菜);
5. 蒴果(马兜铃); 6. 蒴果(滇重楼); 7. 蒴果(白及); 8. 蒴果(曼陀罗)

(loculicidal dehiscence),如重楼、白及、紫花地丁等;沿背、腹缝线同时开裂,但子房间隔仍与中轴相连的称室轴开裂(septifragal dehiscence),如牵牛、曼陀罗等。罂粟、桔梗等的果实孔裂(poricidal dehiscence),果实顶端出现多个小孔,种子由小孔散出。马齿苋、车前等的果实沿上部或中部呈环状横裂,上部果皮呈盖状脱落,称为盖裂或周裂(circumscissile dehiscence)。麦蓝菜、瞿麦等的果实顶端则呈齿状开裂。

(2)闭果(不裂果):果实成熟后,果皮不开裂,或虽分离成几部分,但种子仍包被于果皮中。常见的有以下类型(图7-3):

1)瘦果(achene):果皮较薄,成熟时果皮与种皮易分离,含种子1枚,如红蓼、白头翁、毛茛等植物的果实。菊科植物的子房下位,其瘦果是由子房与萼筒共同形成的,花萼裂片常变态为冠毛(pappus),宿存于果实顶端,称连萼瘦果(cypsela),如蒲公英、红花等的果实;也有不具冠毛的,如向日葵果实。

2)颖果(caryopsis):是禾本科植物特有的果实,果皮薄,革质,与种皮愈合,难以分离,亦只含1枚种子,如玉蜀黍、小麦、薏苡仁等。

3)坚果(nut):果皮成熟时木质,坚硬,与种皮分离,内含1粒种子,如栗、榛等的果实。板栗的褐色硬壳是其果皮,果实外面带刺的壳是花序的总苞发育成的壳斗。益母草、薄荷、紫草等植物的坚果特别细小,称小坚果(nutlet)。

4)翅果(samara):属于一种特殊的瘦果,果皮一端或周边向外延伸成翅状,如杜仲、白蜡树等植物的果实。

5)胞果(utricle):由合生心皮雌蕊的子房形成,内具1粒种子,果皮薄膜质,膨胀疏松地包围种子,与种皮极易分离,亦称囊果,如苋、地肤、藜等植物的果实。

图7-3　闭果

1. 连萼瘦果(蒲公英); 2. 瘦果(向日葵); 3. 颖果(玉蜀黍); 4. 坚果(茅栗); 5. 翅果(杜仲); 6. 双悬果(窃衣)

6）双悬果(cremocarp)：为伞形科植物及少数五加科植物所具有的果实，其雌蕊为2心皮合生，子房下位，果实成熟后一般分离成2个分果(schizocarp)，悬挂于心皮柄(carpophore)上端，每个分果内各含1粒种子，如茴香、蛇床、窃衣等的果实。

（二）聚合果

聚合果是由1朵花中多数离生雌蕊共同发育形成的果实，每个雌蕊形成1个单果，聚生于同一花托上。根据单果类型不同可分为(图7-4)：

1. 聚合蓇葖果　多个蓇葖果聚生在同一花托上，如玉兰、八角、乌头、芍药等植物的果实。

2. 聚合瘦果　多个瘦果聚生于突起的花托上，如辣蓼铁线莲、白头翁、毛茛等植物的果实。蔷薇属植物的瘦果聚生于凹陷的花托中，称蔷薇果，如金樱子、玫瑰、缫丝花等。

3. 聚合浆果　多个浆果聚生在同一花托上。有的花托延长，如五味子的果实；有的不延长，如南五味子 *Kadsura longipedunculata* 的果实。

4. 聚合核果　多个核果聚生于突起的花托上，如掌叶覆盆子、青灰悬钩子 *Rubus glaucus* 的果实。

5. 聚合坚果　多个坚果嵌生于膨大、海绵状的花托中，如莲。

（三）聚花果（复果）

聚花果是由整个花序发育而成的果实。花序中每朵小花各有1个发育的小果，共同聚生在花序轴上，成熟后从花轴基部整体脱落，如桑椹、无花果、凤梨(菠萝)等(图7-5)。凤梨肥大肉质的花序轴上着生着多数不孕的小花，其可食部分是肉质多汁的花序轴。桑椹是由桑的雌花序发育而成，成熟时小花的花被肉质多汁，每朵小花中有1枚瘦果。无花果的花序轴肉质化并内陷，内壁上有很多小花，各小花中生瘦果1枚，这种由隐头花序发育而成的聚合果称为隐头果(syconium)。

—•笔记栏•—

图7-4 聚合果

1. 聚合蓇葖果(野八角); 2. 聚合瘦果(辣蓼铁线莲); 3. 聚合瘦果(蔷薇果,缫丝花); 4. 聚合浆果(五味子); 5. 聚合核果(青灰悬钩子, Forest, Kim Starr, 2005, CC-BY 3.0); 6. 聚合坚果(莲,Bouba, 2006, CC-BY-SA 3.0)

图7-5 聚花果

1. 凤梨; 2. 桑椹; 3. 无花果

【小结】

—•笔记栏•—

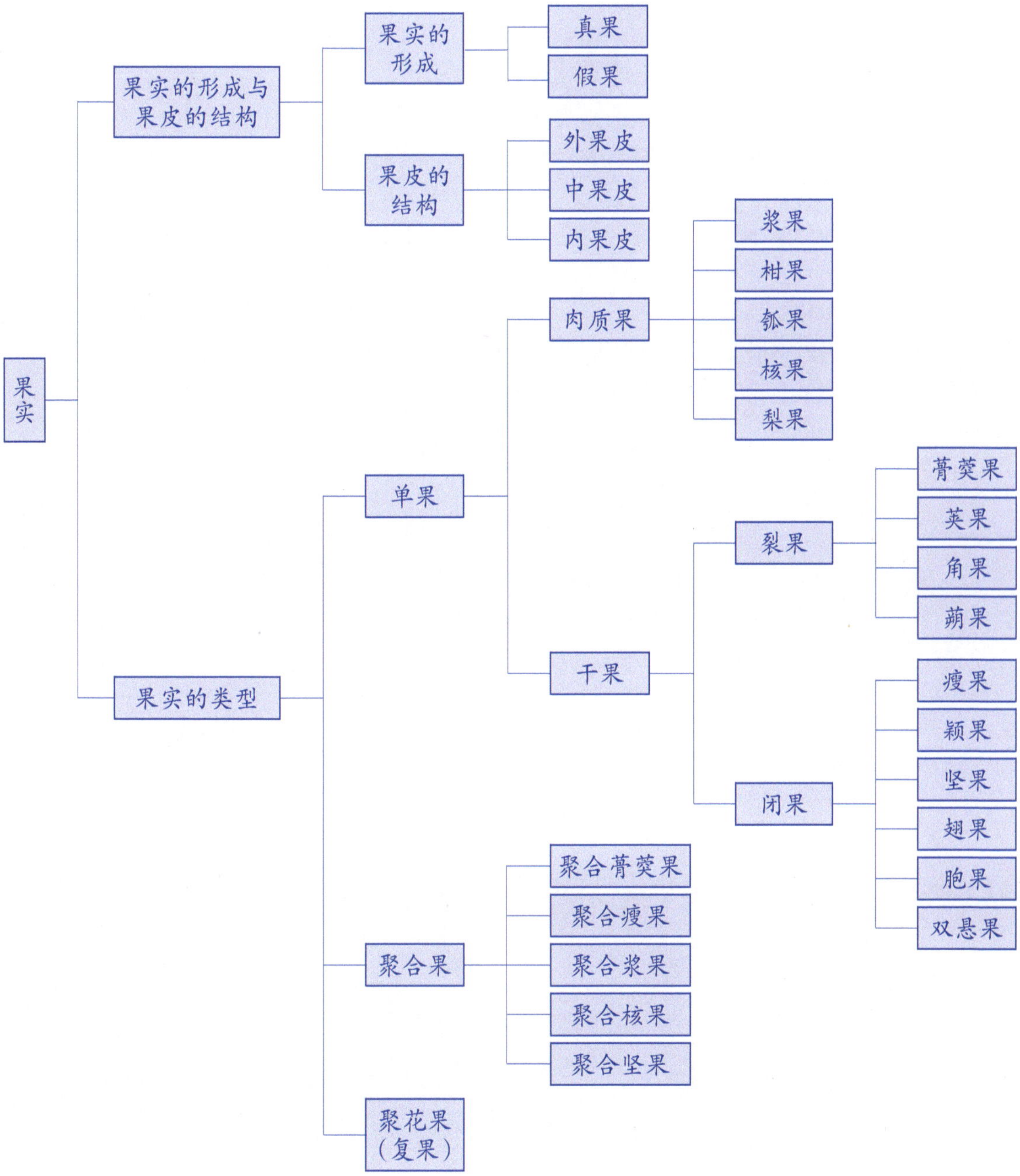
果实
果实的形成与果皮的结构
果实的形成
真果
假果
果皮的结构
外果皮
中果皮
内果皮
果实的类型
单果
肉质果
浆果
柑果
瓠果
核果
梨果
干果
裂果
蓇葖果
荚果
角果
蒴果
闭果
瘦果
颖果
坚果
翅果
胞果
双悬果
聚合果
聚合蓇葖果
聚合瘦果
聚合浆果
聚合核果
聚合坚果
聚花果（复果）

中篇　药用植物分类学和植物系统学

—·笔记栏·—

第八章授课视频

第八章　植物分类学和植物系统学概述

案例

图8-1为短萼黄连的等模式标本(isotype)。短萼黄连是黄连的变种，由王文采院士和肖培根院士共同发表于1965年第3期《药学学报》上。

您知道这份标本上各标签及印签等分别提供了哪些信息吗?

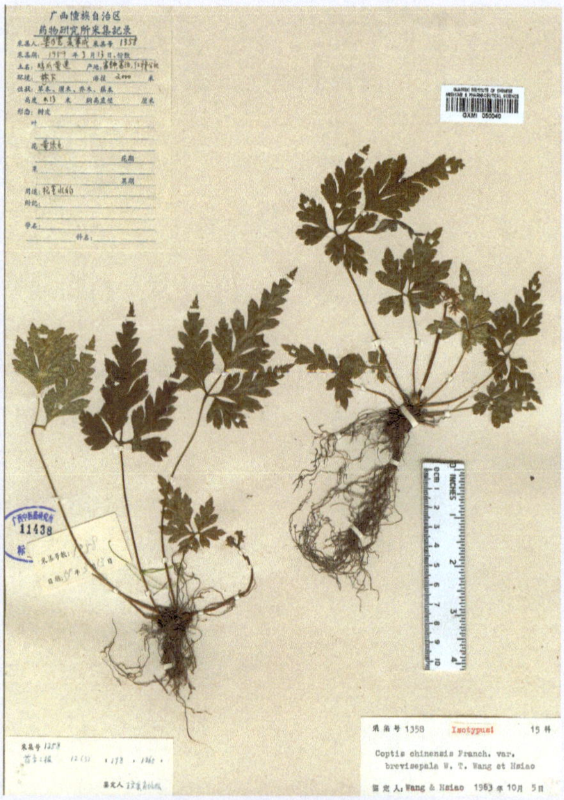

图8-1　短萼黄连的等模式标本

第一节　植物分类学及植物系统学的概念

植物分类学和植物系统学的关系图

植物分类学(plant taxonomy)是一门研究植物界不同类群的起源、亲缘关系和演化发展规律的学科；同时，它是一门理论性、实用性和直观性均较强的生命学科。掌握了植物分类学，就可以对自然界极其繁杂的各种各样植物进行分群归类、命名、鉴定并按系统排列，便于认识、研究和利用。药用植物分类采用了植物分类学的原理和方法，对有药用价值的植物进行鉴定、研究和合理开发利用。

植物分类学是一门历史悠久的学科，在人类识别和利用植物的实践中不断发展和完善。早期的植物分类学只是根据植物的用途、习性、生境等进行分类；中世纪应用了植物的外部形态差异来区分植物的各个分类等级，如种、属、科以及更大的分类群(taxa)；近代科学的发展大大促进了植物分类学研究的深入，对植物种、属、科之间的亲缘关系逐渐有了较清晰的认识。

植物分类学的主要任务是：

1. 对植物进行分群归类，描述分类群并命名　运用植物形态学、解剖学等知识，对植物个体间的异同进行比较研究，将类似的一群个体归为“种”(species)一级的分类群，并对各分类群进行性状描述，按照《国际植物命名法规》确定拉丁学名。这是植物分类学的首要任务。

—• 笔记栏 •—

2. 探索植物“种”的起源与演化 借助植物生态学、植物地理学、古植物学、生物化学、分子生物学等学科的研究资料，探索植物“种”的起源和演化，为建立植物的自然分类系统提供依据。

3. 建立自然分类系统 根据对植物的各分类群之间亲缘关系的研究，确定不同分类等级、排列顺序，以期建立符合客观实际的植物自然分类系统。

4. 编写植物志 运用植物分类学知识，根据不同需要，对某国家、某地区、某类用途或某分类群的植物进行采集、鉴定、描述和按照分类系统编排，编写不同用途的植物志。

植物系统学(plant systematics)和植物分类学之间有着密切的关联，主要对地球上现存植物多样性及其演化历史进行研究；相较于植物分类学，植物系统学特别注重分类群的演化与不同分类群之间的关系。其最终目的在于综合各种分类学证据，重建植物界的演化历史，通过一个清晰明确的分类系统，传达生命之树末端分支及它们之间相互关系的信息，指导我们对生命和周围世界的理解。植物分类学的侧重点在于对自然界的植物进行识别、分类和命名；植物系统学研究领域更为广泛，包括植物的多样性、植物的命名、分类及演化，其内容包含了传统植物分类学的内容。

第二节 植物分类单位与等级

植物分类设立了不同分类单位，又称为分类等级。分类等级的高低常以植物之间亲缘关系的远近、形态及结构的相似性程度等来确定。

一、植物的分类单位

植物界的分类单位从大到小主要有门(Division)、纲(Class)、目(Order)、科(Family)、属(Genus)、种(Species)。门是植物界中最大的分类单位，依次缩小，种是植物分类的基本单位。在各分类单位之间，有时因范围过大，还增设一些亚级单位，如亚门、亚纲、亚目、亚科、亚属、亚种等。

植物分类的各级单位，均用拉丁词表示，一般有特定的词尾。门的拉丁名词尾一般是-phyta，如蕨类植物门Pteridophyta；纲的拉丁名词尾一般是-opsida，如百合纲Liliopsida；目的拉丁名词尾是-ales，如桔梗目Campanulales；科的拉丁名词尾是-aceae，如龙胆科Gentianaceae；亚科的拉丁名词尾是-oideae，如蔷薇亚科Rosoideae等。

某些单位的拉丁名词尾虽与上述规定不同，因习用已久，国际植物学会将其作为保留名沿用。在被子植物中，有8个科除了有以-aceae结尾的科名外，还有以-ae结尾的保留名，即棕榈科Arecaceae(Palmae)、禾本科Poaceae(Gramineae)、豆科Fabaceae(Leguminosae)、藤黄科Clusiaceae(Guttiferae)、十字花科Brassicaceae(Cruciferae)、唇形科Lamiaceae(Labiatae)、菊科Asteraceae(Compositae)、伞形科Apiaceae(Umbelliferae)。

二、种及种下分类单位

种是分类的基本单位，是一定的自然分布区内具有一定的形态结构、生理功能和遗传特征的生物种群(居群)集合，组成种群的个体能够通过互相交配或其他方式产生可育后代。

随着环境因素和遗传基因的变化，种内各种群会产生比较大的变异，出现了一些种下等级的划分。

1. 亚种(subspecies) 同一物种内由于分布区域、生态位或生殖季节上的隔离，形态特征上呈现明显而稳定差异的种群。同一种内的不同亚种通常在地理分布上界线明显，生殖隔离不完善。

2. 变种(variety) 一个物种内的某些种群，与其他种群在形态上有所变异且比较稳定，但有共同的分布区。变种的分布范围(或地区)比亚种小得多。

3. 变型(form) 是一个种内有微小的形态差异，但分布没有规律的个体。

—•笔记栏•—

4. 栽培变种(cultivar)　在一定的生态和经济条件下，经人工选择培育的植物群体；具有相对的遗传稳定性和生物学及经济学上的一致性。又称为“品种”，如药用菊花的栽培品种有亳菊、滁菊、贡菊等。中药材的基原复杂多样，所谓的中药材“品种”，有时指分类单位中的“种”，有时又指药用植物栽培学中的“品种”。

以著名药用植物黄花蒿为例，其分类等级如下：

界 ……………………………………………………………… 植物界 Plantae
　门 …………………………………………………………… 维管植物门 Tracheophyta
　　纲 ………………………………………………………… 木兰纲 Magnoliopsida
　　　目 ……………………………………………………… 菊目 Asterales
　　　　科 …………………………………………………… 菊科 Asteraceae
　　　　　属 ………………………………………………… 蒿属 *Artemisia* L.
　　　　　　种 ……………………………………………… 黄花蒿 *Artemisia annua* L.

第三节　植物的命名

命名法规的沿革

同一种植物，由于国家、民族、地区语言文字和生活习惯的差别，往往会出现不同的名称，或者不同的植物，使用同一个名字；这种同名异物、同物异名的现象较为普遍，给植物的分类、利用和国际交流造成困难。为此，国际植物学会议制定了《国际植物命名法规》(现为《国际藻类、菌物和植物命名法规》)，给每一个植物分类群制定世界各国可以统一使用的科学名称，即学名(scientific name)。以下主要介绍种及种以下分类单位的命名原则。

一、物种名称

《国际藻类、菌物和植物命名法规》规定，植物的命名应遵循瑞典生物学家林奈倡导的“双名法”，即植物的学名由两个拉丁词组成，第一个词是属名，第二个词是种加词；一个完整的学名，还包括首次合法发表该名称的命名人名。一般书写时属名和种加词用斜体，命名人名用正体。每种植物的学名必须是符合命名法规的合法名称，在使用中只能以一个合法学名作为其正确名称。

1. 属名　首字母必须大写，使用拉丁名词的单数主格，如人参属 *Panax*、甘草属 *Glycyrrhiza*、黄连属 *Coptis*、柴胡属 *Bupleurum* 等。

2. 种加词　一般是形容词，也可以是名词，全部使用小写字母。形容词作为种加词时，其性、数、格必须与属名一致，如天麻 *Gastrodia elata*、买麻藤 *Gnetum montanum*、当归 *Angelica sinensis* 等。名词作为种加词时，有主格名词和属格名词两类，主格名词如柳叶牛膝 *Achyranthus longifolia*、薄荷 *Mentha haplocalyx* 等，属格名词如乌头 *Aconitum carmichaelii*、高良姜 *Alpinia officinarum* 等。

特殊的命名人

3. 命名人　命名人姓名要用拉丁字母拼写，每个词的首字母大写。我国的人名姓氏，现统一用汉语拼音拼写。命名者姓氏较长时，可以缩写，缩写之后加缩略点“.”；如石榴 *Punica granatum* L. 的命名者为林奈，“L.” 即为其姓名缩写。两个命名人共同命名的植物，用“et”或“&”连接不同作者；命名人为两个以上时，前面的命名人之间用“,”相隔，最后两个命名人间用“et”或“&”连接。例如，东北红豆杉 *Taxus cuspidata* Siebold & Zucc. 由 P. F. von Siebold 和 J. G. Zuccarini 两人共同命名，海南豆蔻 *Amomum hainanense* Y. S. Ye, J. P. Liao & P. Zou 的命名人则为三人。

有的植物学名中，命名人部分出现“ex”一词，如延胡索 *Corydalis yanhusuo* W. T. Wang ex Z. Y. Su & C. Y. Wu，表示该名称由前者给出，但因原始文献无延胡索植物拉丁文特征集要，没有指明模式等原因，未正式合格发表，为一裸名(nomen nudum)，由后两位命名人补充相关资料，以该名称正式发表。

在植物分类学研究中，若发现一分类群的系统位置不妥当，则需要进行重新组合，即使其原有学名是合法发表的。例如，1837年F. M. Blanco将广藿香作为新种发表时，将其置于薄荷属*Mentha*，并命名为*Mentha cablin* Blanco；1848年，G. Bentham经研究将其转移至刺蕊草属*Pogostemon*；重新组合时，种加词不变，保留的原命名人被置于括号之内，再加上重新组合者，广藿香的学名即变更为*Pogostemon cablin* (Blanco) Benth.。在植物学专著中，植物学名多是完整的，有点累赘。在不影响交流和科学性的前提下，标注植物学名时，可以将命名人省略，这样学名就十分简洁了。同属植物连续出现时，可将第一个物种的属名全写，后面的属名缩写，如红豆杉*Taxus chinensis*和东北红豆杉*T. cuspidata*。一定要注意正体、斜体及字母的大小写。

二、植物种下单位的名称

植物种下分类群有亚种、变种和变型。例如，窄叶野豌豆*Vicia sativa* L. subsp. *nigra* (L.) Ehrh.是救荒野豌豆*V. sativa* L.的亚种，学名由救荒野豌豆的学名再加上亚种缩写（subsp.）、亚种加词（*nigra*）和亚种组合命名人的缩写［(L.) Ehrh.］组成。

呼玛柴胡*Bupleurum bicaule* Helm var. *latifolium* Y. C. Chu是锥叶柴胡*B. bicaule* Helm的变种，学名由锥叶柴胡的学名再加上变种缩写（var.）、变种加词（*latifolium*）和变种命名人缩写（Y. C. Chu）组成。

单瓣缫丝花*Rosa roxburghii* Tratt. f. *normalis* Rehder & E. H. Wilson是缫丝花*R. roxburghii* Tratt.的变型，学名由缫丝花的学名再加上变型缩写（f.）、变型加词（*normalis*）和变型命名人（Rehder & E. H. Wilson）组成。

三、栽培植物的名称

药用植物在栽培过程中发生很多变异，形成了不同的品种。《国际栽培植物命名法规》对栽培植物的命名制定了相关法规。栽培植物的品种名称是在种加词之后加栽培品种加词，首字母大写，外加单引号，后面不加命名人。例如，药用菊花通过长期人工栽培，在不同产区形成了颇具特色的道地药材，其形态也发生了较明显的差异，根据不同特征分别将其命名为亳菊*Chrysanthemum morifolium*'Boju'、滁菊*Ch. morifolium*'Chuju'、贡菊*Ch. morifolium*'Gongju'、湖菊*Ch. morifolium*'Huju'等。

有的植物是两种植物杂交而成的杂交种，可能为属内种间杂交或属间杂交等。杂交种用杂交符号"×"表示，如红花羊蹄甲*Bauhinia* × *blakeana*是羊蹄甲*B. purpurea*和洋紫荆*B. variegata*的杂交后代。

第四节　植物分类系统与植物的类群

一、人为分类系统和自然分类系统

在不同历史时期，认识水平的不同，对植物分类的出发点和方法也不同，因此出现了不同的分类系统。自远古时期直至近代，人们对植物的认识主要是从用、食、药出发，按照自己的方便或按植物的用途，选择植物一个或几个特征作为标准进行分类，也即人为地分类。李时珍在《本草纲目》中，将收载的一千多种来源于植物的药物分为草、谷、菜、果、木5部，其中草部又分为山草、芳草、隰草、毒草、蔓草、水草、石草、苔草、杂草等9类；吴其濬的《植物名实图考》则将植物分为谷、蔬、山草、隰草、石草、水草、蔓草、毒草、芳草、群芳、果、木等12类。从17世纪开始，植物的形态特征逐渐被欧洲博物学者作为分类的依据；但当时认为物种是不变的，没有意识到物种间的亲缘关系，分类标准也只考虑某种表面现象，如林奈根据花中雌蕊和雄蕊的数目、形状、比例、位置所建立的一种将植物划分为24纲的系统分类法。

达尔文的进化论对新的植物分类体系的建立产生了深刻影响。"在基于形态学的研究而改进植物分类系统之时，因演化学说的成立，植物分类学家对于种及其他范畴的概念和分类的理

—•笔记栏•—

想，有甚深切的改变。”为了建立基于系统发育分类、反映植物亲缘与进化发展关系的自然分类系统，植物学家综合运用古植物学、比较解剖学、孢粉学、植物胚胎学、细胞学、遗传学、生物化学、生态学、植物地理学及数学和计算机科学等学科知识，做出了长期不懈的努力。恩格勒在其与勃兰特合著的《植物自然分科志》及与迪尔斯（L. Diels）合著的《植物分科志要》（*Syllabus der Pflanzenfamilien*）中发表的分类系统，涵盖全部的藻类、菌物和植物，影响深远。

随着生物化学、分子生物学、基因组学、转录组学等的快速发展，产生了分子系统学（molecular phylogeny），即通过对生物大分子（蛋白质、核酸等）的结构、功能等的进化研究，来阐明生物各类群（包括已绝灭的生物类群）间的谱系发生关系。生物大分子本身就是遗传信息的载体，含有庞大的信息量，且趋同效应弱，因而其结论更具可比性和客观性。迄今，分子系统学的研究所获得的生物类群间亲缘关系的结果，大多都和经典的形态系统树相吻合。但在一些生物进化谱系不明或模糊关键环节上，特别是那些与传统形态系统树相冲突的地方，提供了颇具系统学价值的启发，以及新的见解和补充。例如，绣球花科Hydrangeaceae传统上被放置于虎耳草科Saxifragaceae或作为与其近缘的单独科，然而分子系统强烈支持绣球花科和山茱萸目Cornales各科植物近缘。

本教材为国内第一本采用建立在分子系统发育研究之上的藻类、菌物和植物分类系统的药用植物学教材。例如，石松类植物和蕨类植物采用了蕨类植物系统发育研究组（Pteridophyte Phylogeny Group）建立的PPG Ⅰ系统，被子植物采用被子植物系统发育研究组（Angiosperm Phylogeny Group）建立的APG Ⅳ系统。

二、植物的类群

林奈在18世纪将生物界分成植物和动物两界。其中的植物界通常被分为17个门；根据各门植物特征之间的异同点，又可以分为若干类（图8-2）。例如，蓝藻门、绿藻门等9个门的植物，没有根、茎、叶的分化，大多生活在水中，具有光合色素，行自养生活，我们把它们合称为藻类植物。细菌、黏菌和真菌合称为菌类植物，它们也没有根、茎、叶的分化，没有光合色素，行寄生或腐生生活。植物分门别类时常用的概念还有以下几种：

1. 低等植物（lower plant）和高等植物（higher plant）　藻类、真菌及地衣在形态上无根、茎、叶的分化，生殖器官为单细胞结构，生活史中不出现胚，称为低等植物或无胚植物（noembryophyte）；自苔藓植物开始，包括蕨类植物、裸子植物及被子植物，在形态上有根、茎、叶的分化，生殖器官由多细胞构成，合子在母体内发育成胚，称为高等植物或有胚植物（embryophyte）。

2. 孢子植物（spore plant）和种子植物（seed plant）　藻类、真菌和地衣、苔藓植物、石松类植物和蕨类植物，都能产生孢子，用孢子进行生殖，没有花和种子，习惯上称为孢子植物或隐花植物；裸子植物和被子植物均能产生种子并用种子进行繁殖，所以称种子植物；早期认为这两类植物都是开花植物，又将其合称为显花植物（phanerogam）、有花植物。因为裸子植物的球花严格来说还不是真正的花，现在多采用狭义的概念，即有花植物或显花植物都仅指被子植物。

3. 颈卵器植物（archegoniatae）　在苔藓植物、石松类植物和蕨类植物及裸子植物的有性生殖过程中，雌配子体上都产生颈卵器（archegonium）这种结构，因而将它们称为颈卵器植物。

4. 维管植物（tracheophyte）　石松类植物和蕨类植物及种子植物的植物体内存在起输导、支持作用的维管组织系统（vascular system），又被统称为维管植物。

根据分子系统学研究结果，植物界（Kingdom Plantae）的范畴大大地缩小了，只包括了灰藻、红藻、绿藻、轮藻及有胚植物。蓝藻作为原核生物，归入细菌界（Kingdom Bacteria），称为蓝细菌Cyanobacteria。金藻、褐藻、甲藻（硅藻）则被置于色藻界（Kingdom Chromista）下的淡色藻门Ochrophyta。裸藻和黏菌分别属于原生生物界（Kingdom Protozoa）的眼虫门Euglenozoa和黏菌虫门Mycetozoa。真菌（含地衣）则是一个独立的真菌界（Kingdom Fungi）。

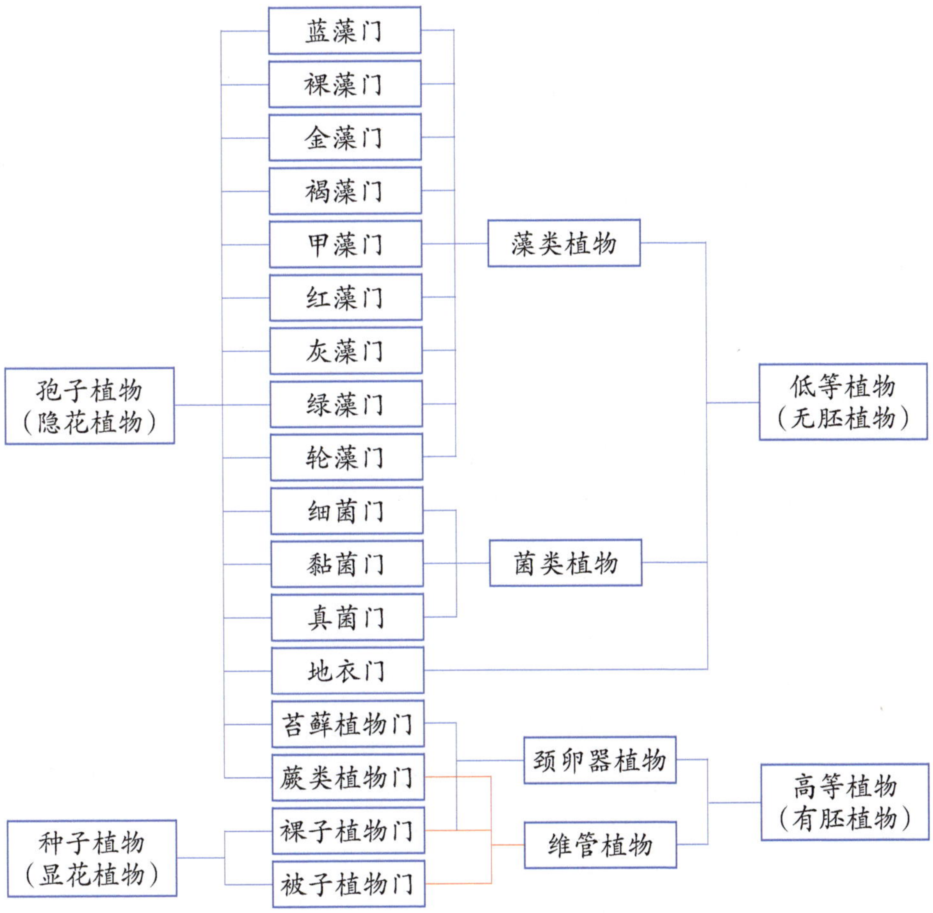

图8-2 传统意义上的植物类群

第五节 植物的鉴定

植物的鉴定是药用植物研究中的一项重要工作。传统上，植物类群的归属和物种的确定，是通过观察植物及其标本的形态，辅以生态和习性等的了解，参考相关分类学文献资料得到的。随着技术的发展，DNA 分子鉴定等新型鉴定方法日渐成熟。

一、形态鉴定法

形态鉴定是对植物的形态特征，特别是花、果、叶等具有重要鉴定意义的分类特征，进行观察、测量、比较和分析，结合文献资料，鉴定物种的一种方法。一般通过野外采集标本、观察、记录，在实验室内进一步观察特征，参考相关文献、核对标本，最终确定物种及其学名。

（一）标本采集

要注意采集具典型特征的整体或部分植株；被子植物标本材料除营养器官外，原则上应具有花或果，因为花果是鉴定植物的重要依据（裸子植物为球花、球果，蕨类植物则为着生孢子囊的材料）。要做好采集记录，包括采集人、采集日期、地点（经纬度）、海拔高度、生长环境、植物生活习性、植株高度、各器官尤其是花部的主要形态特征等；特别是标本制作过程中容易丧失或不易判别的特征，如乔木、灌木或藤本等生活型、花果的颜色、有无香气和乳汁等，应详细记录。

（二）标本鉴定与检索表的应用

标本采集、制作完成后，要进行鉴定工作。鉴定时要细致地对标本进行形态观察，准确把握其特征，有时要在体视显微镜下对花、果等进行必要的解剖。随后即可根据已掌握知识或参考相关分类学著作、文献对标本进行初步鉴定。

常用的分类学专著有《中国植物志》中、英文版，各省及地方植物志，还有某些科、属的专著、植物分类学期刊等。在这些专著及文献中，通常都有用于鉴定植物的重要工具，即分科、分属及分种检索表。使用和编制植物分类检索表是药用植物研究者需要掌握的重要技能之一。植物分类检索表采用二歧分类原则进行编制，也就是各分类群按相对的特征、特性分成对应的两个分支，再把每个分支中相对的性状又分成相对应的两个分支，依次下去直到所有分类群均得以区分为止。检索表常见的有定距式、平行式和连续平行式3种形式。植物学中最常用的是定距式检索表，其编排方式如下（表8-1）：

表8-1 药用植物分类检索表

1. 无根、茎、叶的分化，无胚	
2. 体内含光合色素，自养；多生活于水中	藻类
2. 体内无光合色素，异养；多生活于陆上	真菌
1. 有根、茎、叶的分化，有胚	
3. 隐花植物，用孢子进行繁殖	
4. 植物体内无维管系统	苔藓类植物
4. 植物体内具维管系统	石松类与蕨类植物
3. 有花，用种子进行繁殖	
5. 胚珠裸露，无果实	裸子植物
5. 胚珠包被于子房中，形成果实	被子植物

要准确鉴定植物，应仔细核对物种的描述及插图、照片，必要时检阅该物种发表的原始文献，查对其模式标本（type specimen）。

二、分子鉴定法

分子鉴定是利用适宜的DNA分子标记（DNA molecular markers）对植物、真菌或藻类进行鉴定的方法。DNA分子标记指生物物种和个体间具有遗传信息差异的一些DNA片段。依据不同分类群在某些特定DNA片段间的遗传距离远近（碱基顺序相似度，基因或特定标记的分布式样及结构差异等），可以推断其系统发育关系，并进行物种、种群甚至个体鉴定，且不受材料不完整性和发育阶段的限制。常用的分子标记有限制性片段长度多态性（restriction fragment length polymorphism，RFLP）、随机扩增DNA多态性（random amplified polymorphic DNA，RAPD）、扩增片段长度多态性（amplified fragment length polymorphism，AFLP）、相关序列扩增多态性（sequence-related amplified polymorphism，SRAP）、单核苷酸多态性（single nucleotide polymorphism，SNP）、简单重复序列（simple sequence repeat，SSR）及简单重复序列区间（inter-simple sequence repeat，ISSR）、短串联重复序列（short tandem repeat，STR）、DNA条形码（DNA barcode）等。

DNA条形码是目前对物种进行分子鉴定的首选技术。DNA条形码指生物体内能够代表该物种的标准DNA片段，其长度相对较短，容易扩增，并且有与其他物种相区别的足够变异。适用于植物物种鉴定的DNA条形码通常来源于核基因或叶绿体基因。

常用的核基因或基因间区有很多，如核糖体18S rRNA基因、5S rRNA基因、内转录间隔区（internal transcribed spacer，ITS）等。其中，ITS区位于18S rRNA ～ 26S rRNA基因之间，被5.8S rRNA基因分为两段，即ITS1和ITS2。ITS区序列短，具有长度保守性（ITS1:187 ～ 298bp，ITS2:187 ～ 252bp）和核苷酸序列的高度变异性（每个区成对序列趋异百分数在4% ～ 10%），而且在两个间隔区的两侧都有高度保守的序列存在，使得这一区段即使是对于标本材料也易被扩增并测序。ITS区适用于科内，尤其是近缘属间及种间关系的分类研究；ITS/ITS2被推荐为植物鉴定通用条形码之一。

叶绿体是细胞内具有自主遗传信息的重要细胞器。叶绿体DNA为闭环双链DNA，长度一般为120 ～ 220kb；占植物总DNA的10% ～ 20%。叶绿体基因组是多拷贝的，在被子植物中，

—•笔记栏•—

其大小、结构和基因组成相当一致。同时，其比较保守，是单亲母系遗传，不发生重组，具有单倍性。叶绿体基因组包含大量的遗传信息，为比较研究提供了一个较大的数据基础。并且，叶绿体DNA的核苷酸置换率适中，其编码区和非编码区的分子进化速度差异显著，分别适用于不同阶层的系统学研究。

叶绿体DNA中的很多基因片段，如编码基因*rbcL*、*matK*、*ndhF*、*atpB*、*rpl16*、*rpoC1*、*rps16*等及非编码区序列*trnL-trnF*、*trnT-trnL*、*psbA-trnH*等，在分子进化和分子系统学研究中得到了大量应用。目前的高通量测序技术可轻易测得叶绿体基因组的全长序列，叶绿体全基因组随之成为系统发育研究和物种鉴定的重要依据之一。

第六节　分子系统学基本理论与研究方法

分子系统学指利用蛋白质或核酸等生物大分子在遗传组成、结构、功能等方面携带的进化信息，通过构建系统发育树来阐明生物各类群间的谱系发生、系统发育关系。生物大分子作为遗传信息的载体，往往能够排除生物体表型的干扰，从遗传物质的相似程度来分析生物系统演化的关系，是生物类群系统发生研究中较为理想的分析目标。

通过基因树来推测物种树，是分子系统学的目的。基因树是根据生物大分子的序列数据（主要为DNA序列数据）构建的谱系树，物种树则是反映物种实际种系发生的谱系树。人们期待着得到的基因树和物种树相一致，然而实际情况往往并非如此。在物种分化之前，某基因可能已经开始分化，由这一基因推导出的基因树可能给物种树中拥有同一先祖的多个物种分配多个先祖。我们已不能完整地重现物种的进化史，也无法推导出绝对正确的物种树，仅能通过学者们的努力去缩小基因树和物种树之间的差距。

随着实验技术和分析方法的不断革新，以及高通量测序等技术成本的降低与准确度的进一步提高，多基因联合分析正逐步取代单基因分析，成为分子系统学研究的主流方法。对大量基因进行正确分析，从而构建出的基因树往往可作为物种树。分子系统学的分析结果在验证抑或推翻了形态系统学推测结果的同时，向我们展示了传统分类研究的优势和局限性，为我们带来了在生物演化历程、物种形成机制、生物多样性格局等方面更深层次的认识。

一、分子系统学中的单系原则

分子系统学是建立在分支分类学理论基础上的，系统发育分析的一个基本原则是严格单系原则，即一个分类群（分类单元）应包含由同一祖先种的所有已知的后裔成员，即所谓的单系群（图8-3）。

单系群（monophyletic group）又称单系类群、单系、单源群，指来自一个共同祖先的所有后代的分类群（taxon）。每一个自然类群理论上必然是单系群，如图8-3 Ⅰ中的ABCDEFG、CDEFG、CD及EFG分别构成单系。

并系群（paraphyletic group）又称侧系群、旁系群，指一个分类群包含来自一个共同祖先的大多数后代（即并非所有后代，有少数后代未被包含进去）。并系群是由传统认识的偏差造成的非自然类群，如图8-3 Ⅱ中的ABCDE（不含FG）。

多系群（polyphyletic group）指一个分类群包含的成员来自两个或多个分支，且没有包含所有成员的最近共同祖先。同并系群类似，多系群也是由传统认识的偏差造成的非自然类群。图8-3 Ⅲ中

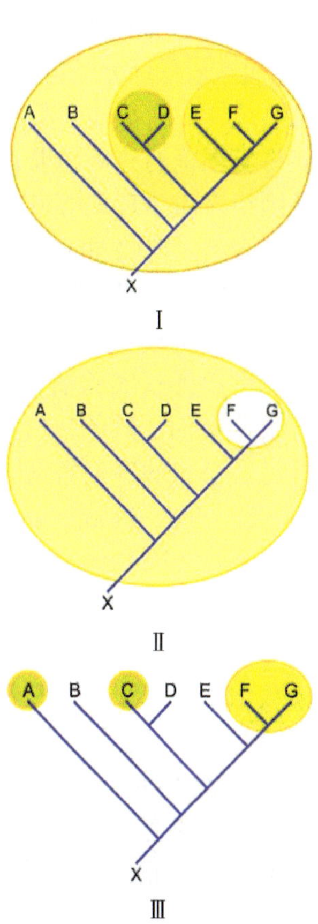

图8-3　单系群、并系群和多系群示意图（仿刘冰，2018）

—•笔记栏•—

的ACFG构成一个多系群。

对于并系群，一般进行合并处理。对于多系群，一般进行拆分处理。

二、分子系统学的研究步骤

分子系统学的研究通常有以下几个步骤：

（一）确定所要研究的生物类群

分类群指一个分类学上的类群，如科、属或种。内类群代表所要研究的对象，应注意选择内类群并非随机的，要选择该类群中相关亚类群的一些代表种类。外类群一般选择研究类群之外亲缘关系最近的物种，被用来确定系统发生树的基部位置。分类群选择的科学性将影响所得结论的可靠性。大多数分子系统学家认为，在构建谱系树的过程中，较多的分类群有助于获得更准确的结论。

此外，在基因组水平上，不同基因组之间存在3类同源性关系：

（1）直系同源（直源）指由于物种形成事件产生的同源关系，是物种的起源证据，存在于不同的物种之间，可用于构建物种树（物种之间的关系）。

（2）并系同源（并源）指由基因复制事件产生的同源关系，是基因家族同一个起源的证据，可用于构建基因树（基因之间的演化关系）。

（3）外系同源（外源）指由转染或不同支系之间基因水平转移而引起的同源关系，常存在于亲缘关系较远的类群之间。

在应用分子系统学方法研究物种演化时，应选择物种形成过程中的直源基因，而非并源基因，以此推导出更贴近实际的演化关系。

（二）确定所要分析的目的生物大分子（DNA、蛋白质等）

生物基因同时具有保守性和变异性，通常来说，分子系统学分析应根据要研究的生物类群来选择合适的基因序列。科以上类群的系统发生分析一般应选择在进化中相对保守的基因序列，而在较低级分类群的分析中，可选择进化速率相对较快的基因。从谱系树的结构角度来看，从系统树的树基到中段再到末端，可依次选择较保守、进化速率适中及进化速率较快的基因，以获得更准确的分析结果。在植物的分子系统学研究中，考虑到核基因组的庞大数据量和线粒体基因组多重排现象等带来的局限，科学家们多选用分子量较小、结构较简单且相对保守的叶绿体基因组。与此同时，也受到关注的是，核基因组往往拥有更高的研究意义和应用价值，线粒体基因组中也含有部分较稳定的基因片段可提供重要的进化信息。

（三）获得目的序列数据或其他相关数据

可以通过实验研究获得。例如，核酸序列，可提取研究对象的DNA，选择或设计引物进行某些基因片段的PCR扩增及序列测定，或直接进行高通量测序。也可以从公共数据库中获得已被公布的序列数据。常用的公共数据库是美国国家生物技术信息中心（National Center for Biotechnology Information，NCBI）提供的GenBank数据库，以及国际生命条形码联盟（International Barcode of Life Consortium）提供的BOLD（The Barcode of Life Data System）数据库等。

（四）对数据进行系统发育分析，通过遗传分析软件构建系统树

对获得的相关数据进行两两比对（pairwise alignment）或其他的数学处理，如转变成遗传距离数据矩阵；通过一些遗传分析软件（常用的如PHYLIP、MEGA、RAxML、IQ-TREE、MrBayes等）对这些处理后的数据，并基于一定的反映DNA或蛋白质序列进化规律的数学模型构建分子系统树，常用的有贝叶斯推理法（Bayesian inference，BI）、最大似然法（maximum likelihood，ML）和最大简约法（maximum parsimony，MP）等。在选用分析工具时，应注意软件的版本，也可同时应用多种分析软件进行比对和验证分析结果。

（五）对构建的系统树做相应的数学统计分析，以检验系统树的可靠性

在系统发育分析中，不同的建树方法重建的系统发育树可能有所不同，为评估分析结果的可靠性，必须进行系统发育树的检验。检验和可靠性评价通常从树的整体上（即拓扑结构）和

树上的各个分支的支持率两个方面着手。对于MP和ML等建树方法主要是采用自展法（自举抽样法，bootstrapping）获得各分支的自展值（bootstrap value）；一般认为自展取样值 > 1 000，结点的自展值 > 70，这个分支就是可靠的。对于BI法，主要是用过后验概率（posterior probability）直观反映出各分支的可靠性，而不需要通过自展法检验。

一般来说，系统树的构建和可靠性评估是同时进行的，因此在应用软件分析时，要根据选择软件的不同，设置好检验的步骤和参数。在评估过程中需要注意的是，每个步骤共同构成了一个紧密联系的整体，一个可靠的系统树离不开各个环节的合理设计。

（六）分子证据与形态特征结合（基于全部证据）的系统学分析

大多数情况下，分子证据构建的系统发育树可为获得所研究类群的亲缘关系和演化历史提供比较客观的结果和新的视角，但为了更好地理解这种亲缘关系和演化历史，或更深入地研究演化过程、性状演化、生物地理等问题，需要综合分子数据和形态特征（如器官外部形态、内部解剖特征、细胞学和花粉学等）的全部证据。不论分子数据多么强大，形态特征对系统发育研究仍然非常关键。植物系统学的主要问题仍然是形态的。系统分类及基于此的物种形成、多样性机制等研究，都必须回归于形态学的基础。

【小结】

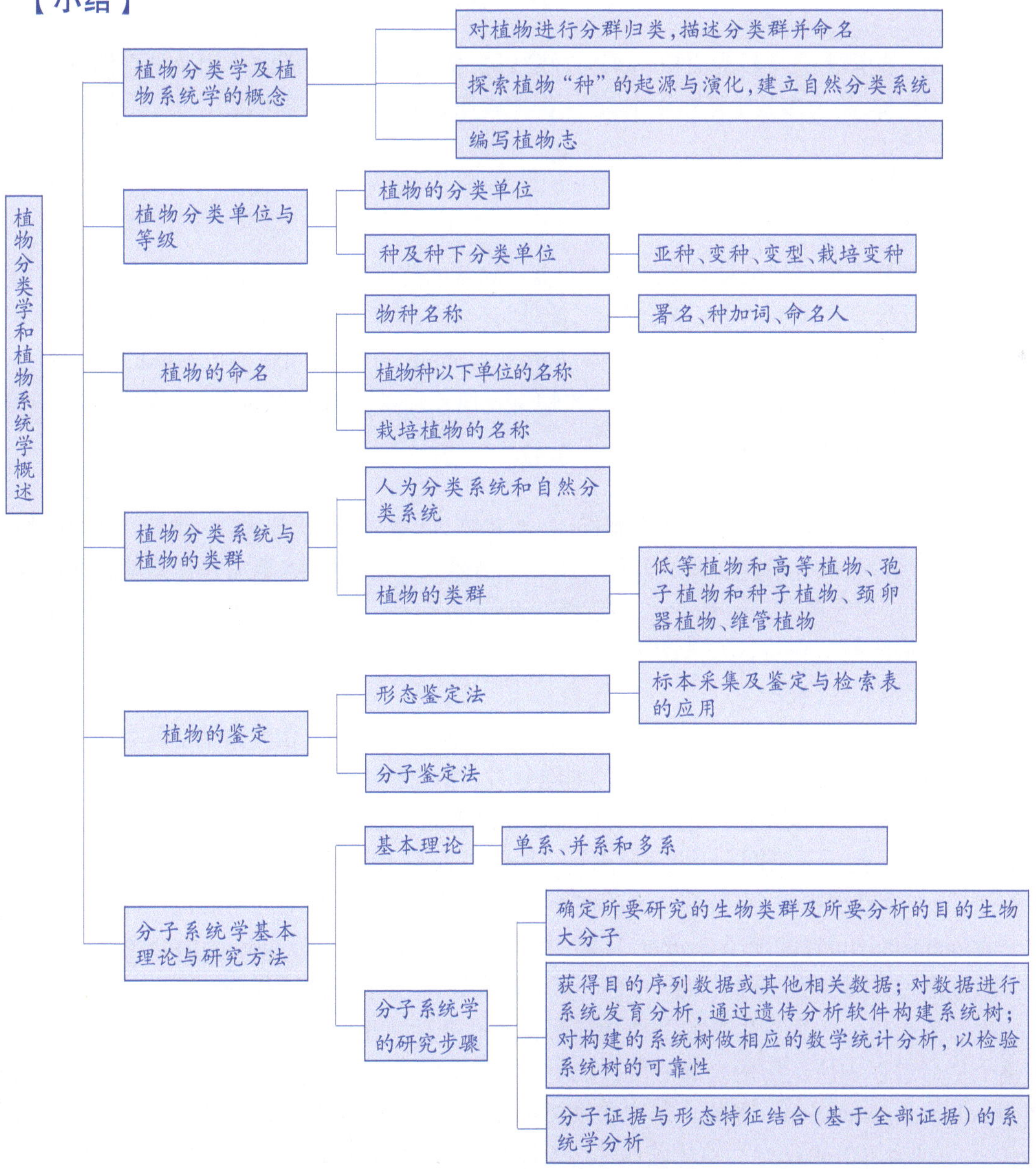

—•笔记栏•—

第九章授课视频

有性生殖类型

第九章　藻　　类

案例

藻类种类繁多，资源丰富，与人类关系密切。欧阳修有诗云："西湖春色归，春水绿于染。"诗人白居易云："日出江花红胜火，春来江水绿如蓝。"这些诗句描述的都是春天藻类大量繁殖，使得湖水呈现出绿色的美丽景象。分析下列问题：

（1）我国有着悠久的藻类食用和药用历史，藻类都能生长在水里吗？都是绿色的吗？

（2）藻类可以分为哪些类群？常见的药用藻类有哪些？

第一节　概述

藻类是一些形态通常较为简单、不具有胚结构、能进行光合作用的生物及与它们近似的非光合类群的统称，绝大多数生活在水中，是一群比较原始、古老的低等生物。

一、藻类的特征

（一）细胞结构

藻类的细胞有原核细胞和真核细胞两大类。除蓝细菌（蓝藻）为原核生物外，其他藻类均为真核生物。叶绿素是藻类的主要光合色素，此外，还含有胡萝卜素、叶黄素、藻蓝素、藻红素等色素。各种色素通常存在于色素体（载色体，chromatophore）中。不同藻类色素体的形态和大小各不相同。藻类所含光合色素的种类和比例不同，使藻体呈现出不同的颜色，其光合作用产物和储藏的营养物质也不相同。

（二）藻体形态

藻类结构简单，多为单细胞、多细胞群体、丝状体、叶状体、枝状体等，少数具有简单的组织分化，无维管组织，没有根、茎、叶的分化。藻类生物体大小差别很大，既有藻体只能在显微镜下才能观察到的，如念珠藻 *Nostoc spp.*、节旋藻 *Arthrospira spp.*，又有藻体可长达60～100 m甚至100 m以上，如巨藻 *Macrocystis pyrifera*。

（三）繁殖和生活史

藻类的繁殖方式有营养繁殖、无性生殖和有性生殖3种。其中，营养繁殖是藻类的主要繁殖方式。藻体的一部分由母体分离（如进行细胞分裂、藻体断裂或产生营养繁殖小枝、珠芽等）形成新个体的过程为营养繁殖。藻体中某些细胞分化成孢子囊（sporangium），孢子囊细胞分裂产生孢子（spore），孢子无须配合，即发育成新个体的过程为无性生殖；无性生殖可以产生各种类型的孢子，如没有细胞壁、有鞭毛的游动孢子，以及有细胞壁、无鞭毛的不动孢子等。藻体产生配子囊（gametangium）和配子（gamete），雌、雄配子结合形成合子（zygote），由合子萌发形成新个体的过程为有性生殖；在此过程中，合子不发育成胚，直接发育成子代藻体。

生活史指任何一个有生命的个体从其获得生命开始直至死亡的整个时期，或者某种生物在整个生命过程中所经历的全部阶段，又称为生活周期。不少藻类的生活史中存在世代交替（alternation of generations）现象。在这些藻类的生命过程中，存在着两种藻体：一种为二倍体（2*n*），另一种为单倍体（*n*）；二倍体藻体进行无性生殖，经减数分裂产生孢子，因此二倍体藻体又称为孢子体(sporophyte);孢子体产生的孢子发育成单倍体藻体,进行有性生殖,产生雌、雄配子,因而单倍体藻体被称为配子体(gametophyte);配子体产生的配子结合成合子后发育成二倍体藻体。从孢子开始发育成配子体一直到产生配子,这一阶段是单倍体时期,称为配子体世代或有性世代(sexual generation);从合子萌发成孢子体,到经减数分裂产生孢子前,这一阶段是二倍体时期,称为孢子体世代或无性世代(asexual generation)。生活史中两个世代相互交替出现,即为世代交替。

在有世代交替的藻类生活史中,配子体和孢子体形态结构基本相同,称为同形世代交替(isomorphic alternation of generations),或称等世代型世代交替(图9-4)。两者形态和结构完全不相同的,称为异形世代交替(heteromorphic alteration of generations),或称不等世代型世代交替,如海带(图9-2);具有异形世代交替生活史的藻类中,有的配子体占优势,有的孢子体占优势。

(四) 生境与分布

藻类生物类群庞大,环境适应能力强,分布范围极广,从热带到两极,从雪山到温泉,从岩石到沙漠,几乎到处都有藻类分布。大多数藻类主要生活在水中,也有些生长在土壤、墙壁、岩石、树皮等表面的气生藻类;还有一部分为共生和内生藻类。

二、藻类的药用价值

我国是利用海藻最早的国家之一,早在《神农本草经》中就有关于海藻的记载。藻类中含有多糖类、氨基酸类、萜类、环状多硫化物、固醇类、大环内酯类和类胡萝卜素类等成分,具有抗肿瘤、抗菌、抗病毒、提高人体免疫力、预防心血管疾病、驱虫等多种药理活性。例如,蓝藻中含有的多种小肽和环肽具有抗真菌、抗病毒、抗肿瘤活性。螺旋藻多糖具有明显的抗肿瘤作用。海藻多糖可以降低血管中导致动脉粥样硬化的脂质含量,治疗心脑血管疾病。褐藻多糖硫酸酯具有抑制肿瘤细胞生长、降血脂、降胆固醇、降低血肌酐的作用,临床上用于治疗癌症、心脑血管疾病、肾衰竭等。低聚褐藻酸钠和葡萄糖、氯化钠、磷酸二氢钠、柠檬酸等成分配伍制成的注射剂可作为代血浆。褐藻通常富含碘元素,可用于治疗和预防缺碘性甲状腺肿。从海带中提取的甘露醇与烟酸合成甘露醇烟酸酯,对高血脂、高血压、动脉硬化有较好的疗效。藻类中含有的超氧化物歧化酶(superoxide dismutase, SOD)是高效的自由基清除剂。生物碱是海藻中的重要活性物质,如石莼中的甜菜碱能减低血浆胆固醇水平;眉藻*Calothrix sp.*中的生物碱Calothrixin A能抑制RNA和蛋白质的合成,具有抗癌和抗疟活性。藻类所含的β-胡萝卜素可以保护人的视力。有些藻类如海人草和鹧鸪菜有驱蛔虫作用。角叉菜胶、红藻卡拉胶可以抑制人类免疫缺陷病毒(human immunodeficiency virus, HIV)在体外的复制和反转录,可用于艾滋病的治疗;从椭孢念珠藻*Nostoc ellipsosporum*中获得的蓝藻抗病毒蛋白N(Cyanovirin-N)也具有抗HIV活性。藻类具有较高的药用价值,对其资源进行开发和利用具有重要的社会和经济效益,前景可期。

第二节 藻类的分类及主要药用藻类

藻类曾经被视为正式的分类群,有很多分类系统把藻类归入极广义的植物界,作为"低等植物"的一部分。现代系统生物学研究表明,藻类是一个高度的多系群,包括了许多在演化上关系较远的演化支,大部分和狭义的植物没有亲缘关系。

采取最广义的植物界概念的恩格勒系统,依据光合作用色素的种类和储存营养物质的类别、细胞核的结构和细胞壁的成分、游动孢子上鞭毛的数目及着生的位置和类型、生殖方式和生活史等,将藻类分为9个门;其中蓝藻门(Cyanophyta)、红藻门(Rhodophyta)、绿藻门(Chlorophyta)和褐藻门(Phaeophyta)药用种类较多。

近年来,随着分子系统学研究的不断开展和深化,对藻类的系统发育已经有了崭新的认识。

—•笔记栏•—

在全新的藻类分类系统中，只有红藻和绿藻仍属于植物界，其他藻类则分属于不同的生物界和门，如蓝藻属于细菌界的蓝细菌门，褐藻则归于色藻界（Chromista）。

一、蓝细菌

蓝细菌的危害

蓝细菌［蓝藻（blue algae）］是最古老的光合藻类，最晚在21亿年前已经演化出来。蓝细菌为仅有的原核藻类。藻体有单细胞、非丝状群体或丝状体等形态。细胞壁分为内外两层，内层由纤维素构成，外层是由果胶质组成的胶质鞘。原生质体分化为周质（periplasm）和中心质（centroplasm）两部分。周质位于细胞壁内侧，具叶绿素a、藻蓝素、藻红素、类胡萝卜素等光合色素，以叶绿素a和藻蓝素为主，使得藻体通常呈蓝绿色；无载色体。光合作用产物是蓝藻淀粉和蓝藻颗粒体。中心质相当于细胞核的位置，含有裸露的环状DNA，不具核膜和核仁，称原核。

繁殖方式主要是营养繁殖和无性生殖，以营养繁殖为主，主要靠细胞分裂、群体破裂、丝状体断裂增加个体数目，多见从异形胞（heterocyst）处断裂形成藻殖段（hormogonium），进而发育成新藻体。无性生殖时有些细胞增大、壁增厚、细胞内充满营养物质，形成厚壁孢子（akinete）后休眠，条件适宜时细胞壁破裂，细胞分裂形成新的藻体。

蓝细菌有90余属，630多种，广泛分布于自然界，海水、淡水、土壤和部分生物体内外均有，并且在极端环境（如温泉、盐湖、贫瘠的土壤、岩石表面或风化壳中以及植物树干等）中也能生长，是“先锋生物”的一类。它们在岩石风化、土壤形成及水体生态平衡中起着重要的作用。许多蓝细菌具有固氮能力，还有的与真菌共生形成地衣。

【主要药用物种】

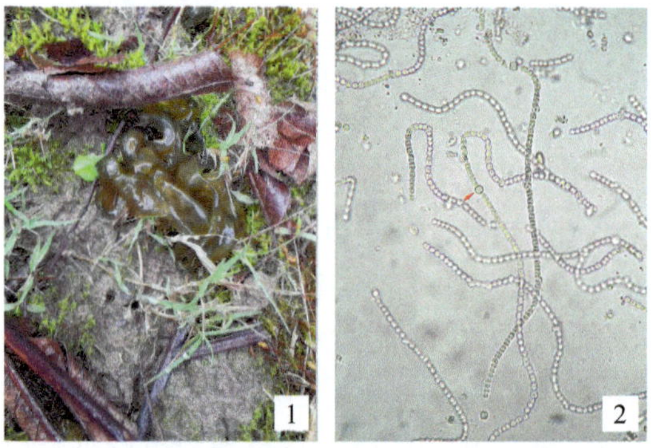

图9-1 葛仙米

1. 藻体及生境；2. 显微镜下局部（Kristian Peters, 2010）箭头所指为异形胞

葛仙米*Nostoc commune* Vaucher ex Bornet & Flahault 念珠藻科。由圆球形细胞组成单列的丝状体，形如念珠。藻体一般呈蓝绿色或黄褐色，外部有胶质鞘包被。丝状体上有异形胞，异形胞壁厚（图9-1）。分布于全国各地。生长于潮湿土壤或地下水位较高的草地上，雨天迅速生长，晴天则失水休眠。藻体能清热、收敛、明目。

发菜的形态及其保护

发菜*N. flagelliforme* Harv. ex Molinari, Calvo-Pérez & Guiry 藻体细长，毛发状，平直或弯曲，棕色，干后呈棕黑色，往往许多藻体绕结成团，吸水后黏滑而带弹性。藻丝平行排列，包在厚的胶质鞘内。细胞球形，内含物呈蓝绿色。异形胞端生或间生，球形。广泛分布于世界各地的沙漠和贫瘠土壤中，国内多分布于内蒙古、宁夏、甘肃、青海、陕西等地。可以食用，有降血压、理气、利尿的功效。国家一级重点保护野生物种。

常见的药用蓝藻还有极大节旋藻*Limnospira maxima* (Setch. & N. L.Gardner) Nowicka-Krawczyk, Mühlsteinová & Hauer [= *Arthrospira maxima* Setch. & N. L. Gardner; = *Spirulina maxima* (Setch. & N. L. Gardner) Geitler]、钝顶节旋藻*Arthrospira platensis* Gomont [=*Spirulina platensis* (Gomont) Geitler]等。

二、褐藻

藻体为多细胞的丝状体、叶状体、树枝状体等。有的在外形上有类似于高等植物根、茎、叶的固着器、柄和叶状片；通常结构简单，无明显组织分化；少数种类有表皮层、皮层和髓部的分

—•笔记栏•—

化，如海带。细胞壁两层，内层为纤维素，外层为褐藻胶。具载色体，有叶绿素a、叶绿素c、β-胡萝卜素、多种叶黄素等光合色素，叶黄素中以墨角藻黄素含量最大，使藻体呈褐色。储藏的同化产物主要是褐藻淀粉和甘露醇。多含碘。

繁殖方式有营养繁殖、无性生殖和有性生殖。生活史中多有明显的世代交替。精子和游动孢子一般具2条不等长侧生鞭毛。

褐藻现多被认为是色藻界淡色藻门下的一个纲（褐藻纲Phaeophyceae），约400属，2 000余种；我国有约60属，近300种。绝大多数分布于海洋中，营固着生活，少数种类漂浮在海面上，另有少数种类生活在淡水中。褐藻的很多种类能扩散到半咸水中，并经常成为盐沼植被的重要组成部分。大部分褐藻种类生长在亚寒带沿海的潮间带及以上区域，并成为该区域的优势类群。

【主要药用物种】

海带*Saccharina japonica* (Aresch.) C. E. Lane, C. Mayes, Druehl & G. W. Saunders (= *Laminaria japonica* Aresch.) 海带科。藻体大型，扁平带状，褐色，长1.5～3 m，宽15～25 cm，分固着器、柄部和带片3部分。柄部和带片由表皮、皮层和髓部组成，孢子囊位于带片两面（图9-2）。生于日本海海域低潮线下的岩石上，渤海至东海沿岸有大规模人工养殖区。叶状体（昆布）化痰软坚散结，利水消肿。含有海带多糖、甘露醇、碘等活性成分，能用于预防或治疗缺碘性甲状腺肿大、降低血液中的胆固醇。巨藻科**昆布*Ecklonia cava* Kjellm. subsp. *kurome* (Okamura) S. Akita, K. Hashimoto, T. Hanyuda & H. Kawai** (= *E. kurome* Okamura)的叶状体亦作昆布用。

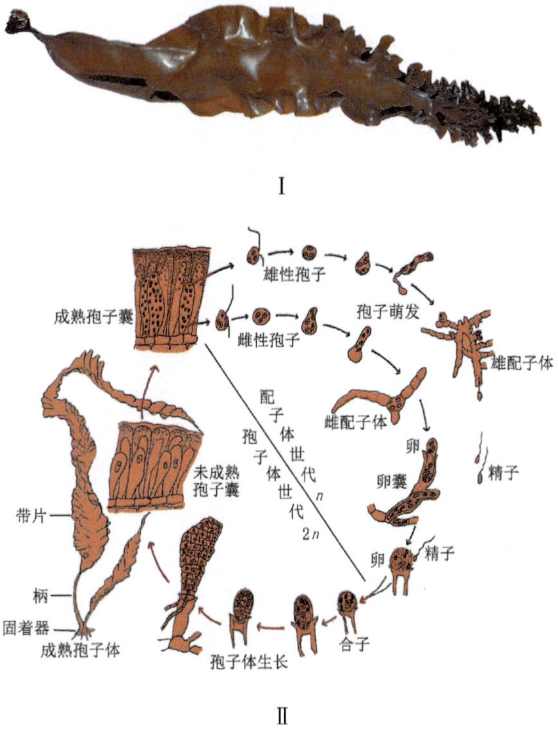

图9-2　海带及其生活史

Ⅰ.藻体；Ⅱ.生活史示意图

马尾藻科**海蒿子*Sargassum confusum* C. Agardh**与**羊栖菜*S. fusiforme* (Harv.) Setch.**的藻体（海藻）功效同昆布，前者习称"大叶海藻"，后者习称"小叶海藻"。

常见的药用褐藻还有鹿角菜*Silvetia siliquosa* (C. K. Tseng & C. F. Chang) E. A. Serrão, T. O. Cho, S. M. Boo & Brawley（国家二级重点保护野生物种）、裙带菜*Undaria pinnatifida* (Harv.) Suringar等。

三、红藻

藻体多数为多细胞丝状体、片状体、树枝状体等，少数单细胞。某些种类有一定的组织分化。细胞壁两层，内层为纤维素，外层为果胶质。载色体中含有藻红素、叶绿素a、叶绿素b、β-胡萝卜素、藻蓝素等光合色素，以藻红素为主，故藻体多呈红色。细胞中的储存物质为红藻淀粉和红藻糖。

红藻的繁殖有营养繁殖、无性生殖和有性生殖3种。营养繁殖以分裂繁殖为主。无性生殖由营养细胞产生孢子囊，孢子囊产生单孢子，有的经减数分裂产生四分孢子，其均是不动孢子。有性生殖为卵配生殖。配子体的精子囊内含无鞭毛的不动精子，果胞（红藻雌性生殖结构的特称）内含1个卵子，由精子与卵子结合产生受精卵，进一步发育成果孢子，果孢子萌发产生孢子体。

—•笔记栏•—

红藻门Rhodophyta约760属，4 000余种。绝大多数分布于海水中，可以在深水中生活，是海洋大型藻类中最大的类群，常固着于岩石等物体上，少数生于淡水中，也有附生或寄生在其他藻体上的。

【主要药用植物】

图9-3　石花菜

石花菜*Gelidium amansii* J. V. Lamour. 石花菜科。多年生，藻体紫红色或棕红色，扁平直立，高10 ～ 30 cm，丛生，羽状分枝，固着器假根状。成熟时在末枝上生有多数四分孢子囊，精子囊及果胞也生于末枝上（图9-3）。分布于我国渤海、黄海等东部沿海，生于低潮带的石沼中或低潮带下水深5 ～ 30 m的岩石上。藻体清热解毒、化瘀散结、缓下驱蛔。可食用，也是提取琼胶的主要原料。

常见的药用红藻还有甘紫菜*Neopyropia tenera* (Kjellm.) L.-E. Yang & J. Brodie (= *Porphyra tenera* Kjellm.)、条斑紫菜*Neopyropia yezoensis* (Ueda) L.-E. Yang & J. Brodie (= *Porphyra yezoensis* Ueda)、坛紫菜*Neoporphyra haitanensis* (T. J. Chang & B. F. Zheng) J. Brodie & L.-E.Yang (= *Porphyra haitanensis* T. J. Chang & B. F. Zheng)、海人草*Digenea simplex* (Wulfen) C. Agardh、鹧鸪菜*Caloglossa leprieurii* (Mont.) G. Martens.、拟鸡毛菜*Pterocladiella capillacea* (S. G. Gmelin) Sntel. & Hommers.[1]、蜈蚣藻*Grateloupia filicina* (J. V. Lamour.) C. Agardh、琼枝*Betaphycus gelatinus* (Esper) Doty ex P. C. Silva等。

四、绿藻

藻体有单细胞、群体、丝状体、叶状体、管状多核体等类型。细胞壁分两层，外层是果胶质，常黏液化，内层为纤维素。光合色素与高等植物相同，含有叶绿素a、叶绿素b、胡萝卜素、叶黄素等，藻体多呈绿色。载色体有杯状、环带状、星状、网状等多种形状，亦与高等植物叶绿体结构类似，由双层被膜环绕。载色体中有1至多个蛋白核（pyrenoid）。储藏的营养物质主要是淀粉、脂肪。

绿藻的繁殖方式有营养繁殖、无性生殖和有性生殖，不少种类存在明显的世代交替现象。单细胞绿藻通过细胞分裂产生孢子进行繁殖，如小球藻产生不动孢子、衣藻产生游动孢子等。多细胞丝状体通过断裂形成的片段再长成新个体。有性生殖由配子结合形成合子，合子萌发形成新个体，或减数分裂形成孢子，再发育形成新个体。水绵、新月藻等有接合生殖现象。大多数种类的孢子或配子具有2条或4条等长的鞭毛。

绿藻门有430余属，8 600余种，是藻类中种类最多的一个类群。分布很广，主要生活在淡水中，海水种类只有10%左右。一些绿藻能寄生于动物体内或与真菌共生成地衣。

【主要药用植物】

石莼*Ulva lactuca* L. 石莼科。藻体黄绿色，薄叶状，由两层细胞构成，形状多变，边缘波状，有缺刻或不规则开裂，基部有多细胞的固着器（图9-4）。生长在中、低潮带至潮下带2 m深处的岩石或石沼中。我国沿海各省均有分布。藻体能软坚散结、清热祛痰、利水解毒。

常见的药用绿藻还有蛋白核小球藻*Auxenochlorella pyrenoidosa* (H. Chick) Molinari & Calvo-Pérez (= *Chlorella pyrenoidosa* H. Chick)、光亮水绵 *Spirogyra nitida* (O. F. Müll.) Leiblein、孔石莼*Ulva australis* Aresch. (= *U. pertusa* Kjellm.)、石莼*U. lactuca* L.、浒苔*U. prolifera* O.F. Müll.、刺松藻*Codium fragile* (Suringar) Har. 等。

浒苔"绿潮"

1　以前常用中文名为鸡毛菜，学名使用*Pterocladia tenuis* Okamura，系误订。*Pterocladia tenuis* 现接受名为*Pterocladiella tenuis* (Okamura) Shimada, Horiguchi & Masuda，产于日本、韩国等地。

I

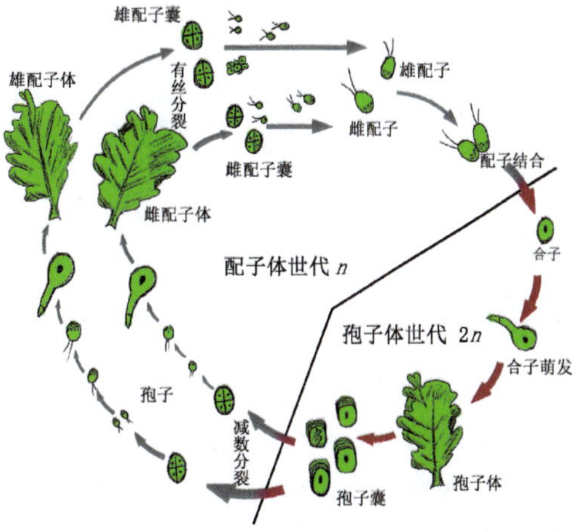

II

图9-4 石莼及其生活史

Ⅰ. 藻体（Holger Krisp, 2011, CC-BY-SA 3.0）；Ⅱ. 生活史示意图

【小结】

- 藻类
  - 概述
    - 藻类特征
      - 细胞结构
      - 藻体形态
      - 繁殖和生活史
      - 生境与分布
    - 藻类的药用价值
  - 藻类的分类及主要药用藻类
    - 蓝细菌：葛仙米、发菜、极大节旋藻、钝顶节旋藻
    - 褐藻：海带、海蒿子、羊栖菜、鹿角菜、裙带菜
    - 红藻：石花菜、甘紫菜、条斑紫菜、坛紫菜、海人草、鹧鸪菜、鸡毛菜、蜈蚣藻、琼枝
    - 绿藻：石莼、蛋白核小球藻、光亮水绵、石莼、刺松藻

藻类色素的进化

—•笔记栏•—

第十章授课视频

第十章　真菌和地衣

案例

冬虫夏草是我国的一种名贵中药材。有补肾益肺、止血化痰的功效，主治肾虚精亏、阳痿遗精、腰膝酸痛、久咳虚喘、劳嗽咯血等。其生长在我国西南地区海拔3 000～5 000 m的高寒草甸上，生境特殊，因此产量稀少，价格昂贵。通过观察可以发现，冬虫夏草主体部分形似一条虫，但头部却似长着一棵草。分析下列问题：

（1）冬虫夏草究竟是动物还是植物？

（2）虫和“草”的结构分别是什么样的？

（3）其虫草结合的外形是如何形成的？

真菌（fungi）是一类异养的真核生物。传统上，真菌被归入植物界，和细菌（bacteria）、黏菌（myxomycetes）一起被称为菌类植物。这3个类群的形态、结构、繁殖方式和生活史均有很大的差别，彼此并无亲缘关系。在最新的分类系统中，细菌归属于细菌界，其中古菌（archaebacteria）隶属于古菌界；黏菌归属于原生生物界；除卵菌（oomycetes，属色藻界）外，绝大部分真菌属于真菌界。真菌、黏菌、卵菌统称为菌物。

地衣（lichen）是真菌与藻类或蓝细菌的共生体，以前被单列为一个植物的类群（地衣植物门）。目前，其作为一种专化型真菌的概念逐渐得到菌物学家的共识，即地衣型真菌（lichenized fungus）。

第一节　概　　述

一、真菌

真菌营养体通常为丝状和多细胞有机体，细胞内有细胞核，具有明显的细胞壁；高等大型真菌在繁殖期形成一定形状的子实体，以孢子进行繁殖。真菌细胞内不含叶绿素和质体，是一类典型的异养生物，营寄生或腐生生活，吸收、分解和利用生活或死亡的动、植物体，以及动物的排泄物、枯枝落叶和土壤的腐殖质中的有机物，来满足自身的营养需求。肝糖是它们储存的主要养分，还有少量的蛋白质和脂肪，以及微量的维生素。

真菌数目十分庞大，全世界约有14.6万余种。遍布全球，从动植物活体到它们的尸体，从空气、水体到陆地，都有真菌的存在，尤以土壤中最多。真菌在我国有着悠久的药用历史。早在《神农本草经》中就有赤芝、茯苓、猪苓、雷丸、木耳的记载，《本草纲目》中记载了药用真菌32种，大多沿用至今。目前，据不完全统计，我国药用真菌有650余种。

自1930年以来，全球范围内掀起了以真菌为研究对象的寻找抗肿瘤药物的热潮，目前的研究表明，有500多种真菌具有显著的抑瘤活性。例如，香菇多糖、云芝多糖、树舌多糖、猪苓多糖、雷丸多糖、蝉花多糖等，能增强机体免疫功能，抑制肿瘤生长，已在临床上应用。此外，猴头菇有健胃功效；彩绒革盖菌（云芝）、平盖灵芝（树舌）*Ganoderma applanatum* 和双孢菇 *Agaricus bisporus* 具有保肝作用；灵芝具有降压和强心作用；木耳有降压和抗凝作用；冬虫夏草能抗心律失常等。随着研究工作的不断深入，用真菌开发治疗各种疾病的药物大有前景。

（一）真菌的营养体

除少数单细胞真菌外，绝大多数的真菌由呈纤细管状、分枝或不分枝的菌丝（hyphae）构成。组成一个菌体的全部菌丝称为菌丝体（mycelium）。菌丝的直径为0.5～100 μm，通常在10 μm以下。其有两种类型：一种由一个长管形细胞构成，有分枝或无，大多数是多核的，称为无隔菌丝；另一种是有隔菌丝，由许多细胞构成，每个细胞内含1个或2个细胞核，细胞间有横隔，隔膜上有小孔，原生质可以从小孔流通。真菌通过菌丝从基质或寄主细胞内吸收养分。

真菌细胞均有细胞壁。某些低等真菌的细胞壁的主要成分为纤维素，高等真菌的则主要为壳多糖（chitin，又称甲壳质、几丁质）。有些真菌的细胞壁还含有其他物质，使得细胞壁和菌体呈黑色、褐色或别的颜色。

真菌储存的营养物质主要是肝糖，还有一些油脂和蛋白质等，不含淀粉。原生质通常是无色透明的，但有些种属常含有各种色素（老化的菌丝尤其明显）。细胞核在繁殖细胞中大而明显，易染色，但在营养细胞中很小，不易观察。

真菌的菌丝通常状态下一般是疏松的，但在繁殖期或不良环境条件下，菌丝会互相密结，形成各种不同形态的菌丝组织体。常见的有根状菌索（rhizomorph）、菌核（sclerotium）、子实体（fruiting body, sporophore）和子座（stroma）。

1. 根状菌索　菌丝密结成绳索状，外形似根，又称菌根。颜色较深，有的较粗，长达数米。在腐木上生长的高等真菌常形成根状菌索；它能抵抗恶劣环境，环境恶劣时停止生长，适宜时恢复。

2. 菌核　菌丝紧密聚集形成的质地坚硬、颜色深的核状体。有些种类的菌核组织分化明显，内部为疏丝组织，外层为拟薄壁组织；有的菌核无分化现象。菌核中储有丰富的养分，是渡过不良环境的休眠体，有很强的抗高温、低温和干燥环境的能力，在条件适宜时可以萌发为菌丝体或产生子实体。

3. 子实体　很多高等真菌，在繁殖时期形成具有一定形状和结构、能够产生孢子的菌丝体，称为子实体。子实体的形态、大小多样，如香菇的子实体呈伞状，大秃马勃的子实体近球形。

4. 子座　某些真菌从营养生长向繁殖生长转化期间，菌丝密结、膨大形成一种团块状结构，一般呈垫状、棍棒状、头状等；通常在其表面或内部形成子实体。

（二）真菌的繁殖方式

通常有营养繁殖、无性生殖和有性生殖3种方式。

1. 营养繁殖　少数单细胞的真菌，通过细胞分裂而产生子细胞。大部分真菌的营养菌丝可以通过以下方式增殖：从母细胞上以出芽方式形成芽生孢子（blastospore），如酿酒酵母*Saccharomyces cerevisiae*；以细胞分隔断裂方式形成节孢子（arthrospore），如粟酒裂殖酵母*Schizosaccharomyces pombe*；在不良环境中，有些真菌的菌丝中间个别细胞膨大，细胞质变浓形成休眠细胞，即厚壁孢子（chlamydospore）。

2. 无性生殖　通过在孢子囊中产生游动孢子（zoospore）、孢囊孢子（sporangiospore），或在孢子梗上形成分生孢子（conidium）等方式进行繁殖，形成新的个体。

3. 有性生殖　经过雄核与雌核的配合及减数分裂，产生孢子进行繁殖；有多种方式，如同配生殖、异配生殖、接合生殖、卵式生殖等，产生各种类型的孢子。真菌在产生各种有性孢子之前，一般经过3个不同阶段。第一阶段是质配，由两个带核的原生质相互融合为同一个细胞，此时为双核细胞。第二阶段是核配，由质配带入同一细胞内的两个细胞核的融合。在低等真菌中，质配后立即进行核配。但在高等真菌中，双核细胞要持续相当长的时间，才发生核配。第三阶段是减数分裂，重新使染色体数目减为单倍体，形成4个单相核，产生4个有性孢子，常见的有子囊孢子（ascospore）和担孢子（basidiospore）等。

真菌的生活史从孢子萌发开始，经过生长和发育阶段，最后又产生同样孢子的全部过程。孢子在适当条件下萌发，继续生长形成新菌丝体，在一个生长季节里可以再产生无性孢子和菌

—•笔记栏•—

丝体若干代，这是生活史中的无性阶段。真菌在生长后期，进入有性阶段，从菌丝上生成配子囊，产生配子，一般先经过质配形成双核阶段，再经过核配形成双相核的细胞，即合子；通常合子迅速减数分裂，转变为新的单相核的菌丝体时期。在真菌的生活史中，双相核的细胞是一个合子而不是一个营养体，因而只有核相交替，没有世代交替。

二、地衣

地衣是一类与某些藻类或蓝细菌高度稳定结合共生的专化型真菌。真菌是构成地衣的主体，地衣的形态几乎完全都由真菌决定。由于菌、藻长期紧密地结合在一起，在形态、结构、生理和遗传等方面都形成了一个稳定的复合体，所以长期以来一直把地衣单列为地衣植物门。但近期的研究表明，由于构成地衣的各成分没有系统发育史，不能归入自然分类系统。因此，将地衣在分类系统中的地位，修订为地衣型真菌在分类系统中的地位。地衣型真菌有500余属，25 000余种。

地衣型真菌绝大多数是子囊菌亚门盘菌纲Pezizomycetes和粪壳菌纲Sordariomycetes的真菌，少数属于担子菌亚门的伞菌目和多孔菌目。共生物种主要来源于绿藻门的共球藻属*Trebouxia*、橘色藻属*Trentepohlia*和蓝细菌的念珠藻属*Nostoc*，约占全部地衣中藻类的90%。真菌的菌丝交织并包围着藻类和蓝细菌，后两者分布于地衣的内部，通过进行光合作用为真菌提供营养。真菌为其吸收水分和无机盐，两者形成互惠的共生关系。

地衣的繁殖方式主要有营养繁殖和有性繁殖两种。其中，营养繁殖是通过一个地衣断裂成数个碎片，然后每个碎片发育成新个体。此外，粉芽、珊瑚芽和碎裂片等都能够繁殖成新的个体。有性繁殖通过菌丝体产生子囊孢子或担孢子进行。前者称子囊菌地衣，占地衣种类的绝大部分；后者为担子菌地衣，种类较少。

地衣一般生长较为缓慢，数年才长几厘米。大部分地衣喜光，要求空气清新，在二氧化硫含量较高的工业城市附近很少生长，因此可作为空气污染程度的指示植物。

地衣的适应能力、耐寒性和耐旱性都很强，分布广泛。地衣在干旱时休眠，在雨后恢复生长；在高山带、冻原及南北极地区也能生长，常形成大片的群落。

我国地衣资源极其丰富，有200属、近2 000种，广布全国。我国药用和食用地衣的历史悠久，据统计，药用地衣就有70多种。例如，自古就有松萝能治疗肺病、石耳能止血消肿、石蕊能明目益精气的记载。现代研究表明，地衣中含有多种药用成分，其中地衣酸（lichenic acid）可抑制革兰氏阳性菌和结核杆菌的活性；据估计50%以上的地衣种类中含有地衣酸，目前已知的地衣酸有300余种，如松萝酸（usnic acid）、地衣硬酸（lichesterinic acid）、去甲环萝酸（evernic acid）、袋衣酸（physodic acid）、小红石蕊酸（didymic acid）、绵腹衣酸（anziaic acid）、柔扁枝衣酸（divaricatic acid）、石花酸（sekikaic acid）等；已有多种以地衣酸为主要成分的制剂在临床上用于治疗创伤和表面化脓性感染。近年来的研究发现，地衣多糖（lichenin）和异地衣多糖（isolichenin）等具有较强的抗癌活性。地衣能够耐较强的紫外线和核辐射，可为我们提供寻找抗辐射药物的线索。有些地衣如普氏扁枝衣（橡苔）*Evernia prunastri*等，可用于生产高级香料。地衣还可以用作喂养鹿和麝的良好饲料。总之，地衣资源的开发应用前景广阔。

（一）地衣的形态

根据地衣的形态，可将其分为3种类型（图10-1）：

1. 壳状地衣（crustose lichen）　地衣体是多种颜色的壳状物，菌丝与树干、岩石等基质紧密相连，很难剥离。壳状地衣约占全部地衣的80%。例如，生于岩石上的茶渍属*Lecanora*和生长在树皮上的文字衣属*Graphis*。

2. 叶状地衣（foliose lichen）　地衣体呈叶片状，四周有瓣状裂片，地衣体下部生出假根或脐，附着于基质上，易于剥离。例如，生在草地上的地卷属*Peltigera*、生在岩石上的石耳属*Umbilicaria*和生在岩石和树皮上的梅衣属*Parmelia*等类群的地衣。

— • 笔记栏 • —

3. 枝状地衣(fruticose lichens) 地衣体呈枝状或丝状，直立或下垂，仅基部附着在基质上。例如，直立地上的石蕊属*Cladonia*、树花属*Ramalina*，以及悬挂生于松树、云杉、冷杉等树枝上的松萝属*Dolichousnea*等。

3种类型的地衣区别并不绝对，其中有些是中间过渡类型，如黑瘤衣属*Buellia*地衣形态上由壳状到鳞片状；粉衣科Caliciaceae地衣的形态从壳状结构逐渐过渡到粉末状。

图 10-1 地衣的形态

1. 壳状地衣；2. 叶状地衣；3、4. 枝状地衣

(二) 地衣的结构

不同类型的地衣内部结构不完全相同。以叶状地衣的横切面观为例，可分为上皮层、藻胞层、髓层和下皮层4层，其中上皮层和下皮层是由菌丝紧密交织而成，也称为假皮层；藻胞层位于上皮层之下，是由藻类细胞或蓝细菌聚集而成的一层；髓层是由排列疏松的菌丝组成，位于藻胞层和下皮层之间。根据藻类细胞或蓝细菌在地衣中的分布情况，通常将地衣体的结构分成 2 个类型(图10-2)。

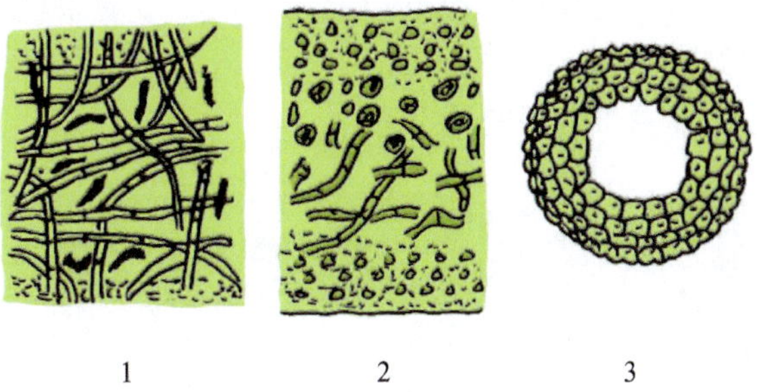

图 10-2 地衣的结构

1. 同层地衣(胶衣属)；2. 异层地衣(蜈蚣衣属)；3. 异层地衣(地茶属)

1. 异层地衣(heteromerous lichen) 藻类细胞或蓝细菌分布在上皮层与和髓层之间，形成明显的藻胞层。例如，梅衣属、蜈蚣衣属*Physcia*、地茶属*Thamnolia*、松萝属等类群的地衣。

2. 同层地衣(homoeomerous lichen) 藻类细胞或蓝细菌分布在髓层菌丝之间，没有明显的藻层与髓层之分，这种类型的地衣较少。例如，胶衣属*Collema*、猫耳衣属*Leptogium*类群的地衣。

通常来说，叶状地衣大多数为异层地衣，下皮层的许多假根或脐固着于基物上。壳状地衣多数无皮层，或仅具上皮层，髓层菌丝直接紧贴在基物上。枝状地衣都是异层地衣，其各层呈圆环状排列，有的中央具中轴，如松萝属；有的是中央中空，如地茶属。

第二节 真菌和地衣的分类及主要药用真菌和地衣

依据分子系统学的研究成果，地衣类真菌采用真菌的分类系统，目前最新的真菌分类系统将之前的真菌门提升至真菌界，其下包括芽枝霉门(Blastocladiomycota)、壶菌门(Chytridiomycota)、子囊菌门(Ascomycota)、担子菌门(Basidiomycota)、球囊菌门(Glomeromycota)、接合菌门(Zygomycota)和虫霉菌门(Entomophthoromycota)。本节只介绍与医药有密切联系的子囊菌门和担子菌门。

一、子囊菌门

子囊菌门是真菌中种类最多的一个门，全世界有9 000余属，92 000多种。除少数低等子囊

—•笔记栏•—

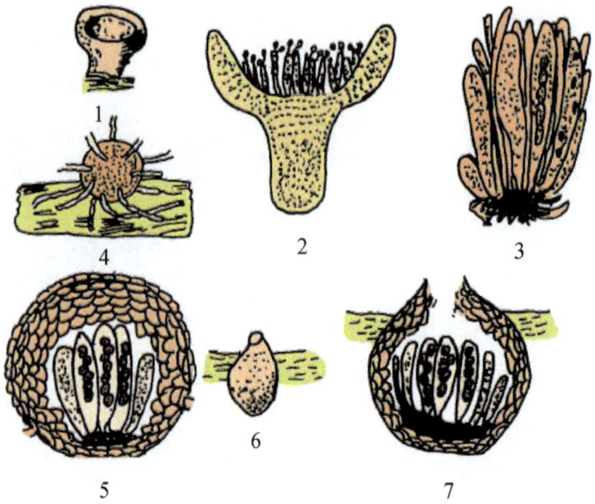

图10-3 子囊果的类型

1. 子囊盘；2. 子囊盘放大；3. 子囊盘的子实层部分放大；4. 闭囊壳；5. 闭囊壳纵切放大；6. 子囊壳；7. 子囊壳纵切放大

菌为单细胞外，绝大多数有发达的菌丝，菌丝具有横隔，并且紧密结合成特定形状。

子囊菌最主要的特征是有性生殖产生子囊（ascus），子囊是两性核相结合的场所，结合的核经减数分裂后，形成8个子囊孢子。除少数原始种类（如酵母菌）子囊裸露、不形成子实体外，绝大多数的子囊菌都产生子实体，子囊生于子实体上或包于子实体内。子囊菌的子实体又称子囊果（ascocarp）。子囊果的形态是子囊菌分类的重要依据，常见以下3种类型（图10-3）：

1. 子囊盘（apothecium） 子囊果为盘状、杯状或碗状，子囊盘中的许多子囊和隔丝（不育菌丝）垂直排列，形成完全暴露在外的子实层（hymenium）。

2. 子囊壳（perithecium） 子囊果呈瓶状或囊状，先端开口。子囊壳多埋生于子座内，如麦角菌、冬虫夏草菌等的子囊果。

3. 闭囊壳（cleistothecium） 子囊果呈球形，无开口，完全闭合，待其破裂后子囊孢子才散出。

【主要药用物种】

图10-4 冬虫夏草

冬虫夏草*Ophiocordyceps sinensis* (Berk.) G. H. Sung, J. M. Sung, Hywel-Jones & Spatafora [=*Cordyceps sinensis* (Berk.) Sacc.] 蛇形虫草科，是寄生于蝙蝠蛾科昆虫幼虫体的子囊菌。夏秋季节，多细胞的针状子囊孢子侵入昆虫幼虫体内，蔓延发展成菌丝体。染病幼虫钻入土中越冬，菌丝体继续发育，使虫体变成充满菌丝、仅有外皮残留的僵虫，冬季形成菌核。翌年夏季自幼虫体的头部长出笔状的子座露出地上，子座上端膨大，近表面处生有一层子囊壳，壳内生有许多长形的子囊，每个子囊具2～8个子囊孢子，通常只有2个成熟，子囊孢子有多数横隔且细长，从子囊壳口散射出去后，又继续侵染新的幼虫（图10-4）。

主要分布于我国西南、西北地区的高山草甸。国家二级重点保护野生物种。带子座的菌核（冬虫夏草）补肾益肺，止血化痰。经液体深层发酵所得菌丝体的干燥粉末（冬虫夏草菌粉）功效类似。

常用的虫草类药材还有虫草科的蛹草菌（蛹虫草）*Cordyceps militaris* (L.) Fr.、亚香棒虫草*C. hawkesii* Gray，麦角菌科的凉山虫草*Metacordyceps liangshanensis* (M. Zang, D. Liu & R. Hu) G. H. Sung, J. M. Sung, Hywel-Jones & Spatafora [= *Cordyceps liangshanensis* M. Zang, D. Liu & R. Hu]、新古尼异虫草*Metacordyceps neogunnii* T. C. Wen & K. D. Hyde [=*Cordyceps gunnii* (Berk.) Berk.]等，其带子座的菌核与冬虫夏草有相似的疗效。另外，虫草科的蝉花*C. chanhua* Z. Z. Li, F. G. Luan, Hywel-Jones, C. R. Li & S. L. Zhang[1]的带子座菌核能清热祛风。

1 蝉花常见的误用学名中，*Ophiocordyceps sobolifera* (= *Cordyceps sobolifera*) 为小蝉草学名，*Isaria cicadae* Miq. 是个有待进一步研究的物种复合群。

近年来，从新鲜的蝙蝠蛾僵虫中分离得到的虫草科真菌——蝙蝠蛾拟青霉菌*Samsoniella hepiali* (Q. T. Chen & R. Q. Dai ex R. Q. Dai et al.) H. Yu, R. Q. Dai, Y. B. Wang, Y. Wang & Zhu L. Yang (= *Paecilomyces hepiali* Q. T. Chen & R. Q. Dai ex R. Q. Dai et al.)经纯化、人工发酵培养，加工成的蝙蝠蛾拟青霉粉，用于治疗慢性气管炎、慢性肾功能不全，预防心脑血管疾病。从蛹草菌的培养物中可得到虫草素。

另一种虫草科真菌球孢白僵菌*Beauveria bassiana* (Bals.-Criv.) Vuill.能寄生于家蚕幼虫，家蚕病死后的尸体即中药白僵蚕，能息风止痉、祛风止痛、化痰散结。近年来，随着防治技术的加强，感染该菌的家蚕大为减少，多以蚕蛹为原料，接入该菌，所得的蚕蛹代白僵蚕药用，以解决白僵蚕药源的不足。

麦角菌 *Claviceps purpurea* (Fr.) Tul. 麦角菌科。寄生在禾本科麦类等植物的子房内。菌核紧密坚硬，紫黑色，形状像动物的角，故称麦角；含有麦角胺碱、麦角毒碱、麦角新碱等活性成分，其制剂常用作子宫或内脏器官的止血剂。麦角胺可用于治疗偏头痛和放射病。麦角碱目前多用深层培养法生产。

青霉属(*Penicillium*) 曲霉科。菌丝体由多数具有横隔的菌丝组成，通常以分生孢子繁殖。产生孢子时，菌丝体顶端产生多细胞的分生孢子梗，梗的顶端分枝2～3次，每枝的末端细胞分裂成串状的分生孢子，形成扫帚状。分生孢子一般呈蓝绿色，成熟后随风飞散，遇适宜环境，萌发成菌丝(图10-5)。青霉菌的种类很多，常分布于蔬菜、柑橘类水果、粮食、肉类、皮革和食物上。产黄青霉(点青霉)*P. chrysogenum* Thom (= *P. notatum* Westling)能产生青霉素。

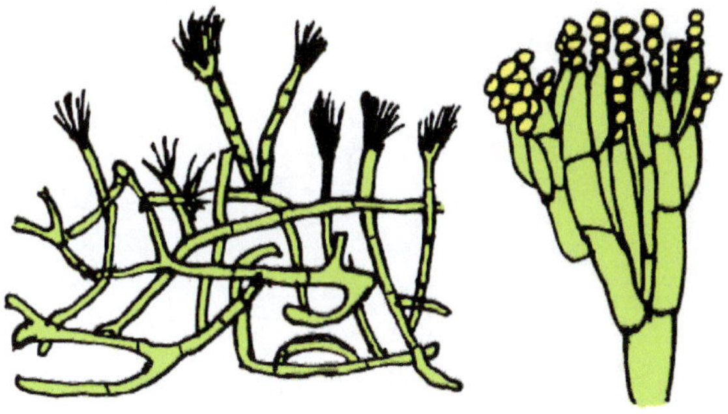

图10-5　青霉菌

1. 从营养菌丝上长出的分生孢子梗；2. 分子孢子梗

曲霉属(*Aspergillus*) 曲霉科。菌丝为多细胞，具隔。无性繁殖发达。菌丝的顶端膨大呈球状，称泡囊。在其表面生有许多放射状排列的小梗，小梗单层或多层，其顶端生有念珠状的分生孢子。分生孢子呈绿、黑、黄、褐、橙等各种颜色。曲霉菌的种类很多，如黑曲霉 *A. niger* Tiegh.、杂色曲霉 *A. versicolor* (Vuill.) Tirab. 能引起中药材霉变，其产生的柄曲毒素(sterigmatocystin)可造成肝损伤。黄曲霉 *A. flavus* Link 产生毒性很强的黄曲霉素(aflatoxin)，能引起肝癌。

松萝 *Dolichousnea diffracta* (Vain.) Articus (= *Usnea diffracta* Vain.) 松萝科。地衣型真菌。菌体丝状，长10～40 cm，二叉分枝；基部较粗，越近先端分枝越多越细。表面灰黄绿色，有光泽，有较多白色环状裂沟。表皮内为藻环，常被环状沟纹分离成短筒状；中央为由菌丝组成的线状中轴，韧性强，且具弹性。子囊盘褐色，子囊棒状，内生8个椭圆形子囊孢子。广布全国。生于深山老林树干上或岩壁上。全体含有松萝酸、环萝酸、地衣聚糖等成分，能止咳平喘、活血通络、清热解毒。在西南地区常作"海风藤"药用。长松萝 *Dolichousnea longissima* (Ach.) Articus (=*Usnea longissima* Ach.)可长达1.2 m，全株细长无分枝，两侧密生细长的侧枝，形似蜈蚣。分布和功效同松萝(图10-6)。

图10-6　长松萝(1)和松萝(2)

二、担子菌门

担子菌门是一群种类繁多的陆生高

—•笔记栏•—

等真菌，全世界有近2 300属，50 000余种。其中多种可供食用及药用，也有一些种类有剧毒或是植物的病原菌。担子菌最主要特征是有性生殖过程中形成担子（basidium）和担孢子（basidiospore）。其菌丝体由有横隔及分枝的菌丝构成，在整个生活史中有单核的初生菌丝和双核的次生菌丝两种菌丝；细胞分裂以锁状连合的方式进行；有性生殖时，菌丝顶端细胞膨大成为担子，担子上生出4个小梗，经减数分裂形成的4个核分别移入小梗内，发育形成4个担孢子（图10-7）。与子囊孢子产生于子囊内部不同，担孢子是外生的。担子菌的子实体又称担子果（basidiocarp），即能产生担孢子的菌丝体。其形态、大小和颜色均各不相同，有伞状、扇状、球状、头状、笔状等。

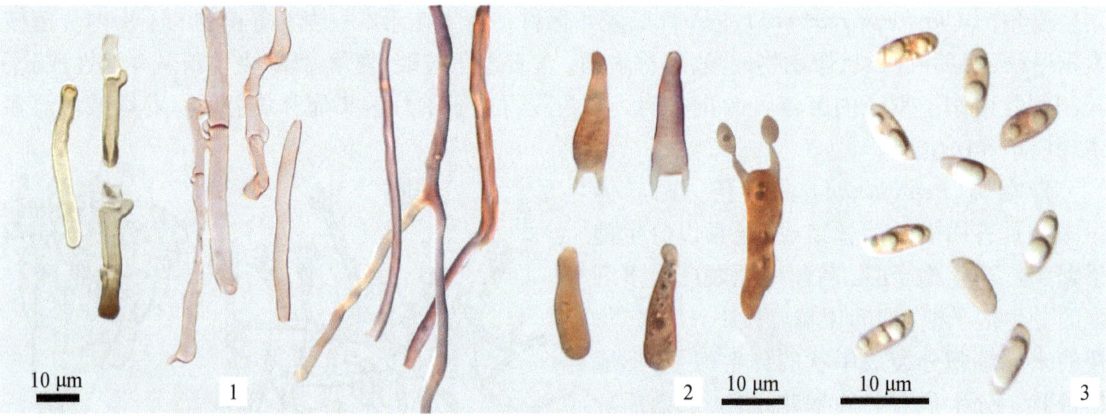

图10-7　百山祖黑柄多孔菌（*Picipes baishanzuensis*）的菌丝（1）、担子（2）和担孢子（3）（Zhou et al.，2016）

【主要药用植物】

灵芝、茯苓与木耳的学名问题

图10-8　茯苓

茯苓 ***Pachyma hoelen*** **Fr.** 硫磺菌科（或多孔菌科）。菌核球形、椭球形或不规则块状，大小不一，小的如拳头，最大的可达50余千克；新鲜时软，干后硬，有深褐色多皱的皮壳，内部粉粒状，白色或淡棕色；有时可见松根穿过。担子果伞形，伏于菌核表面；孔面幼时白色，老后变为浅褐色；菌管壁薄，管口多角形；担孢子圆柱形（图10-8）。几乎遍布全国。寄生于马尾松、云南松、赤松、黄山松等的根上，现多栽培。菌核（茯苓）利水渗湿，健脾宁心。外皮（茯苓皮）利水消肿，治疗水肿和小便不利。

彩绒革盖菌 ***Trametes versicolor*** **(L.) Lloyd** [= *Coriolus versicolor* (L.) Quél.] 多孔菌科。子实体常围成莲座状，革质至半纤维质，侧生无柄，常覆瓦状叠生左右相连，菌盖半圆形至贝壳形，盖面幼时白色，渐变为深色，有密生的细绒毛，呈多种颜色，并构成云纹状的同心环纹；盖缘薄而锐，波状。管口圆形至多角形，横断面初期白色，渐变为褐色淡灰黑色，菌肉白色。担孢子圆柱状，稍弯曲，平滑，透明（图10-9）。分布于全国各地山区。生于杨、柳、桦、栎、李、苹果等树的朽木上。子实体（云芝）健脾利湿，清热解毒。云芝多糖有抗癌活性。

灵芝 ***Ganoderma sichuanense*** **J. D. Zhao & X. Q. Zhang** (= *G. lingzhi* Sheng H. Wu, Y. Cao & Y. C. Dai) 多孔菌科（或灵芝科）。担子果木栓质；菌柄侧生；菌盖半圆形、肾形或近圆形，表面褐黄色或红褐色，有漆样光泽，具环状棱纹和辐射状皱纹，边缘锐或稍钝；菌肉淡白色或木材色；腹面白色，渐变成淡褐色，有许多白色或淡褐色的菌管，管口近圆形。担孢子卵圆形，外壁无色透明,平滑,内壁褐色,有小刺(图10-10)。分布于全国。生于腐朽的栎树及其他阔叶树木桩上,各地有栽培。灵芝或紫芝 ***G. sinense* J. D. Zhao, L. W. Hsu & X. Q. Zhang** 的子实体(灵芝)补气安神、止咳平喘。

图10-9　彩绒革盖菌

猪苓 *Polyporus umbellatus* (Pers.) Fr. 多孔菌科。菌核呈长块状或扁块状,有的有分枝,表面棕黑色或黑褐色,有凹凸不平的瘤状突起及皱纹,内部白色。子实体生于菌核上,菌柄通常在于基部相连,上部多分枝,形成1丛菌盖;菌盖肉质,伞形或伞状半圆形,常多数合生,半木质化;菌管口微细,近圆形;担孢子卵圆形(图10-11)。分布于全国,主产于山西及陕西、河南。寄生于枫、槭、栎、桦、柳及山毛榉等树木的根上。菌核(猪苓)利水渗湿。猪苓多糖有抗癌作用。

雷丸 *Laccocephalum mylittae* (Cooke & Massee) Núñez & Ryvarden [= *Polyporus mylittae* Cooke & Massee] 多孔菌科。菌核通常为类球形、卵形或不规则块状,直径0.8 ~ 3.5 cm,表面黑褐色、灰褐色至黑色,具细密的皱纹,内部白色至蜡白色的大理石样纹理,略带黏性。子实体不易见到。菌核(雷丸)能杀虫消积。

图10-10　灵芝

图10-11　猪苓

脱皮马勃 *Langermannia fenzlii* (Reichardt) Kreisel [=*Lasiosphaera fenzlii* (Reichardt) Fenzl] 蘑菇科。子实体近球形至长圆形,直径15 ~ 30 cm,幼时白色,成熟时渐变浅褐色,外包被薄,成熟时呈碎片状剥落;内包被纸质,浅烟色,成熟后全部破碎消失,仅留一团孢体。其中孢丝长,有分枝,多数结合成紧密团块。孢子球形,外具小刺,褐色(图10-12)。分布于西北、华北、华中、西南等地区。生于山地腐殖质丰富的草地上。脱皮马勃、**大马勃 *Calvatia gigantea* (Batsch) Lloyd** 或**紫色马勃 *C. lilacina* (Mont. & Berk.) Henn.** 的子实体(马勃)清肺利咽、止血。

图10-12　脱皮马勃

蜜环菌 *Armillaria mellea* (Vahl) P. Kumm. 为泡头菌科腐生真菌,其子实体称"榛蘑",为著名食用菌之一,药用能明目、利肺、益肠胃。

—•笔记栏•—

蜜环菌是天麻的共生菌，天麻的发育和生长需要依靠蜜环菌的菌丝提供营养。

此外，木耳*Auricularia heimuer* F. Wu, B. K. Cui & Y. C. Dai、猬状猴头菌（猴头菌）*Hericium erinaceus* (Bull.) Pers.、香菇*Lentinula edodes* (Berk.) Pegler、银耳*Tremella fuciformis* Berk.等均既可药用，又是著名的食用菌。致命鹅膏（白毒伞）*Amanita exitialis* Zhu L. Yang & T. H. Li和灰花纹鹅膏*A. fuliginea* Hongo、裂皮鹅膏*A. rimosa* P. Zhang & Zhu L. Yang和淡红鹅膏*A. pallidorosea* P. Zhang & Zhu L. Yang有剧毒，误食可致死。

放线菌

半知菌

【小结】

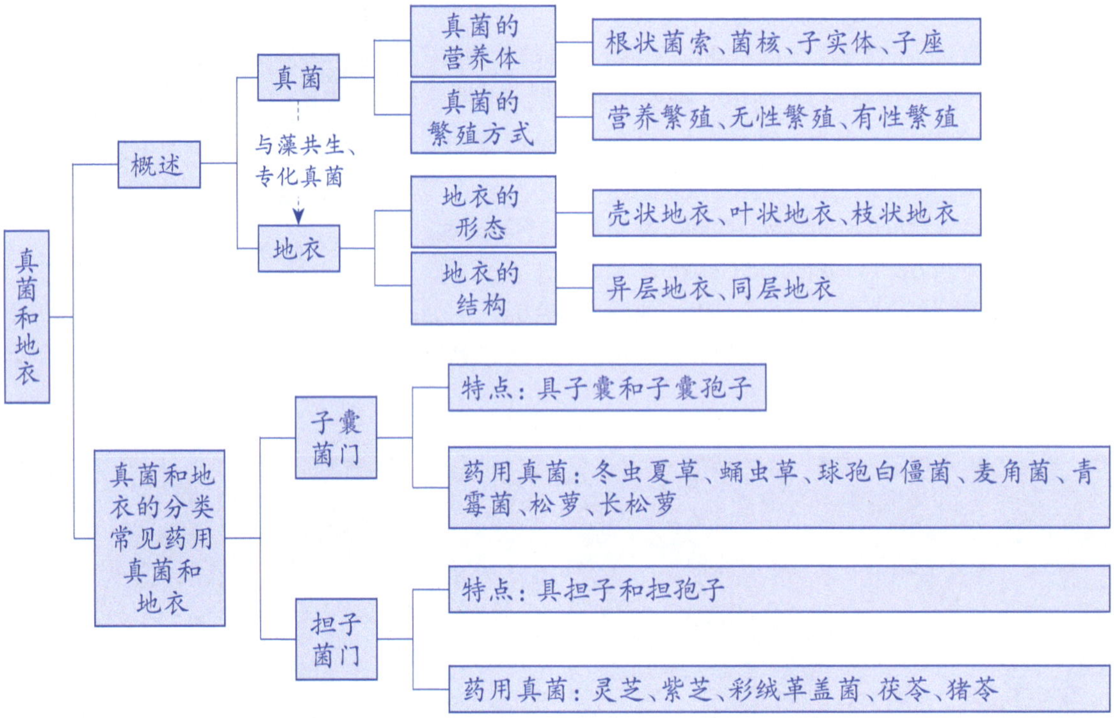

第十一章　苔 藓 植 物

—•笔记栏•—

第十一章授课视频

案例

清代诗人、散文家袁枚《苔》诗云:"白日不到处,青春恰自来。苔花如米小,也学牡丹开。"其意为春风阳光不到地方,青春照样萌动;哪怕那如米粒一般微小的苔花,丝毫也不自惭形秽,依然像那美丽高贵的牡丹一样,自豪地盛开。分析下列问题:

(1) 您认为诗中的"苔"是哪一类植物?

(2) "苔花"是什么结构呢?

第一节　概　　述

苔藓(bryophytes)是一类小型的绿色植物,结构简单,喜欢阴湿环境,是从水生到陆生过渡植物类型的代表。其生命早期有一个休眠的胚胎时期,是有胚植物,属于高等植物范畴。

苔藓植物生活史有明显的世代交替现象。常见的植物体是它们的配子体。简单的种类常呈扁平的叶状体,比较高级的大型种类常有假根及类似茎、叶的分化。假根由单细胞或1列细胞组成,主要起固着作用。茎内部结构简单,尚未分化出维管束。叶不具叶脉,有些种类在主脉的位置上有1或2条纵向伸长的厚壁细胞,称中肋,主要起支持作用。孢子体不发达,由孢蒴(capsule)、蒴柄(seta)和基足(foot)3部分构成。孢蒴生于蒴柄顶端,孢蒴内的造孢组织(sporogenous tissue)发育成孢子母细胞,孢子母细胞经减数分裂形成孢子,孢子成熟后,从孢蒴中散出,在适宜的环境中萌发形成丝状体,称为原丝体(protonema),原丝体经发育再形成配子体。蒴柄最下端为基足,通过基足伸入配子体组织中获得养料。

苔藓植物生殖过程中能产生由多细胞构成的有性生殖器官;雄性生殖器官称为精子器(antheridium),雌性生殖器官称为颈卵器(archegonium)(图11-1)。精子器一般为棒形或球形,外有一层细胞组成的壁,内具有多个长而弯曲的精子,精子具2条鞭毛。颈卵器外形如瓶状,上部细狭,下部膨大。上部细狭的部分称颈部(neck),颈部中间有1条沟,沟内有一串颈沟细胞(neck canal cell)。下部膨大的部分称为腹部(venter),腹部内有一卵细胞,在卵细胞与颈沟细胞之间还有一腹沟细胞(ventral canal cell)。苔藓植物的受精过程离不开水,卵细胞成熟后与借助水游到颈卵器的精子结合形成合子,合子经过分裂形成胚,并在颈卵器内发育成为孢子体。

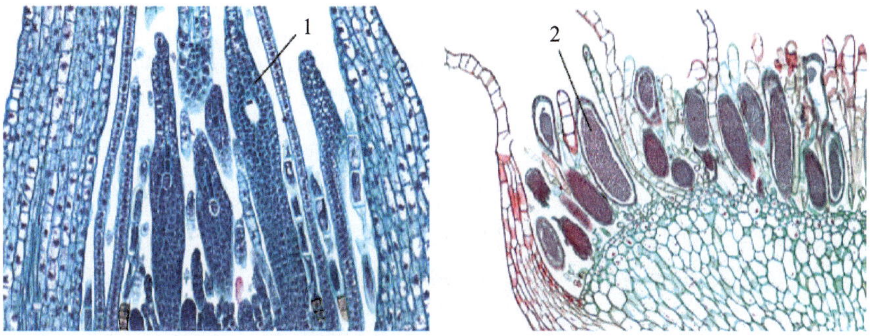

图11-1　颈卵器和精子器

1. 颈卵器;2. 精子器(Jon Houseman, 2014, CC BY-SA 4.0)

—•笔记栏•—

泥炭藓类植物

苔藓植物的配子体在其生活史中占优势，且能独立生活，而孢子体只能寄生在配子体上；这是苔藓植物区别于其他陆生植物类群的特征之一。

苔藓植物常密集丛生，具有很强的吸水能力，在防止水土流失上具有重要作用，如泥炭藓类植物。因其对自然条件较为敏感，可作为不同生态条件下的综合性指示植物，甚至能成为大气污染的监测植物。苔藓植物在湖泊、沼泽、陆地之间的演替中也起着重要作用。

从苔藓植物中发现了萜类、黄酮类、联苄类及木脂素等多种类型的化合物。苔类主要含有单萜、倍半萜、二萜类及联苄、二联苄等芳香族化合物，这些物质大多具有刺激性气味和苦味；藓类植物体内化合物则主要为三萜类、黄酮类和植物甾醇，其中有一些双黄酮化合物如苔藓黄酮（bryoflavone）、异苔藓黄酮（heterobryoflavone）等。许多苔藓植物的成分具有抑制病原真菌和细菌生长的生物活性。

第二节　苔藓植物的分类及主要药用植物

苔藓植物的系统位置图示

苔藓植物包括苔类（liverworts）、藓类（mosses）和角苔类（hornworts）3个类群。在传统的分类系统中，通常作为独立的苔藓植物门，3个类群则分别列为苔纲（Hepaticae）、藓纲（Musci）和角苔纲（Anthocerotae）。基于叶绿体基因组和线粒体基因组的分子系统学研究都表明，苔类、藓类和角苔类是3个支持率良好的单系类群，共同组成一个并系群；据此将苔藓植物分为3个门：苔类植物门（Marchantiophyta）、藓类植物门（Bryophyta）和角苔植物门（Anthocerotophyta）。最新的比较基因组学研究倾向于支持苔藓植物为单系类群，苔类和藓类互为姐妹群，角苔类位于分支的最基部。

苔藓植物遍布世界各地，约有21 000种，其中苔类7 400多种，藓类13 300多种，角苔类约220种。我国有苔类1 000余种，藓类约2 000种，角苔类20多种；其中药用苔藓50余种。

一、苔类

苔类植物的营养体（配子体）通常为背腹式的叶状体，有的种类为有类似茎、叶分化的拟茎叶体等形态，多为单面对称；假根为单细胞构造，茎通常无中轴，叶大多只有一层细胞，不具中肋。孢子体的蒴柄柔弱，孢蒴在蒴柄延伸生长之前发育，其中有孢子及帮助孢子释放的弹丝，多无蒴轴，成熟后多纵裂成4瓣。原丝体不发达，每一原丝体通常只发育成一个植株。

【主要药用植物】

地钱*Marchantia polymorpha* L. 地钱科。植物体为绿色、扁平、二叉分枝的叶状体，匍匐生长，分背腹两面。背面深绿色，腹面生有紫色鳞片和假根。雌雄异株，雄器托（雄生殖托，antheridiophore）盘状，边缘浅裂，具有长柄，盘状体背面具多个精子器腔，每腔内具一卵圆形的精子器，精子顶端具2条等长的鞭毛。雌器托（雌生殖托，archegoniophore）伞形，边缘深裂成星芒状，腹面有许多倒悬的颈卵器。精子以水为媒介，游入发育成熟的颈卵器内，与卵细胞融合成合子（受精卵）。合子在颈卵器中发育形成胚，胚进一步发育成孢子体，蒴柄短，孢蒴内有孢原组织，其中一部分细胞进行减数分裂形成孢子，另一部分细胞延长形成弹丝，弹丝的细胞壁呈螺纹加厚，可在不同的湿度条件下产生伸屈运动。孢蒴成熟后裂开，孢子借助弹丝弹出，在适宜条件下萌发形成原丝体。地钱还可进行营养繁殖，在叶状体表面产生胞芽杯（gemma cup），杯中有数枚胞芽（gemma），成熟后脱落，在适宜环境中发育成新植株（图11-2）。分布于全国各地，生长于阴湿土地和岩石上。全草能清热解毒，祛瘀生肌；用于治疗黄疸性肝炎等。

蛇苔*Conocephalum conicum* (L.) Dumort.能清热解毒，消肿止痛；外用治疗疔疮、蛇咬伤等。

二、藓类

藓类植物的配子体为有茎、叶分化的拟茎叶体，多为辐射对称，无背腹之分；假根为单列细

—•笔记栏•—

藓类生活史示意图

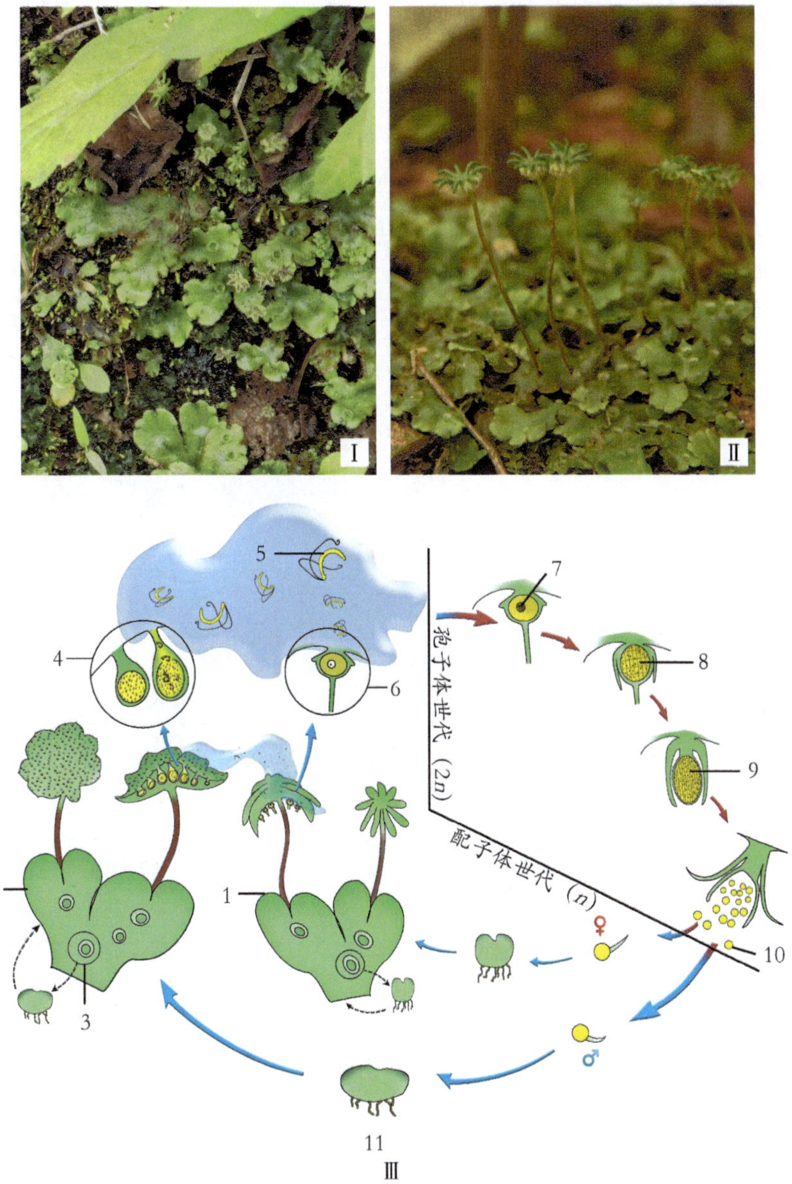

图11-2　地钱及其生活史示意图

Ⅰ. 雄株；Ⅱ. 雌株；Ⅲ. 生活史示意图

1. 雌株；2. 雄株；3. 孢芽杯；4. 精子器；5. 精子；6. 颈卵器；7. 受精卵；8. 胚；9. 孢子体；10. 孢子散发；11. 原丝体

胞；较进化的藓类茎内多有中轴分化，叶常具中肋。孢子体蒴柄坚挺，孢蒴在蒴柄延伸生长之后发育，其外常有蒴帽覆盖，成熟后多为盖裂，有蒴齿结构，孢蒴内一般有蒴轴，无弹丝。原丝体通常发达，一个原丝体可发育成多个植株。

【主要药用植物】

葫芦藓 *Funaria hygrometrica* Hedw. 葫芦藓科。植物体矮小，直立，高1～3 cm。茎从基部稀疏分枝，生有多细胞假根。叶簇生茎顶，长舌形，叶端渐尖，全缘；中肋明显。雌雄同株异苞，雄器苞（perigonium）顶生，花蕾状；精子器棒状，周围生长多数顶端膨大的隔丝；精子呈螺旋状弯曲，前端具两根鞭毛。雌器苞（perichaetium）则生于雄苞下的短侧枝上，颈卵器间有隔丝。蒴柄细长，黄褐色，上部弯曲，孢蒴弯梨形，不对称，干时有纵沟槽；蒴齿两层；蒴帽兜形，具长喙，形似葫芦瓢状（图11-3）。分布于全国各地，生长于平原、田圃、村舍周围及火烧后的林地。全草能除湿、止血。

常见药用藓类植物还有仙鹤藓 *Atrichum undulatum* (Hedw.) P. Beauv.，全草抗菌消炎；金

—·笔记栏·—

发藓*Polytrichum commune* Hedw.，全草清热解毒，凉血止血；匐灯藓*Plagiomnium cuspidatum* T. J. Kop.，全草清热止血；暖地大叶藓*Rhodobryum giganteum* Paris，全草清心明目、安神，对冠心病有一定的疗效；大灰藓*Hypnum plumaeforme* Wilson，全草清热凉血；万年藓*Climacium dendroides* (Hedw.) F. Weber & D. Mohr，全草清热除湿、舒筋活络。

图11-3　葫芦藓

【小结】

- 苔藓植物
  - 概　述
    - 植物体为扁平叶状，有茎、叶分化，仅具假根，无维管束。
    - 生殖器官为多细胞的精子器及颈卵器。
    - 精卵结合成为合子，形成胚，再发育成孢子体。孢子萌发成原丝体，再形成配子体。
    - 生活史中配子体占优势，孢子体寄生在配子体上。
  - 苔藓植物的分类及主要药用植物
    - 传统的分类系统通常作为独立的苔藓植物门，分为苔纲、藓纲和角苔纲三个类群。
    - 最新的比较基因组学研究倾向于支持苔藓植物为单系类群，苔类和藓类互为姐妹群，角苔类位于分支的最基部。
    - 苔类与藓类的比较
      - 苔类：植物体扁平叶状，有背腹之分，蒴柄短，孢蒴无蒴齿、呈不规则开裂，内有孢子和弹丝，原丝体不发达，如地钱、蛇苔等。
      - 藓类：植物体有茎、叶分化，茎具中轴，叶具中肋，蒴柄长，孢蒴具蒴齿、盖裂，内有孢子，无弹丝，原丝体发达，如葫芦藓、仙鹤藓等。

第十二章　石松类植物和蕨类植物

案例

蕨是我国多数地区人民喜食的野菜，最早的记载见于《诗经》："陟彼南山，言采其蕨。未见君子，忧心惙惙"。黄庭坚有诗"竹笋初生黄犊角，蕨芽已作小儿拳。试挑野菜炊香饭，便是江南二月天"。分析下列问题：

(1)您吃过蕨菜或者蕨根粉么？您吃的蕨菜长什么样？原植物是哪一种呢？

(2)有报道说蕨菜致癌，您知道这种观点的依据么？您对此观点有何看法？

第一节　概　　述

石松类植物(lycophytes)和蕨类植物(ferns)传统上统称为蕨类植物(pteridophytes)，又因其中真蕨类常有的羽状叶片，旧称羊齿植物。它们和苔藓植物一样，都具有明显的世代交替现象，无性生殖产生孢子，有性生殖器官为精子器和颈卵器。另外，石松类植物和蕨类植物又与苔藓植物不同，孢子体远比配子体发达，有根、茎、叶的分化，特别是出现了由较原始的维管组织构成的维管组织系统，提高了输导能力，属于维管植物。

一、石松类植物和蕨类植物的主要特征

石松类植物和蕨类植物的生活史世代交替明显。其一生中有两个独立的植物体，即孢子体和配子体，它们都能独立生活。孢子体发达，配子体较小不易观察。

(一) 孢子体

习见的石松类植物和蕨类植物体为其孢子体，通常有根、茎、叶的分化，多为多年生草本。

1. 根　　石松类植物和蕨类植物没有真正的主根，为须根(不定根)，着生于茎基部或根状茎上。极少数原始类型仅具假根。

2. 茎　　除树蕨类具直立树干状的茎，以及一些藤本石松类、木贼类具其他形式的地上茎外，石松类植物和蕨类植物的茎一般不发达，为根状茎，横生、斜生、直立于地下或攀附于它物，其上着生不定根、叶、鳞片或茸毛(图12-1)。

茎内维管组织系统形成各式中柱，主要有原生中柱(单中柱、星状中柱、编织中柱)、管状中柱(外韧管状中柱和双韧管状中柱)、网状中柱、具节中柱等(图12-2)。构成维管组织系统的维管组织包括木质部和韧皮部，木质部中有输导水分的管胞，韧皮部中有输导有机养分的筛胞，还均有薄壁细胞。原生中柱是原始的类型。

药用石松类植物和蕨类植物的药用部位多为全草、地上部分及根状茎，其中叶柄、茎、根状茎中的中柱类型是基原植物鉴定的主要鉴别特征之一，如海金沙属为单中柱，松叶蕨属为星状中柱，石松属为编织中柱，紫萁属、碗蕨属等植物则具管状中柱，水龙骨属等为网状中柱等。

3. 叶　　多从根状茎上长出，有簇生、近生或远生等情形。根据叶的起源及形态，可分为小型叶和大型叶两种。小型叶由表皮细胞突出而成，没有叶隙和叶柄，仅具1条不分枝的中脉，为原始类型。大型叶由多数顶枝扁化形成，为进化的类型；有单叶和复叶两类，一般有叶柄和叶隙，有中脉和分枝的侧脉，幼时通常拳卷状。石松类植物的叶多为小型叶，蕨类植物的叶多为大型叶。

—•笔记栏•—

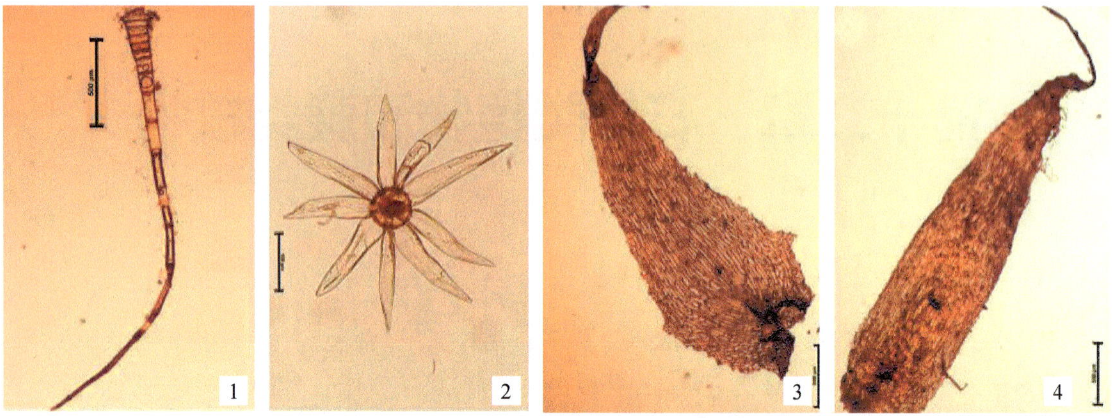

图 12-1 石松类植物和蕨类植物的毛被与鳞片

1. 非腺毛(边缘鳞盖蕨); 2. 星状毛(石韦); 3. 粗筛孔鳞片(鳞毛蕨属); 4. 细筛孔鳞片(石韦)

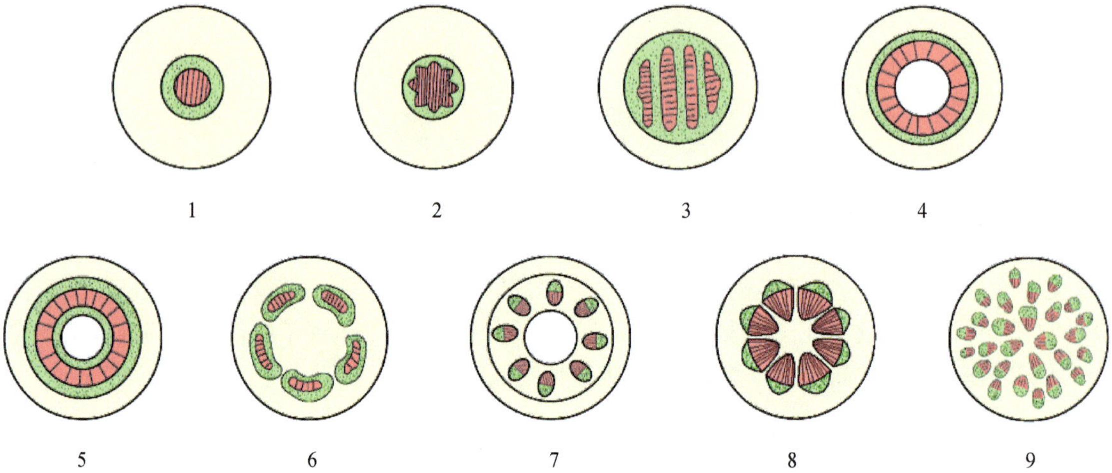

图 12-2 中柱类型

1. 原生中柱; 2. 星状中柱; 3. 编织中柱; 4. 外韧管状中柱; 5. 双韧管状中柱;
6. 网状中柱; 7. 具节中柱; 8. 真中柱; 9. 散生中柱

根据叶的功能可将其分为孢子叶和营养叶两种。孢子叶指叶上着生孢子囊和孢子的叶,又称能育叶;营养叶上不着生孢子囊和孢子,仅能进行光合作用,又称不育叶。营养叶和孢子叶形状相同称同型叶,孢子叶与营养叶形状和功能不同时则为异型叶。

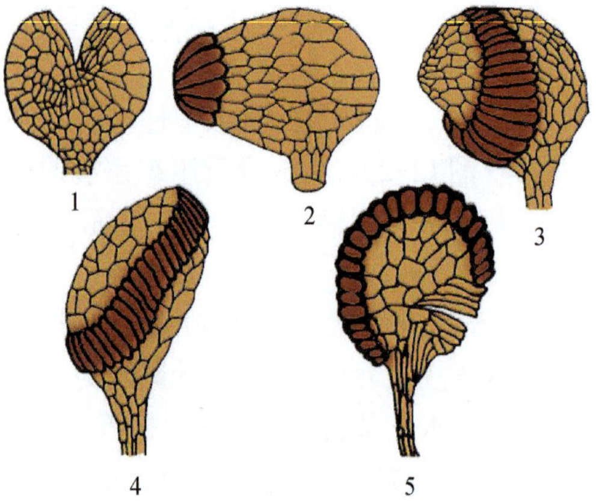

图 12-3 蕨类植物的孢子囊(示环带)

1. 盾状环带; 2. 横行顶生环带; 3. 横行中生环带;
4. 斜行环带; 5. 纵行环带

4. 孢子囊 是孢子体上产生孢子的多细胞无性生殖器官,由表皮细胞发育而来,其壁由单层或多层细胞组成。在原始类群中孢子囊较大,无柄,囊壁厚,由多层细胞构成;在进化的类群中,孢子囊小,有细长柄,囊壁薄,由单层细胞构成。在壁上常有不均匀增厚形成的环带,常见的有盾状环带、横行顶生环带、横行中生环带、斜行环带、纵行环带等类型(图 12-3)。

石松类植物的孢子囊单生于孢子叶的近轴面叶腋或叶的基部,通常很多孢子叶紧密或疏松地集生于枝顶形成球状或穗状孢子叶球(strobilus)或孢子叶穗(sporophyll spike)。蕨类植物的孢子囊通常多数聚集成孢子囊群(sorus),生于叶的背面、边缘,或集生在特化的孢子叶上。一些水生蕨类植物的孢子囊群生长在特化的孢子果(sporocarp)内。孢子囊群上方常覆有膜质的囊群盖,也有位于下方或侧方的,或无盖。孢子囊群盖的形状多种多样,常见圆形、肾形或线状,也有环形、管状、杯状、两瓣状及叶缘反卷形成的假线状等(图12-4)。孢子囊群的着生位置及囊群盖的形状在蕨类植物分类中有重要价值。

图12-4　石松类植物和蕨类植物的孢子囊群及囊群盖

1. 球形囊群盖；2. 管状囊群盖；3. 杯状囊群盖；4. 肾形囊群盖；5. 边缘线状假囊群盖；6. 线状囊群盖；7. 两瓣状囊群盖；8. 圆肾形囊群盖；9. 无囊群盖

5. 孢子　是由孢子囊里孢子母细胞经过减数分裂而形成的具单倍染色体(n)的繁殖细胞。石松类和蕨类植物中的多数类群产生的孢子形态大小相同,称为同型孢子;少数类群产生的孢子大小不同,有大孢子和小孢子的区别,称为异型孢子;大孢子萌发形成雌配子体,小孢子发育成雄配子体。常见的孢子形状有肾形、单裂缝、单面对称的两面型孢子,以及圆球形或钝三角锥形、三裂缝、辐射对称的四面型孢子(包括球状四面形)(图12-5);有些孢子壁上具弹丝。孢子的周壁通常具有不同的突起和纹饰。

(二) 配子体

石松类植物和蕨类植物的配子体由孢子萌发形成,通常为小型、绿色、具背腹分化的叶状体,称为原叶体,结构简单,生活期很短。配子体在腹面生出精子器和颈卵器,分别产生带鞭毛的精子和卵;受精过程仍要依赖于水;受精卵发育,经过胚的阶段,形成幼孢子体,暂时寄生在配子体上。配子体死亡后,孢子体即行独立生活(图12-6)。

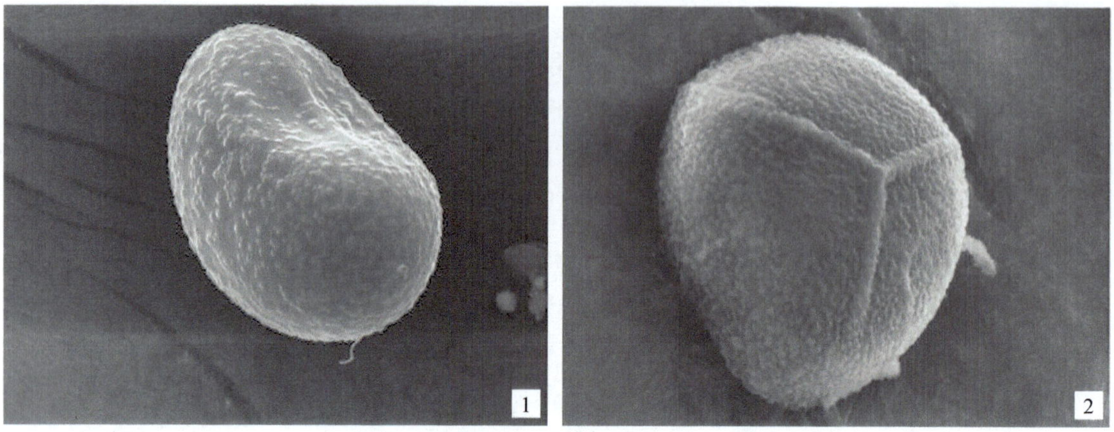

图 12-5 石松类植物和蕨类植物的孢子

1. 两面型孢子(庐山石韦); 2. 四面型孢子(异穗卷柏)

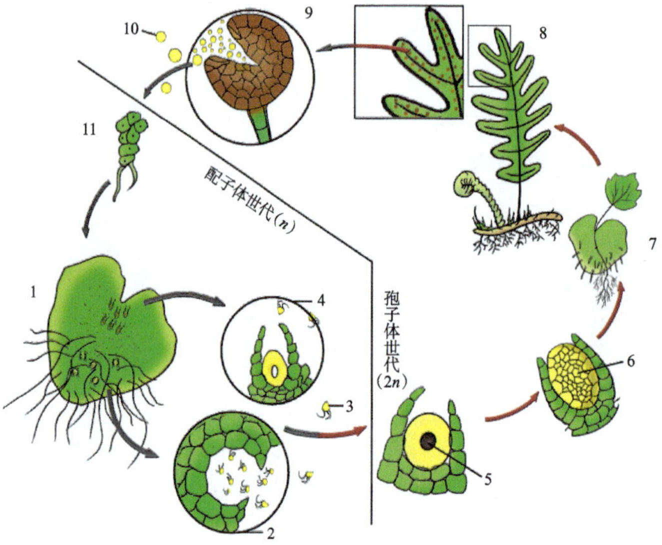

图 12-6 石松类植物和蕨类植物生活史示意图

1. 配子体; 2. 精子器; 3. 精子; 4. 颈卵器及卵细胞; 5. 合子; 6. 胚; 7. 幼孢子体; 8. 孢子体; 9. 孢子囊; 10. 孢子; 11. 孢子萌发

二、石松类植物和蕨类植物的化学成分

石松类植物和蕨类植物所含化学成分较多,如黄酮类、生物碱类、萜类及酚类等,上述化学成分拥有多种生物活性。

(一) 黄酮类

大多数石松类植物和蕨类植物均含有黄酮类成分,如问荆、海金沙、半边旗、铁线蕨及石韦等;卷柏属植物还含双黄酮。从上述植物中分离鉴定出的黄酮类成分显示了较强的药理作用,如调节血管渗透性、抗氧化、抗菌、抗炎及利尿等。

(二) 生物碱类

该类成分广泛分布于石松科、木贼科植物,如石松科植物中的石松碱(lycopodine)、石松定碱(lycodine)、石杉碱甲(hupezine A)、法氏石松碱(fawcettine)、马尾杉碱(phlegmarine)、铺地蜈蚣碱(cernuine)等,木贼科植物中的烟碱、犬问荆碱(palustrine)等。上述生物碱的生物活性多样,如抑菌、抗肿瘤、抗惊厥、镇静、保肝和降血脂等。

(三) 萜类化合物

石松类植物和蕨类植物含有丰富的萜类成分,包括单萜、倍半萜、二萜及三萜类成分。其中,倍半萜以1-H-茚-1-酮为母核的蕨素成分最具特征性,目前报道分离鉴定出此类约分为200个;二萜类成分母核多为三环二萜和四环二萜,如凤尾草植物中分离鉴定出的$2\beta,15\alpha$-二羟基-(−)-16-贝壳杉烯;三萜类成分为五环三萜,如齐墩果烷和乌苏烷型及其衍生物。萜类成分显示多种药理活性,包括抗菌、降血糖、降血脂、抗肿瘤、抗骨关节炎和抗血小板凝集等。

(四) 酚类化合物

酚类化合物主要有简单酚酸、木脂素及鞣酸等,主要从鳞毛蕨科贯众属、鳞毛蕨属、凤尾蕨科等植物中分离鉴定出的。简单酚酸包括苯甲酸、原儿茶酸、香草酸、桂皮酸和阿魏酸等;木脂素有松脂醇、丁香脂素、香豆素和肉苁蓉苷等;鞣酸多为没食子酸衍生物的可水解鞣酸,如绵马

—•笔记栏•—

鞣酸。酚类化合物具有抗肿瘤、抗氧化清除自由基、抗过敏及抗疱疹等作用。

三、石松类植物和蕨类植物的应用价值

石松类植物和蕨类植物是我国传统药物来源的一部分，应用历史悠久，《神农本草经》《吴普本草》《名医别录》《本草图经》《本草纲目》等古籍中均有一些石松类植物和蕨类植物的记载。在国产的2 000余种石松类植物和蕨类植物中，有药用记载的约440种。《中国药典》中收载了石松类与蕨类植物来源的药材16种。现代研究发现，更多的石松类植物和蕨类植物可用于治疗疾病，如长柄石杉和蛇足石杉含有石杉碱甲，可用于改善记忆力、治疗重症肌无力和老年性痴呆等疾病；鳞毛蕨属植物多含多元酚类化学成分，具有较强的驱虫作用和抗病毒活性。

部分蕨类植物的幼叶可食用，如蕨、菜蕨、水蕨、紫萁等。不少石松类植物和蕨类植物四季深绿，形态特异，深受人们喜爱，有悠久的观赏历史，如翠云草在明代《二如亭群芳谱》中即有收载；常见栽培于公园或室内的有巢蕨、肾蕨，以及鹿角蕨属、铁线蕨属、观音座莲属等类群的一些植物。还有一些如藤石松、金毛狗的根状茎被制成工艺品。

有一些石松类植物和蕨类植物是环境的指示植物，如蜈蚣草、贯众属、铁线蕨属等喜生于石灰岩或钙质土壤中，而石松科、里白科等科的植物喜生于酸性土壤中，还有如卷柏、旱蕨属、粉背蕨属生于较干旱的环境等。

第二节　石松类植物和蕨类植物的分类及主要药用植物

传统上蕨类植物被认为是一个自然类群，在分类上被称为蕨类植物门Pteridophyta。1978年，我国蕨类植物学家秦仁昌在其建立的蕨类植物分类系统中，将蕨类植物门分为5个亚门，即松叶蕨亚门Psilophytina、石松亚门Lycophytina、水韭亚门Isoephytina、楔叶亚门Sphenophytina和真蕨亚门Filicophytina，于此后几十年内在世界范围内广为接受和使用。近年来，基于分子系统学和形态学的最新研究结果，蕨类植物系统发育研究组为世界传统蕨类植物提出了一个现代的综合的分类系统PPG Ⅰ。该系统认为石松类植物、蕨类植物和种子植物呈并系关系，石松类植物是维管植物分化最早的类群，因而将石松类植物从蕨类植物中分离出来，对应于传统分类系统中的石松亚门和水韭亚门，蕨类植物则包括原来的松叶蕨亚门、楔叶亚门和真蕨亚门。

维管植物系统发育关系图

全世界约有石松类植物和蕨类植物13 000余种，其中石松类植物1 400多种，蕨类植物12 000多种。我国产石松类植物和蕨类植物共计41科188属2 300多种。

一、石松类植物

茎多数二叉分枝，通常具原生中柱，木质部中以梯纹管胞为主。根为不定根，生于茎上。叶为小型叶，仅1条叶脉，无叶隙，为延生起源，常称拟叶，螺旋状或对生排列，有或无叶舌。孢子叶常生于分枝顶端，形成孢子囊穗；孢子囊单生于叶腋。孢子同型或异型，为三裂缝、辐射对称的四面型孢子。精子具鞭毛。

全世界有石松类植物3科，1 400多种。我国有3科，160多种。已知药用30余种。

【主要药用植物】

石松 *Lycopodium japonicum* Thunb. 石松科。多年生土生植物。匍匐茎地上生，细长横走，绿色，被稀疏的叶；侧枝直立，2～3回二叉分枝。叶螺旋状排列，密集，上斜，披针形或线状披针形。孢子囊穗圆柱形，3～8个集生于长的总柄上；孢子囊穗柄直立，不等长；孢子叶阔卵形，先端具芒状长尖头，边缘膜质，啮蚀状；孢子囊生于孢子叶叶腋，圆肾形，黄色；孢子球状四面体形，具网状纹饰（图12-7）。分布于我国除东北、华北以外的其他各省。生于林下、灌丛下、草坡、路边或岩石上。全草（伸筋草）祛风除湿，舒筋活络。

—•笔记栏•—

长柄石杉*Huperzia javanica* (Sw.) Fraser-Jenk. 石松科。多年生土生植物。茎直立，枝上部常有芽孢。叶螺旋状排列，狭椭圆形，边缘有不整齐的尖齿，两面光滑，有光泽，中脉突出明显，薄革质。孢子叶与不育叶同形；孢子囊生于孢子叶的叶腋，两端露出，肾形，黄色（图12-8）。主要分布于长江中下游以南省区。生于林下、灌丛下、路旁。全草称千层塔，能止血散瘀、消肿止痛、清热除湿、解毒；其中含有的石杉碱甲（Huperzine A），是一种高效、可逆、高选择性的乙酰胆碱酯酶抑制剂，用于治疗阿尔茨海默病。蛇足石杉*H. serrata* (Thunb.) Trevis. 分布于东北。长柄石杉、蛇足石杉等石杉属所有物种均为国家二级重点保护野生植物。

图12-7　石松

1. 植株；2. 孢子叶穗

图12-8　长柄石杉

卷柏*Selaginella tamariscina* (P. Beauv.) Spring 卷柏科。土生或石生多年生小草本，呈莲座状。干旱时枝叶拳卷。有短的主茎，分枝丛生。叶全部交互排列，有中叶和侧叶之分，覆瓦状排成4列；叶质厚，表面光滑，边缘具白边，具细齿；中叶先端斜向。孢子叶穗四棱柱形，单生；大孢子囊位于囊穗中部，内生大孢子4个，黄色；小孢子囊位于囊穗上部和下部，小孢子多数，棕红色（图12-9）。全国分布。生于向阳的石灰岩上。卷柏或**垫状卷柏*S. pulvinata* (Hook. & Grev.) Maxim.**全草（卷柏）活血通经，炒炭（卷柏炭）化瘀止血。

图12-9　卷柏和垫状卷柏

1. 卷柏植株；2. 卷柏的分枝和孢子囊穗；3. 垫状卷柏

二、蕨类植物

1. 孢子体　有根、茎、叶的分化，根状茎直立、横生、斜生（树蕨类有直立茎），有原生中柱、管状中柱和网状中柱等。多数有叶隙。木质部有各式管胞，仅少数具导管。茎、根状茎、叶柄被鳞片、茸毛等。叶为大型叶（除木贼类和松叶蕨类外），有单叶和复叶。单叶分裂或不分裂，复叶常为一至多回羽状。整个叶片的柄称为叶柄，第一次分裂出来的小叶称为羽片，羽片的中轴称为羽轴。从羽片上再分裂出来的小叶称为小羽片，小羽片的中轴称为小羽轴。最末次小羽片或裂片上

松叶蕨

—•笔记栏•—

的中肋称为主脉。蕨类植物的叶脉有单一不分枝、叉状分枝、羽状分离、小脉联结成网眼状等类型。

2. 孢子囊　多着生于孢子叶的边缘、背面或特化的孢子叶上。着生方式有边生、顶生、脉端生、脉背生。多组成孢子囊群。孢子囊具囊群盖或不具囊群盖。囊群盖形态有管状、杯状、圆形、肾形、条形等。原始种类的孢子囊壁为多层细胞，厚薄均匀；较进化的种类，孢子囊壁薄，仅一层细胞，其上有一行不均匀加厚的细胞群，即环带，常见的有盾状、顶生、横行、斜生、纵行等样式。少数水生种类的孢子囊生于孢子果中，如苹属。

3. 孢子　多为同型孢子，卷柏类及少数水生种类具异型孢子。孢子两面型或四面型。

4. 配子体　体小，多为背腹性叶状体，心脏形，绿色，有假根。精子器和颈卵器均生于腹面，精子螺旋状具多数鞭毛。

全世界有蕨类植物48科，12 000多种。我国有38科，近2 200种。已知药用400余种。

【主要药用植物】

木贼 ***Equisetum hyemale* L.** 木贼科。多年生草本。根状茎横走或直立，黑棕色。地上茎一型，直立，不分枝，有棱脊约20条。叶鳞片状，轮生，在每个节上合生成筒状的叶鞘（鞘筒）包围在节间基部；鞘筒黑棕色，或顶部及基部各有一圈或仅顶部有一圈黑棕色；鞘齿披针形。孢子囊穗卵状；孢子叶盾状，腹面生有5～10个孢子囊，中央有柄。孢子近球形，有四条弹丝（图12-10）。分布于东北、华北及西北、西南的一些地区。地上部分（木贼）疏散风热，明目退翳。

图12-10　木贼

紫萁 ***Osmunda japonica* Thunb.** 紫萁科。多年生草本。根状茎短粗。叶簇生，二型；营养叶二回羽状，羽片3～5对，对生，小羽片长圆形或长圆披针形，边缘有均匀的细锯齿。叶脉两面明显，自中肋斜向上，二回分歧，小脉平行。孢子叶春夏间抽出，羽片和小羽片均短缩，小羽片变成线形，沿中肋两侧背面密生孢子囊；成熟后枯死。孢子球状四面形（图12-11）。分布于秦岭以南的温带及亚热带地区。生于林下坡地或溪边酸性土壤。根状茎及叶柄残基（紫萁贯众）清热解毒，止血，杀虫。

海金沙 ***Lygodium japonicum* (Thunb.) Sw.** 海金沙科。多年生缠绕草本。根状茎横走。叶轴细长，有两条狭边；羽片多数，对生于叶轴上的短距两侧，略为二型；不育羽片与能育羽片均为卵状三角形，二回羽状；不育羽片的二回小羽片掌状三裂，能育羽片的二回小羽片羽状深裂。孢子囊穗生于能育羽片的边缘，排成流苏状，由两行并生的孢子囊组成；孢子四面形，表面有疣状突起（图12-12）。分布于长江中下游以南地区、西南地区及陕西南部地区。孢子（海金沙）清利湿热，通淋止痛。

图12-11　紫萁

图12-12　海金沙

金毛狗（金毛狗脊）***Cibotium barometz* (L.) J. Sm.** 金毛狗科。多年生高大草本，可达2 m余。根状茎短而横卧，粗大，密被金黄色茸毛。叶片大型，三回羽状分裂；小羽片线状披针形，近革质，有光泽，下面为灰白或灰蓝色，羽状深裂；末回裂片略呈镰刀形，边缘有浅锯齿。孢子囊群生于小脉顶端，囊群

—•笔记栏•—

盖坚硬，两瓣状，成熟时张开如蚌壳；孢子钝四面体形，透明（图12-13）。分布于华南、西南和东南省区，以及浙江、江西和湖南南部。生于山麓沟边及林下阴处酸性土上。国家二级重点保护野生植物。根状茎（狗脊）祛风湿，补肝肾，强腰脊。

粗茎鳞毛蕨 ***Dryopteris crassirhizoma*** **Nakai** 鳞毛蕨科。多年生草本，植株高达1 m。根状茎粗大，直立或斜升，连同叶柄密生棕色大鳞片。叶簇生；叶片厚草质至纸质，二回羽状深裂，中部稍上羽片最大，裂片密接；叶脉羽状，侧脉分叉。叶轴及羽轴具卵状披针形鳞片。孢子囊群圆形，生于小脉中下部，每裂片1～4对；囊群盖圆肾形，棕色，膜质。孢子两面形，具周壁（图12-14）。分布于东北、华北地区。生于山地林下。根状茎和叶柄残基（绵马贯众）清热解毒，驱虫。

图12-13　金毛狗

图12-14　粗茎鳞毛蕨

图12-15　石韦和庐山石韦

1. 石韦植株；2. 石韦孢子叶背面；3. 庐山石韦植株；4. 庐山石韦叶基

石韦 ***Pyrrosia lingua*** **(Thunb.) Farw.** 水龙骨科。多年生草本，高10～30 cm。根状茎长而横走，密被淡棕色披针形鳞片。叶远生，近二型。不育叶片近长圆形，或长圆披针形，较能育叶宽。孢子囊群近椭圆形，在侧脉间整齐排列成多行，几乎布满整个叶背，或聚生于叶片的上半部，无囊群盖，初时为星状毛覆盖而呈淡棕色，成熟后孢子囊开裂外露而呈砖红色。孢子两面型（图12-15）。分布于长江以南各省（区），以及甘肃南部、西藏东南部地区。附生于低海拔林下树干上或岩石上。石韦、**庐山石韦** ***P. sheareri*** **(Baker) Ching**或**有柄石韦** ***P. petiolosa*** **(Christ) Ching**的叶（石韦）利尿通淋，清肺止咳，凉血止血。

槲蕨 ***Drynaria roosii*** **Nakaike** [= *D. fortunei* (Kunze ex Mett.) J. Sm.] 水龙骨科。附生多年生草本。根状茎肉质肥厚，密被钻状鳞片，鳞片斜升，盾状着生，边缘有齿。叶二型，基生不育叶圆形，基部心形，浅裂，边缘全缘，黄绿色或枯棕色，厚干膜质。孢子叶绿色，一回羽状深裂，裂片7～13对，叶柄具明显的狭翅。孢子囊群圆形，椭圆形，沿裂片中肋两侧各排列成2～4行，无囊群盖。孢子两面形（图12-16）。分布于长江中下游以南各省。附生于树干上或岩石上。根状茎（骨碎补）疗伤止痛，补肾强骨；外用消风祛斑。

图12-16　槲蕨

1. 植株及生境；2. 孢子囊群；3. 根状茎

笔记栏

中国蕨类植物学的奠基人——秦仁昌

【小结】

- 石松类与蕨类植物
  - 概述
    - 石松类植物和蕨类植物的主要特征
      - 孢子体
        - 根：须根
        - 茎：中柱类型（原生中柱、管状中柱、网状中柱、具节中柱真中柱、散生中柱）
        - 叶：营养叶（不育叶）、孢子叶（能育叶）
        - 孢子囊
        - 孢子：两面型和四面型
      - 配子体
    - 石松类植物和蕨类植物的主要化学成分
      - 黄酮类、生物碱类、萜类化合物、酚类化合物
    - 石松类植物和蕨类植物的应用价值
  - 石松类植物和蕨类植物的分类及主要药用植物
    - 石松类植物：石松科（石松、长柄石杉）、卷柏科（卷柏）
    - 蕨类植物：木贼科（木贼）、紫萁科（紫萁）、海金沙科（海金沙）、金毛狗科（金毛狗）、鳞毛蕨科（粗茎鳞毛蕨）、水龙骨科（石韦、槲蕨）

— • 笔记栏 • —

第十三章　裸子植物

第十三章授课视频

案例

我国红豆杉属植物储量超过全世界的1/2，该属植物用于治疗疾病可上溯至唐代。1971年，研究人员从红豆杉属植物树皮中发现了广谱抗肿瘤药物紫杉醇，而后随着国际市场对紫杉醇的需求量逐年增长，在经济利益的驱使下，红豆杉属植物野生资源在过去短短几十年内遭受严重的破坏，储量锐减，濒临灭绝。我国于1999年将国产红豆杉属物种全部列为一级重点保护野生植物。虽经多年保护，红豆杉属植物的野生种群数量还是稀少，仍需要加大保护力度。分析下列问题：

（1）红豆杉属有哪些药用植物？它们有什么共同特点？

（2）上述案例对你有什么启发？如何做到中药资源的可持续发展？

第一节　概述

裸子植物是介于蕨类植物和被子植物之间的一类维管植物。它和苔藓、蕨类植物都属于颈卵器植物，最大特征为产生种子，但种子裸露，没有被果皮包被，因此称裸子植物。因能产生种子，与被子植物合称为种子植物。

裸子植物中的孑遗植物

裸子植物最早出现在古生代泥盆纪，距今约3亿5千万年，至古生代二叠纪，部分地区开始出现酷热、干旱的气候环境，当时盛极一时的蕨类植物逐渐被银杏、松柏等裸子植物取代，裸子植物因适应新的环境得到了发展和兴旺，成为当时的主角，进入了长达1亿年的裸子植物繁盛时期。随着地史和气候多次重大变化，植物种类也不断灭绝或演化。现存的不少裸子植物如银杏、油杉、铁杉、水松、水杉、红豆杉、榧树等均为第三纪的孑遗植物，繁衍至今。

裸子植物现存约1 200种，广布世界各地，是世界森林的主要组成树种，经济价值较高。我国裸子植物资源丰富，是林产化工原料的重要来源，可提供木材、纤维、栲胶、松脂等多种产品。药用植物众多，如侧柏的枝叶、马尾松的花粉、麻黄的草质茎、银杏和香榧的种子、金钱松的根皮等可供药用。裸子植物也常作为绿化观赏树种供庭园栽培，世界著名的五大园林观赏树种雪松、金钱松、金松、南洋杉、巨杉（北美红杉）均为裸子植物。

一、裸子植物的一般特征

1. 孢子体发达　多为常绿性的高大乔木，较少落叶性，也有半灌木。枝条常有长的营养枝和短的生殖枝。茎内具有形成层，产生发达的次生结构；木质部中大多只有管胞（仅麻黄科和买麻藤科等少数类群具导管），韧皮部中为筛胞，无筛管及伴胞。叶片多针形、条形或鳞片形，少见扁平的阔叶。叶表皮有较厚的角质层和下陷气孔，气孔排列成浅色的气孔带（stomatal band），更适应陆地生活。

2. 孢子叶球单性，胚珠和种子裸露　裸子植物的生殖器官为孢子叶球（strobilus），单性，同株或异株，常又被称为球花（cone），但不是真正意义上的花，没有花被（麻黄科、买麻藤科植物有类似花被的盖被）。雄性孢子叶球常称为小孢子叶球（microstrobilus, staminate strobilus），或称雄球花（male cone），由小孢子叶（microsporophyll）聚生而成。雌性孢子叶球常称为大孢子叶球(megastrobilus/ovulate strobilus),或雌球花(female cone),由大孢子叶(macrosporophyll/megasporophyll)聚生而成;大孢子叶多呈叶状而不包卷,胚珠裸露于大孢子叶上,受精后发育成种子,种子外无子房形成的果皮包被,故称裸子植物(图13-1)。

图13-1　苏铁*Cycas revoluta*的大小孢子叶球

1. 大孢子叶球;2. 小孢子叶球;3. 小孢子叶

3. 生活史中孢子体占绝对优势　裸子植物生活史具有明显的世代交替现象,其中孢子体占优势,配子体极其退化(雄配子体为萌发后的花粉粒,雌配子体位于胚珠中,由胚囊及胚乳组成),无独立生活能力,完全寄生在孢子体上。

4. 具有颈卵器　除百岁兰属*Welwitschia*、买麻藤属*Gnetum*外,大多数裸子植物的胚囊中仍具有颈卵器,但结构较蕨类植物愈发简单,颈部仅有2～4个颈壁细胞,颈沟细胞消失。受精作用脱离了水的限制。

5. 具多胚现象(polyembryony)　大多数裸子植物的种子中具有多个胚。多胚现象的出现,一种情况是由于1个雌配子体上有几个或多个颈卵器,同时受精,形成多胚,称为简单多胚(simple polyembryony)。另一种是1个受精卵在发育过程中,胚原组织分裂为几个胚而形成多胚,即裂生多胚(cleavage polyembryony)。

在裸子植物中,描述生殖器官时,常有两套名词并用或混用。这种情况的产生有其历史原因,19世纪中期以前,人们不知道种子植物生殖器官中的一些结构和蕨类植物有系统发育上的联系,所以出现了两套名词。1851年,德国植物学家荷夫迈斯特(W. Hofmeister)将蕨类植物和种子植物的生活史完全贯通起来,人们才知道裸子植物的球花相当于蕨类植物的孢子叶球(穗),前者由后者发展而来。现将两套名词对照如表13-1所示。

表13-1　蕨类植物和种子植物生殖器官名词对照表

蕨 类 植 物	种 子 植 物
孢子叶球	球花,花
小孢子叶	雄蕊
小孢子囊	花粉囊
小孢子母细胞	花粉粒母细胞
小孢子	单核期花粉粒
雄配子体	成熟花粉粒和花粉管
大孢子叶	珠鳞、珠领、珠托、套杯,心皮

—•笔记栏•—

（续表）

蕨类植物	种子植物
大孢子囊	珠心
大孢子母细胞	胚囊母细胞
大孢子	单核期胚囊
雌配子体	成熟期胚囊

二、裸子植物的化学成分

在裸子植物中发现的化学成分有萜类及挥发油、树脂、黄酮类、生物碱类等。萜类及挥发油和树脂等成分普遍存在，如松属植物中多含挥发油（松节油）和树脂（松香），金钱松根皮中有土荆皮酸等二萜酸。裸子植物中还普遍含黄酮类化合物，特别是双黄酮类化合物，是裸子植物的特征成分，除卷柏等少数蕨类植物外，很少发现，如银杏双黄酮、穗花杉双黄酮等。红豆杉科、罗汉松科、麻黄科及买麻藤科的植物中含有生物碱成分，但总体而言生物碱成分在裸子植物中分布不普遍。

第二节　裸子植物的分类及常见药用植物

裸子植物在传统的植物界分类系统中被认为是一个独立的门（裸子植物门Gymnospermae）。分子证据表明其为单系，是种子植物的一个分支，被子植物的姐妹群。在我国学者建立的最新裸子植物分类系统中，将现存的裸子植物划分为3个纲（苏铁纲、银杏纲、松纲）、5个亚纲（苏铁亚纲、银杏亚纲、柏亚纲、松亚纲、买麻藤亚纲），含13科，86属。我国有9科，36属，240多种。已知药用的有100余种。

裸子植物的内部分支图

一、银杏科

【特征与分类】

图13-2　银杏
1. 着生雄球花的雄株短枝；2. 雌株短枝及未成熟种子；3. 长枝；4. 成熟种子

落叶乔木。叶有长柄，在长枝上螺旋状排列散生，在短枝上簇生；叶片扇形，长枝上的顶端常2浅裂，短枝上的边缘常波状；叶脉细，二叉状。小孢子叶球柔荑花序状，雄蕊多数，具短柄，花药2室；大孢子叶球具长柄，柄端有2个杯状心皮，又称珠托（collar），其上各生1直立胚珠，常1个发育。种子核果状；外种皮肉质，成熟时橙黄色；中种皮白色，骨质；内种皮淡红色，膜质。胚乳肉质，子叶2枚。

仅1属，1种，原产于我国，全球广泛栽培。

【主要药用植物】

银杏 ***Ginkgo biloba*** **L.** 形态特征与科同（图13-2）。我国特产，国家一级重点保护野生植物，目前仅浙江天目山、重庆金佛山、广东南雄等少数地方有野生状态的

古老的银杏

—•笔记栏•—

树木。全球栽培的银杏几乎均源自以浙江天目山种群为代表的中国东部种群。国内栽培于北自辽宁，南至广东，东起浙江，西南至贵州、云南的大部分省（区）。去掉肉质外种皮的种子（白果）敛肺定喘，止带缩尿；叶（银杏叶）活血化瘀，通络止痛，敛肺平喘，化浊降脂。从叶中提取的总黄酮能扩张动脉血管，用于治疗冠心病。

二、柏科

【特征与分类】

常绿乔木或灌木。叶交互对生或轮生，稀螺旋状着生，鳞形或刺形，或同一植株上两种形状的叶兼有。球花单性，同株或异株；小孢子叶球生于枝顶，椭圆状卵形，有3～8对交互对生的雄蕊，每雄蕊有2～6花药；大孢子叶球球形，由3～6枚珠鳞组成，珠鳞与苞鳞完全合生，每珠鳞有1至数枚直立胚珠。球果圆球形，木质或革质，熟时张开，或为肉质不开裂而呈浆果状。种子具有胚乳，子叶2枚。

本科约30属，130余种，世界广布。我国18属，60余种，分布几遍全国。已知药用约20种。

【主要药用植物】

侧柏 ***Platycladus orientalis*** **(L.) Franco** 常绿乔木。小枝扁平，排成一平面，直展。叶鳞片状，贴生于小枝上，交互对生；中央的叶斜方形，背面中间有条状腺槽；两侧的叶船形，背部有钝脊。球花单性同株，单生于短枝顶端。球果蓝绿色，被白粉，种鳞4对，覆瓦状排列，中部种鳞各生种子1～2枚，顶端尖头外向反曲，熟时木质，开裂。种子卵形，无翅（图13-3）。除黑龙江、新疆、青海、西藏外，几乎遍布全国。枝梢和叶（侧柏叶）凉血止血，化痰止咳，生发乌发；种仁（柏子仁）养心安神，润肠通便，止汗。

图13-3　侧柏

1. 植株；2. ～ 4. 生有不同发育时期大孢子叶球的枝条

三、红豆杉科

【特征与分类】

常绿乔木或灌木。叶条形或披针形，螺旋状排列或交互对生，腹面中脉凹陷，背面沿突起的中脉两侧各有1条气孔带。球花单性，多异株；小孢子叶球常单生叶腋或苞腋，或成穗状花序状集生于枝顶，雄蕊具3～9个花药；大孢子叶球单生，或2～3对组成球序，生于叶腋或苞腋；胚珠1枚，基部具盘状或漏斗状珠托。种子核果状，包于肉质的假种皮中；胚乳丰富；子叶2枚。

本科6属，30种左右，主要分布于北半球。我国有5属，约24种。已知药用4属，约20种。

【主要药用植物】

红豆杉 *Taxus chinensis* (Pilg.) Rehder 常绿乔木，树皮裂成条片剥落。叶条形，微弯或直，排成2列，长1～3 cm，宽2～4 mm，先端具微突尖头，叶上面深绿色，下面淡黄色，有2条气孔带。种子生于杯状红色肉质的假种皮中，卵圆形，上部渐窄，先端微具2钝纵脊，先端有突起的短尖头，种脐近圆形或宽椭圆形（图13-4）。我国特有种，分布于甘肃、陕西、安徽、湖北、湖南、广西、贵州、四川、云南等省（区）。生于海拔1 000～1 500 m石山杂木林中。茎皮中所含紫杉醇（paclitaxel）具有明显的抗肿瘤作用，对卵巢癌、非小细胞肺癌、乳腺癌、胃癌、子宫癌等有较好的治疗效果。南方红豆杉 *T. mairei* (Lemée & H. Lév.) S. Y. Hu [= *T. chinensis* (Pilg.) Rehder var. *mairei* (Lemée & H. Lév.) W. C. Cheng & L. K. Fu]、西藏红豆杉 *T. wallichiana* Zucc. (= *T. yunnanensis* W. C. Cheng & L. K. Fu)、东北红豆杉 *T. cuspidata* Siebold & Zucc. 等均含紫杉醇。红

图13-4 南方红豆杉(1)与红豆杉(2、3)

豆杉属所有物种均为国家一级重点保护野生植物。

附 三尖杉科Cephalotaxaceae：榧树 ***Torreya grandis*** **Fortune ex Lindl.** 的种子(榧子)杀虫消积，润肺止咳，润燥通便；国家二级重点保护野生植物。三尖杉*Cephalotaxus fortunei* Hook. 和粗榧*C. harringtonii* (Knight ex J. Forbes) K. Koch [= *C. sinensis* (Rehder & E. H. Wilson) H. L. Li]枝叶中含有的三尖杉酯碱(harringtonine)、高三尖杉酯碱(homoharringtonine)、异三尖杉酯碱(isoharringtoine)等生物碱，可用于治疗急、慢性粒细胞白血病及和恶性淋巴瘤等。

四、松科

【特征与分类】

乔木，稀灌木，多常绿。具长、短枝。叶针形或条形，在长枝上螺旋状散生，在短枝上簇生，多2～5针成束。球花单性同株；小孢子叶球中雄蕊多数，螺旋状着生，每雄蕊具2花药，花粉粒有或无气囊；大孢子叶球由多数螺旋状排列的珠鳞组成，每珠鳞的腹面基部有2枚倒生胚珠，背面有1个苞鳞，与珠鳞分离。花后珠鳞增大发育成种鳞，聚成球果，直立或下垂，木质或革质，熟时多张开。种子具单翅；有胚乳，子叶2～16枚(图13-5)。

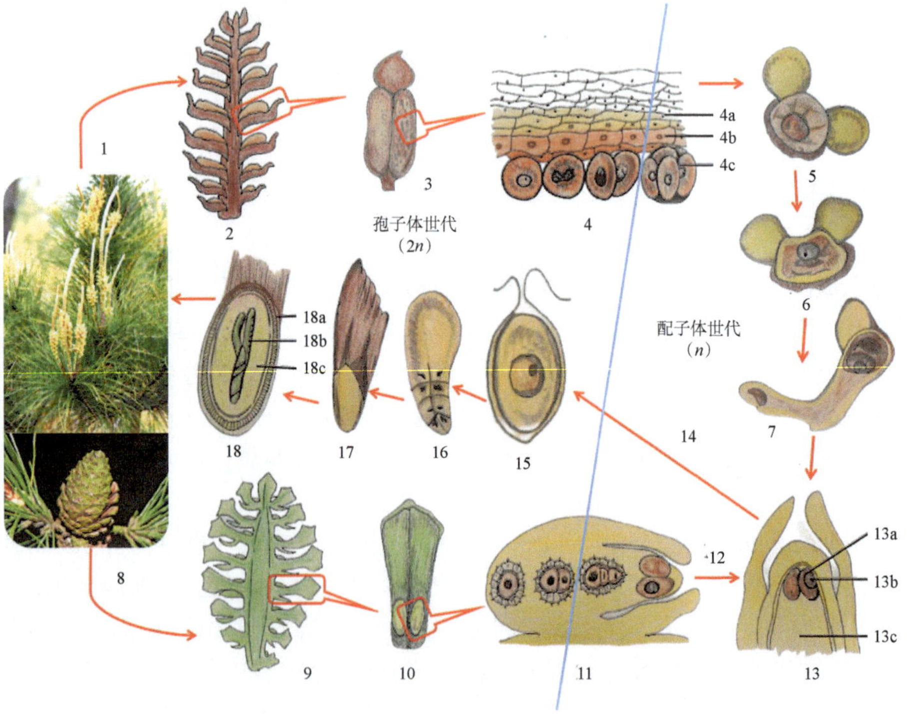

图13-5 松属生活史

1. 小孢子叶球；2. 小孢子叶球纵切；3. 小孢子囊；4. 小孢子母细胞经减数分裂成四分体(4a. 小孢子囊壁；4b. 绒毡层；4c. 小孢子层)；5. 小孢子；6. 雄配子体；7. 花粉管；8. 大孢子叶球；9. 大孢子叶球纵切；10. 珠鳞及2枚胚珠；11. 胚珠内胚囊母细胞经减数分裂成4个大孢子；12. 萌发；13. 将要受精的胚珠(雌配子体：13a. 颈卵器；13b. 卵子；13c. 胚乳)；14. 受精；15. 受精卵；16. 胚；17. 种子；18. 种子纵切(18a. 种皮；18b. 胚；18c. 胚乳)

本科11属，230余种。广布于全世界。我国有11属，120多种，分布于全国各地。已知药用8属，40余种。

【主要药用植物】

马尾松 ***Pinus massoniana*** **Lamb.** 常绿乔木。枝平展或斜展，小枝轮生；长枝上叶鳞片状；短枝上叶针状，多2针1束，细长柔软，内生边生树脂道4～8个。小孢子叶球圆柱形，聚生于新枝下部；大孢子叶球常2～4个生于新枝的顶端；球果下垂，卵圆形或圆锥状卵圆形，成熟后栗褐色。种鳞鳞盾菱形，鳞脐通常无刺尖。种子顶端具翅，子叶5～8枚(图13-6)。分布于长江中下游各省(区)至南岭北部及西南省(区)。生于阳光充足的丘陵山地酸性土壤。马尾松或**油松** ***P. tabuliformis*** **Carrière**的瘤状节或分枝节(油松节)祛风除湿，通络止痛。两者或同属数种植物的花粉(松花粉)收敛止血，燥湿敛疮；渗出的油树脂，经蒸馏或其他方法提取的挥发油(松节油)用于减轻肌肉痛、关节痛、神经痛及扭伤；油树脂经加工后得到的非挥发性天然树脂则为松香，能燥湿祛风，生肌止痛。另外，马尾松等的鲜叶(鲜松叶)、种子、树皮等也可药用。

图13-6　马尾松

1. 当年生枝；2. 二年生枝顶部的球果；3. 排列成穗状的小孢子叶球；4. 近成熟球果

金钱松 ***Pseudolarix amabilis*** **(J. Nelson) Rehder**的根皮或近根树皮(土荆皮)杀虫，疗癣，止痒；国家二级重点保护野生植物。

五、麻黄科

【特征与分类】

灌木或半灌木。多分枝，小枝对生或轮生，节明显，节间有多条细纵槽纹，断面常有棕红色髓心。叶退化成膜质鳞片状，对生或轮生，2～3片合生成鞘状。多雌雄异株。小孢子叶球卵形或椭圆形，由2～8对交互对生或轮生的苞片组成，每苞片中有雄花1朵，外包先端2裂的膜质假花被，雄蕊2～8个，花丝连合成1束，花药1～3室。大孢子叶球由2～8对交互对生或轮生的苞片组成，仅顶端1～3枚苞片内生有雌花，雌花由顶端开口的囊状的假花被包围；胚珠1，珠被上部延长成珠被管，自假花被开口处伸出。种子成熟时为假花被发育成的革质假种皮所包被，大孢子叶球的苞片变成肉质，红色或橘红色，整体呈浆果状。种子胚乳丰富，子叶2枚。

本科1属，70余种，分布于亚洲、美洲及欧洲东部及非洲北部等干旱地区。我国约有18种，已知药用10种左右。

【主要药用植物】

草麻黄 ***Ephedra sinica*** **Stapf** 草本状灌木。木质茎短或匍匐；草质茎丛生，表面细纵槽纹不明显，节间长3～4 cm。叶鳞片状，膜质，基部合生成鞘，上部2裂，裂片锐三角形。球花单性异株，具梗，多顶生或侧生；苞片通常4对，厚膜质，绿色。雄花的雄蕊7～8枚；大孢子叶球苞片基部合生，先端1对内有雌花，珠被管直立；成熟时近圆球形，苞片肉质，红色。种子2粒(图13-7)。分布于东北、华北一带。生于山坡、平原、干燥荒地、河床及草原等处。草麻黄、**中麻黄** ***E. intermedia*** **Schrenk & C. A. Mey.**或**木贼麻黄** ***E. equisetina*** **Bunge**的草质茎(麻黄)发汗散寒，宣肺平喘，利水消肿；并作为提取麻黄碱原料。草麻黄或中麻黄的根和根状茎(麻黄根)固表止汗。

—• 笔记栏 •—

图 13-7　草麻黄

1：植株；2：雄球花；3：成熟的雌球花

【小结】

- 裸子植物
  - 概述
    - 裸子植物的一般特征
      - 孢子体发达
      - 孢子叶球单性，胚珠和种子裸露
      - 生活史中孢子体占绝对优势
      - 具有颈卵器
      - 具多胚现象
    - 裸子植物的化学成分
      - 黄酮类
      - 生物碱类
      - 萜类及挥发性、树脂等
  - 裸子植物的分类及主要药用植物
    - 银杏科（银杏）
    - 柏科（侧柏）
    - 红豆杉科（红豆杉、榧树）
    - 松科（马尾松、油松、金钱松）
    - 麻黄科（草麻黄、中麻黄、木贼麻黄）

第十四章　被 子 植 物

—•笔记栏•—

被子植物（Angiosperms）是现代植物界进化最高级的一大类群。其物种数量众多、植物形态多样、结构复杂，自新生代以来一直在地球上占据着绝对优势。目前，全世界已知被子植物26万余种，约占植物界总数的70%。我国有31 900多种，被子植物区系多样性丰富。被子植物与人类关系密切，不仅为人类提供了丰富多样的生活和生产资源，如粮食、果蔬、纤维、饲料及香料，也提供了万余种具有预防、治疗疾病，对人体有补益、调养功能的植物资源。据记载，我国有213科，1 957属，10 027种（含种下分类等级）被子植物供药用，约占全国中药资源总数的80%。

第十四章授课视频

第一节　概　　述

一、被子植物的主要特征

（一）具有真正的花和果实

与其他类群相比，被子植物最显著的特征是具有真正的花和果实。被子植物的花是由花被（花萼和花冠组成）、雄蕊群和雌蕊群等部分组成。花被的形成既增强了保护作用，又提高了传粉效率。雌蕊由心皮发育而来，包括子房、花柱和柱头3部分。子房受精后发育形成果实，子房内的胚珠发育形成种子。果实形成后不仅可以保护未成熟的种子，而且在种子成熟后可以以各种方式帮助种子传播。

（二）具有独特的双受精现象

被子植物受精过程中，一个精子与卵细胞结合，形成二倍体的受精卵，发育成胚；另一个精子与2个极核细胞结合，形成受精极核，发育成三倍体的胚乳，供给胚发育时所需要的养料。这种受精过程被称为双受精，是被子植物特有的现象。双受精作用不仅融合了双亲的遗传特性，而且以三倍体胚乳为营养，使胚的发育具有更强的适应环境的能力，更有利于种族的繁衍。

（三）孢子体发达，配子体简化

被子植物的孢子体表现出多样化的生活型。木本植物有乔木、灌木和木质藤本，有常绿种和落叶种；草本植物有一年生、二年生和多年生。被子植物孢子体组织分化精细，生理功能效率高。木质部有多种类型导管和纤维，均由管胞进化而来，韧皮部筛管有伴胞，极大地增强了水分和营养物质的运输能力。

配子体极度简化并寄生于孢子体。雄配子体发育成熟时，由1个营养细胞、2个精子组成。雌配子体发育成熟时，常具有7个细胞8个核，包括1个卵细胞、2个助细胞、3个反足细胞和2个极核（或1个中央细胞）。

（四）适应性强

被子植物的生活环境极其多样。在植物进化过程中，被子植物除具备了上述完善的形态结构的同时，也具有多种营养方式和传粉方式以适应不同的生活环境。最终进化形成丰富的生物多样性，成为地球上现有物种数目最多的类群。

生物多样性

被子植物普遍含有叶绿体，以自养为主，也有其他营养方式存在。常见的有寄生（菟丝子）、半寄生（广寄生）、腐生（水晶兰）、共生（天麻）、捕食（猪笼草）等。

异花传粉是被子植物最普遍的传粉方式。植物进行异花传粉时，必须借助外力才能把花粉传播到其他花的柱头上。传送花粉的媒介多种多样。主要有非生物（风、水等）和生物（昆虫、鸟、蝙蝠等）两类。由于长期演化，植物对各种传粉方式产生了与之适应的形态和结构。例如，

—•笔记栏•—

虫媒花的大小、形态、结构和蜜腺位置常与传粉昆虫的大小、形态、口器的类型及结构等特征形成了巧妙的适应关系。

二、被子植物的起源与演化

（一）被子植物的起源

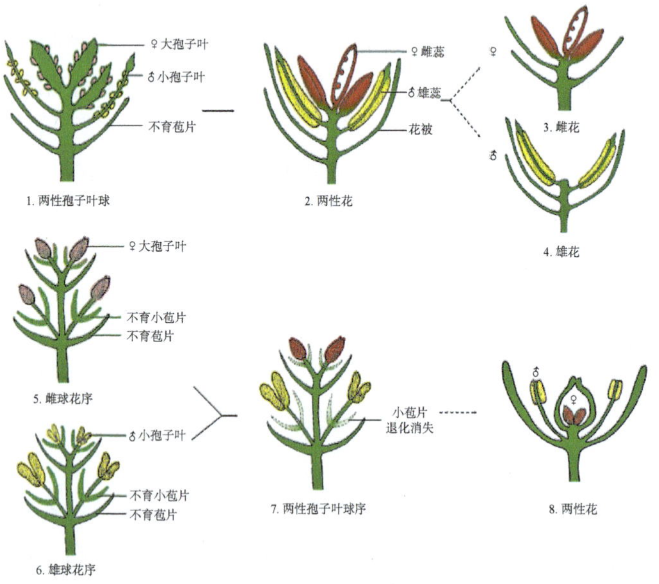

图14-1 真花说和假花说的示意图（仿廖文波等，2002）
1. ～ 4. 真花学说；5. ～ 8. 假花学说

由于化石证据的缺乏，人们把被子植物起源问题的重心放在其繁殖器官花的发生与演化上。这对于构建被子植物自然分类系统具有极其重要的意义，也是长期以来植物分类学家研究和争论的焦点。目前影响较大的两个学派分别是假花学说和真花学说（图14-1）。

假花学说（pseudoanthium theory）认为，被子植物的花是由原始的裸子植物的单性花序演化而来。其核心是一个单性花序发育成被子植物的单性花。设想被子植物起源于裸子植物麻黄类中具有雌雄异花序的弯柄麻黄*Ephedra campylopoda* C. A. Mey.。假花学说认为，雄花苞片演化为被子植物的花被，小苞片退化。1个雄花演化为1个雄蕊；雌花苞片演化为被子植物的心皮，小苞片消失后仅剩胚珠内藏于子房。所以推测被子植物中单性花是原始的，两性花是由单性花发展的。

真花学说（euanthium theory）认为，被子植物的花是由原始裸子植物的两性孢子叶球演化而来的。其核心是一朵花发育成被子植物的两性花。设想被子植物起源于早已灭绝的本内苏铁目Bennettitales，特别是拟苏铁植物Cycadeoideinae。这类化石植物具有两性孢子叶球，其主轴上螺旋状着生多数大孢子叶和小孢子叶。真花学说认为，主轴演化成被子植物的花托；大孢子叶内卷，包裹胚珠，形成雌蕊；小孢子叶演化为雄蕊；苞片演化为花被片。所以推测被子植物中两性花是原始的，单性花是由两性花发展的。

（二）被子植物的演化

研究被子植物的演化，化石是重要的资料。通过对我国内蒙古地区早白垩世的硅化植物化石标本研究，结合谱系发育分析，发现被子植物祖先类群早在距今约2.5亿年前的晚二叠世就已经出现。在漫长的演化过程中，被子植物的器官均发生了不同程度的变化，其变化程度反映了这些植物的进化地位。但早期被子植物的化石证据还较缺乏，使得通过化石研究被子植物的演化仍有较大的困难。因此，目前被子植物的形态特征，特别是花和果的形态特征，还是研究被子植物演化的主要依据。表14-1是一般公认的被子植物形态结构的主要演化规律。

植物在进化过程中，各器官并非同步进化。所以不能孤立地依据某一条规律判断某一植物是进化还是原始。应该对植物体各个部分进行综合分析，基于多方面综合分析判断其演化顺序和亲缘关系。例如，杏的花辐射对称、重被、各部离生都是原始性状，但核果则是进化性状。

三、主要的被子植物分类系统

随着近代植物解剖学、细胞学、植物化学特别是分子生物学等学科的研究进展，出现了许多不同的被子植物分类系统。具有代表性的有以下几种。

—•笔记栏•—

表14-1　被子植物主要的形态结构演化规律

器　官	初生的、原始性状	次生的、进化性状
根	主根发达（直根系）	主根不发达（须根系）
茎	乔木、灌木	多年生或一、二年生草本
	直立	藤本
	无导管只有管胞	有导管
叶	单叶，全缘	复叶，叶形复杂，有缺刻
	互生或螺旋排列	对生或轮生
	常绿	落叶
	有叶绿素，自养	无叶绿素，腐生、寄生
花	单生	形成花序
	各部螺旋排列	各部轮生
	重被花	单被花，无被花
	各部离生	各部合生
	各部多数而不固定	各部有定数（3、4或5）
	多面对称	单面对称或不对称
	子房上位	子房下位
	两性花	单性花
	花粉粒具单沟	花粉粒具3沟或多个萌发孔
	虫媒花	风媒花
果实	单果、聚合果	聚花果
	蓇葖果、蒴果、瘦果	核果、浆果、梨果
种子	胚小，有发达的胚乳	胚大，无胚乳
	子叶2	子叶1

（一）恩格勒系统

恩格勒系统是被子植物分类史上第一个比较完善的分类系统，由德国著名植物学家恩格勒和勃兰特于1897年在《植物自然分科志》一书中发表。后几经修订，1964年在《植物分科志要》（*Syllabus der Pflanzenfamilien*）（第12版）中，将被子植物列为门，被子植物门分为双子叶植物纲和单子叶植物纲，将单子叶植物移至双子叶植物之后，共有62目，344科。

恩格勒系统以假花学说为理论基础。具有柔荑花序类植物被认为是被子植物中最原始的类型，木兰目和毛茛目被认为是较进化类型。这些观点随着多学科的发展，已经越来越不被当今大多数分类学家所接受。然而因为这一系统范围较广，包括了全世界所有植物的纲、目、科、属；而且各国沿用已久，被多数植物分类工作者熟悉，在世界范围内广泛使用。其中，《中国植物志》《中国药典》均采用此系统。

（二）哈钦松系统

哈钦松系统是英国植物学家哈钦松（J. Hutchinson）于1926年和1934年在《有花植物科志》（*The Families of Flowering Plants*）中发表的被子植物分类系统，1973年经第3版修订，共有111

—•笔记栏•—

目，411科。

哈钦松系统以真花学说为理论基础。多心皮的木兰目和毛茛目被认为是被子植物中最原始的类型。该系统从木兰目演化出一支木本植物，从毛茛目演化出一支草本植物，认为两支是平行发展的。这个系统过分强调了木本和草本两个来源，人为因素很大，不被大多数植物分类学家接受。但其不乏科学价值，为后来建立的塔赫他间系统和克朗奎斯特系统奠定了基础。目前，我国华南、西南、华中一些植物研究所、标本馆采用。

（三）塔赫他间系统

塔赫他间系统是1954年由苏联植物分类学家塔赫他间（A. L. Takhtajan）在《被子植物的起源》（*Origins of Angiospermous Plants*）中发表的分类系统。1997年修订后，将被子植物分为2纲（木兰纲Magnoliopsida和百合纲Liliopsida），17亚纲，71超目，232目，591科。分类等级中增设了“超目”。

塔赫他间系统以真花学说为理论基础。木兰目被认为是最原始的双子叶植物，泽泻目被认为是最原始的单子叶植物，泽泻目起源于双子叶植物的睡莲目，打破了传统将双子叶植物纲分为离瓣花亚纲和合瓣花亚纲的概念。

（四）克朗奎斯特系统

美国植物学家克朗奎斯特（A. Cronquist）于1968年在《有花植物的分类及演化》（*The Evolution and Classification of Flowering Plants*）中发表了新的被子植物分类系统。被子植物被分为木兰纲和百合纲，木兰纲包括6亚纲，64目，318科；百合纲包括5亚纲，19目，65科。

克朗奎斯特系统与塔赫他间系统比较接近，但取消了“超目”，科的数目也有了一定的压缩。该系统在各级分类的安排上比前几个系统更合理，在全世界受到了普遍的重视。

（五）APG系统

29位植物学家组成的被子植物系统发育研究组（Angiosperm Phylogeny Group）于1998年首次提出APG Ⅰ之后，经过不断修订完善，2003年发布APG Ⅱ，2009年发布APG Ⅲ，2016年发布APG Ⅳ。该系统以分支分类学和分子系统学为研究方法，采用了最新的植物系统学研究资料，尤其参考大量的核酸分析数据，打破了被子植物先被分为单子叶植物和双子叶植物两大类的传统思路。基于核酸分子和蛋白质分子数据建立的APG系统客观性更强。现在国外一些大学植物分类课程的教材中已普遍使用APG系统。本教材是国内第一本使用此分类系统的药用植物学教材。

APG Ⅳ系统依据“单系原则”将被子植物分为64目、426科。由被子植物基部群（basal groups of angiosperms）及木兰分支（magnoliids）、单子叶植物分支（monocots）和真双子叶植物分支（eudicots）三大主要分支构成。

第二节　被子植物的分类及主要药用植物

一、基部群

基部群是APG Ⅳ系统中被子植物系统发育树早期分支的3个目（无油樟目Amborellales、睡莲目Nymphaeales和木兰藤目Austrobaileyales）的统称，也被称为早期被子植物（ANA grade）。其中药用植物较多的科有睡莲目的睡莲科和莼菜科，以及木兰藤目的五味子科和八角科等。

1. 睡莲科 Nymphaeaceae

$⚥ * K_{4\sim\infty}\ C_{4\sim\infty}\ A_{\infty}\ \underline{G},\ \overline{G}_{(5\sim\infty:5\sim\infty:1\sim\infty)}$

【特征与分类】

一年或多年生的**水生草本**，有根状茎。单叶，互生；**叶片常呈盾形，漂浮于水面。花单个腋生**，具长花柄，大多稍挺出水面，**两性，辐射对称。萼片**常4至数枚，通常绿色，有时多少呈花瓣状。**花瓣**通常**多数**，离生，通常艳丽，常**过渡成雄蕊**。**雄蕊**多数，分离，**螺旋状着生**，花药纵向开裂；心皮5至多数，部分或全部愈合；**子房上位或下位**，**多室**，每室胚珠1至多数，柱头形成辐射状柱头盘。**果实浆果状**，不规则开裂。种子常有假种皮。

睡莲属植物含有黄酮、酚酸、生物碱、木脂素及多糖等多种类型化合物；芡属还含有环二肽、甾醇、脑苷脂类等成分。

本科有5属，80余种，广泛分布在温带和热带地区；我国有3属，10余种。已知药用3属，3种左右。

【主要药用植物】

芡实 ***Euryale ferox*** **Salisb. ex K. D. Koenig & Sims** 一年生大型水生草本。沉水叶箭形或椭圆肾形，两面无刺；浮水叶革质，椭圆肾形至圆形，盾状，下面带紫色，两面在叶脉分枝处有锐刺；叶柄及花梗粗壮，皆有硬刺。萼片4枚，外面密生硬刺；花瓣矩圆披针形或披针形，紫红色，成数轮排列，向内渐变成雄蕊；子房下位，8室，无花柱，柱头盘凹入。浆果球形，污紫红色，外面密生硬刺；种子球形，黑色（图14-2）。种仁（芡实）益肾固精、补脾止泻、除湿止带。

图14-2 芡实

2. 五味子科Schisandraceae

♂ $*P_{5\sim\infty}A_{4\sim\infty}$，♀ $*P_{5\sim\infty}\underline{G}_{12\sim\infty}$

【特征与分类】

木质藤本，具芳香气味。**单叶**，**互生或簇生**，叶片常有透明腺点，无托叶。**花**腋生，通常**单生**，**单性**，雌雄同株或异株。**花各部呈螺旋状排列**；**花被片不分化**，分离；雄花：**雄蕊4～80**，分离，或部分至全部合生成肉质的雄蕊柱；雌花：**心皮12～300余枚**，离生，每心皮胚珠2～5。**聚合浆果**，花托椭圆形或延长。

从五味子科植物中鉴定的化合物类型多样，涉及木脂素、倍半萜、三萜、香豆素、黄酮、甾醇、挥发油、有机酸和多糖等成分。近年又发现了结构新奇、高氧化度且骨架重排的多种降三萜。

本科有2属，40余种，主要分布于亚洲东部和东南部；我国有2属，约30种，其中16种为我国特有。已知药用2属，10余种。

【主要药用属检索表】

1. 果期花托伸长，聚合浆果排成穗状 .... 五味子属*Schisandra*
1. 果期花托不伸长，聚合浆果排成近球状 .... 南五味子属*Kadsura*

【主要药用植物】

（1）**南五味子属*Kadsura***：17种，我国有8种。

异形南五味子（内南五味子）***K. heteroclita*** **(Roxb.) Craib** (= *K. interior* A. C. Sm.) 常绿大藤本。老茎通常木栓层厚，块状纵裂。叶卵状椭圆形或宽椭圆形，先端渐尖或骤尖，基部宽楔形或近圆钝，全缘或上部疏生细齿。雌雄异株；花被片白或淡黄色；雄花雄蕊群椭圆形，雄蕊25～70枚；雌花雌蕊群近球形，雌蕊20～100枚，花柱顶端具盾状柱头冠。聚合果近球形，直径可达4 cm；小浆果倒卵圆形，干时果皮革质，不显出种子。分布于华南和西南各省；生长于山谷、溪边、密林中。藤茎（滇鸡血藤）活血补血，调经止痛，舒筋通络。

黑老虎*K. coccinea* (Lem.) A. C. Sm.（图14-3）的根（黑老虎根）也可药用。

（2）**五味子属*Schisandra***：27种，我国有22种。

五味子*Schisandra chinensis* **(Turcz.) Baill.** 藤本。叶近膜质，阔椭圆形或倒卵形，边缘具腺齿。花单性异株；花被片5～9，乳白色至粉红色；雄花中雄蕊5枚，分离；雌花有离生心皮

14～40枚。聚合浆果排成穗状，红色（图14-4）。分布于东北、华北及山东、宁夏；生于沟谷、溪边及山坡。果实（五味子）收敛固涩，益气生津，补肾宁心。**华中五味子*S. sphenanthera* Rehder & E. H. Wilson**的成熟果实（南五味子）功效同五味子。

图14-3　黑老虎

1. 雌株及果实；2. 雄花

图14-4　五味子

1. 植株；2. 果实；3. 雌花；4. 雄花

3. 八角科 Illiciaceae

☿ $*P_{7-33}A_{\infty}\underline{G}_{7\sim15:1:1}$

图14-5　厚皮香八角 *Illicium ternstroemioides* 及其花的解剖

1. 花枝；2. 花蕾侧面观；3. 花蕾顶面观；4. 花部离析；5. 花蕾纵切；6. 雄蕊的渐变；7. 雌蕊群；8. 心皮

【特征与分类】

常绿乔木或灌木；具油细胞或者树脂细胞，**芳香**。**叶互生**，**无托叶**，常密集于枝顶。单叶，叶片革质或纸质，全缘。花1～3朵生于叶腋，常生于小枝近顶端；花**两性**，**辐射对称**；**花被片多数**，螺旋状覆瓦排列，黄色或红色，**常有腺点**；**雄蕊**通常**多数**，螺旋状排列，花丝宽短；**心皮**通常7～15枚，**离生**，**单轮排列**；每心皮中有**胚珠1枚**。**聚合蓇葖果**，星状，果皮成熟后木质。种皮光滑（图14-5）。

八角科植物主要含有倍半萜内酯、苯丙素和木脂素、黄酮及有机酸等类型的化学成分，且富含挥发油。野生种类的果实多有剧毒！

本科1属，40余种，大多分布于亚洲东部和东南部；我国有27种，其中18种为我国特有。

【主要药用植物】

八角*Illicium verum* Hook. f. 乔木。叶革质，倒卵状椭圆形，在阳光下可见密布透明油点。花多为粉红至深红色，稀白色，单生叶腋或近顶生，花被片7～12片，雄蕊11～20枚，心皮通常8枚，有时7枚或9枚，很少11枚，花柱钻形，长度比子房长。聚合蓇葖果，

—•笔记栏•—

呈八角形，先端钝或钝尖（图14-6）。分布于广西，其他地区有引种。果实（八角茴香）温阳散寒，理气止痛。红毒茴*I. lanceolatum* A. C. Sm.又名莽草，果实外形与八角极相似，有毒，要注意防止误用；根（红茴香根）可药用。

地枫皮*I. difengpi* K. I. B. & K. I. M. ex B. N. Chang的树皮（地枫皮）祛风除湿，行气止痛；国家二级重点保护野生植物。

图14-6 八角

二、木兰分支

木兰分支（magnoliids）是中生被子植物的基部分支之一，是单子叶和真双子叶植物出现之前出现的类群，包括白樟目Canellales、胡椒目Piperales、木兰目Magnoliales和樟目Laurales。在APG Ⅳ系统中，还包括金粟兰目Chloranthales，但目前认为其位置未定，应作为独立支系。

胡椒科

4. 马兜铃科Aristolochiaceae

$⚥ * \uparrow K_{(3)}C_0A_{6\sim\infty}\overline{G},\underline{\overline{G}}_{(4\sim6:4\sim6:\infty)}$

【特征与分类】

草本、藤本或灌木，稀为乔木。**单叶互生**，具叶柄，无托叶。**花两性**，具花梗，单生、簇生或排成总状、聚伞状或伞房花序，顶生、腋生或生于老茎上，**花色通常艳丽而有腐肉臭味；花被辐射对称或单面对称，呈花瓣状；雄蕊6至多数**，花丝短，离生，或与花柱、药隔合生成合蕊柱；**子房下位**，稀半下位或上位，**4～6室**或为不完全的子房室，**每室胚珠多数**，倒生，常1～2行叠置，**中轴胎座**或侧膜胎座内侵。**蒴果**，常呈浆果状、长角果状或蓇葖果状；种子多数，常藏于内果皮中。

马兜铃科植物主要化学成分为马兜铃酸和挥发油类，其中马兜铃酸及其衍生物是该科植物的化学特征。马兜铃酸类化合物对肾脏具有强烈毒性，可致急性肾衰竭或癌变。

本科约有8属，700余种，分布于热带和亚热带地区，其中南美洲分布最广。我国有5属，130余种，全国各地均有分布。已知药用4属，60多种。

【主要药用植物】

细辛（北细辛、辽细辛）***Asarum heterotropoides* F. Schmidt var. *mandshuricum* (Maxim.) Kitag.** 草本。叶心形或卵状心形，叶片背面密生短毛。花单生于叶腋，贴近地面，花梗明显；花深紫色；花被筒壶状，内壁具稀疏的纵向皱褶，花被裂片3枚，由基部向外反折；雄蕊12枚，两轮，着生于子房中部，花丝明显，与花药近等长；子房半下位或近上位，6室，中轴胎座，胚珠多数；花柱离生。蒴果浆果状，半球形（图14-7）。分布于东三省，生于山沟及林下湿地。**汉城细辛*A. sieboldii* Miq. f. *seoulense* (Nakai) C. Y. Chen & C. S. Yang**和**华细辛*A. sieboldii* Miq.**的花被裂片平展或直立，不反折。三者的根和根状茎（细辛）解表散寒，祛风止痛，通窍，温肺化饮。

马兜铃*Aristolochia debilis* Siebold & Zucc. 草质藤本。茎有腐肉味。叶纸质，卵状三角形或戟形，基部心形，两面无毛。花多单生于叶腋；花被黄绿色，基部膨大呈球形，向上收狭成一长管，管口扩大呈漏斗状，一侧有狭长、先端较钝的舌片，口部有紫色斑点，内面具腺体状毛；雄蕊6枚，与花柱合生成合蕊柱，花药与合蕊柱裂片对生；子房下位，6室。蒴果近球形，由基部向上沿室间6瓣开裂。种子具膜质宽翅（图14-8）。分布于长江流域以南各省（区）及山东、河南等地。生于山谷、沟边、路旁阴湿处及山坡灌丛中。马兜铃及北马兜铃*A. contorta* Bunge的果实（马兜铃）药用。

图14-7　细辛(1～2)及华细辛(3～5)

图14-8　马兜铃

由于马兜铃酸有肾脏毒性，多种来源于马兜铃科植物的药材标准已不被《中国药典》收载，如关木通、广防己、青木香、天仙藤、马兜铃等。

图14-9　鹅掌楸*Liriodendron chinense*及其花的解剖

1. 花期枝条；2. 花离析；3. 花冠正面观；4. 花冠侧面观；5. 雌蕊群侧面观；6. 雄蕊，示药室(上：侧面观；下：腹面观)；7. 雌蕊群纵切，示离生心皮及其中的胚珠；8. 翅果背腹面观；9. 翅果纵剖；10. 种子

5. 木兰科 Magnoliaceae

$⚥ * P_{6\sim15} A_{\infty} \underline{G}_{\infty:1:2\sim14}$

【特征与分类】

木本；全株**有香气**。**单叶互生**、簇生或近轮生，**全缘**，稀分裂；托叶早落，留有环状**托叶痕**。**花**大型，**单生**于枝顶或叶腋，通常**两性**；花被片通常花瓣状，6至多数，排成2至多轮，每轮3片；**雄蕊、雌蕊均多数，离生，螺旋状排列在伸长的柱状花托上**，雄蕊群在下，雌蕊群在上；子房上位，每心皮胚珠2～10余枚。**聚合蓇葖果**，稀为瘦果或具翅的小坚果。种子常具假种皮(图14-9)。

木兰科植物通常在叶表皮细胞壁聚有硅石，在叶、花被片的薄壁组织中常具油细胞，也经常具细小的草酸钙结晶。最具特征性的化学成分是挥发油、倍半萜内酯、木脂素和异喹啉类生物碱。

木兰科在分类和类群界限上争议的焦点在于属的界限。目前，在亚科的划分上意见比较一致，即木兰科可分为鹅掌楸亚科和木兰亚科，其中鹅掌楸亚科1属(2种)，木兰亚科中属的划分差异较大。我国习惯采用13～17属的划分，国外学者则将木兰亚科所有属归并为木兰属1属。较新的分子证据偏向于支持为木兰属和鹅掌楸属2个属的分类系统。本教材即采用此种划分。

本科有2属，约320种，主要分布于亚洲、北美和南美。我国有2属，近140种，主要分布于我国东南部至西南部，渐向东北及西北而渐少。药用2属，40多种。

【主要药用属检索表】

1. 叶4～6裂，先端近截平形或成宽阔凹缺；药室外向开裂；聚合果纺锤状；成熟心皮翅果状，不开裂，全部脱落，果轴宿存；种皮附着于内果皮……鹅掌楸属 *Liriodendron*

1. 叶全缘，很少先端2裂；药室内向或侧向开裂；聚合果为球形、卵形、长圆形或圆柱形等各种形状，常因部分心皮不育而扭曲变形；成熟心皮为蓇葖，沿背缝或腹缝线开裂或周裂；很少连合成厚木质或肉质，不规则开裂；外种皮肉质，与果瓣分离……木兰属 *Magnolia*

【主要药用植物】

厚朴 ***Magnolia officinalis*** **Rehder & E. H. Wilson** 落叶乔木。叶假轮生，集生于枝端，互生于新枝；叶片大，近革质，全缘而微波状，顶端圆；托叶痕长为叶柄的2/3。花晚出于叶，花蕾具1枚佛焰苞状苞片，花后脱落形成环状痕；花白色，大而美丽，芳香；花被片9～12，外轮3片淡绿色，盛开时常向外反卷，内两轮白色，盛开时直立；花药内向开裂。聚合果整体呈长椭圆状卵形，其中的蓇葖果具较短的喙，果皮木质（图14-10）。分布于长江中上游至秦岭一带，生于山地林间。变种**凹叶厚朴** ***M. officinalis*** **Rehder & E. H. Wilson var.** ***biloba*** **Rehder & E. H. Wilson**的叶先端凹缺，成2钝圆的浅裂片；聚合果基部较窄；分布于长江中下游、东南至华南北部。两者的干皮、根皮及枝皮（厚朴）燥湿消痰，下气除满；花蕾（厚朴花）芳香化湿，理气宽中；均为国家二级重点保护野生植物。

望春玉兰（望春花）***M. biondii*** **Pamp.** 落叶乔木。叶椭圆状披针形，托叶痕为叶柄长的1/5～1/3。花蕾卵圆形，外苞片被长柔毛；花先叶开放；花梗具3苞片脱落痕；花被片9片；外轮3片退化变小，近狭倒卵状条形；中内两轮近匙形，白色，外面基部常紫红色；花药侧向开裂。聚合果圆柱形，常因部分不育而扭曲；蓇葖果近圆形，果皮厚木质，具凸起瘤点。种子心形，外种皮红色，内种皮黑色（图14-11）。分布于陕西、甘肃、河南、湖北、四川等省。生于山林间，是优良的庭园绿化树种。望春玉兰、**玉兰** ***M. denudata*** **Desr.**或**武当玉兰** ***M. sprengeri*** **Pamp.**的花蕾（辛夷）具有散风寒，通鼻窍的功效。

图14-10　厚朴（1）和凹叶厚朴（2）

图14-11　望春玉兰（1、2）、玉兰（3）和紫玉兰（4）(Emilia Karbownik, 2013, CC-BY-SA 3.0)

—•笔记栏•—

6. 樟科 Lauraceae

⚥ $*P_{3+3}A_{3+3+3+3}\underline{G}_{(3:1:1)}$

【特征与分类】

灌木或乔木，稀为寄生草本。**叶及树皮**均有油细胞，**含挥发油**，通常具**芳香**。**单叶互生**，具叶柄，且通常革质，有时膜质或坚纸质，**三出脉或羽状脉**。**聚伞花序，排成圆锥状、总状或假伞形**。**花两性，整齐，花部3基数**，轮状排列；花被裂片多为2轮；**雄蕊**4轮，**第一、二轮花药药室通常内向，第三轮花药药室通常外向，最内一轮通常退化**；**花药**4室或2室，多自基部向顶部**瓣裂**；**雌蕊**由**3心皮**组成，**子房上位，1室**，有**1枚**悬垂**胚珠**。**核果**或浆果，基部有时被宿存的花被形成的果托包围。

樟科植物具油细胞，其主要化学特征是普遍含有挥发油和异喹啉类生物碱，此外也含倍半萜、木质素、黄酮等成分。

本科有50余属，3 300多种，产于热带和亚热带地区。我国有25属，450多种，主要分布于长江以南各省（区），只有少数落叶种类分布较北。已知药用10余属，100余种。

【主要药用植物】

（1）**山胡椒属** ***Lindera***：90余种，我国30余种。

乌药 ***L. aggregata*** **(Sims) Kosterm.** 常绿灌木或小乔木。根有纺锤状或结节状膨胀，外面棕黄色至棕黑色，表面有细皱纹，有香味，微苦，有刺激性清凉感。叶互生，卵形，先端长渐尖或尾尖，革质，下面苍白色，三出脉。数个伞形花序在腋生短枝上簇生，无总梗，总苞片4，交互对生。雄蕊花药2室，全部内向。果熟时红色（图14-12）。分布于浙江、江西、湖南、安徽、福建、广东、广西、台湾等省（区）。生长于向阳坡地、山谷或疏林灌丛中。块根（乌药）行气止痛，温肾散寒。

图14-12 乌药

（2）**樟属** ***Cinnamomum***：240 ～ 260种，我国40多种。

肉桂 ***C. cassia*** **(L.) J. Presl** 常绿乔木；树皮灰褐色。叶互生或近对生，叶片长椭圆形至披针形，长达16 cm，革质，背面被黄色短绒毛，离基三出脉。圆锥花序腋生或近顶生；花白色，花被内外密被黄褐色短绒毛，花被筒倒锥形，花被裂片卵状长圆形；能育雄蕊9，花药4室，第一、二轮雄蕊药室内向，第三轮雄蕊花丝近基部有1对腺体，药室外向；退化雄蕊3，位于内轮。果椭球形，成熟时黑紫色；果托浅杯状（图14-13）。为一栽培种，主要栽培于广东、广西、云南、台湾、福建等省。树皮（肉桂）补火助阳，引火归原，散寒止痛，温通经脉；嫩枝（桂枝）发汗解肌，温通经脉，助阳化气，平冲降气。

图14-13 肉桂

樟 ***C. camphora*** **(L.) J. Presl.** 常绿乔木。枝、叶及木材均有樟脑气味；叶互生，卵状椭圆形，长及10 cm，通常两面无毛，具离基三出脉，侧脉及支脉脉腋上面明显隆起，下面有明显腺窝。果卵球形或近球形。产于南方及西南各省（区）。生于山坡或沟谷中，常有栽培。新鲜枝、叶的提取加工品（天然冰片/右旋龙脑）开窍醒神，清热止痛。新鲜嫩枝及叶经过水蒸气蒸馏提取后的挥发油（樟油），干枝、叶及根部经加工提取制得的结晶（樟脑）及根（樟树根）均可药用。

米槁 *C. migao* H. W. Li. 的果实（大果木姜子）、黄樟 *C. parthenoxylon* (Jack) Meisn. 与樟的根和根状茎（香樟）等可以药用。

山鸡椒 *Litsea cubeba* (Lour.) Pers. 的果实（荜澄茄）温中散寒，行气止痛；根和根状茎（豆豉姜）也能药用。

—•笔记栏•—

金粟兰科

三、单子叶植物分支

单子叶植物分支（monocots）是被子植物的骨干演化支之一，包括菖蒲目 Acorales 等 11 个目，除了独蕊草科 Hydatellaceae 以外的所有传统观念的单子叶植物都包含在内。

7. 菖蒲科 Acoraceae

⚥ $*P_{3+3}A_{3+3}\underline{G}_{(2\sim3:2\sim3:\infty)}$

【特征与分类】

多年生芳香草本。根状茎匍匐，肉质。**叶基生，二列，剑形，基部鞘状，互相套叠。肉穗花序**，外被叶状的箭形佛焰苞；**花两性，花被片 6**，雄蕊 6，花丝长线形，与花被片等长；子房上位，2～3 室；每室胚珠多数。**浆果**，藏于宿存花被之下。

本科植物含挥发油；细胞中缺少针晶。

传统的形态分类将菖蒲属作为天南星科的一个亚科或族，最新的分子系统学和形态学综合证据，支持将其独立为科。

本科有 1 属，约 4 种，主要分布于北半球温带和热带区域。我国均有，主产于黄河以南多省（区）。均可药用。

【主要药用植物】

菖蒲 *Acorus calamus* L. 多年生草本。根状茎横走，粗壮，分枝，外皮黄褐色，芳香。叶片剑状线形，长而宽，中肋在两面均明显隆起。肉穗花序；叶状佛焰苞剑状线形，为肉穗花序长的 5 倍或以上；花黄绿色。浆果长圆形，红色（图 14-14）。全国各省（区）均产。生于水边、沼泽湿地或湖泊浮岛上，也常有栽培。根状茎（藏菖蒲）温胃，消炎止痛。

图 14-14　菖蒲和石菖蒲

1. 菖蒲；2、3. 石菖蒲（2. 植株及生境；3. 花序）

石菖蒲 *A. tatarinowii* Schott 根状茎较细；叶不具中肋，叶片线形，较狭而短；叶状佛焰苞短，为肉穗花序长的 2～5 倍（图 14-14）。产于黄河以南多省（区）。生于湿地或水旁石上。各地常栽培。根状茎（石菖蒲）开窍豁痰，醒神益智，化湿开胃。

8. 天南星科 Araceae

♂ $*P_0A_{(1\sim12),1\sim12}$，♀ $*P_0\underline{G}_{(1\sim\infty:1\sim\infty:1\sim\infty)}$；⚥ $*P_{0,4,6}A_{4,6}G_{(1\sim\infty:1\sim\infty:1\sim\infty)}$

【特征与分类】

陆生草本，稀为攀缘灌木、附生藤本或水生草本；植物体常有乳汁或水液。叶**互生**，叶柄基部具鞘，叶片全缘或各式分裂。**肉穗花序，外面常有佛焰苞包围**。花两性或单性，辐射对称。花雌雄同序者，雌花位于花序轴下部，雄花位于花序轴上部。**常无花被**，或花被片 4～6，

“独龙女侠”——天南星科、重楼属研究专家李恒

—•笔记栏•—

图 14-15 半夏及其花序和花的解剖

1. 花期植株（箭头所示为珠芽）；2. 块茎纵切；3. 下：雌花侧面观；上：雌花纵剖；4. 雄花序轴横切；5. 佛焰苞喉部横切；6. 各种形态的叶；7. 块茎；8. 佛焰苞正面纵剖；9. 雌花序轴纵切；10. 佛焰苞侧向纵切

排成2轮，每轮2或3枚；雄蕊1～10余枚，或与花被片同数；子房上位，1至多室（常为2～3室），胚珠1至多数。果实常为**浆果**（图14-15）。

天南星科植物常有针晶束，一般存在于含有黏液的细胞中。植物体所含化学成分主要为苷类、甾醇、多胺、生物碱类、有机酸及多糖等。

APG Ⅳ系统中，天南星科不包括菖蒲属，而包含原浮萍科的紫萍属*Spirodela*、浮萍属*Lemna*和无根萍属*Wolffia*等类群。

本科约有120属，3 500～3 700种，全球分布广泛，主产于热带地区。我国有40属，230余种，多分布于西南、华南各省（区）。已知药用30余属，100余种。

【主要药用属检索表】

1. 漂浮或沉水小草本；茎以圆形或长圆形的小叶状体形式存在；叶状体扁平，有脉纹7～16条，着生7～21条须根........紫萍属*Spirodela*

1. 陆生草本或亚灌木状草本；茎非叶状体形式。

  2. 草本，具块茎；肉穗花序有顶生不育附属器。

    3. 雌雄异株 ....天南星属*Arisaema*

    3. 雌雄同株。

      4. 佛焰苞管喉部闭合 ....半夏属*Pinellia*

      4. 佛焰苞管喉部张开 ....斑龙芋属*Sauromatum*

  2. 亚灌木状草本，具地上茎；肉穗花序上部无不育附属器 ....千年健属*Homalomena*

【主要药用植物】

（1）**紫萍属*Spirodela***：4种，我国1种。

紫萍*S. polyrrhiza* (L.) Schleid. 水生漂浮草本。叶状体扁平，阔倒卵形，表面绿色，背面紫色，具掌状脉5～11条，背面中央生5～11条根；根基附近的一侧囊内形成圆形新芽，幼小叶状体从囊内萌出，由1细弱的柄与母体相连。肉穗花序有2朵雄花和1朵雌花。干燥全草（浮萍）宣散风热，透疹，利尿。

（2）**天南星属*Arisaema***：近200种，我国90余种。

一把伞南星（天南星）***A. erubescens* (Wall.) Schott** 块茎扁球形。叶常1枚，有长柄，叶片放射状分裂，裂片三五枚或多至20枚，裂片长渐尖，多具线形长尾。佛焰苞通常绿色，有白条纹，喉部张开，冠檐有长尾尖。肉穗花序单性异株；附属器棒状，下部常具钻形中性花，特别是雌花序；雄花的雄蕊2～4枚，药室顶孔开裂；雌花雌蕊1枚，子房1室，基生胚珠1～2枚。浆果红色（图14-16）。除东北、内蒙古、新疆、山东、江苏外，各省（区）都有分布，生长于林下、灌丛、草坡、荒地。一把伞南星、**天南星**（异叶天南星）***A. heterophyllum* Blume**或东北南星***A. amurense* Maxim.**的块茎（天南星）散结消肿；炮制加工品（制天南星）燥湿化痰，祛风止痉，散结消肿。

—•笔记栏•—

（3）**半夏属 *Pinellia***：10种，我国均产。

半夏 *P. ternata* (Thunb.) Ten. ex Breitenb. 块茎圆球形。叶常2～5枚，叶鞘附近或叶片基部具珠芽；幼苗具全缘的单叶，老株上的叶片3全裂。佛焰苞绿色，宿存。肉穗花序；花序下半部着生雌花的部分背面与佛焰苞合生，中部有不育部分，上部着生雄花；附属器鼠尾状，超出佛焰苞很长。雄花具雄蕊2枚，花药孔裂；子房1室，基生直立胚珠1枚。浆果。除西北少数省（区）外，全国各地广布，常见于草坡、荒地、玉米地、田边或疏林下，为旱地杂草之一。块茎（半夏）燥湿化痰，降逆止呕，消痞散结。

虎掌 *P. pedatisecta* Schott块茎供药用；多与天南星混用。

图14-16　一把伞南星
1. 植株；2. 雌花序；3. 雄花序

本科植物中，**千年健 *Homalomena occulta* (Lour.) Schott**的根状茎（千年健）祛风湿，健筋骨；**独角莲 *Sauromatum giganteum* (Engl.) Cusimano & Hett.** (= *Typhonium giganteum* Engl.)的块茎（白附子）祛风痰，定惊搐，解毒散结，止痛。鞭檐犁头尖 *T. flagelliforme* (Lodd.) Blume的块茎（水半夏）也可药用。

9. 薯蓣科 Dioscoreaceae

$♂ * P_{3+3,(3+3)} A_6$，$♀ * P_{3+3,(3+3)} \overline{G}_{(3:3:2)}$；$⚥ * P_{(3+3)} A_{3+3} \overline{G}_{(3:1:\infty)}$

【特征与分类】

缠绕草质或木质藤本，或为多年生草本；具根状茎或块茎。茎左旋或右旋，或无茎，有刺或无刺。叶在茎上互生，有时中部以上对生，或全部基生，单叶或掌状复叶，具网状脉。**花两性或单性异株**，稀同株；花单生、簇生或排列成穗状、总状、圆锥状，或具总苞的伞形花序；**花被片6，离生或合生**；**雄蕊6**；**子房下位**，3室或1室。果实为**蒴果、浆果或翅果**。

传统的薯蓣科中国仅有薯蓣属 *Dioscorea* 1属。分子系统学研究表明，蒟蒻薯科Taccaceae应该列入薯蓣科。

薯蓣科植物的主要活性成分是甾体皂苷，如薯蓣皂苷和山萆薢皂苷，是合成激素类药物的原料。薯蓣碱、山药碱等生物碱类在本科植物中也有。蒟蒻薯属 *Tacca* 含五环甾族苦味素成分箭根酮内酯A等。

本科有4～6属，650～700种。产于全球热带和温带地区。我国有2～3属，近80种，主产于西南和东南部，西北和北部较少。已知药用2～3属，约40种。

图14-17　薯蓣

【主要药用植物】

薯蓣 *Dioscorea polystachya* Turcz. (=*D. opposita* Thunb.) 缠绕草质藤本。根状茎垂直生长，长圆柱形。茎通常带紫红色，右旋。单叶，茎下部的互生，中部以上的对生；叶形变异大，多为卵状三角形，边缘3浅裂；叶腋内常有小块茎。雌雄异株；雄花序数个着生于叶腋，花序轴明显地呈“之”字状曲折；雌花序1～3个着生于叶腋。蒴果三棱状，外面有白粉。种子周围有膜质翅（图14-17）。我国大部分地区有分布。生于山坡、山谷林下、溪边、路旁的灌木丛中或杂草中；或为栽培。根状茎(山药)补脾养胃，生津益肺，补肾涩精。

同属植物中，**穿龙薯蓣*D. nipponica* Makino**的根状茎(穿山龙)祛风除湿，舒筋通络，活血止痛，止咳平喘；**黄山药*D. panthaica* Prain & Burkill**的根状茎(黄山药)理气止痛，解毒消肿；**粉背薯蓣*D. collettii* Hook. f. var. *hypoglauca* (Palib.) C. Pei & C. T. Ting** (=*D. hypoglauca* Palib.)的根状茎(粉萆薢)利湿去浊，祛风除痹；**绵萆薢*D. spongiosa* J. Q. Xi, M. Mizuno & W. L. Zhao**和**福州薯蓣*D. futschauensis* Uline ex R. Knuth**的根状茎(绵萆薢)有相同功效。

药用的还有黄独*D. bulbifera* L.的块茎(黄药子)、箭根薯*Tacca chantrieri* André的根状茎(箭根薯)等。

10. 菝葜科 Smilacaceae

$♂ * P_{3+3,(3+3)} A_{3\sim18}$，$♀ * P_{3+3,(3+3)} \underline{G}_{(3:3:1\sim2)}$

【特征与分类】

攀缘或直立小灌木，稀为草本。**枝常有刺**，稀无刺。**叶互生**，排成2列，全缘，**具弧形脉**和网状细脉；**叶柄两侧边缘常具翅状鞘，鞘的上方有一对卷须或无卷须。花单性异株**，通常排成单个腋生的**伞形花序；花被片6**，离生或合生；雄花通常具雄蕊6枚；雌花具退化雄蕊，**子房3室**，每室具1～2个胚珠。**浆果**球形，具少数种子。

菝葜科植物的主要活性成分是皂苷、黄酮等。

本科有1属，260余种。产于全球热带和温带地区。我国有约90种，大多数分布于长江以南各省。已知药用60余种(变种)。

【主要药用植物】

土茯苓(光叶菝葜)***Smilax glabra* Roxb.** 攀缘灌木。根状茎呈粗厚的块状。枝条光滑无刺。叶柄基部具狭鞘和卷须，叶片脱落点位于近顶端。花单性异株；伞形花序单生，总花梗明显短于叶柄，常不超过5 mm；花序托膨大，有多数宿存的小苞片。花六棱状球形，花被片绿白色；雄花的雄蕊靠合，雌花中有3枚退化雄蕊。浆果球形，熟时紫黑色，具粉霜(图14-18)。分布于甘肃南部和长江流域以南各省(区)。生于灌木丛下、河岸、山谷、林缘或疏林中。根状茎(土茯苓)解毒，除湿，通利关节。

图14-18 土茯苓

1. 花期雄株及雄花序；
2. 果期雌株及根状茎

菝葜*S. china* L.的根状茎(菝葜)利湿去浊，祛风除痹，解毒散瘀。牛尾菜*S. riparia* A. DC.的全株(牛尾菜)、短梗菝葜*S. scobinicaulis* C. H. Wright、鞘柄菝葜*S. stans* Maxim.或华东菝葜*S. sieboldii* Miq.的根及根状茎(铁丝威灵仙)等也可药用。

11. 百合科 Liliaceae

$⚥ * P_{3+3,(3+3)} A_{3+3} \underline{G}_{(3:3:2\sim\infty)}$

【特征与分类】

多年生草本，**具鳞茎或根状茎**。叶基生或茎生。单花顶生或排成总状、伞形花序，或为聚伞圆锥花序；**花被片6，排成2轮，等大或不等大**；雄蕊6；**子房上位，3室**，每室有2至多数胚珠。**蒴果或浆果**。

本科植物体内常含黏液细胞及针晶束。化学成分复杂，类型多样，主要有甾体皂苷、强心苷、甾体生物碱等。

以往的分类系统中，百合科是一个包罗万象、非常庞杂的大科。APG Ⅳ系统中收录15个属，移除了现藜芦科的重楼属、现石蒜科的葱属、现菝葜科的菝葜属、现阿福花科的芦荟属、现天门冬科的知母属、黄精属、天门冬属、沿阶草属、龙血树属等。

本科有15属，约640种，广布于全球，特别是北温带。我国有12属，160多种，分布遍及全国。已知药用约10属，70多种。

【主要药用属分属检索表】

1. 鳞茎由白粉质的鳞叶组成，鳞叶或2～3枚呈贝壳状，或多枚呈米粒状；花俯垂；花被片基部有蜜腺窝（凹穴）……………………………………………………贝母属 *Fritillaria*

1. 鳞茎明显膨大，鳞叶多数，稍展开，通常不为白粉质；花多仰立或平展，花被片基部无蜜腺窝……………………………………………………百合属 *Lilium*

【主要药用植物】

（1）**贝母属 *Fritillaria***：140多种，我国约25种。

浙贝母 *F. thunbergii* Miq. 鳞茎由2（～3）枚鳞片互抱组成。叶对生、散生或轮生，近条形至披针形。花1～6朵，钟形，俯垂；叶状苞片2～4枚，先端卷曲；花被片淡黄色，蜜腺窝在背面不很明显；雄蕊长不及花被片的一半，花药基着，矩圆形。蒴果的棱上有宽6～8 mm的翅（图14-19）。分布于江苏南部、浙江北部和湖南。生于海拔较低的山丘荫蔽处或竹林下。鳞茎（浙贝母）清热化痰止咳，解毒散结消痈。

图14-19　浙贝母及其花的解剖

Ⅰ. 花期植株；Ⅱ. 花正面观；Ⅲ. 鳞茎；Ⅳ. 花的解剖

1. 花枝局部；2. 雌蕊成熟期；3. 花柱；4. 花部离析；5. 雌蕊；6. 花被片（左：背面，右：腹面）；7. 雄蕊；8. 子房横切

川贝母 *F. cirrhosa* D. Don、**甘肃贝母 *F. przewalskii* Maxim. ex Batalin**、**暗紫贝母 *F. unibracteata* P. K. Hsiao & K.C. Hsia**（图14-20）、**瓦布贝母 *F. unibracteata* P. K. Hsiao & K. C. Hsia var. *wabuensis* (S. Y. Tang & S. C. Yueh) Z. D. Liu, Shu Wang & S. C. Chen**、**梭砂贝母 *F. delavayi* Franch.** 和**太白贝母 *F. taipaiensis* P. Y. Li**的鳞茎（川贝母）清热润肺，化痰止咳，散结消痈。**新疆贝母 *F. walujewii* Regel**和**伊贝母**（伊犁贝母）***F. pallidiflora* Schrenk ex Fisch. & C. A. Mey.** 的鳞茎（伊贝母）、**平贝母 *F. ussuriensis* Maxim.** 的鳞茎（平贝母）功效与川贝母相同（图14-21）。**天目贝母**（湖北贝母）***F. monantha* Migo** (= *F. hupehensis* P. K. Hsiao & K. C. Hsia)的鳞茎（湖北贝

图 14-20　暗紫贝母

图 14-21　伊贝母（1）、新疆贝母（2）和平贝母（3）

图 14-22　卷丹（1）和山丹（2、3）

图 14-23　七叶一枝花和云南重楼

1. 云南重楼；2. 七叶一枝花；3. 两者的根状茎

母）清热化痰，止咳，散结。

贝母属所有物种均为国家二级重点保护野生植物。

（2）**百合属*Lilium***：110余种，我国60余种。

卷丹*L. lancifolium* Thunb. 鳞茎近宽球形；鳞叶多数，肉质。植物体多处被白色绵毛。茎带紫色条纹。叶散生，常矩圆状披针形，上部叶腋有珠芽。花多朵下垂，花被片披针形，反卷，橙红色，有紫黑色斑点，内轮被片的蜜腺两边有乳头状和流苏状突起。蒴果。全国大部分地区有分布。生于山坡灌木林下、草地、路边或水旁。卷丹或**百合*L. brownii* F. E. Br. ex Miellez var. *viridulum* Baker**、**山丹**（细叶百合）***L. pumilum* Redouté**（图14-22）的肉质鳞叶（百合）养阴润肺，清心安神。

附

（1）阿福花科（Asphodelaceae）：**芦荟*Aloe vera* (L.) Burm. f.**和**好望角芦荟*A. ferox* Mill.**及其他同属近缘植物叶的汁液（芦荟）泻下通便，清肝泻火，杀虫疗疳。

（2）藜芦科（Melanthiaceae）：**七叶一枝花*Paris polyphylla* Sm. var. *chinensis* (Franch.) H. Hara**和**云南重楼*P. polyphylla* Smith var. *yunnanensis* (Franch.) Hand.-Mazz.**的根状茎（重楼）清热解毒，消肿止痛，凉肝定惊；两者均为国家二级重点保护野生植物（图14-23）。藜芦*Veratrum nigrum* L.及同属数种植物的根和根状茎（藜芦）涌吐风痰，杀虫；有毒；反诸参。

12. 兰科Orchidaceae

$⚥ \uparrow P_{3+3}A_{1\sim2}\overline{G}_{(3:1:\infty)}$

【特征与分类】

地生、附生或腐生草本，稀为攀缘藤本；具块茎、根状茎或假鳞茎。叶基生或在茎上互生。

花序总状或圆锥状。**花两性，通常单面对称**；花被片6，2轮，离生或部分合生；**中央花瓣特化为唇瓣，常因子房180° 扭转而**位于下方；侧萼片与唇瓣基部有时形成距或囊；雌蕊和雄蕊合生成合蕊柱，**顶端一般有1个花药，腹面有1个柱头穴，柱头与花药之间有1个舌状的蕊喙；花粉粒常黏合成团块**；子房下位，3心皮，1室，侧膜胎座，较少3室而具中轴胎座。果常为**蒴果**。种子极多，细小，**粉尘状**，无胚乳，具翅（图14-24）。

兰科植物体常具有黏液细胞，内含草酸钙针晶。本科的主要化学成分有生物碱类化合物、多糖类成分、芪类化合物、酚类化合物、苷类化合物、菲醌类化合物等。

本科有880多属，22 000 ～ 27 000种。广布全球，主产于热带和亚热带地区。我国有192属，1 640多种。分布遍及全国。已知药用76属，约290种。

【主要药用属检索表】

1. 腐生草本；萼片与花瓣合生成筒 天麻属..*Gastrodia*

1. 陆生或附生草本；萼片与花瓣分离。

　2. 具地上茎；侧萼片基部与唇瓣基部共同形成萼囊.................. 石斛属 *Dendrobium*

　2. 不具地上茎，具假鳞茎。

　　3. 假鳞茎通常分叉 .. 白及属 *Bletilla*

　　3. 假鳞茎不分叉。

　　　4. 假鳞茎顶端收狭成颈；总状花序1~2花....... 独蒜兰属 *Pleione*

　　　4. 假鳞茎顶端不收狭成颈；总状花序多花...... 杜鹃兰属 *Cremastra*

图14-24　无叶美冠兰*Eulophia zollingeri*花的解剖

1. 花冠腹面观（左下为1枚苞片，唇瓣围抱蕊柱）；2. 花冠背面观，左右各1枚苞片；3. 花冠离析（腹面观）；4. 花冠离析（背面观）；5. 唇瓣纵切，示蕊柱足；6. 唇瓣中裂片纵切，示唇盘上部被乳突状腺毛；7. 左：侧萼片，中：中萼片，右：花瓣；8. 花纵切片；9. 蕊柱纵切；10. 花冠腹面观（除去唇瓣）；11. 蕊柱（红色箭头所指为花粉团）；12. 蕊柱：自身花粉团已散出，内藏花粉团（图中红色箭头所指）为异花传粉所得；13. 花粉团；14. 药帽；15. 花粉团，粘上柱头黏液；16. 子房横切

【主要药用植物】

（1）**天麻属*Gastrodia***：90多种，我国约30种。

天麻*G. elata* Blume 腐生草本。根状茎块，肉质肥厚，具较密的节。茎直立，无绿叶，下部被数枚膜质鞘。总状花序多花；苞片膜质，宿存。花橙黄、淡黄、蓝绿或黄白色；花梗和子房略短于花苞片；萼片与花瓣合生成坛状，有5个裂片，前方2裂片间分裂较深；唇瓣顶端边缘有不规则短流苏；花粉团2个，粉质，无花粉团柄和黏盘。蒴果倒卵形，棱不明显（图14-25）。除个别省区外，全国大部分地区有分布。生于疏林下、林中空地、林

图14-25　天麻

1. 花期植株上部；2. 花序的一部分；3. 块茎

—•笔记栏•—

天麻等兰科植物与真菌的共生现象

—• 笔记栏 •—

图14-26 白及

图14-27 鼓槌石斛(1)、石斛(2)及流苏石斛(3)

缘、灌丛边缘。块茎(天麻)息风止痉,平抑肝阳,祛风通络。

(2) **白及属** ***Bletilla***:6种,我国均有。

白及 ***B. striata*** **(Thunb.) Rchb. f.** 陆生草本。假鳞茎具荸荠似的环带,肉质富黏性。茎粗壮劲直。叶折扇状,基部收狭成鞘并抱茎。总状花序。花紫红色;唇瓣白色带紫红色,3裂;唇盘有脊状的纵褶片5条,在中裂片上面为波状;花粉团8个,成2群,每室4个,粉质,花粉团柄不明显,无粘盘。蒴果椭球形,有6条纵棱(图14-26)。主要分布于长江中下游以南省(区)。生于林下、路边草丛或岩石缝中。各地多有栽培。块茎(白及)收敛止血,消肿生肌。

(3) **石斛属** ***Dendrobium***:1 550多种,我国95种左右。

石斛(金钗石斛)***D. nobile*** **Lindl.** 附生草本。茎肉质肥厚,下部狭窄,向上变宽呈扁圆柱形,具多节;节间干后金黄色。叶片扁平,革质,长圆形,先端不等侧2圆裂,基部下延为抱茎的鞘。总状花序具少数花。花大,常白色带淡紫色先端;侧萼片与唇瓣基部共同形成萼囊,短而宽钝;唇瓣远比花瓣大,宽卵形,中央具1个紫红色大斑块;花粉团4个,2个为1对,蜡质,无附属物。蒴果。分布于我国台湾、香港、湖北、海南、广西、四川、贵州、云南及西藏等省(区)。生于山地林中树干上或山谷岩石上。石斛、**霍山石斛** ***D. huoshanense*** **C. Z. Tang & S. J. Cheng**、**鼓槌石斛** ***D. chrysotoxum*** **Lindl.**、**流苏石斛** ***D. fimbriatum*** **Hook.**(图14-27)的栽培品及其同属植物近似种的茎(石斛)益胃生津,滋阴清热。**铁皮石斛** ***D. officinale*** **Kimura & Migo**(图14-28)的茎有相同功效。

本科植物**杜鹃兰** ***Cremastra appendiculata*** **(D. Don) Makino**(图14-29)、**独蒜兰** ***Pleione bulbocodioides*** **(Franch.) Rolfe**或**云南独蒜兰** ***P. yunnanensis*** **(Rolfe) Rolfe**三者的假鳞茎(山慈菇)清热解毒,化痰散结。手参*Gymnadenia conopsea* (L.) R. Br.的块茎(手参)、金线兰

图14-28 铁皮石斛

图14-29 杜鹃兰

—•笔记栏•—

鸢尾科

Anoectochilus roxburghii (Wall.) Lindl.的全草等也可药用。

上述兰科药用植物，霍山石斛为国家一级重点保护野生植物，其他均为国家二级重点保护野生植物。

13. 石蒜科 Amaryllidaceae

$⚥ * \uparrow P_{3+3,(3+3)}A_{3+3,(3+3)}\underline{G},\overline{G}_{(3:3:\infty)}$

【特征与分类】

多年生**草本**。**具鳞茎**，稀具根状茎。叶基生，常为带状。花单生或伞形花序，有花1至多枚，开放前被**膜质佛焰状的总苞**所包，有1至数枚总苞片；**花两性**，辐射对称或单面对称；**花被片6枚**，花瓣状，2轮，分离或下部合生；**雄蕊6枚**，花丝分离，有时基部扩大合生成副花冠；**子房**上位或下位，**3室**，**中轴胎座**，每室**胚珠多数**。**蒴果**。种皮常有黑或蓝色的壳。

石蒜科植物常含有多种生物碱、甾体皂苷类成分。传统概念的石蒜科是以子房下位为主要共衍征定义的自然类群，而在APG系统中，将传统意义上石蒜科的花序非伞形的小分支（如仙茅科）排除，同时出于合并小科的原则，把与石蒜科构成姐妹群的百子莲属和葱属也并入石蒜科，葱属和百子莲属也都具有伞形花序，但子房上位，因此伞形花序就代替子房下位，成为石蒜科最重要的共衍征。

本科约80属，1 400多种；主产于温带地区。我国约8属，180多种，以长江以南为多；已知药用6属，近30种。

【主要药用植物】

图14-30　薤白

薤白（小根蒜）***Allium macrostemon* Bunge** 鳞茎近球形，外皮带黑色，基部常具小鳞茎。叶3～5枚，半圆柱状，中空，上面具沟槽，比花葶短。花葶圆柱状；伞形花序半球状至球状，花密集，常具暗紫色珠芽；小花梗比花被片长得多，花被片淡紫色或淡红色；花丝比花被片长，基部合生，内轮花丝的基部无齿；子房上位，基部具有帘的凹陷蜜穴，3室，每室2胚珠。蒴果；种子黑色（图14-30）。除新疆、青海外，其他各省（区）均产。生于山坡、丘陵、山谷或草地上。有少量栽培。薤白或**藠头**（薤）***A. chinense* G. Don**的鳞茎（薤白）通阳散结，行气导滞。

蒜（大蒜）***A. sativum* L.**的鳞茎（大蒜）解毒消肿，杀虫，止痢。**韭**（韭菜）***A. tuberosum* Rottler ex Spreng.**的种子（韭菜子）温补肝肾，壮阳固精。洋葱*A. cepa* L.鳞茎（洋葱）也能药用。石蒜*Lycoris radiata*（L' Hér.）Herb.、中国石蒜*L. chinensis* Traub等的鳞茎有小毒，含有石蒜碱、伪石蒜碱、多花水仙碱、力可拉敏、加兰他敏等十多种生物碱；加兰他敏和力可拉敏为治疗小儿麻痹后遗症、重症肌无力等的重要药物。

14. 天门冬科 Asparagaceae

$⚥ * P_{3+3,(3+3)}A_{3+3}\underline{G}_{(3:3:1\sim\infty)}$

【特征与分类】

多年生**草本**，有时为乔木状或灌木状；**具鳞茎、球茎或根状茎**。叶基生或在茎上互生，全缘；有时叶退化成鳞片状而茎枝呈叶状。总状、穗状、圆锥或聚伞花序，若为伞形花序则地下茎为球茎且无葱蒜气味。**花**两性或单性，**辐射对称**；**花被片**离生或不同程度合生，**与雄蕊**通常**均为6枚**；**子房上位**，稀为下位（龙舌兰族Agaveae），**3室**，**中轴胎座**，胚珠少数至多数。**蒴果或浆果**；有时果皮在未成熟前已不整齐开裂，露出簇生于花梗上的**核果状或浆果状种子**，种皮蓝色或黑色（图14-31）。

APG Ⅳ系统中的天门冬科是基于分子证据重新界定的单系类群，其中大部分的属种在传

图14-31 西南鹿药*Maianthemum fuscum*及其花的解剖

1. 枝、叶与圆锥花序；2. 花冠背、腹面观；
3. 花部离析，示花被片及雄蕊；4. 雄蕊与花被片；
5. 雌蕊侧面观；6. 子房横切

统分类系统中属于百合科，如天门冬属、知母属、黄精属、沿阶草属、龙血树属等。另外，还包括了原来通常置于石蒜科、子房下位的龙舌兰属。

甾体皂苷在天门冬科植物中分布比较广泛。另外，黄酮类化合物特别是高异黄酮类、多糖也较常见。

本科约120属，3 100多种；主产于温带地区。我国有26属，360余种，以长江以南为多；已知药用约20属，近40种。

【主要药用属检索表】

1. 叶退化为鳞片，具簇生的扁平或略呈镰刀状锐三棱形的叶状枝 .... 天门冬属*Asparagus*
1. 叶较大，或多基生，或轮生、对生、互生于茎或枝条上；无叶状枝。
  2. 成熟种子小核果状 .... 沿阶草属*Ophiopogon*
  2. 浆果或蒴果。
    3. 雄蕊3枚......知母属*Anemarrhena*
    3. 雄蕊6枚...... 黄精属*Polygonatum*

【主要药用植物】

（1）**知母属*Anemarrhena***：1种，我国原产。

知母*A. asphodeloides* Bunge 多年生草本；具根状茎，其上覆盖残存的叶鞘。叶基生，禾叶状。花葶比叶长得多；花2～3朵簇生，排成总状花序；花被片6枚，粉红色、淡紫色至白色，基部稍合生，宿存；雄蕊3枚，生于内轮花被片近中部；子房3室，每室胚珠2枚。蒴果，顶端有短喙（图14-32）。分布于华北及相邻的西北及东北地区。生于山坡、草地或路旁较干燥或向阳的地方。根状茎（知母）清热泻火，滋阴润燥。

（2）**天门冬属*Asparagus***：210多种，我国约30种。

天门冬（天冬）***A. cochinchinensis* (Lour.) Merr.** 攀缘植物。根在中部或近末端纺锤状膨大。茎平滑，常弯曲或扭曲，分枝具棱或狭翅。叶状枝扁平或由于中脉龙骨状略呈镰刀状三棱形，通常每3枚成簇。叶退化为鳞片状，基部延伸成硬刺。花单性，异株，常每2朵腋生；花被片6枚，绿白色；花梗短；雄花中有退化雌蕊，花丝不贴生于花被片上；雌花具退化雄蕊，子房3室。浆果熟时红色，种子1枚（图14-33）。从河北、山西、陕西、甘肃等省的南部至

图14-32 知母

华东、中南、西南各省都有分布。生于山坡、路旁、疏林下、山谷或荒地上。块根（天冬）养阴润燥，清肺生津。

滇南天门冬 *A. subscandens* F. T. Wang & S. C. Chen 的块根（傣百部）、羊齿天门冬 *A. filicinus* Buch.-Ham. ex D. Don 的块根（小百部）也可药用。

图 14-33　天门冬

（3）**沿阶草属 *Ophiopogon***：约78种，我国逾50种。

麦冬 *O. japonicus* (L. f.) Ker Gawl. 多年生草本，具细长的地下匍匐茎。根的中间或近末端常膨大成椭圆形或纺锤形的小块根。茎很短，叶基生成丛，禾叶状，边缘具细锯齿。花葶通常比叶短得多；总状花序。花梗具关节；花被片常稍下垂而不展开，白色或淡紫色；雄蕊花丝很短；子房半下位，3室，每室2枚胚珠。外果皮早破而露出种子；种子浆果状，成熟时蓝色（图14-34）。南方大部分地区有分布。生于山坡阴湿处、林下或溪旁；浙江、四川等地均有栽培。块根（麦冬）养阴生津，润肺清心。

山麦冬属 *Liriope* 植物**山麦冬 *L. spicata* (Thunb.) Lour.** [= 湖北麦冬 *L. spicata* (Thunb.) Lour. var. *prolifera* Y. T. Ma] 或**短葶山麦冬 *L. muscari* (Decne.) Bailey** 的块根（山麦冬）与麦冬功效相同。

（4）**黄精属 *Polygonatum***：70～80种，我国40多种。

黄精 *P. sibiricum* Redouté 多年生草本。根状茎圆柱形，有短的分枝，分枝处结节状膨大，"节间"一头粗、一头细，状如鸡头。茎直立；叶4～6枚轮生，条状披针形，先端拳卷或弯曲成钩。花序生于叶腋，2～4朵花似伞形，总花梗明显；花有花梗，俯垂；花被片6枚，乳白色至淡黄色，花被筒中部稍缢缩；雄蕊6枚，内藏；子房3室，胚珠数枚。浆果黑色。分布于东北、华北、西北及华东的一些省（区）。生于林下、灌丛或山坡阴处。黄精、**滇黄精 *P. kingianum* Collett & Hemsl.** 或**多花黄精 *P. cyrtonema* Hua**（图14-35）的根状茎（黄精）补气养阴，健脾，润肺，益肾。

图 14-34　麦冬

图 14-35　黄精、滇黄精和多花黄精

1、2. 黄精植株；3. 滇黄精；4. 多花黄精根状茎

—•笔记栏•—

棕榈科

玉竹*P. odoratum* (Mill.) Druce的根状茎(玉竹)养阴润燥,生津止渴。

本科植物剑叶龙血树*Dracaena cochinchinensis* (Lour.) S. C. Chen和海南龙血树(柬埔寨龙血树)*D. cambodiana* Pierre ex Gagnep.的树脂(龙血竭)可药用;两者均为国家二级重点保护野生植物。

案例

姜根状茎供药用,干姜主治心腹冷痛、吐泻、肢冷脉微、寒饮喘咳、风寒湿痹,生姜主治感冒风寒、呕吐、痰饮、喘咳、胀满,解半夏、天南星及鱼蟹、鸟兽肉毒;又可作烹调配料或制成酱菜、糖姜;茎、叶、根状茎均可提取芳香油,用于食品、饮料及化妆品香料中。经观察,其主要特征如下:株高0.5 ~ 1 m;根状茎肥厚,多分枝,有芳香及辛辣味。叶片披针形或线状披针形,无毛,无柄;叶舌膜质。总花梗长达25 cm;穗状花序球果状;花冠黄绿色,唇瓣中央裂片长圆状倒卵形,有紫色条纹及淡黄色斑点,雄蕊暗紫色,药隔附属体钻状。分析下列问题:

(1)该植物是哪个科的药用植物?为什么?

(2)您认为它是哪个属的植物?阐明理由。

(3)说出该植物的主要化学成分类型。

(4)在克朗奎斯特系统中,该科是进化的还是原始的?体现在哪些特征上?

图14-36 高山象牙参*Roscoea alpina*的花及其解剖

1. 花冠侧面观;2. 花萼;3. 花冠后方3裂片;4A、4B. 侧生退化雄蕊;5. 唇瓣侧面观;6. 雌雄蕊侧面观(上部);7. 侧生退化雄蕊背面观;8. 唇瓣展平;9. 可育雄蕊离析;10. 苞片;11. 子房横切及胚珠;12. 花柱

15. 姜科Zingiberaceae

⚥ $\uparrow K_{(3)}C_{(3)}A_1\overline{G}_{(3:1\sim3:\infty)}$

【特征与分类】

多年生草本,通常**具特殊香味**。常具**根状茎**,或有时根的末端膨大呈块状。茎通常短,而由**叶鞘互相包卷形成假茎**。**单叶,通常2行排列**,**具开放的叶鞘**,通常**有叶舌**;叶脉羽状平行。花单生或组成穗状、总状或圆锥花序;**花两性**,**常单面对称**;花被片6枚,2轮,外轮萼状,常合生成管,1侧开裂,顶端常有3齿裂;内轮花冠状,基部合生,上部3裂,通常位于后方的1枚裂片较两侧的为大;**唇瓣1枚**,形态与色彩多样;侧生退化雄蕊2枚,花瓣状或极小或缺;**发育雄蕊1枚**;**子房下位**,3室,中轴胎座,或1室,侧膜胎座,**胚珠常多数**。**蒴果**,室背开裂或不规则开裂,或浆果状不开裂。**种子有假种皮**(图14-36)。

姜科植物普遍含挥发油,如姜属、姜黄属、山姜属、豆蔻属、山柰属等属植物,其中成分主要为单萜与倍半萜,多具有散寒解表、理气健胃作用。山姜属、山柰属植物中尚含有黄酮类化合物。

APG Ⅳ系统中,将早期姜科分类系统中的闭鞘姜属*Costus*等叶螺旋状排列、叶鞘闭合、无芳香气味的类群独立为闭鞘姜科

—•笔记栏•—

Costaceae。

本科有50余属，1 600余种，主要分布于热带、亚热带地区。我国有20余属，250余种，分布于东南至西南各区。已知药用10余属，100余种。

【主要药用属检索表】

1. 侧生退化雄蕊花瓣状 …………………………………………………… 姜黄属 *Curcuma*
1. 侧生退化雄蕊小或不存在。
  2. 花序顶生 ……………………………………………………………… 山姜属 *Alpinia*
  2. 花序生于单独由根状茎发出的花葶上。
    3. 具侧生退化雄蕊。
      4. 侧生退化雄蕊与唇瓣分离。
        5. 药隔附属体扇形，多少三裂或延伸；果实通常具翅，有棱角或有沟 …………………………………………………… 豆蔻属 *Amomum*
        5. 药隔附属体具耳及3个裂片（侧裂片通常指向上方，而中裂片位于柱头后方）；果实干后具有软刺或具有极细的脊 ………………… 砂仁属 *Wurfbainia*
      4. 侧生退化雄蕊与唇瓣连合 ………………………………………… 姜属 *Zingiber*
    3. 不具侧生退化雄蕊；果皮光滑 …………………………………… 草果属 *Lanxangia*

【主要药用植物】

（1）**山姜属*Alpinia***：240多种，我国50多种。

益智*A. oxyphylla* Miq. 多年生高大草本，有较短的根状茎。叶片披针形，基部近圆形，顶端具尾尖，边缘具脱落性小刚毛；叶舌长1～2 cm，2裂。总状花序顶生，在花蕾时全部包藏于一帽状总苞片中，花时整个脱落；小苞片极短。唇瓣倒卵形，粉白色而具红色脉纹，先端边缘皱波状；侧生退化雄蕊钻状。蒴果干时纺锤形，果皮上有显露的维管束（图14-37）。海南、广东、广西等地有分布。生于林下阴湿处，或栽培。成熟果实（益智）暖肾固精缩尿，温脾止泻摄唾。

图14-37　益智

山姜属等类群的多柔性与分类处理

红豆蔻（大高良姜）***A. galanga* (L.) Willd.** 的果实（红豆蔻）散寒燥湿，醒脾消食。**草豆蔻*A. katsumadae* Hayata** 的近成熟种子（草豆蔻）燥湿行气，温中止呕。**高良姜*A. officinarum* Hance** 的根状茎（高良姜）温胃止呕，散寒止痛。山姜*A. japonica* (Thunb.) Miq. 的根状茎（山姜）也可药用。

（2）砂仁属*Wurfbainia*：26种，我国6种。

砂仁（阳春砂）***W. villosa* (Lour.) Skornick. & A. D. Poulsen** (= *Amomum villosum* Lour.)　多年生草本，根状茎匍匐地面，疏生高大的直立茎。叶片光滑，长披针形，近无柄；叶舌半圆形，长约5 mm。穗状花序由根状茎抽出；位于后方的一片花冠裂片直立；唇瓣圆匙形，白色，顶端具2裂、反卷、黄色的小尖头，具瓣柄；侧生退化雄蕊钻状；药隔附属体3裂。蒴果椭圆形，成熟时紫红色，表面具柔刺；种子多角形，有浓郁的香气，味苦凉（图14-38）。

图14-38　砂仁

—·笔记栏·—

分布于福建、广东、广西及云南。栽培或野生于山地阴湿之处。砂仁、**绿壳砂** ***Wurfbainia villosa*** **(Lour.) Skornick. & A. D. Poulsen var.** ***xanthioides*** **(Wall. ex Baker) Skornick. & A. D. Poulsen** [= *Amomum villosum* Lour. var. *xanthioides* T. L. Wu & Senjen]或**海南砂** ***Wurfbainia longiligularis*** **(T. L. Wu) Skornick. & A. D. Poulsen** (= *Amomum. longiligulare* T. L. Wu)的果实(砂仁)化湿开胃,温脾止泻,理气安胎。

白豆蔻 ***Wurfbainia vera*** **(Blackw.) Skornick. & A. D. Poulsen** (= *Amomum kravanh* Pierre ex Gagnep.)、**爪哇白豆蔻** ***Wurfbainia compacta*** **(Sol. ex Maton) Skornick. & A. D. Poulsen** (= *Amomum compactum* Soland ex Maton)的果实(豆蔻)化湿行气,温中止呕,开胃消食。

(3)**姜黄属** ***Curcuma***:近130种,我国约16种。

图14-39 姜黄

姜黄 ***C. longa*** **L.** 高大的多年生草本;根状茎发达,分枝多而丛生,断面橙黄色,芳香;具块根。叶片长圆形或椭圆形,两面无毛。7～8月开花,穗状花序由叶鞘内抽出;苞片基部彼此连生呈囊状,淡绿色,内有花2朵多;上部苞片白色,边缘淡红色,其内无花。花冠淡黄色;唇瓣倒卵形,淡黄色,中部深黄;侧生退化雄蕊花瓣状,与花丝及唇瓣的基部相连成管状;药室基部有距(图14-39)。华南、西南地区多栽培。根状茎(姜黄)破血行气,通经止痛。

姜黄、**广西莪术** ***C. kwangsiensis*** **S. G. Lee & C. F. Liang**、**温郁金** ***C. wenyujin*** **Y. H. Chen & C. Ling**[1]或**莪术**(蓬莪术)***C. phaeocaulis*** **Valeton** 的块根(郁金)活血止痛,行气解郁,清心凉血,利胆退黄。后3种植物的根状茎蒸或煮至透心后晒干(莪术)行气破血,消积止痛。此外,温郁金的根状茎趁鲜纵切厚片后晒干(片姜黄)破血行气,通经止痛。

(4)**姜属** ***Zingiber***:190多种,我国50多种。

姜 ***Z. officinale*** **Roscoe** 根状茎肥厚,多分枝,芳香,味辛辣。叶2列,叶片窄长,披针形;叶舌膜质,短小。穗状花序球果状,总花梗长而直立,由根状茎发出;苞片卵形,顶端具小尖头,覆瓦状排列。花萼管通常一侧开裂,具3齿;花冠黄绿色;唇瓣中裂片长圆状倒卵形,有紫色条纹及淡黄色斑点,侧裂片小,卵形;雄蕊暗紫色;中轴胎座,胚珠多数。蒴果3瓣裂(图14-40)。我国大部分地区有栽培。干燥根状茎(干姜)温中散寒,回阳通脉,温肺化饮。新鲜根状茎(生姜)解表散寒,温中止呕,化痰止咳,解鱼蟹毒。此外,干姜的炮制加工品(炮姜)温经止血,温中止痛。

图14-40 姜

珊瑚姜 *Z. corallinum* Hance的根状茎(珊瑚姜)可药用。

本科植物中,**草果** ***Lanxangia tsao-ko*** **(Crevost & Lemarié) M. F. Newman & Skornick.** (= *Amomum tsao-ko* Crevost & Lemaire)的果实(草果)燥湿温中,截疟除痰;**山柰** ***Kaempferia galanga*** **L.**的根状茎

1 新的分类系统中归并入郁金 *Curcuma aromatica* Salisb.。

—•笔记栏•—

莎草科

（山柰）行气温中，消食，止痛。短蕊姜花*Hedychium venustum* Wight[1]的根状茎（野姜）也可药用。

16. 禾本科Poaceae（Gramineae）

$⚥ * P_{2\sim3} A_{3\sim6} \underline{G}_{(2\sim3:1:1)}$

【特征与分类】

草本，或木本状（竹类）。**茎**特称为秆（禾类）或竿（竹类），**圆柱形**，多直立，**节和节间明显，节间中空**。**单叶互生**，交互排成2列；常由叶片、叶鞘和叶舌组成，**叶鞘一侧开裂**，叶片常带形或披针形，基部直接着生在叶鞘顶端；在叶片、叶鞘连接处的近轴面常有膜质薄片，称为叶舌；在叶鞘顶端的两侧各有1附属物，称为叶耳。**花在小穗轴上交互排列为2行以形成小穗**，再组合为各式各样的复合花序；小穗轴（花序轴）基部的苞片称为**颖**（glume）；花常两性，小穗轴上具小花1至数枚；小花基部的2枚苞片，称为**外稃**（lemma）**和内稃**（palea）；花被片退化为**鳞被（浆片）**，**常2～3枚**；**雄蕊多3～6枚**，少则1枚，花药常丁字状着生；雌蕊1枚，**子房上位**，**1室**，**胚珠1**，花柱2～3枚，柱头羽毛状。果实为**颖果**（图14-41）。

图14-41　互花米草*Spartina alterniflora*及其花的解剖

1. 穗状花序；2. 雄蕊；3. 一枚小花（柱头稍出露，雄蕊未露出）；4. 外颖、内颖、外稃、内稃（自下而上）；5. 雄蕊；6. 雌蕊（示2花柱及羽毛状柱头）；7. 1枚小花（左侧3枚花药，花粉已散出，右侧两枚柱头）

本科的果实中含有大量的糖类、淀粉、蛋白质等营养成分，是人类粮食作物的主要来源。其他成分主要有生物碱类、三萜类、黄酮类、挥发油类、香豆素类、有机酸类等。

本科约790属，11 780多种，广泛分布于世界各地。我国230多属，1 880多种，全国各省（区）均有分布。本科是被子植物中的大科之一，具有重要的经济价值与药用价值。已知药用85属，170多种。

【主要药用植物】

青竿竹*Bambusa tuldoides* Munro　乔木状竹类，地下茎合轴型。竿丛生，高6～8 m，直径3～4.5 cm。节间长约40 cm，壁厚，被白粉。竿箨早落；箨鞘背面无毛，先端呈不对称的拱形；箨耳黑褐色，边缘被波曲状刚毛，外侧1枚稍大，略皱褶，内侧1枚较小。箨舌边缘被短流苏毛；箨叶三角状披针形，直立，基部两侧与箨耳相连。叶披针形，背面密生短柔毛（图14-42）。分布于黄河流域以南地区。生于林中。青

图14-42　青竿竹

1　*Hedychium venustum*产于印度、缅甸，我国不产。可能是《中国药典》（2020年版）四部中资料错误，推测应为姜花*H. coronarium* Koen.。

—• 笔记栏 •—

图14-43 淡竹叶

图14-44 薏米

竿竹、**大头典竹*****B. beecheyana*** **Munro** [= *Sinocalamus beecheyanus* (Munro) McClure var. *pubescens* P. F. Li]或**淡竹*****Phyllostachys nigra*** **(Lodd. ex Lindl.) Munro var. *henonis*** **(Mitford) Stapf ex Rendle**茎秆的中间层(竹茹)清热化痰,除烦,止呕。**青皮竹*****Bambusa textilis*** **McClure**或**中华空竹**(薄竹、华思劳竹) ***Cephalostachyum chinense*** **(Rendle) D. Z. Li & H. Q. Yang** (= *Schizostachyum chinense* Rendle)的竿内分泌物(天竺黄)清热豁痰,凉心定惊。

淡竹叶***Lophatherum gracile*** **Brongn.** 多年生草本,具纺锤形小块根。秆直立,稀疏丛生;叶舌质硬,背面有糙毛;叶片披针形,具明显小横脉,基部收窄成柄状。圆锥花序,小穗线状披针形,第一小花两性,其他均为中性小花;第一外稃窄长,不育外稃紧密包卷,先端具短芒;雄蕊2枚。颖果与内、外稃分离(图14-43)。分布于华东、华南、西南等地区。生于山坡、林地或林缘、道旁蔽荫处。茎叶(淡竹叶)清热泻火,除烦止渴,利尿通淋。

薏米***Coix lacryma-jobi*** **L. var. *ma-yuen*** **(Rom. Caill.) Stapf** 一年生草本。秆高1～1.5 m,多分枝。总状花序,具长的总梗;花序上部为5～6对雄小穗,每小穗有2朵小花,小花有雄蕊3枚;花序下部的雌小穗为甲壳质的椭圆形总苞所包被,总苞质地较薄,揉搓和手指按压可破,暗褐色或浅棕色,有纵长直条纹,先端具颈状短喙。颖果较大而饱满,长圆形,腹面具宽沟(图14-44)。多分布于长江中下游及以南地区,特别是我国东南部地区常见栽培或逸生。生于温暖潮湿的坡边地和山谷溪沟。种仁(薏苡仁)利水渗湿,健脾止泻,除痹,排脓,解毒散结。

本科植物中,**稻*****Oryza sativa*** **L.**和**粟*****Setaria italica*** **(L.) P. Beauv.**的成熟果实经发芽干燥炮制后的加工品(稻芽和谷芽)消食和中,健脾开胃;**大麦** ***Hordeum vulgare*** **L.**的成熟果实经发芽干燥炮制后的加工品(麦芽)行气消食,健脾开胃,回乳消胀;**芦苇*****Phragmites communis*** **Trin.**的根状茎(芦根)清热泻火,生津止渴,除烦,止呕,利尿;**大白茅**(白茅)***Imperata cylindrica*** **(L.) P. Beauv. var. *major*** **(Nees) C. E. Hubb.**的根状茎(白茅根)凉血止血,清热利尿。

此外,灰竹(净竹)*Phyllostachys nuda* McClure及同属数种植物的鲜竿中的液体(鲜竹沥)、粉箪竹*Bambusa chungii* McClure [= *Lingnania chungii* (McClure) McClure]或撑篙竹*Bambusa pervariabilis* McClure卷而未放的幼叶(竹心)、大麦的果实(大麦)、小麦*Triticum aestivum* L.的果实(小麦)、玉蜀黍*Zea mays* L.的花柱和柱头(玉米须)等也可药用。

四、真双子叶植物分支

真双子叶植物分支(eudicots)是传统分类概念中双子叶植物的主干,包括作为基部群的毛茛目Ranunculales等4个目和作为主干的核心真双子叶植物(core eudicots)。核心真双子叶植物包含作为基部群的大叶草目Gunnerales、五桠果目Dilleniales及作为主干的超蔷薇类superrosids和超菊类superasterids。金鱼藻目Ceratophyllales是真双子叶植物的可能姐妹群。

—•笔记栏•—

17. 罂粟科 Papaveraceae

$⚥ * \uparrow K_2C_{4\sim8}A_{4\sim8,\infty}\underline{G}_{(2\sim\infty:1:\infty)}$

【特征与分类】

多草本，常具乳汁或有色汁液。基生叶莲座状，茎生**叶互生**，无托叶。花单生或排成总状、聚伞或圆锥花序；**花两性**，整齐或不整齐；**萼片2枚，早落**；**花瓣**4～8枚，排成2轮，多具鲜艳颜色；**雄蕊多数**，离生，数轮排列，或4～8枚合生成2束，花药2药室，纵裂；**子房上位**，心皮2至数枚，1室，**侧膜胎座**，**胚珠多数**。**蒴果**，孔裂或瓣裂。种子多数，细小。

本科均含生物碱，以异喹啉类生物碱为主，如罂粟碱（papaverine）、吗啡（morphine）、延胡索乙素（tetrahydropalmatine）等，几乎均含原阿片碱（protopine）。

本科40余属，1 000余种，主要分布于温带地区。我国有19属，约460种，全国均产。已知药用15属，130余种。

【主要药用植物】

（1）**罂粟属 *Papaver***：150～230种，我国约7种。

罂粟 *P. somniferum* L. 一年生或二年生草本，含白色乳汁，全株粉绿色。茎直立，不分枝，无毛。叶互生，卵形或长卵形，基部抱茎，边缘具不整齐缺刻。花大，单生；萼片2枚，早落；花瓣4枚，有白、粉、红、紫或杂色；雄蕊多数，离生；子房上位，心皮多数，1室，侧膜胎座；柱头具8～12个辐射状分枝，无花柱。蒴果近球形，孔裂（图14-45）。原产于西亚国家及印度，我国有法定栽培区。从未成熟的果实中割取乳汁，制后称鸦片，有镇痛、止咳、镇静、抑制肠蠕动和抑制呼吸的作用；果壳（罂粟壳）敛肺，涩肠止泻，止痛。

图14-45　罂粟

（2）**紫堇属 *Corydalis***：520～530种，我国约360种。

延胡索 *C. yanhusuo* (Y. H. Chou & C. C. Hsu) W. T. Wang ex Z. Y. Su & C. Y. Wu 多年生草本。块茎呈不规则的球形，表面灰黄色或灰棕色，质地坚硬。地上茎易折断。二回三出复叶。总状花序；苞片全缘；花单面对称，有矩；萼片2，早落；花瓣4，紫红色，外花瓣具齿，上花瓣具长距，下花瓣具短爪；雄蕊6，连合成2束；子房上位，2心皮，1室，侧膜胎座；柱头似碟形，具8个乳突。蒴果条形，具1列种子（图14-46）。分布于江苏、浙江等地区；多栽培。生于丘陵草地。块茎（延胡索、元胡）行气止痛，活血散瘀。

地丁草（紫堇）***C. bungeana* Turcz.** 的全草（苦地丁）清热解毒，散结消肿；**夏天无**（伏生紫堇）***C. decumbens* (Thunb.) Pers.** 的块茎（夏天无）活血止痛，舒筋活络，祛风除湿；直茎黄堇（直立紫堇）*C. stricta* Stephan ex Fisch. 的全草（直立紫堇）也可药用。

本科植物**白屈菜 *Chelidonium majus* L.** 的全草（白屈菜）解痉止痛，止咳平喘。细果角茴香（节裂角茴香）*Hypecoum leptocarpum* Hook. f. & Thomson 的全草（节裂角茴香）可药用。博落回 *Macleaya cordata* (Willd.) R. Br. 全株的提取物（总生物碱）可作为兽药

图14-46　延胡索

—·笔记栏·—

防己科

原料。

18. 小檗科 Berberidaceae

$⚥ * K_{3+3(+3)}C_{3+3}A_{3+3}\underline{G}_{1:1:1\sim\infty}$

【特征与分类】

灌木或草本。有时具根状茎或块茎，地上茎具刺或无。单叶或羽状复叶，互生，托叶或缺。花单生、簇生或成总状、穗状、伞形花序等；**花两性**，辐射对称；**萼片和花瓣各2～3轮，每轮3枚**，分离，花瓣基部常有蜜腺；**雄蕊与花瓣同数对生**，花药瓣裂或纵裂；**心皮1，子房上位**，胚珠1至多数，花柱短或缺，柱头盾状。**浆果、蒴果、蓇葖果**或瘦果。种子有时具假种皮，富含胚乳。

本科含生物碱、三萜皂苷、黄酮类、蒽醌类、鬼臼素类木脂素、香豆素等。

本科约19属，690多种，主要分布于温带、热带地区。我国有11属，330多种，分布于全国各地，以西南地区为多。已知药用的有11属，约140种。

【主要药用植物】

图14-47 三枝九叶草

三枝九叶草（箭叶淫羊藿）***Epimedium sagittatum* (Siebold & Zucc.) Maxim.** 多年生常绿草本。一回三出复叶，小叶革质，基部深心形，侧生小叶基部高度偏斜，外裂片大。圆锥或总状花序顶生；花两性；萼片4枚，2轮，外萼片早落，内萼片白色花瓣状；花瓣4枚，囊状，淡黄棕色，有距；雄蕊4枚。蓇葖果（图14-47）。分布于江南到华南地区及四川、陕西、甘肃等地。生于山坡草丛、林下、灌丛、水沟边或岩边石缝中。三枝九叶草及**淫羊藿*E. brevicornu* Maxim.**、**朝鲜淫羊藿*E. koreanum* Nakai**和**柔毛淫羊藿*E. pubescens* Maxim.**的枝叶（淫羊藿）补肾阳，强筋骨，祛风湿。**巫山淫羊藿*E. wushanense* T. S. Ying**的枝叶（巫山淫羊藿）亦药用，功能同淫羊藿。

本科植物中，**阔叶十大功劳*Mahonia bealei* (Fortune) Carrière**或**十大功劳**（细叶十大功劳）***M. fortunei* (Lindl.) Fedde**的茎（功劳木）清热燥湿，泻火解毒；**假豪猪刺**（拟豪猪刺）***Berberis soulieana* C. K. Schneid.**、**金花小檗**（小黄连刺）***B. wilsoniae* Hemsl.**、**细叶小檗*B. poiretii* C. K. Schneid.**或**匙叶小檗*B. vernae* C. K. Schneid.**等的根（三棵针）清热燥湿，泻火解毒。假豪猪刺等同属数种植物的根皮（三棵针皮）也可药用。另外，药用的还有八角莲*Dysosma versipellis* (Hance) M. Cheng ex T. S. Ying和六角莲*D. pleiantha* (Hance) Woodson的根和根状茎、桃儿七*Sinopodophyllum hexandrum* (Royle) T. S. Ying的果实等。

19. 毛茛科 Ranunculaceae

$⚥ * \uparrow K_{3\sim\infty}C_{2\sim\infty,0}A_{\infty}\underline{G}_{1\sim\infty:1:1\sim\infty}$

【特征与分类】

草本或藤本。单叶或复叶，互生或基生，少对生；无托叶。**花单生或排成**聚伞花序、总状花序和圆锥**花序**；**花两性**；重被或单被，萼片3至数枚，常呈花瓣状；花瓣2至数枚或缺；**雄蕊和心皮多数，离生，螺旋状着生在凸起的花托上**，稀定数；**子房上位**，1室，含1至多数胚珠。**聚合蓇葖果或聚合瘦果**，稀为浆果（图14-48）。

毛茛科植物最具特征性的化学成分是毛茛苷（ranunculin），易酶解为原白头翁素，再聚合成白头翁素；主要分布于毛茛属、白头翁属、银莲花属、铁线莲属等类群中，在本科之外的植物中尚未发现。生物碱类也在毛茛科植物中广泛分布；二萜类生物碱是乌头属和翠雀属等植物的特征成分，有强烈毒性；异喹啉类生物碱则存在于黄连属、唐松草属、北美黄连属、耧斗菜属等属的植

—•笔记栏•—

物中。

本科50余属，3 800余种，全球广布。我国约有39属，近970种，分布于全国。已知药用30属，约500种。

【主要药用属检索表】

1. 草本；叶互生或基生。
    2. 花辐射对称。
        3. 瘦果，每心皮有1胚珠。
            4. 有由2枚对生或3枚以上轮生苞片形成的总苞；叶基生。
                5. 果期花柱不延长 ....银莲花属 *Anemone*
                5. 果期花柱延长成羽毛状 .... 白头翁属 *Pulsatilla*
            4. 无总苞，叶基生和茎生。
                6. 花无花瓣 ....唐松草属 *Thalictrum*
                6. 花有花瓣，花瓣有蜜腺 .... 毛茛属 *Ranunculus*
        3. 蓇葖果，每心皮有2枚以上胚珠。
            7. 有退化雄蕊。
                8. 总状或复总状花序；无花瓣；退化雄蕊位于发育雄蕊外侧 ....类叶升麻属 *Actaea*
                8. 单花或单歧聚伞花序；有花瓣；退化雄蕊位于发育雄蕊内侧 .... 天葵属 *Semiaquilegia*
            7. 无退化雄蕊。
                9. 心皮有细柄；花小，黄绿色或白色 ....黄连属 *Coptis*
                9. 心皮无细柄；花大，黄色、近白色或淡紫色 ....金莲花属 *Trollius*
    2. 花单面对称；后面萼片船形或盔形，无距；花瓣有长爪 ....乌头属 *Aconitum*
1. 常为藤本；叶对生；花被片4枚或6枚 ....铁线莲属 *Clematis*

图14-48 刺果毛茛 *Ranunculus muricatus* 及其花的解剖

1. 花果期植株；2. 花瓣腹面（左）与背面（右）；3. 花被离析；4. 雄蕊腹面观（左）与侧面观（右）；5. 瘦果；6. 雌雄蕊离析

【主要药用植物】

（1）**黄连属 *Coptis***：10余种，我国6种。

黄连 *C. chinensis* Franch. 多年生草本。根状茎黄色，分枝成簇。叶基生，有长柄，叶片3全裂，中央裂片具细柄，卵形或菱形，有疏离的3～5对羽状深裂，边缘具锐锯齿。花葶1～2，二歧或多歧聚伞花序；花小，黄绿色，辐射对称；萼片5枚，狭卵形，比花瓣长约1倍；花瓣条状披针形，中央有蜜腺；雄蕊20枚；心皮8～12枚，基部有明显的柄。聚合蓇葖果（图14-49）。分布于陕西、湖北、湖南、贵州、四川等地。生于山林阴湿处。黄连、**三角叶黄连 *C. deltoidea* C. Y. Cheng &**

图14-49 黄连

徐锦堂与黄连的人工栽培

—•笔记栏•—

图 14-50　乌头

Hsiao或云连*C. teeta* Wall.的根状茎（黄连）清热燥湿，泻火解毒；须根（黄连须）亦可药用。

黄连属所有物种均为国家二级重点保护野生植物。

（2）**乌头属*Aconitum***：310余种，我国近170种。

乌头*A. carmichaeli* Debx. 多年生草本。块根常2～3个连生，呈圆锥形或卵形。叶互生，下部叶花期枯萎；叶片五角形，基部浅心形，掌状2～3回深裂或全裂，裂片有缺刻。总状花序，花序轴和花梗有反曲短柔毛，花较密集；萼片5枚，蓝紫色，上萼片高盔形；花瓣2枚，有长爪；心皮3～5枚，离生，子房被毛。聚合蓇葖果（图14-50）。分布于长江中下游及西南地区。生于山坡草地、灌木丛中。栽培品的主根（川乌）祛风除湿，温经止痛；子根（附子）回阳救逆，补火助阳，散寒止痛。**北乌头*A. kusnezoffii* Reichb.**的块根（草乌）祛风除湿，温经止痛；叶（草乌叶）清热，解毒，止痛。另外，北乌头幼苗（草乌芽）、黑草乌*A. balfourii* Stapf[1]或铁棒锤*A. pendulum* Busch (= *A. szechenyianum* J. Gay.)的根（黑草乌）、铁棒锤的叶（黑草乌叶）、短柄乌头*A. brachypodum* Diels的块根（雪上一枝蒿）等亦可药用。

（3）**类叶升麻属*Actaea***：30余种，我国10余种。

升麻*A. cimicifuga* L. (= *Cimicifuga foetida* L.) 多年生草本。根状茎粗壮，坚实，表面黑色，有许多内陷的圆洞状老茎残基。叶为二至三回三出羽状复叶，顶生小叶片有长柄，菱形，边缘有锯齿。圆锥花序，密被灰色或锈色腺毛及短柔毛；萼片5枚，花瓣状，白色或绿白色，无花瓣；雄蕊多数，退化雄蕊宽椭圆形；心皮2～5枚，密被灰色柔毛。蓇葖果，有柔毛。分布于甘肃、青海、四川和云南。生于林缘和灌丛。**大三叶升麻*Actaea heracleifolia* (Kom.) J. Compton** (= *Cimicifuga heracleifolia* Kom.) 顶生小叶倒卵形，退化雄蕊顶端全缘，分布于东北；**兴安升麻*Actaea dahurica* (Turcz. ex Fisch. & C. A. Mey.) Franch.** [= *Cimicifuga dahurica* (Turcz. ex Fisch. & C. A. Mey.) Maxim.]的花单性，雌雄异株；退化雄蕊顶端二裂，有2枚空的花药；分布于华北及东北地区（图14-51）。三者的根状茎（升麻）发表透疹，清热解毒，升举阳气。

图 14-51　兴安升麻

1. 雄株；2. 雌株

总状升麻（黑升麻）*Actaea racemosa* L. [= *Cimicifuga racemosa* (L.) Nutt.]分布于北美，根和根状茎入药，主要用于妇科疾病，还具有镇静、祛痰、退热等作用。

（4）**铁线莲属*Clematis***：380种左右，我

1　据《中国植物志》，此学名系误定，应为亚东乌头*Aconitum spicatum* Stapf；*A. balfourii*分布于尼泊尔至印度的喜马拉雅地区，我国尚未见记录。

—•笔记栏•—

国160多种。

威灵仙*C. chinensis* Osbeck 藤本。茎和叶干燥后变黑色。一回羽状复叶，对生；小叶片常5枚，纸质，卵形至卵状披针形，全缘。圆锥状聚伞花序，多花；萼片4枚，花瓣状，白色，先端较尖；无花瓣。雄蕊多数，花药长椭圆形；心皮离生，子房被毛。瘦果3～7枚，扁卵形，有柔毛；宿存花柱细长，有白色长毛（图14-52）。分布于长江中下游及以南地区。生于山区林缘及灌丛。威灵仙及**棉团铁线莲*C. hexapetala* Pall.**和**辣蓼铁线莲**（东北铁线莲）***C. terniflora* DC. var. *mandshurica* (Rupr.) Ohwi** (= *C. manshurica* Rupr.)的根和根状茎（威灵仙）祛风湿，通经络。**小木通*C. armandii* Franch.**和**绣球藤*C. montana* Buch.-Ham. ex DC.**的藤茎（川木通）利尿通淋，清心除烦，通经下乳。

图14-52 威灵仙

（5）**白头翁属*Pulsatilla***：40余种，我国约9种。

白头翁*P. chinensis* (Bunge) Regel 多年生草本。根圆锥形。全株密被白色长柔毛。基生叶4～5枚，有长柄，开花时生出；叶片3全裂；中裂片3深裂，末回裂片卵形。花单朵顶生；苞片3枚，基部合成；萼片花瓣状，6片，排成2轮，蓝紫色，外被白色柔毛；雄蕊多数，花药黄色；聚合瘦果密集成头状，宿存花柱羽毛状，下垂如白发（图14-53）。分布于东北、华北、华东和河南、陕西、四川。生于山坡草地、林缘。根（白头翁）清热解毒，凉血止痢。

图14-53 白头翁

（6）**毛茛属*Ranunculus***：1 600多种，我国140余种。

猫爪草（小毛茛）***R. ternatus* Thunb.** 一年生小草本，全株近无毛；有成簇着生的卵球形或纺锤形肉质小块根，顶端质硬，形似猫爪。茎铺散，多分枝。基生叶有长柄，叶片3裂或成3出复叶；茎生叶细裂。聚伞花序，花少数；萼片、花瓣各5～7枚，花瓣黄色带蜡样光泽，基部蜜槽菱形。聚合果近球形；瘦果卵球形，光滑（图14-54）。分布于华东及河南、浙江、台湾、湖南、广西。生于郊野、路旁湿地。块根（猫爪草）化痰散结，解毒消肿。

本科植物中，**天葵*Semiaquilegia adoxoides* (DC.) Makino**的块根（天葵子）清热解毒，消肿散结；**腺毛黑种草*Nigella glandulifera* Freyn & Sint.**的种子（黑种草子）补肾健脑，通经，通乳，利尿；家黑种草*N. sativa* L.原产于东南欧至西亚国家，种子同等入药。另外，金莲花*Trollius chinensis* Bunge的花（金莲花）、金丝马尾连*Thalictrum glandulosissimum* (Finet & Gagnep.) W. T. Wang & S. H. Wang、高原唐松草*Th. cultratum* Wall.、多叶唐松草*Th. foliolosum* DC.或唐松草*Th. aquilegiifolium* L. var. *sibiricum* Regel & Tiling的根及根状茎（马尾连）、阿尔泰银莲花*Anemone altaica* Fisch. ex C. A. Mey.的根状茎（九节菖蒲）等亦可药用。北美黄连*Hydrastis canadensis*

—•笔记栏•—

图14-54 猫爪草

图14-55 莲

莲何以出淤泥而不染

L.分布于北美东部地区，根和根状茎入药，主要作用为滋补、缓泻、消炎、抗菌、兴奋子宫、收敛、止血。

20. 莲科 Nelumbonaceae

☿ $*K_{4\sim5}C_{\infty}A_{\infty}\underline{G}_{\infty:1:1}$

【特征与分类】

多年生**水生草本**。**根状茎**肥大，**横走**，具多节，节上生根，节间多孔。**叶盾状**，近圆形，具长柄，从根状茎生出；具高出水面的叶及浮水叶两种。**花大**，**单生**，花葶常高于叶；**花被片20～30枚**，外方4～5枚较小，绿色，萼片状，向内渐大，花瓣状；**雄蕊200～400枚**，螺旋状着生，早落，花丝细长；**雌蕊12～40枚**，分离，**子房埋藏于倒圆锥形海绵质花托内**。**坚果**椭圆形，果皮革质，平滑。种子无胚乳，子叶肥厚。

本科含生物碱，如莲碱(roemerine)、莲心碱(liensinine)和莲叶碱(nuciferine)等。

本科有1属，2种，1种分布于亚洲及大洋洲，另1种分布于美国东部。我国有1属，1种，分布于全国各地，自生或栽培。药用1属，1种。

【主要药用植物】

莲 ***Nelumbo nucifera*** **Gaertn.** 根状茎横生，肥厚，节部缢缩，节间膨大，内有多数纵行通气孔道。叶圆形，盾状着生；叶柄长，中空，有刺。花美丽芳香，花梗有刺，花瓣粉红或白色，雄蕊药隔先端成1细长内曲附属物；雌蕊花柱极短，柱头顶生。种子卵形或椭圆形，种皮红色或白色(图14-55)。我国南北各省均有分布，野生或栽培于池塘或水田内。根状茎节部(藕节)收敛止血，化瘀；叶(荷叶)清暑化湿，升发清阳，凉血止血；花托(莲房)化瘀止血；雄蕊(莲须)固肾涩精；种子(莲子)补脾止泻，止带，益肾涩精，养心安神；幼叶及胚根(莲心)清心安神，交通心肾，涩精止血。国家二级重点保护野生植物。

21. 芍药科 Paeoniaceae

☿ $*K_5C_{5\sim10}A_{\infty}\underline{G}_{2\sim5:1:\infty}$

【特征与分类】

草本或半灌木。根多圆柱形，数条。**二回三出复叶**，无托叶。**花大型**，**整齐**，顶生或腋生，有时顶端单生；**萼片5枚**，革质，宿存；**花瓣5～10枚**(栽培者多为重瓣)，多种颜色；**雄蕊多数**，**离心发育**，花药纵裂；**花盘杯状或盘状**，革质或肉质，完全或半包裹心皮；**心皮2～5枚**，**离生**，柱头向外反卷。**聚合蓇葖果**。种子黑色或深褐色，具假种皮，胚乳丰富。

本科植物含芍药苷(paeoniflorin)，牡丹组含丹皮酚(paeonol)及其衍生物。

本科从形态学上常认为与毛茛科关系较近。分子证据表明其位于虎耳草目，与金缕梅科Hamamelidaceae等为近缘类群。

本科1属，约35种，主要分布于温带地区。我国约有19种，分布于东北、华北、西北、西南及长江流域，牡丹、芍药多有栽培。已知药用8种。

【主要药用植物】

芍药 ***Paeonia lactiflora*** **Pall.** 宿根草本。根粗壮，圆柱形。茎下部叶为二回三出复叶，上部叶为三出复叶，小叶狭卵形，边缘具白色骨质细齿。花大，数朵，生茎顶和叶腋，有时仅顶端一朵开放；花瓣白色、粉红色或红色；花盘肉质，仅包裹心皮基部；心皮2～5枚，离生，无毛。聚合蓇葖果，先端具钩状外弯的喙（图14-56）。分布于东北、华北、陕西及甘肃南部。生于山坡草地及林下；各地多有栽培。根（白芍）养血调经，敛阴止汗，柔肝止痛，平抑肝阳。芍药及川赤芍 ***P. anomala* L. subsp. *veitchii* (Lynch) D. Y. Hong & K. Y. Pan** (= *P. veitchii* Lynch)的根（赤芍）清热凉血，散瘀止痛。

图14-56　芍药

牡丹 *P. suffruticosa* Andrews　落叶灌木。根皮厚。二回三出复叶，顶生小叶宽卵形，侧生小叶不等2～3浅裂。单花顶生；萼片5枚；花瓣5枚，或为重瓣，玫瑰色、红紫色、粉红色至白色；雄蕊花丝紫红色、粉红色，上部白色；心皮5枚；花盘革质，杯状，紫红色，完全包住心皮。聚合蓇葖果，密生黄褐色硬毛（图14-57）。全国栽培甚广。根皮（牡丹皮）清热凉血，活血化瘀。本种为《中国药典》收载的牡丹皮的法定基原植物，而道地药材凤丹皮主要来源于杨山牡丹（凤丹）*P. ostii* T. Hong & J. X. Zhang的根皮。

图14-57　牡丹

22. 虎耳草科 Saxifragaceae

⚥ * ↑ $K_{4\sim5}C_{4\sim5,0}A_{4\sim5,8\sim10}\underline{G},\overline{\underline{G}},\overline{G}_{(2\sim5:2\sim5:\infty)}$

【特征与分类】

通常为**多年生草本**。多单叶，通常互生，稀对生，一般无托叶。花序通常为聚伞、总状或圆锥花序。花常两性，多辐射对称，稀单面对称；**花萼与花瓣4枚或5枚**，稀退化；雄蕊与花瓣同数或为其倍数，生于花瓣上；**心皮2枚，稀3～5枚**，全部或基部合生，子房上位至下位，中轴胎座或侧膜胎座，胚珠多数。**蒴果或蓇葖果**。

本科植物含黄酮类、香豆素类、鞣质、环烯醚萜类、三萜类、生物碱类等成分。

传统上的虎耳草科是一个十分庞杂的多系类群，恩格勒系统中将其划分为17个亚科。APG Ⅳ系统中新的虎耳草科仅包含原虎耳草亚科的类群，其他的亚科均独立成科，如绣球花科Hydrangeaceae、茶藨子科Grossulariaceae、鼠刺科Iteaceae、扯根菜科Penthoraceae、梅花草科Parnassiaceae等。

本科约34属，870余种，产于北半球亚热带、温带和寒带地区。我国约14属，300余种。已知药用5属，30余种。

【主要药用植物】

岩白菜 *Bergenia purpurascens* (Hook.f. & Thomson) Engl. 多年生草本。根状茎粗壮。叶基生，叶片厚而软，叶柄基部具宽展的托叶鞘；叶片和托叶鞘边缘均无毛。聚伞花序圆锥状；花紫红色；萼片5枚；花瓣5枚；雄蕊10枚；心皮2枚，基部合生；子房与托杯内壁几乎不愈合，近上位，基部2室，具中轴胎座，而顶部1室具边缘胎座。花序分枝、花梗、托杯和萼片均密被具长柄之腺毛。蒴果。种子具棱（图14-58）。分布于西南及西藏地区。生于林内阴湿处或有岩石的草坡上。根状茎（岩白菜）收敛止泻，止血止咳，舒筋活络。

—•笔记栏•—

景天科

葡萄科

图14-58 岩白菜

唐古特虎耳草*Saxifraga tangutica* Engl.的全草（迭达）均可药用。

23. 豆科Fabaceae（Leguminosae）

$⚥ * \uparrow K_{5,(5)} C_5 A_{(9)+1,10,\infty} \underline{G}_{1:1:1\sim\infty}$

【特征与分类】

草本，木本或藤本。**叶互生**，多为复叶，有托叶，有叶枕（叶柄基部膨大的部分）。花序各种；**花两性；花萼5裂，花瓣5枚，多为蝶形花**，少数为假蝶形花和辐射对称花；**雄蕊10枚，多二体雄蕊**，少数分离或下部合生，稀多数或较少；**心皮1枚，子房上位**，胚珠1至多数，**边缘胎座**。**荚果**，种子无胚乳。

本科植物常与根瘤菌共生。有些植物的根与茎中有异常结构出现，如葛根、密花豆藤茎等。

本科植物化学成分类型丰富。通常具强的氮代谢，常含特殊的氨基酸；常含有黄酮类、生物碱类、萜类、香豆素类、蒽醌类成分，亦有甾类、鞣质类、氨基酸类、脂肪酸类、多糖类等，有时含生氰的化合物。

本科在传统上习惯根据花形态的不同分为含羞草亚科Mimosoideae、云实亚科Caesalpinioideae和蝶形花亚科Papilionoideae 3个亚科，有的分类系统（如克朗奎斯特系统）还把这3个亚科提升为科。含羞草亚科植物的花辐射对称，花瓣镊合状排列，雄蕊多数或有定数；云实亚科和蝶形花亚科植物的花均单面对称，花瓣覆瓦状排列，雄蕊常为10枚，不同点在于：云实亚科植物的花为假蝶形，花瓣向上覆瓦状排列（旗瓣小而位于最内方），雄蕊常分离；蝶形花亚科植物的花为蝶形，花瓣下向覆瓦状排列（旗瓣大而位于最外方），雄蕊常呈(9)+1式的二体雄蕊。

依据分子证据，新的分类系统将豆科分为6个亚科，分别是紫荆亚科、甘豆亚科、山姜豆亚科、酸榄豆亚科、云实亚科和蝶形花亚科。原含羞草亚科被并入云实亚科中，蝶形花亚科分类地位保持不变。这6个亚科形成一个大的单系分支。

本科760余属，20 800余种，是仅次于菊科和兰科的第三大科。我国215属，约1 950种，分布于全国。已知约110属，600余种药用。

【主要药用属检索表】

1. 花冠通常不为蝶形，或即使出现蝶形，旗瓣居最内侧（假蝶形花冠），单面对称或辐射状对称；居中的1枚花瓣（旗瓣）居最内侧，或花瓣镊合状排列；萼裂片分离或连合；种子无复杂的种脐瓣结构，两面具马蹄形痕或无；胚根常劲直。
  2. 花辐射对称；花瓣镊合状排列；雄蕊多数或有定数 .... **云实亚科Caesalpinioideae**
    3. 药隔顶端有脱落性腺体；攀援状木质大藤本，具卷须 .... 榼藤属*Entada*
    3. 药隔顶端无腺体。
      4. 乔木，雄蕊多数，花丝常连成管状，荚果不横列为数节 .... 合欢属*Albizia*
      4. 草本或灌木，雄蕊5枚或10枚；荚果成熟时裂为数节 .... 含羞草属*Mimosa*
  2. 花单面对称；花瓣覆瓦状排列，雄蕊常10枚或较少。
    5. 叶为全缘或先端多少二裂的单小叶，或为双小叶 .... **紫荆亚科Cercidoideae**
      6. 荚果无翅；能育雄蕊通常3枚或5枚，倘为10枚时则花白色、淡黄绿色 .... 羊蹄甲属*Bauhinia*
      6. 荚果腹缝具狭翅；能育雄蕊10枚；花紫红色或粉红色 .... 紫荆属*Cercis*
    5. 叶通常为一或二回偶数羽状复叶，花序多为具螺旋式花序列的总状花序，有的具则生于叶柄和（小叶着生点间的）叶轴上的花外蜜腺 .... **云实亚科Caesalpinioideae**

7. 茎枝或叶轴有刺,叶常为二回偶数羽状复叶。
8. 落叶乔木;花杂性或单性异株,较小,常组成侧生的穗形总状花序 .... 皂荚属 *Gleditsia*
8. 多为攀援灌木,亦有乔木;花两性,具假蝶形花冠,黄色;果皮革质或近木质,有或无翅 .... 云实属 *Biancaea*
7. 植株无刺,叶常为一回偶数羽状复叶。
9. 叶柄和叶轴没有腺体;雄蕊10枚,远轴3枚对萼雄蕊的花丝反曲 .... 腊肠树属 *Cassia*
9. 叶柄和叶轴常有腺体;雄蕊10枚或5枚,花丝直 .... 决明属 *Senna*
1. 花冠通常蝶形,单面对称,稀辐射状对称或不对称;居中的1枚花瓣(旗瓣)包着翼瓣和龙骨瓣(特别在芽期),或翼瓣和龙骨瓣缺如;萼裂片至少于基部连合,形成1萼筒至完全包着花芽;种子具复杂种脐瓣结构,两面无马蹄形痕,胚根通常弯曲 .... **蝶形花亚科 Papilionoideae**
10. 雄蕊分离或仅基部合生。
11. 乔木;叶柄基部膨大,包藏着芽,具托叶和小托叶;圆锥花序 .... 槐属 *Styphnolobium*
11. 小乔木、灌木、亚灌木或草本;叶柄基部不膨大,芽外露,无小托叶;总状花序,稍近圆锥状 .... 苦参属 *Sophora*
10. 雄蕊常合生成单体或二体,多具明显的雄蕊管。
12. 单体雄蕊。
13. 藤本;三出复叶。
14. 具块根;花萼钟形;荚果线形,稍扁或圆柱形,果瓣薄革质 .... 葛属 *Pueraria*
14. 不具块根;花萼二唇形;荚果大,果瓣革质 .... 刀豆属 *Canavalia*
13. 草本;单叶。
15. 荚果不肿胀,常含1枚种子,不开裂 .... 补骨脂属 *Cullen*
15. 荚果肿胀,含种子2枚以上,开裂 .... 猪屎豆属 *Crotalaria*
12. 二体雄蕊。
16. 小叶1~3片。
17. 叶缘有锯齿;托叶与叶柄连合 .... 胡卢巴属 *Trigonella*
17. 叶全缘或具裂片;托叶不与叶柄连合。
18. 花轴延续一致而无节瘤 .... 大豆属 *Glycine*
18. 花轴于花着生处常凸出为节,或隆起如瘤。
19. 花柱无须毛。
20. 乔木,枝条常有刺;旗瓣大于翼瓣和龙骨瓣 .... 刺桐属 *Erythrina*
20. 藤本,无刺;所有花瓣长度几乎相等 .... 密花豆属 *Spatholobus*
19. 花柱上部具纵列的须毛,或于柱头周围具毛茸。
21. 柱头倾斜 .... 豇豆属 *Vigna*
21. 柱头顶生 .... 扁豆属 *Lablab*
16. 小叶5至多片。
22. 木质藤本;圆锥(状)花序。
23. 2或3朵花着生于花轴的短侧枝上 .... 崖豆藤属 *Millettia*
23. 花单生在苞片的腋部 .... 鸡血藤属 *Callerya*
22. 草本;总状、穗状或头状花序。

24. 荚果通常肿胀，常因背缝线深延而纵隔为2室 .... 黄芪属 *Astragalus*

24. 荚果通常有刺或瘤状突起，1室 .... 甘草属 *Glycyrrhiza*

【主要药用植物】

（1）**云实亚科 Caesalpinioideae**：木本，稀草本；叶多为偶数羽状复叶；花排成总状花序，单面对称，花冠假蝶形，雄蕊多为10枚，常分离；或具穗状或头状花序，花辐射对称，花瓣镊合状，雄蕊常多数（图14-59）。

图14-59　合欢及其花的解剖

1. 花期枝条；2. 二回偶数羽状复叶（背面）；3. 叶（腹面）；4. 花被侧面观；5. 花冠纵剖；6. 花萼纵剖；7. 雄蕊群；8. 雌蕊；9. 种子（左上：子叶背面；右上：子叶内侧；左下：成熟种子；右下：幼嫩种子）；10. 花侧面观；11. 花蕾期头状花序；12. 荚果

1）**皂荚属** ***Gleditsia***：12～15种，我国8种。

皂荚 ***G. sinensis*** **Lam.** 落叶乔木。棘刺粗壮，圆柱形，常分枝。一回偶数羽状复叶，小叶3～9对，小叶片上面网脉明显凸起，边缘具细密锯齿。雄花和两性花同株，黄绿色，组成多为腋生的总状花序；花托钟状，萼片和花瓣各4枚，雄蕊8枚；子房于缝线处和基部被柔毛。荚果黑棕色，带状，肥厚，劲直，内有种子多颗，或指状稍弯呈猪牙状，无种子（图14-60）。分布于我国大部分地区。生于山坡林中、谷地、路旁。成熟果实（大皂角）和不育果实（猪牙皂）祛痰开窍，散结消肿；棘刺（皂角刺）消肿托毒，排脓，杀虫。种子（皂角子）也可药用。

2）**决明属** ***Senna***：250～280种，我国20余种。

决明 ***S. tora*** **(L.) Roxb.** (= *Cassia tora* L.) 一年生草本，具臭气。叶互生；偶数羽状复叶，小叶3对，倒卵状长圆形，下方两对小叶间各有一个腺体。花成对腋生，花冠假蝶形，黄色；发育雄蕊7枚，花药顶孔开裂，其中3枚较大者的花药顶端圆形；退化雄蕊3枚。荚果细长，近四棱形，长10～15 cm。种子多数，棱柱形，淡褐色，光亮，两侧各有1条较宽的浅色带（图14-61）。分布于全国。全国各地多栽培或野生。决明或

图14-60　皂荚

—• 笔记栏 •—

图14-61 决明

钝叶决明*Senna obtusifolia* (L.) H. S. Irwin & Barneby (= *Cassia obtusifolia* L.)的种子(决明子)清热明目，润肠通便。**番泻叶**(狭叶番泻、尖叶番泻)***Senna alexandrina* Mill.** (= *Cassia angustifolia* Vahl; = *C. acutifolia* Delile)的小叶(番泻叶)泻热行滞，通便，利水。

3) **合欢属*Albizia***：130种左右，我国约16种。

合欢*A. julibrissin* Dura. 落叶乔木。二回偶数羽状复叶，总叶柄近基部及叶轴顶端各有1枚腺体；小叶片细小，镰刀状，中脉紧靠上缘。头状花序于枝顶排成圆锥花序，花序轴短而呈蜿蜒状；花辐射对称，花萼、花冠均5裂；雄蕊多数，花丝细长，下部合生，上部淡红色。荚果扁条形(图14-59)。分布于全国各地。常见栽培。树皮(合欢皮)解郁安神，活血消肿；花序或花蕾(合欢花)解郁安神。

图14-62 榼藤

图14-63 田菁 *Sesbania cannabina* 花的解剖

1. 花冠腹面观(底面观)；2. 花萼纵切；3. 总状花序；4. 翼瓣；5. 雌蕊；6. 雄蕊，9枚合生；7. 离生雄蕊1枚；8. 花冠纵切；9. 旗瓣；10. 花纵切(去花瓣，示离生雄蕊与合生雄蕊)；11. 龙骨瓣

最大的荚果——榼藤子的果实

本亚科植物中，**苏木*Biancaea sappan* (L.) Tod.**(= *Caesalpinia sappan* L.)的心材(苏木)活血祛瘀，消肿止痛；**榼藤*Entada phaseoloides* (Linn.) Merr.**(图14-62)的种子(榼藤子)补气补血，健胃消食，除风止痛，强筋硬骨；藤茎(过岗龙)也可药用；**儿茶*Senegalia catechu* (L. f.) P. J. H. Hurter & Mabb.**[= *Acacia catechu* (L. f.) Willd.]去皮枝、干的煎膏(儿茶)活血止痛，止血生肌，收湿敛疮，清肺化痰。药用植物还有含羞草*Mimosa pudica* L.、猴耳环*Archidendron clypearia* (Jack) I. C. Nielsen等。

(2) **蝶形花亚科Papilionoideae**：草本或木本。羽状复叶或三出复叶，稀单叶，有时小叶形成卷须；具托叶。花单面对称，蝶形花冠；雄蕊多10枚，呈二体雄蕊，稀分离(图14-63)。

—•笔记栏•—

图14-64 槐

1）槐属*Styphnolobium*：约9种，我国1种。

槐*S. japonicum* (L.) Schott (= *Sophora japonica* L.) 落叶乔木。奇数羽状复叶，小叶4～7对；叶柄基部膨大，包裹着芽；托叶形状多变，早落；有小托叶。圆锥花序顶生；花冠白色或淡黄色，呈蝶形；雄蕊10枚，近分离；子房与雄蕊近等长，近无毛。荚果肉质，串珠状，成熟时不开裂，种子间缢缩（图14-64）。全国广泛栽培。花及花蕾（槐花）凉血止血，清肝泻火。果实（槐角）清热泻火，凉血止血。嫩枝（槐枝）也可药用。

2）苦参属*Sophora*：60余种，我国约21种。

苦参*S. flavescens* Aiton 草本或落叶半灌木，全株近无毛。奇数羽状复叶，小叶6～12对，小叶片形状变化较大，无小托叶。总状花序顶生，花较疏散；花冠淡黄白色，旗瓣倒卵状匙形，龙骨瓣先端无凸尖；雄蕊10枚，花丝分离。荚果呈不明显的串珠状，成熟后开裂成4瓣（图14-65）。根（苦参）清热燥湿，杀虫，利尿。

图14-65 苦参

越南槐*S. tonkinensis* Gapnep.的根及根状茎（山豆根）清热解毒，消肿利咽；国家二级重点保护野生植物。

3）密花豆属*Spatholobus*：30多种，我国约10种。

密花豆*S. suberectus* Dunn 木质藤本，长达数十米，老茎砍断后可见数圈偏心环，红色树脂样物质从环处渗出。羽状三出复叶，侧生小叶基部两侧不对称。圆锥花序；花萼裂齿先端圆钝，明显较萼管短；花瓣白色；雄蕊的花药大小相近。荚果扁，刀形或镰形，密被棕色短绒毛，具网纹；种子1枚（图14-66）。分布于岭南及云南等地区。生于山地疏林或密林沟谷或灌丛中。藤茎（鸡血藤）活血补血，调经止痛，舒筋活络。

图14-66 密花豆

4）葛属*Pueraria*：18种左右，我国约7种。

葛（野葛）*P. montana* (Lour.) Merr. var. *lobata* (Willd.) Maesen & S. M. Almeida ex Sanjappa & Predeep [= *P. lobata* (Willd.) Ohwi] 多年生藤本，全株被黄色长硬毛。块

根粗壮。羽状三出复叶，小叶常三浅裂；托叶背着。总状花序腋生；花密集，2～3朵聚生于花序轴的节上；苞片远长于小苞片。花萼长8～10 mm；花冠紫红色或蓝紫色，旗瓣倒卵形，长10～12 mm，翼瓣和龙骨瓣近等长；荚果条形，扁平，长5～9 cm，宽8～11 mm，密被黄色硬毛（图14-67）。分布于全国。生于山坡、林地。根（葛根）解肌退热、生津止渴、透疹、升阳止泻、通经活络、解酒毒。

图14-67　葛

粉葛（甘葛藤）***P. montana* (Lour.) Merr. var. *thomsonii* (Benth.) Wiersema ex D. B. Ward** (= *P. thomsonii* Benth.) 的根（粉葛）功效同葛根。

5）**甘草属 *Glycyrrhiza***：16～20种，我国约8种。

甘草 *G. uralensis* Fisch. ex DC. 多年生草本。根状茎横走；主根粗长，外皮红棕色或暗棕色。全株被白色短毛及刺毛状腺体。奇数羽状复叶，小叶7～17，卵形至宽卵形，边缘全缘或微呈波状，稍反卷。总状花序腋生；花冠蓝紫色，翼瓣短于旗瓣，龙骨瓣短于翼瓣；二体雄蕊，花药室接近顶端处汇合。荚果镰刀状或环状弯曲，密被刺状腺毛及短毛（图14-68）。分布于东北、华北、西北地区。生于高纬度钙质草原土壤。甘草、**胀果甘草 *G. inflata* Batalin**或**光果甘草 *G. glabra* L.**的根和根状茎（甘草）补脾益气，清热解毒，祛痰止咳，缓急止痛，调和诸药。甘草和胀果甘草为国家二级重点保护野生植物。

图14-68　甘草

6）**黄芪属 *Astragalus***：3 030余种，我国近450种。

蒙古黄芪 *A. mongholicus* Bunge [= *A. membranaceus* Fisch. ex Bunge var. *mongholicus* (Bunge) P. K. Hsiao] 多年生草本。主根肥厚，常分枝。羽状复叶，小叶13～27枚，小叶片长圆状卵形或椭圆形，两面被白色长柔毛；托叶披针形。总状花序腋生；萼筒外面被柔毛，内面无毛，萼齿长仅为萼筒长的1/5～1/4；花冠黄白色，翼瓣较旗瓣稍短，龙骨瓣与翼瓣近等长；雄蕊10枚，二体；子房被细柔毛，有柄。荚果无毛，薄膜质，膨胀，卵状矩圆形，1室；种子数颗（图14-69）。分布于东北、华北及西北地区。生于林缘、灌丛或疏林下，亦见于山坡草地中。蒙古黄芪或**膜荚黄芪 *A. membranaceus* Fisch. ex Bunge**的根（黄芪）补气升阳，固表止汗，利水消肿，生津养血，行滞通痹，拔毒排脓，敛疮生肌。

本亚科植物中，**降香**（降香檀）***Dalbergia odorifera* T. C. Chen**为国家二级重点保护野生植物，树干和根的心材（降香）化瘀止血，

图14-69　蒙古黄芪（1~3）及膜荚黄芪（4）

—•笔记栏•—

理气止痛；**广州相思子** ***Abrus pulchellus*** **Wall. ex Thwaites subsp.** ***cantoniensis*** **(Hance) Verdc.** (= *A. cantoniensis* Hance)的全株（鸡骨草）利湿退黄，清热解毒，疏肝止痛；**刀豆** ***Canavalia gladiata*** **(Jacq.) DC.**的种子（刀豆）温中，下气，止呃；**广金钱草** ***Grona styracifolia*** **(Osbeck) H. Ohashi & K. Ohashi** [= *Desmodium styracifolium* (Osbeck) Merr.]的地上部分（广金钱草）利湿退黄，利尿通淋；**扁豆** ***Lablab purpureus*** **(L.) Sweet**（= *Dolichos lablab* L.）种子（白扁豆）健脾化湿，和中消暑；**赤小豆** ***Vigna umbellata*** **(Thunb.) Ohwi & H. Ohashi**或**赤豆** ***V. angularis*** **(Willd.) Ohwi & H. Ohashi**的种子（赤小豆）利水消肿，解毒排脓；**大豆** ***Glycine max*** **(L.) Merr.**的种子经发芽干燥的炮制加工品（大豆黄卷）解表祛暑、清热利湿，黑色种子（黑豆）的发酵加工品（淡豆豉）解表、除烦、宣发郁热；**补骨脂** ***Cullen corylifolium*** **(L.) Medik.** (= *Psoralea corylifolia* L.)的果实（补骨脂）补肾助阳、纳气平喘、温脾止泻，外用消风祛斑；**多序岩黄芪** ***Hedysarum polybotrys*** **Hand.-Mazz.**的根（红芪）与黄芪同效；**蔓黄芪**（扁茎黄芪、背扁膨果豆）***Phyllolobium chinense*** **Fisch.** (= *Astragalus complanatus* R. Br. ex Bunge)的种子（沙苑子）补肾助阳，固精缩尿，养肝明目；**胡芦巴** ***Trigonella foenum-graecum*** **L.**的种子（胡芦巴）温肾助阳，祛寒止痛。

此外，檀香紫檀*Pterocarpus santalinus* L. f.的木材（紫檀香），毛杭子梢*Campylotropis hirtella* (Franch.) Schindl.的根（大红袍），细梗胡枝子*Lespedeza virgata* (Thunb.) DC.的全草（细梗胡枝子），千斤拔（蔓性千斤拔）*Flemingia prostrata* Roxb. [= *Moghania philippinensis* (Merr. & Rolfe) H. L. Li]、大叶千斤拔*Flemingia macrophylla* (Willd.) Kuntze ex Merr. [= *Moghania macrophylla* (Willd.) Kuntze]和锈毛千斤拔*Flemingia wightiana* Graham ex Wight & Arn. [= *Moghania ferruginea* (Benth.) H. L. Li]的根（千金拔），刺桐*Erythrina variegata* L.或乔木刺桐*E. arborescens* Roxb.的树皮（海桐皮），绿豆*Vigna radiata* (L.) R. Wilczak (=*Phaseolus radiatus* L.)的种子（绿豆），米口袋*Gueldenstaedtia verna* (Georgi) Boriss.的全草（甜地丁），多叶棘豆（狐尾藻棘豆）*Oxytropis myriophylla* (Pall.) DC.的全草（多叶棘豆），小叶棘豆（轮叶棘豆）*O. microphylla* (Pall.) DC. (= *O. chiliophylla* Royle)和镰荚棘豆*O. falcata* Bunge的全草（莪大夏），山野豌豆（绢毛山野豌豆、狭叶山野豌豆）*Vicia amoena* Fisch. ex DC. (= *V. amoena* Fisch. var. *sericea* Kitag., = *V. amoena* Fisch. var. *angusta* Freyn)、广布野豌豆*V. cracca* L.和大叶野豌豆（假香野豌豆）*V. pseudo-orobus* Fisch. & C. A. Mey.的地上部分（在东北地区称透骨草），落花生*Arachis hypogaea* L.的种皮（花生衣），丰城鸡血藤（丰城崖豆藤）*Callerya nitida* (Benth.) R. Geesink var. *hirsutissima* (Z. Wei) X. Y. Zhu (=*Millettia nitida* Benth. var. *hirsutissima* Z. Wei)的藤茎（丰城鸡血藤），小槐花*Ohwia caudata* (Thunb.) H. Ohashi [=*Desmodium caudatum* (Thunb.) DC.]的地上部分（小槐花）等，均可药用。

远志科

24. 蔷薇科 Rosaceae

$⚥ * K_{(4\sim5)} C_{0,5} A_{4,\infty} \underline{G}_{1\sim\infty:1:1\sim\infty}, \overline{G}_{(2\sim5:2\sim5:1\sim\infty)}$

【特征与分类】

草本、灌木或乔木，常有刺。**叶多互生**，单叶或复叶，常有明显托叶。**花多两性**，通常**整齐**，周位花或上位花，单生或排成伞房、圆锥花序。花托隆起或凹陷；**花被、花丝的下部愈合成**碟状、钟状、杯状、坛状或圆筒状的**被丝托**（hypanthium，又称为萼筒、花托筒、托杯等），被丝托边缘着生萼片、花瓣和雄蕊；**萼片和花瓣同数，通常4～5枚**，覆瓦状排列，稀无花瓣，有时具副萼；**雄蕊通常数枚**；心皮1至数枚，离生或合生，有时与花托连合；子房上位至下位，每室有1至数个倒生胚珠。果实为**蓇葖果**、**瘦果**、**梨果**或**核果**等（图14-70）。

蔷薇科植物化学成分类型丰富，常含有氰苷、多元酚类、黄酮类、有机酸类、三萜皂苷等。

传统上，果实形态是蔷薇科划分亚科和属的重要依据。在著名的四亚科系统中，绣线菊亚科果实为聚合蓇葖果，苹果亚科果实为梨果，蔷薇亚科果实为瘦果、聚合瘦果或聚合核果，李亚科果实则为核果（图14-71）。根据多年来的分子系统学研究成果，蔷薇科宜重新划分为3个亚科，即从原绣线菊亚科独立出来的仙女木亚科、新界定的蔷薇亚科和扩大的桃亚科（含原绣线菊亚科多数属、苹果亚科及李亚科）。

图14-70　东京樱花*Cerasus yedoensis*及其花的解剖

1. 花期枝条；2. 伞房花序；3. 花纵切；4. 雄蕊；5. 雌蕊；6. 被丝托纵剖（背面）；7. 萼筒横切（背面）；8. 左：花冠离析，右：被丝托局部（腹面）；9. 被丝托局部放大；10. 子房横切

图14-71　传统的蔷薇科4个亚科比较图

本科有100余属，约5 000种，分布于全世界，北温带较多。我国有50余属，1 100余种，产于全国各地。

【主要药用属检索表】

1. 每心皮中胚珠1枚 …………………………………………… **蔷薇亚科 Rosoideae**
　2. 具副萼，心皮少数至多数，宿存花柱具钩 ………………………… 路边青属 *Geum*
　2. 副萼缺，花盘缺。
　　3. 聚合核果；植株常具刺 ……………………………………… 悬钩子属 *Rubus*
　　3. 瘦果。
　　　4. 心皮1～5枚，花托膨大。
　　　　5. 花瓣缺，心皮1枚或2枚（～5）……………………… 地榆属 *Sanguisorba*
　　　　5. 花瓣5枚，心皮常2枚 ……………………………… 龙牙草属 *Agrimonia*
　　　4. 心皮多数。
　　　　6. 花无副萼；具刺灌木 ……………………………………… 蔷薇属 *Rosa*

—•笔记栏•—

6. 花具副萼；草本 .... 委陵菜属 *Potentilla*

1. 每心皮中胚珠2枚，或6～8枚 .... **桃亚科 Amygdaloideae**

7. 心皮离生，蓇葖果；无托叶 .... 绣线菊属 *Spiraea*

7. 心皮合生，梨果或核果；有托叶。

8. 子房下位、半下位，心皮2～5(1)枚。

9. 心皮在成熟时变为坚硬骨质，果实内含1～5小核。叶凋落，稀半常绿；心皮1～5枚，各有成熟的胚珠1枚 .... 山楂属 *Crataegus*

9. 心皮在成熟时变为革质或纸质，梨果1～5室，各室有1或多枚种子。

10. 叶常绿；总状或圆锥花序；心皮2～5枚，每室2枚胚珠 .... 石斑木属 *Rhaphiolepis*

10. 落叶或半常绿；花簇生；心皮5枚，每室具有多数胚珠 .... 木瓜海棠属 *Chaenomeles*

8. 子房上位，少数下位。

11. 灌木，常有刺；枝条髓部呈薄片状；花柱侧生 .... 扁核木属 *Prinsepia*

11. 乔木；枝条髓部坚实；花柱顶生 .... 李属 *Prunus*

【主要药用植物】

(1) **蔷薇亚科 Rosoideae**：灌木或草本；多具复叶，稀单叶，有托叶；心皮常多数，离生，每心皮内通常只有1枚胚珠；子房多上位；果实成熟时为瘦果，稀小核果，着生在花托上或在膨大肉质的花托内。

1) **悬钩子属 *Rubus***：1 350～1 650种，我国210余种。

图14-72 掌叶覆盆子

掌叶覆盆子（华东覆盆子）***R. chingii* Hu** 藤状灌木，具皮刺。单叶，互生，叶片掌状5深裂，裂片边缘具重锯齿，基部心形；叶柄疏生小皮刺；托叶线状披针形。单花腋生，较大而显著；花梗明显；萼筒近无毛，萼片外面密被短柔毛；花瓣白色，顶端圆钝；雄蕊多数，花丝宽扁；雌蕊多数，具柔毛。果实由多数小核果聚合而成，近球形，成熟时红色；小核果半月形，背面密被灰白色柔毛，两侧有明显的网纹（图14-72）。产于华东地区。常见于低海拔至中海拔的山坡、路边阳处或阴处灌木丛中。果实（覆盆子）益肾固精缩尿，养肝明目。

覆盆子（绒毛悬钩子）*R. idaeus* L.的茎（珍珠杆）、库页悬钩子 *R. sachalinensis* H. Lév.的茎枝（悬钩子木）、茅莓 *R. parvifolius* L.的根（茅莓根）等亦可入药。

2) **龙芽草属 *Agrimonia***：约20种，我国2种。

龙芽草 *A. pilosa* Ledeb. 多年生草本，全株密被柔毛。根多呈块茎状；根状茎短，基部常有1至数个地下芽。叶为间断奇数羽状复叶，小叶片大小不等，边缘有急尖到圆钝锯齿，下面有显著腺点。总状花序呈穗状，顶生，花序轴细长。萼筒陀螺状，有棱，顶端有数层钩刺；花瓣黄色；雄蕊5～15枚；雌蕊2枚，包藏在萼筒内。瘦果倒圆锥形，有纵肋，顶端钩刺宿存（图14-73）。遍布全国。常生于溪边、路旁、草地、灌丛、林缘及疏林下。地上部分（仙鹤草）收敛止血，截疟，止痢，解毒，补虚。

3) **地榆属 *Sanguisorba***：30余种，我国7种。

地榆 *S. officinalis* L. 多年生草本，常较高大。根粗壮，多呈纺锤形。基生叶为羽状复叶，小叶片长圆状卵形，基部心形至浅心形，顶端多圆钝，边缘有多数粗大圆钝的锯齿；茎生叶较少。

穗状花序短圆柱形，花从顶端向下开放。花两性；萼筒喉部缢缩，萼片4枚，紫红色；无花瓣；雄蕊4枚，花丝丝状，与萼片近等长；心皮通常1枚，胚珠1枚。瘦果，包藏在宿存的萼筒内，外面有4棱（图14-74）。除广东、福建、台湾、海南等省（区）外均有分布。生于草原、草甸、山坡草地、灌丛中、疏林下。地榆或**长叶地榆*****S. officinalis*** **L. var.** ***longifolia*** **(Bertol.) T. T. Yu & C. L. Li**的根（地榆）凉血止血，解毒敛疮。

4）**蔷薇属*****Rosa***：250～300种，我国近100种。

图14-73　龙芽草

图14-74　地榆

玫瑰***R. rugosa*** **Thunb.** 直立灌木。小枝被绒毛，有针刺、腺毛和皮刺。奇数羽状复叶，小叶7～9枚；小叶片边缘有尖锐锯齿，上面叶脉下陷，有褶皱；托叶大部贴生于叶柄，离生部分边缘有带腺锯齿。花常单生于叶腋，大而美丽；萼片先端尾状渐尖，常扩展成叶状；花瓣倒卵形，芳香，紫红色至白色；花柱稍伸出萼筒口外，明显比雄蕊短。聚合瘦果（蔷薇果）扁球形，砖红色，肉质光滑，萼片宿存（图14-75）。原产于华北，各地均有栽培。花蕾（玫瑰花）行气解郁，和血，止痛。国家二级重点保护野生植物。

图14-75　玫瑰

月季***R. chinensis*** **Jacq.**的花（月季花）活血调经，疏肝解郁。

金樱子***R. laevigata*** **Michx.** 常绿攀缘灌木。小枝散生扁弯皮刺。羽状复叶；小叶通常3枚，小叶片革质，光亮，小叶柄和叶轴有皮刺和腺毛；托叶离生或基部与叶柄合生，披针形，边缘有细齿，齿尖有腺体，早落。花单生于叶腋，大而显著，花梗和萼筒密被腺毛，随果实成长变为针刺；萼片先端呈叶状，常有刺毛和腺毛；花瓣白色；雄蕊和心皮多数，花柱明显较雄蕊短。果倒卵形，紫褐色，外面密被刺毛，萼片宿存（图14-76）。分布

图14-76　金樱子

—•笔记栏•—

于长江中下游以南省(区)。生于向阳的山野、田边、溪畔灌木丛中。果实(金樱子)固精缩尿,固崩止带,涩肠止泻。

金樱子、小果蔷薇 *R. cymosa* Tratt. 或粉团蔷薇 *R. multiflora* Thunb. var. *cathayensis* Rehder & E. H. Wilson的干燥根(金樱根),山刺玫 *R. davurica* Pall. 的果实(刺玫果)等也可药用。

5)**委陵菜属 *Potentilla***:约500种,我国60余种。

翻白草 *P. discolor* Bunge 多年生草本。根粗壮,下部常肥厚呈纺锤形。花茎直立,上升或微铺散,密被白色绵毛。基生叶为羽状复叶,小叶5～7枚;茎生叶1～2枚,常为具3小叶的掌状复叶;小叶片边缘具圆钝锯齿,下面密被白色或灰白色绵毛。聚伞花序有花数朵至多朵;花5基数;具副萼片,与萼片互生;花瓣黄色,比萼片长;雄蕊和心皮多数;花柱近顶生,锥状。瘦果,光滑(图14-77)。除新疆、青海、甘肃、西藏、云南外,各省(区)均有。生长于荒地、山坡草地、草甸及疏林下。全草(翻白草)清热解毒,止痢,止血。

图14-77 翻白草

委陵菜 *P. chinensis* Ser. 的全草(委陵菜)清热解毒,凉血止痢。蛇莓 *P. indica* (Andrews) Th. Wolf [= *Duchesnea indica* (Andrews) Teschem.] 的全草(蛇莓)也可药用。

本亚科植物**路边青 *Geum aleppicum* Jacq.** 或**柔毛路边青 *G. japonicum* Thunb. var. *chinense* F. Bolle** 的全草(蓝布正)益气健脾,补血养阴,润肺化痰。东方草莓 *Fragaria orientalis* Losinsk. 及同属多种植物的全草(志达萨增)亦可入药。

(2)**桃亚科 Amygdaloideae**:灌木或乔木;单叶,或复叶,多有托叶,稀无;心皮1～5枚,离生或合生;子房上位至下位,每心皮2枚或多枚胚珠;蓇葖果、核果或梨果。

1)**李属 *Prunus***:330～360余种,我国约110种。

桃 *P. persica* (L.) Batsch 落叶小乔木。腋芽常3个并生,中间为叶芽,两侧为花芽;具顶芽。单叶互生,幼叶在芽中为席卷状或对折状;叶片长圆披针形,侧脉在叶边结合成网状,叶柄常具1至数枚腺体,托叶早落。花单生,先叶开放,或与叶同放,几无花梗;花5数;萼筒钟形;花瓣常为粉红色;雄蕊多数;心皮1枚,子房上位,1室,内含2枚悬垂胚珠。核果,肉质多汁,不开裂,腹缝明显;核表面有不规则沟纹和孔穴。成熟种子1枚,子叶肥厚(图14-78)。各省区广泛栽培。种子(桃仁)活血祛瘀,润肠通便,止咳平喘;枝条(桃枝)活血通络,解毒杀虫。**山桃 *P. davidiana* (Carrière) Franch.** 的种子(桃仁)入药。

图14-78 桃

杏*P. armeniaca* L. 落叶乔木。腋芽单生，顶芽常缺。一年生枝浅红褐色。单叶互生，幼叶在芽中席卷状；叶片宽卵形，叶边有圆钝锯齿，先端急尖；叶柄有腺体，托叶早落。花单生，近无柄；萼筒常红色，萼片反折；花瓣白色。核果黄色，多汁，成熟时不开裂；果核两侧扁平，基部对称，表面平滑。种子1枚，子叶肥厚(图14-79)。全国各地栽培。杏、**山杏*P. armeniaca* L. var. *ansu* Maxim.**、**东北杏*P. mandshurica* (Maxim.) Koehne**或**西伯利亚杏*P. sibirica* L.**的种子(苦杏仁)降气止咳平喘，润肠通便。

图14-79　杏(1、2)与山杏(3)

梅*P. mume* (Siebold) Siebold & Zucc.经低温烘干后闷至色变黑的近成熟果实(乌梅)敛肺，涩肠，生津，安蛔；花蕾(梅花)疏肝和中，化痰散结。**欧李*P. humilis* Bunge**、**郁李*P. japonica* Thunb.**、**长柄扁桃*P. pedunculata* Maxim.**的种子(郁李仁)润肠通便，下气利水。

2）**山楂属*Crataegus***：200～300种，我国约18种。

山里红*C. pinnatifida* Bunge var. *major* N. E. Br. 落叶乔木，常有刺。单叶互生；叶片宽卵形，两侧各有3～5个羽状深裂片，裂片边缘有尖锐稀疏不规则重锯齿；侧脉有的达到裂片先端，有的达到裂片分裂处。伞房花序具多花。花5基数；萼筒钟状，花瓣白色，雄蕊多数；心皮3～5枚，子房下位，3～5室，每室具2胚珠。梨果近球形，深红色，有浅色斑点，直径达2.5 cm，先端萼片迟落；心皮熟时为骨质，3～5个小核状，各具1种子(图14-80)。东北、华北至淮河以北地区多有栽培。山里红或**山楂*C. pinnatifida* Bunge**的果实(山楂)消食健胃，行气散瘀，化浊降脂；叶(山楂叶)活血化瘀，理气通脉，化浊降脂。山里红的核经干馏和精馏分离而得的山楂核精也可药用。

图14-80　山里红

野山楂*C. cuneata* Siebold & Zucc.的果实(南山楂)可入药。

3）**木瓜海棠属*Chaenomeles***：4种，我国均产。

皱皮木瓜(贴梗海棠)***Ch. speciosa* (Sweet) Nakai** 落叶灌木，有刺。单叶互生；叶片椭圆形，幼时下面近无毛，边缘具有尖锐锯齿；托叶肾形或半圆形，草质。花先叶开放，3～5朵簇生，近于无柄，大而美丽；萼筒钟状；萼片直立，常全缘；花瓣猩红色；雄蕊多数；子房下位，5室，每室具有多数胚珠；花柱基部合生。梨果大，球形或卵球形，黄色或带黄绿色，味芳香；萼片脱落(图14-81)。产于陕西、甘肃、四川、贵州、云南、广东；各地常见栽培。果实(木瓜)舒筋活络，和胃化湿。

4）**石斑木属*Rhaphiolepis***：40余种，我国约25种。

枇杷*Rh. bibas* (Lour.) Galasso & Banfi [= *Rh. loquata* B. B. Liu & J. Wen; = *Eriobotrya japonica*

—•笔记栏•—

图14-81　皱皮木瓜

图14-82　枇杷

(Thunb.) Lindl.] 常绿小乔木，当年生枝、花序轴、花萼及叶背密生锈色或灰棕色绒毛。叶片颇大，硬纸质，倒披针状长椭圆形，上部边缘有疏锯齿，基部全缘，上面光亮，多皱。圆锥花序顶生；萼筒浅杯状，花瓣白色，雄蕊较多，远短于花瓣；子房下位，5室，每室有2胚珠；花柱离生。梨果球形或长圆形，黄色；种子大，1～5枚(图14-82)。南方省(区)广泛栽培。叶(枇杷叶)清肺止咳，降逆止呕。

本亚科植物**蕤核** ***Prinsepia uniflora*** **Batalin**或**齿叶扁核木** ***P. uniflora*** **Batalin var.** ***serrata*** **Rehder**的果核(蕤仁)疏风散热，养肝明目。台湾林檎 *Docynia doumeri* (Bois) C. K. Schneid. [= *Malus doumeri* (Bois) Chev.]的果实(广山楂)也可药用。

25. 大麻科 Cannabaceae

$♂*K_{4\sim5}A_{4\sim5}$，$♀*K_{4\sim5}\underline{G}_{(2:1:1)}$

【特征与分类】

乔木或灌木，稀为草本或草质藤本；单叶，**互生或对生**，基部偏斜或对称，**羽状脉、基出3脉**或**掌状分裂**；托叶早落，有时形成托叶环；**单被花**，两性或单性，雌雄同株或异株；**花被(裂)片4～5**；**雄蕊常与花被裂片同数而对生**；**子房上位**，通常**1室**，**胚珠1枚**，倒生，花柱2，柱头丝状；果常为**核果**，稀为**瘦果**或**带翅的坚果**。

APG Ⅳ系统中的大麻科包括了恩格勒系统中桑科的大麻属 *Cannabis* 和葎草属 *Humulus*，以及榆科的糙叶树属 *Aphananthe*、白颜树属 *Gironniera*、朴属 *Celtis*、山黄麻属 *Trema*、青檀属 *Pteroceltis* 等。

鼠李科

本科约9属，100余种，产全球热带和温带地区。我国7属，20余种。已知药用6属，10余种。

【主要药用植物】

大麻[1]***Cannabis sativa*** **L.** 一年生直立大草本。叶互生，掌状全裂，裂片披针形，边缘具锯齿；有托叶。花单性异株，稀同株。雄花组成疏散大圆锥花序，腋生或顶生；花被片黄绿色，和雄蕊各5枚，有退化雌蕊。雌花丛生于叶腋，每花有1叶状苞片；花被片1枚，膜质，紧贴子房；花

1　当前，我国将大麻分为工业大麻和医用大麻2类进行管理。植株群体花期顶部叶片和花穗干物质中的四氢大麻酚（tetrahydrocannabinol，THC）含量＜0.3%的为工业大麻，用于获取纤维和种子；THC含量≥0.3%的医用大麻具有致幻和成瘾性，严禁种植和使用。

柱2枚。瘦果为宿存黄褐色苞片所包，果皮坚脆，表面具细网纹（图14-83）。我国各地有栽培或逸为野生。果实（火麻仁）润肠通便。

葎草*Humulus scandens* (Lour.) Merr.的地上部分（葎草）也可药用。

图14-83 大麻

26. 桑科 Moraceae

$♂*K_{(1\sim)2\sim4(\sim8)}A_{1\sim8}$，$♀*K_{(1\sim)2\sim4(\sim8)}\underline{G}_{(2:1:1)}$

【特征与分类】

乔木、灌木或木质藤本，稀为草本；通常**具乳汁**。**单叶互生**，稀对生；**托叶通常早落**，有时形成托叶痕。花小，单性，雌雄同株或异株，组成**穗状、总状、柔荑、头状或隐头花序**；**单被花，花被片通常4枚**，分离或合生；**雄蕊通常与花被片同数且对生**；**心皮2**，合生；**子房上位**，稀下位或半下位，**1室，胚珠1枚**。**瘦果**，或围以肉质宿存花被而呈核果状，集成**聚花果**。

桑科植物在皮层内部或韧皮部均有乳汁管，叶表皮细胞中常有钟乳体。化学成分主要有黄酮类化合物，如桑科植物特有的桑树色素、二氢桑色素，以及异戊烯基黄酮、异黄酮等；三萜类化合物、皂苷和强心苷、生物碱类等也较常见。

恩格勒系统中的桑科包括大麻属和葎草属。分子证据支持这两个属从桑科分出，与原榆科的一些属组成大麻科。

本科40属左右，约1 200种，产于全球热带和温带地区。我国10属，近150种。已知药用8属，70多种。

【主要药用植物】

桑*Morus alba* L. 乔木或灌木。叶卵形或广卵形，基部圆形至浅心形，边缘锯齿粗钝，表面鲜绿色，背面脉腋有簇毛；托叶披针形，早落。花单性，雌、雄花序均为短穗状，常异株，与叶同时生出。花被片4枚；雄花中雄蕊4枚，与花被片对生，有退化雌蕊；雌花中雌蕊1枚，无花柱，柱头2裂，内面有乳头状突起。多数包于肉质增厚的花被片内的瘦果组成卵状椭圆形的聚花果（图14-84）。原产于我国中部和北部，全国广泛栽培。叶（桑叶）疏散风热，清肺润燥，清肝明目；根皮（桑白皮）泻肺平喘，利水消肿；嫩枝（桑枝）祛风湿，利关节；果穗（桑椹）固精缩尿，补肾助阳。

图14-84 桑

构树*Broussonetia papyrifera* (L.) Vent.的果实（楮实子）补肾清肝，明目，利尿。构棘*Maclura cochinchinensis* (Lour.) Corner [= *Cudrania cochinchensis* (Lour.) Kudô & Masam.]或柘树*Maclura tricuspidata* Carrière [= *Cudrania tricuspidata* (Carrière) Bureau ex Lavallée]的根（穿破石）、柘树的根及茎枝（柘木）、二色波罗蜜（二色桂木）*Artocarpus styracifolius* Pierre的根（枫荷桂）、粗叶榕*Ficus hirta* Vahl的根（五指毛桃）、薜荔*F. pumila* L.的隐头花序托（广东王不留行）等，亦可入药。

27. 葫芦科 Cucurbitaceae

$♂*K_{(5)}C_{(5)}A_{5,3,(5\sim3)}$，$♀*K_{(5)}C_{(5)}\overline{G}_{(3:1:\infty)}$

【特征与分类】

多为**草质藤本，具卷须**。**叶互生**；常为**单叶，叶片多掌状浅裂至深裂**，少有鸟足状复叶。**花**

—•笔记栏•—

单性，雌雄同株或异株。**花萼和花冠5裂**；**雄蕊5枚或3枚**，分离或合生，花药1室或2室，**药室**通直或S形**曲折**；**雌蕊**通常由**3枚心皮合生**而成，**子房下位**，多为**1室**，**侧膜胎座**，**胚珠常多数**，在胎座上常排列成2列。**瓠果**。种子常扁平；子叶富油脂。

葫芦科植物茎内具双韧维管束。大多数属含有葫芦烷型四环三萜类成分，葫芦素B、葫芦素E的分布十分广泛；齐墩果烷型五环三萜类成分也比较常见；绞股蓝属等一些属中含有达玛烷型四环三萜类成分。另有黄酮类、木脂素及酚性化合物。

本科100余属，约1 000种，大多数分布于热带和亚热带。我国有30余属，160余种，主要分布于西南部和南部地区，少数散布到北部地区。已知药用20余属，约90种。

【主要药用植物】

图14-85　罗汉果

（1）罗汉果属 ***Siraitia***：4种，我国有3种。

罗汉果*S. grosvenorii* (Swingle) C. Jeffrey ex A. M. Lu & Zhi Y. Zhang　草质藤本；具多年生的肥大纺锤形根。卷须分2叉，在分叉点上下同时旋卷。植株各部密被黑色疣状腺鳞。叶片卵状心形，边缘微波状。雌雄异株；花整齐，花萼、花冠均5裂，花冠黄色；雄花序总状，雄花花萼裂片先端钻状尾尖，雄蕊5枚，两两基部靠合，1枚分离，药室S形折曲；雌花单生或2～5朵集生总梗顶端，子房密生黄褐色茸毛，柱头3。果实球形，不开裂。种子多数，扁圆形，水平生（图14-85）。产于广西、贵州，湖南和江西南部、广东北部地区。常生于山坡林下及河边湿地、灌丛。果实（罗汉果）清热润肺，利咽开音，滑肠通便。

图14-86　木鳖

（2）苦瓜属 ***Momordica***：约50种，我国有4种。

木鳖子（木鳖）***M. cochinchinensis* (Lour.) Spreng.**　粗壮大藤本，具块状根。卷须不分歧。叶柄上或叶片基部有2～4个腺体；叶片常3～5中裂至深裂，基部心形，叶脉掌状。雌雄异株。花梗上有显著的兜状苞片；花萼筒漏斗状；花冠黄色，裂片基部有齿状黄色腺体。雄蕊3枚，其中1枚的花药1室，药室折曲。子房具3个胎座。果实卵球形，成熟时红色，肉质，密生具刺尖的突起。种子多数，水平着生，边缘有齿，具雕纹（图14-86）。分布于华东、华南及西南地区。常生于山沟、林缘及路旁。种子（木鳖子）散结消肿，攻毒疗疮。

（3）栝楼属 ***Trichosanthes***：约100种，我国有35种。

栝楼*T. kirilowii* Maxim.　攀缘藤本。块根圆柱状，粗大肥厚，富含淀粉。卷须2～5歧。叶片纸质，常3～5浅裂至中裂，裂片常再浅裂或有齿，叶基心形，掌状脉5条。雌雄异株。雄花常组成总状花序，雌花单生。花萼筒筒状，裂片披针形；花冠白色，深裂，裂片中部以上两侧具丝状流苏。雄蕊3枚，花药靠合，1枚1室，2枚2室，药室对折。子房1室，侧膜胎座。果实椭圆形，成熟时橙黄色。种子多数，压扁，近边缘处具棱线（图14-87）。产于辽宁、华北、华东、中南、西南、陕甘等地。生于山坡林下、灌丛中、草地和村旁田边。栝楼或**中华栝楼**（双边栝楼）***T. rosthornii* Harms**的根（天花粉）清热生津，解毒消肿；果实（瓜蒌）清热涤痰，宽胸散结，润燥滑肠；果皮

图14-87　栝楼

（瓜蒌皮）清热化痰，利气宽胸；种子（瓜蒌子）润肺化痰，滑肠通便。

本科植物中，**土贝母*Actinostemma paniculatum* (Maxim.) Maxim. ex Cogn.** [= *Bolbostemma paniculatum* (Maxim.) Franquet] 的块茎（土贝母）解毒，散结，消肿；**丝瓜*Luffa aegyptiaca* Mill.** [= *L. cylindrica* M. Roem.] 成熟果实的维管束（丝瓜络）祛风，通络，活血，下乳；**西瓜*Citrullus lanatus* (Thunb.) Matsum. & Nakai** 的成熟新鲜果实与皮硝加工制成的结晶性粉末（西瓜霜）清热泻火，消肿止痛；**冬瓜*Benincasa hispida* (Thunb.) Cogn.** 的干燥外层果皮（冬瓜皮）利尿消肿，种子（冬瓜子）、果实（苦冬瓜）也可入药；**甜瓜*Cucumis melo* L.** 的种子（甜瓜子）清肺，润肠，化瘀，排脓，疗伤止痛。

此外，绞股蓝*Gynostemma pentaphyllum* (Thunb.) Makino 的地上部分（绞股蓝）、波棱瓜*Herpetospermum pedunculosum* (Ser.) C. B. Clarke (= *H. caudigerum* Wall. ex Chakrav.) 的种子（波棱瓜子）、黄瓜*Cucumis sativus* L. 的成熟果实（黄瓜子）等，均可药用。

28. 大戟科 Euphorbiaceae

$♂*K_{0\sim5}C_{0\sim5}A_{1\sim\infty}$，$♀*K_{0\sim5}C_{0\sim5}\underline{G}_{(3:3:1\sim2)}$

【特征与分类】

木本或草本，**常含有乳汁**。多单叶，互生，**叶基部常有腺体，具托叶**。**花常单性**，同株或异株，单生或组成各式花序，多为聚伞花序，或**杯状聚伞花序**（大戟属）；花被单层或无被，有时**具花盘**或分裂为腺体状；雄蕊1至多数，花丝分离或连合；雌蕊由**3枚心皮**组成，**子房上位**，**3室**，**中轴胎座**，每室1～2胚珠。**蒴果**，稀浆果或核果。种子常具丰富油质胚乳。

本科植物常具无节乳汁管，多有不同程度的毒性。化学成分复杂多样，主要有二萜类（大多有强烈的生理活性或刺激性）、鞣质类、黄酮类、香豆素类化合物。种子含大量脂肪油和蛋白质，多具毒性。

APG Ⅳ系统中，从传统的大戟科中拆分出了叶下珠科Phyllanthaceae、核果木科Putranjivaceae、蚌壳木科Peraceae等。

本科约225属，5 600～6 400种，广布全球。我国约59属，260种，分布于全国。已知药用30余属，100余种。

【主要药用属检索表】

1. 植株无内生韧皮部，无乳汁管组织 ………………………… **铁苋菜亚科 Acalyphoideae**
  2. 雄花具花瓣，雌花稀无花瓣 ………………………… 地构叶属*Speranskia*
  2. 雌雄花均无花瓣。
    3. 花雌雄异株，稀同株，花丝离生。
      4. 常被星状毛，叶近基部具2至数个斑状腺体，蒴果常具软刺或颗粒状腺体 ………………………… 野桐属*Mallotus*
      4. 嫩枝被短柔毛，叶基部无腺体，蒴果不具腺体 ………………………… 白桐树属*Claoxylon*
    3. 花雌雄同株，花丝合生成多个雄蕊束 ………………………… 蓖麻属*Ricinus*

笔记栏

卫矛科

堇菜科

—•笔记栏•—

1. 植株具内生韧皮部，有乳汁管组织。
5. 苞片基部常无腺体；花瓣常有；花盘中间具退化雄蕊 .... **巴豆亚科 Crotonoideae**
6. 雄花具花瓣，花萼非钟状。
7. 花丝离生，雌花有或无花瓣，总状或穗状花序 .... 巴豆属 *Croton*
7. 花丝合生，雌花具花瓣，伞房状聚伞圆锥花序 .... 麻风树属 *Jatropha*
6. 雄花无花瓣，花萼钟状，有彩色斑，呈花瓣状 .... 木薯属 *Manihot*
5. 苞片基部常有2枚腺体；无花瓣；花盘中间无退化雄蕊
.... **大戟亚科 Euphorbioideae**
8. 穗状花序，雄花花萼杯状或管状，雄蕊2～3枚 .... 乌桕属 *Triadica*
8. 杯状聚伞花序，雄花无花萼，雄蕊1枚 .... 大戟属 *Euphorbia*

【主要药用植物】

图14-88 蓖麻

（1）**蓖麻属 *Ricinus***：1种，我国栽培。

蓖麻 *R. communis* L. 一年生粗壮草本或多年生草质灌木。叶掌状分裂，叶柄盾状着生。花雌雄同株，无瓣；圆锥花序与叶对生；花序下部为雄花，花萼裂片3～5枚，雄蕊极多，花丝合生成数目众多的雄蕊束；上部为雌花，萼片5枚，子房3室，每室具胚珠1颗。蒴果具软刺。种子椭圆形，平滑具斑纹（图14-88）。各地均有栽培，华南和西南地区村旁疏林或河流两岸冲积地常逸为野生。种子（蓖麻子）泻下通滞，消肿拔毒；有毒，种子经榨取并精制得到的脂肪油，即蓖麻油，为刺激性泻药。

（2）**巴豆属 *Croton***：1 140～1 180种，我国20余种。

巴豆 *C. tiglium* L. 常绿灌木或小乔木。嫩枝被星状毛。叶互生，叶柄较长，叶片卵形至矩圆状卵形，两面疏被星状毛，掌状脉3条，叶基近叶柄处两侧各有1无柄腺体。花小，单性，排列于顶生的总状花序上；位于上方的为雄花，萼片和花瓣各5枚，雄蕊多数，离生，花丝在花蕾时内弯；雌花位于下方，无花瓣，花柱顶端2裂。蒴果矩圆形。种子长卵形（图14-89）。产于长江中下游至西南、华南。生于村旁或山地疏林中，或栽培。果实（巴豆）外用蚀疮；有大毒，其炮制加工品（巴豆霜）峻下冷积，逐水退肿，豁痰利咽。茎和根（九龙川）也能药用。

同属植物卵叶巴豆（毛叶巴豆）*C. caudatus* Geiseler (= *C. caudatus* Geiseler var. *tomentosus* Hook. f.)的根、茎、叶（毛巴豆根、茎、叶），以及鸡骨香 *C. crassifolius* Geiseler 的根（鸡骨香）等，亦可入药。

图14-89 巴豆

（3）**大戟属*Euphorbia***：2 000种左右，我国约有80种。

大戟*E. pekinensis* Rupr. 多年生草本，具白色乳汁。根圆锥状。叶互生，无柄，叶片椭圆形，全缘。多数杯状聚伞花序排列成多歧聚伞花序，总苞叶4～7枚，伞幅4～7；苞叶2枚，近圆形。杯状聚伞花序由1枚位于中间的雌花和多枚位于周围的雄花同生于1个杯状总苞内；总苞裂片间有4枚肥厚椭圆形腺体；花无被，雄花仅有1枚雄蕊，花丝与花梗间具关节。蒴果表面有锥形瘤状突起，成熟时3裂（图14-90）。广布于全国（除台湾、云南、西藏和新疆），北方尤为普遍。生于山坡、灌丛、路旁、荒地、草丛、林缘和疏林内。根（京大戟）泻水逐饮，消肿散结。

图14-90 大戟

同属植物**月腺大戟*E. ebracteolata* Hayata**[1]或**狼毒大戟*E. fischeriana* Steud.**的根（狼毒）散结，杀虫。**地锦*E. humifusa* Willd.**或**斑地锦*E. maculata* L.**的全草（地锦草）清热解毒，凉血止血，利湿退黄。**甘遂*E. kansui* T. N. Liou ex S. B. Ho**的块根（甘遂）泻水逐饮，消肿散结。**续随子*E. lathyris* L.**的种子（千金子）泻下逐水，破血消癥；外用疗癣蚀疣。**飞扬草*E. hirta* L.**的全草（飞扬草）清热解毒，利湿止痒，通乳；千根草*E. thymifolia* L.的全草习称小飞扬草，功效与飞扬草类似。

此外，铁苋菜*Acalypha australis* L.的地上部分（铁苋菜）、白桐树*Claoxylon indicum* (Reinw. ex Blume) Hassk.的带叶嫩枝（丢了棒）、白背叶*Mallotus apelta* (Lour.) Müll. Arg.的根和根状茎（白背叶根）、地构叶*Speranskia tuberculata* (Bunge) Baill.的全草（珍珠透骨草）等均可入药。

29. 叶下珠科 Phyllanthaceae

$♂ *K_5C_{0\sim5}A_{2\sim8}$，$♀ *K_5C_{0\sim5}\underline{G}_{(3\sim15:3\sim15:2)}$

【特征与分类】

乔木、灌木或草本。**常无乳汁管组织**。**单叶互生，常排成2列**，稀三出复叶；全缘或具疏齿；**羽状脉**，稀基生三出脉；叶柄短，稀有腺体；**常具托叶**。**花单性**，多雌雄异株；花序各式，常腋生；**萼片通常5枚**，多数离生，常覆瓦状排列；有花瓣及花盘，或只有花瓣或花盘，稀花瓣及花盘均缺；雄蕊2～8枚，花丝分离或合生；**子房上位，3～（15）室，每室2胚珠**。蒴果、核果或浆果状。

本科化学成分主要有生物碱类（如白饭树属的一叶萩型生物碱）、黄酮类、萜类（主要为倍半萜）、酚酸类、香豆素类、木脂素类等。

本科约58属，2 000余种，主要分布于全球热带和温带地区。我国约16属，130余种，多分布于长江以南地区。已知药用10余属，20余种。

【主要药用植物】

余甘子*Phyllanthus emblica* L. 落叶小乔木或灌木。小枝被锈色短柔毛。单叶互生，条状矩圆形，二列，极似羽状复叶。多朵雄花和1朵雌花或全为雄花组成腋生的聚伞花序；萼片6枚，无花瓣，有花盘；雄蕊3枚，花丝合生成短柱；子房3室，下半包藏于花盘中。蒴果球形，外果皮肉质，光滑，干后开裂（图14-91）。产于华南至西南一带。生于山地疏林、灌丛、荒地或山沟向阳处。果实（余甘子）清热凉血，消食健胃，生津止咳。同属不少植物可以药用，如叶下珠*Ph.*

1 《中国植物志》中将其归并于甘肃大戟*Euphorbia kansuensis* Prokh。

— • 笔记栏 • —

桃金娘科

漆树科

图14-91　余甘子

1. 枝条；2. 果枝及果实；3. 雄花序

urinaria L.的全草等。

龙脷叶*Breynia spatulifolius* (Beille) Welzen & Pruesapan (= *Sauropus spatulifolius* Beille)的叶（龙脷叶）润肺止咳，通便。黑面神*Breynia fruticosa* (L.) Müll. Arg.的全株（鬼画符）可药用。

30. 无患子科 Sapindaceae

$⚥ * \uparrow K_{4\sim5}C_{4\sim5,0}A_{5\sim10}\underline{G}_{(2\sim4:2\sim4:1\sim2)}$

【特征与分类】

多为木本。叶对生或互生，单叶或**复叶**，多无托叶。花两性、单性或杂性，常排成总状或圆锥花序；萼片4～5枚，花瓣4～5枚或缺；雄蕊5～10枚，常为8枚；**花盘扁平或发达**；雌蕊由2～4枚心皮组成，**子房上位**，2～4室，每室胚珠1～2枚，或更多。果实呈核果状或浆果状，或为蒴果、翅果。种子无胚乳，**间有假种皮**。

本科植物化学成分多为黄酮类、单宁类、苯丙素类、萜类、生物碱等。

APG Ⅳ系统中，无患子科还包括了传统上的槭树科Aceraceae和七叶树科Hippocastanaceae。

本科140余属，1 900余种，主要分布于全球热带、亚热带和北温带地区。我国有25属，150余种，多分布于长江以南地区。已知药用6属，30余种。

【主要药用植物】

图14-92　荔枝

荔枝*Litchi chinensis* Sonn. 常绿乔木，树皮褐色，不裂。偶数羽状复叶，互生；叶面平坦。聚伞圆锥花序顶生，被金黄色短绒毛。花单性，雌雄同株，辐射对称；花萼4或5浅裂，裂片镊合状排列，无花瓣。雄花有雄蕊6～8枚；子房多为2室，每室有1枚胚珠。果皮革质，外面有龟甲状裂纹；假种皮肉质而厚，包裹整个种子（图14-92）。我国名贵特产，产于西南部、南部和东南部，尤以广东和福建南部栽培最盛。种子（荔枝核）行气散结，祛寒止痛。国家二级重点保护野生植物。

龙眼*Dimocarpus longan* Lour. 树皮浅黄，纵裂。叶面有波曲。花萼裂片覆瓦状排列，有花瓣，花盘有毛；果实较小，果皮稍粗糙，黄褐色。我国特产，云南及广东、广西南部疏林中可见野生或半野生者，从西南部至东南部栽培很广，以福建最盛，广东次之。假种皮（龙眼肉）补益心脾，养血安神。国家二级重点保护野生植物。

无患子*Sapindus mukorossi* Gaertn.的果实（无患子果）等也可入药。

31. 芸香科 Rutaceae

$⚥ *K_{3\sim5}C_{3\sim5}A_{3\sim\infty}\underline{G}_{(2\sim\infty:2\sim\infty:1\sim2)}$

【特征与分类】

乔木，灌木或草本，多含有挥发油，**叶、花、果有透明油点**；有时具刺。叶互生或对生，**单叶或**

复叶，无托叶。**花辐射对称**，多两性，稀单性，单生或簇生，或组成聚伞花序、总状花序、圆锥花序；萼片3～5枚，离生或部分合生；花瓣3～5枚，多离生，覆瓦状排列。**雄蕊与花瓣同数或为其倍数，外轮雄蕊常与花瓣对生；花盘发达**，心皮2～5枚或更多，多合生，子房上位，柱头常增大，**中轴胎座**，每室胚珠1～2枚。果实为柑果、蒴果、核果或蓇葖果，稀为翅果、浆果。种子常富含挥发油（图14-93）。

本科植物常具有油室或油细胞，含有橙皮苷结晶。主要含有挥发油、生物碱类、黄酮类、木脂素类、香豆素类及酰胺类化合物。呋喃喹啉类、吡喃喹啉类和吖啶酮类生物碱为本科所特有，异喹啉类生物碱常存在于黄柏属、花椒属和吴茱萸属等植物中。

本科150余属，2 200余种，分布于热带和温带。我国约28属，近140种，分布于全国。已知药用23属，105种。

【主要药用植物】

（1）**柑橘属 *Citrus***：约28种，我国15种。

酸橙（甜橙）***C. aurantium* L.** [= *C. sinensis* (L.) Osbeck] 常绿小乔木。枝三棱形，有长刺。叶互生，叶柄有倒卵形的叶翼；叶片革质，倒卵状椭圆形，具半透明油点。花单生或簇生，芳香；花萼5裂；花瓣5枚，白色；雄蕊20枚以上；雌蕊短于雄蕊。柑果近球形，熟时橙黄色，果皮厚而难剥离，瓢囊10～13瓣，果肉味酸或甜。子叶乳白色（图14-94）。分布于我国长江流域及以南地区，各地有栽培。酸橙及其一些栽培变种（主要有黄皮酸橙 *C. aurantium* ‘Huangpi’、代代花 *C. aurantium* ‘Daidai’、朱栾 *C. aurantium* ‘Chuluan’、塘橙 *C. aurantium* ‘Tangcheng’）的幼果（枳实）破气消积，化痰除痞；未成熟果实（枳壳）理气宽中，行滞消胀。

图14-93　枳 *Citrus trifoliata* 及其花的解剖

1. 花期枝条；2. 叶的背面和腹面；3. 花冠底面观；4. 花冠正面观；5、6. 雌、雄蕊群；7. 花的纵切；8. 雄蕊；9. 花被离析；10. 雌蕊纵切；11. 子房横切；12. 雌蕊侧面观；13. 幼果侧面观

柑橘（橘）***C. reticulata* Blanco** 常绿小乔木，枝细，多有刺。单身复叶叶柄的翼甚狭窄；柑果球形或扁球形，果皮薄而易剥离，果肉甜或酸；子叶绿色。分布于长江流域及以南地区，广泛栽培。柑橘及其栽培变种茶枝柑 *C. reticulata* ‘Chachi’、大红袍 *C. reticulata* ‘Dahongpao’、温州蜜柑 *C. reticulata* ‘Unshiu’、福橘 *C. reticulata* ‘Tangerina’ 的成熟果皮（陈皮，来源于茶枝柑者为广陈皮）理气降逆，燥湿化痰；幼果或未成熟果皮（青皮）疏肝破气，消积化滞。此外，柑橘及大红袍、福橘等的外层果皮（橘红）理气宽中，燥湿化痰；种子（橘核）理气，散结，止痛。

图14-94　代代花（1）和酸橙（2、3）

橘红（化州柚）***C. maxima* (Burm.) Merr. ‘Tomentosa’** [= *C. grandis* (L.) Osbeck

—·笔记栏·—

图14-95 橘红

'Tomentosa'] 嫩枝、叶背、花梗、花萼及子房均被柔毛；嫩枝扁且有棱；叶柄的翼通常较宽大；果直径约10 cm，果皮被柔毛，海绵质，颇厚，果肉浅黄白色，味酸带苦，不堪生食；种子有明显纵肋棱（图14-95）。栽培于广东化州、茂名，广西博白、陆川等地。**柚 *C. maxima* (Burm.) Merr.** 果实较大，果皮无毛，果肉可口。两者的近成熟外层果皮（化橘红）理气宽中，燥湿化痰。

香橼（枸橼）***C. medica* L.** 或**香橙**（香圆）***C.* × *junos* Siebold ex Yu. Tanaka** (= *C.* × *wilsonii* Yu. Tanaka) 的成熟果实（香橼）疏肝理气，宽中，化痰。**佛手 *C. medica* L. 'Sarcodactylis'** [= *C. medica* L. var. *sarcodactylis* (Hoola van Nooten) Swingle] 的果实（佛手）疏肝理气，和胃止痛，燥湿化痰。

案例

《神农本草经》中橘柚项下"一名橘皮"。《新修本草》中橘柚项下"此是说其皮功耳，以东橘为好""柚子皮乃可食，而不复入药用""今俗人或谓橙为柚，非也。"《本草纲目》中"夫橘、柚、柑三者，相类而不同。橘实小，其瓣味微酢，其皮薄而红，味辛而甘；柚大小皆如橙，味酢，其皮厚而黄，味甘而不甚辛，如此分之，不误矣。"郭璞曰："柚似橙而大于橘。"从上述本草中提到多种芸香科药用植物具有较高的药用价值。分析下列问题：

（1）本草文献中提到的橘柚、东橘、柚、橙、柑分别指的哪些药用植物？他们之间的功效、作用是否相同？

（2）芸香科橘柚的应用变迁的原因是什么？

（2）**黄檗属 *Phellodendron***：2种，均产于我国。

川黄檗（黄皮树）***Ph. chinense* C. K. Schneid.** 落叶乔木。树皮木栓层发达，内皮较厚，黄色。奇数羽状复叶，对生；叶轴及叶柄粗壮，密被褐锈色或棕色柔毛。小叶片纸质，两侧常不对称，全缘或浅波浪状，背面常密被长柔毛。雌雄异株，圆锥状聚伞花序；花小，黄绿色；萼片5枚；花瓣5～8枚；雄花有雄蕊5～6枚，退化雌蕊钻形；雌花有退化雄蕊5～6枚，雌蕊的子房5室，每室有胚珠2颗。核果球形，浆果状，密集成团，熟时紫黑色（图14-96）。分布于四川、贵州、云南等地区，重庆、湖北、湖南、陕西亦产。生于山地杂木林中。树皮（川黄柏）清热燥湿，泻火除蒸，解毒疗疮。

图14-96 黄皮树和黄檗（右上）

黄檗 *Ph. amurense* Rupr. 树皮颇厚，木栓层甚发达，而内皮稍薄；叶轴和叶柄无毛或几无毛，较纤细；小叶边缘有细钝齿和缘毛；雄花的雄蕊比花瓣长，退化雌蕊短小；果序较疏松。分布于东北、华北和华中各省（区）。树皮（关黄柏）与川黄柏功效相同。

川黄檗与黄檗均为国家二级重点保护野生植物。

（3）**吴茱萸属 *Tetradium***：9种，我国7种。

吴茱萸（石虎、疏毛吴茱萸）***T. ruticarpum* (A. Juss.) T. G. Hartley** [= *Euodia* *ruticarpa* (A. Juss.) Benth., = *E. ruticarpa* (A. Juss.) Benth. var. *officinalis* (Dode) C. C. Huang, = *E. ruticarpa* (A. Juss.) Benth. var. *bodinieri* (Dode) C. C. Huang] 灌木或乔木；嫩枝叶揉之有腥臭气。羽状复叶互生；小叶片5～13枚，两面被毛，有透明腺点。雌雄异株，顶生的圆锥状聚伞花序；花5基数；花瓣绿白色；雄花中雄蕊伸出花瓣之上，有退化雌蕊；雌花的花瓣脱落后其心皮的毛被脱落。蓇果扁球形，表面有粗大油腺点，成熟时裂开呈5个果瓣，每果瓣有种子1枚。种子黑色光亮，直径4～5 mm（图14-97）。分布于华东、中南、西南等地区。生于山区疏林或林缘，现多栽培。近成熟果实（吴茱萸）散寒止痛，降逆止呕，助阳止泻。

图14-97　吴茱萸

（4）**花椒属** ***Zanthoxylum***：220～240种，我国40余种。

花椒*Z. bungeanum* Maxim. 落叶灌木。茎干具增大的皮刺。奇数羽状复叶，互生；小叶片对生，2～6对，叶缘齿缝间有大而透明的油点；叶轴两侧有狭翼。圆锥状聚伞花序顶生；花单性；花被片一轮，6～8枚，近等大，黄绿色；雄花有雄蕊5～8枚；雌花中离生雌蕊2～3枚，花柱分离，斜向背弯。蓇葖果，球形，红色或红紫色，密生凸起的粗大油腺点（图14-98）。分布几近全国，生于路边、山坡灌丛中，常见栽培。花椒和**青花椒**（青椒）***Z. schinifolium* Siebold & Zucc.** 的果皮（花椒）温中止痛，杀虫止痒；种子（椒目）亦可药用。

图14-98　花椒

两面针*Z. nitidum* (Roxb.) DC. 的根（两面针）活血化瘀，行气止痛，祛风通络，解毒消肿。砚壳花椒（单面针）*Z. dissitum* Hemsl. 的根和茎（单面针）也可药用。

本科植物中，**九里香*Murraya exotica* L.** 和**千里香*M. paniculata* (L.) Jack** 的叶及带叶嫩枝（九里香）行气止痛，活血散瘀；**白鲜*Dictamnus dasycarpus* Turcz.** 的根皮（白鲜皮）清热燥湿，祛风解毒。另外，小花山小橘*Glycosmis parviflora* (Sims) Little的叶（山桔叶）、三椏苦（三叉苦）*Melicope pteleifolia* (Champ. & Benth.) T. G. Hartley的茎及带叶嫩枝（三叉苦）等，也可药用。

32. 锦葵科 Malvaceae

$⚥ * K_{3\sim5,(3\sim5)} C_5 A_{(5\sim\infty)} \underline{G}_{(2\sim\infty:3\sim\infty:1\sim\infty)}$

【特征与分类】

草本或木本。**植物体常被星状毛，多具黏液细胞；韧皮纤维发达。单叶互生**，叶片掌状分裂，**叶脉通常掌状**，或掌状复叶；具托叶。花腋生或顶生，单生、簇生、聚伞花序至圆锥花序；**花两性，辐射对称**；萼片3～5枚，分离或合生；其下面附有总苞状的小苞片，称**副萼**，3枚至多数；花瓣常5枚，旋转状排列；雄蕊5至多数，花丝离生，或常合生成柱（**单体雄蕊**），有时着生于雌雄

—•笔记栏•—

蕊柄上；花粉粒常具刺；子房上位，由2至多数心皮合生，2至多室，**中轴胎座，每室1至多数胚珠**。**蒴果**、聚合蓇葖果、核果或浆果等。

本科植物多含黄酮类、萜类、生物碱类、醌、酚类化合物及脂肪酸等化学成分。

锦葵科传统上包括雄蕊多数、合生为雄蕊柱的种类。它与木棉科、椴树科、梧桐科有较为密切的亲缘关系，共同组成锦葵目的核心。分子系统学研究表明，这4个科形成单系类群，其中传统的锦葵科为单系分支，但木棉科、椴树科和梧桐科是多系的，各分支相互穿插。如果维持传统概念的锦葵科不变，则其他3个科必须拆分组合成10余个科，造成科的数目增加较多。因而，APG Ⅳ系统中把上述各科并入锦葵科。

本科约有240余属，4 200余种，分布于温带和热带。我国有50余属，250余种，产于全国各地，以热带和亚热带地区种类较多。已知药用10余属，60余种。

【主要药用植物】

（1）**木棉属*Bombax***：8～11种，我国有3种。

图14-99　木棉

木棉*B. ceiba* L. [= *Gossampinus malabarica* (DC.) Merr.] 落叶高大乔木，树皮灰白色，树干具粗刺。掌状复叶，小叶5～7片，长圆形至长圆状披针形；托叶小。花单生枝顶叶腋，红色；萼杯状，内面密被淡黄色短绢毛，萼齿3～5枚，半圆形；花瓣肉质，倒卵状长圆形，被星状柔毛；雄蕊多数，基部合生呈筒状，外轮雄蕊较长，成5束，中间10枚雄蕊较短；花柱长于雄蕊，5裂。蒴果长圆形，果爿革质，内有丝状绵毛（图14-99）。分布于西南、华南省（区）。生于干热河谷、稀树草原或沟谷季雨林内，常栽培。花（木棉花）清热利湿，解毒。

（2）**木槿属*Hibiscus***：400余种，我国约有28种。

图14-100　木芙蓉

木芙蓉*H. mutabilis* L. 落叶灌木或小乔木；除茎外，全株具毛。叶宽卵形，常5～7裂；托叶披针形，早落。花开时白色或淡红色，后变深红色，单生于枝端叶腋间。小苞片8枚，线形，基部合生；萼钟形，花瓣5枚，近圆形，基部具髯毛；雄蕊柱无毛。蒴果扁球形，果片5枚；种子肾形，背面被长柔毛（图14-100）。分布于全国各地，生于村旁、路旁，多栽培。叶（木芙蓉叶）凉血，解毒，消肿，止痛。

（3）**锦葵属*Malva***：50余种，我国约有5种。

野葵（冬葵）***M. verticillata* L.** 二年生或多年生较高大的草本；茎干疏生星状毛。单叶互生，叶片肾形或圆形，掌状5～7裂，裂片圆钝或三角形，叶基心形。花小，近无柄，簇生叶腋；萼杯状，有5个阔三角形裂片；花瓣5枚，粉白色，稍长于萼裂片。蒴果扁球形，熟后心皮彼此分离并与中轴脱离，形成10～11个分果爿。每果爿内有肾形种子1枚（图14-101）。分布于全国各地，生于村旁、路旁、田埂草丛中，也有栽培。果实（冬葵果）清热利尿，消肿。

（4）**苘麻属*Abutilon***：160～170种，我国约有28种。

苘麻*A. theophrasti* Medik. 一年生半灌木状高大草本，全株有星状毛。叶互生，叶片圆心形。花单生叶腋，花梗短于叶柄；无副萼；花萼杯状，裂片卵形；花瓣黄色，基部连合，与雄蕊柱合生；雄蕊柱光滑；心皮排成轮状，每室有胚珠3～4枚。蒴果磨盘状，分果爿15～20个，有粗毛，顶端有2个长芒。种子肾形，褐色，被星状柔毛（图14-102）。分布于全国各地，生于路旁、荒地和田野，也多栽培。种子（苘麻子）清热利湿，解毒，退翳。

图14-101　野葵

图14-102　苘麻

另外，**胖大海** ***Scaphium affine*** **(Mast.) Pierre** (=*Sterculia lychnophora* Hance)的种子（胖大海）清热润肺，利咽开音，润肠通便。**黄蜀葵** ***Abelmoschus manihot*** **(L.) Medik.**的花冠（黄蜀葵花）清利湿热，消肿解毒。破布叶*Microcos paniculata* L.的叶（布渣叶）、地桃花（肖梵天花）*Urena lobata* L.的地上部分（地桃花）也可药用。

瑞香科

33. 十字花科 Brassicaceae（Cruciferae）

$⚥ * K_{2+2}C_4A_{2+4}\underline{G}_{(2:1\sim2:1\sim\infty)}$

【特征与分类】

草本。**常具特殊的辛辣气味**。单叶互生，无托叶，基生叶呈莲座状，花两性，辐射对称，多排成总状花序；萼片4，分离，2轮；花瓣4枚，十字形排列；雄蕊6枚，4长2短，为**四强雄蕊**，常在雄蕊基部有4个蜜腺；雌蕊2枚心皮，子房上位，**侧膜胎座**，胎座边缘延伸成**假隔膜**将子房分成2室。**长角果或短角果**，多2瓣开裂。种子无胚乳（图14-103）。

本科植物多含有硫苷-芥子苷类化合物，以芥子酸及葡萄糖异硫氰酸酯类化合物为其化学特征。还含有丰富的脂肪油。

本科340余属，3 900余种。分布于全球，以北温带为多，特别是地中海沿岸，为其多样性中心。我国有110余属，480余种。已知药用30属，103种。

图14-103　芸薹*Brassica rapa* var. *oleifera*花、果的解剖

1. 花部离析；2. 雌蕊纵切；3. 左：内轮雄蕊背面观，中：内轮雄蕊侧面观，右：外轮雄蕊腹面观；4. 花瓣纵切；5. 花瓣；6. 幼果；7. 果实纵切；8、9. 子房横切，示子房室及胚珠

【主要药用属检索表】

1. 叶羽状半裂、深裂、全裂或大头羽裂。
    2. 长角果。
        3. 叶为二至三回羽状深裂；花黄色或乳黄色……………………播娘蒿属*Descurainia*

—•笔记栏•—

3. 叶为大头羽裂、一回羽状半裂、深裂或全裂。
  4. 叶为大头羽裂；长角果具喙。
    5. 内萼片基部稍成或成囊状；全株无毛或有单毛。
      6. 花白色、淡红色或紫色。长角果有细喙 ………… 萝卜属 *Raphanus*
      6. 花黄色或乳黄色，少有白色。长角果具锥状喙 ………… 芸薹属 *Brassica*
    5. 内萼片基部不成囊状；全株有单毛 ………… 白芥属 *Sinapis*
  4. 叶为羽状半裂、浅裂或深裂。长角果无喙 ………… 蔊菜属 *Rorippa*
2. 短角果。
  7. 短角果卵圆形，顶端常微缺，且呈翅状 ………… 独行菜属 *Lepidium*
  7. 短角果三角形，顶端圆形，不呈翅状 ………… 荠属 *Capsella*
1. 叶全缘或有锯齿。
  8. 花黄色，短角果不裂 ………… 菘蓝属 *Isatis*
  8. 花白色，粉红色或带黄色，短角果开裂 ………… 菥蓂属 *Thlaspi*

【主要药用植物】

（1）**独行菜属 *Lepidium***：近260种，我国有20余种。

独行菜 *L. apetalum* Willd. 一年或二年生草本。茎直立，多分枝。基生叶匙形，一回羽状浅裂或深裂；茎生叶线形。总状花序；萼片卵形，早落；雄蕊通常2枚。短角果近圆形或宽椭圆形，扁平，顶端微缺，上部有短翅。种子椭圆形，棕红色（图14-104）。分布于东北、华北、华中、西北、西南等地，生在山坡、山沟、路旁及村庄附近。种子（北葶苈子）泻肺平喘，行水消肿。

图14-104　播娘蒿（1）与独行菜（2）

玛咖 *L. meyenii* Walp. 原产于秘鲁，当地民间认为根具有滋补强壮作用，也用于更年期综合征的辅助治疗。近年引种至我国西南、西北地区。

（2）**播娘蒿属 *Descurainia***：40种左右，我国有1种。

播娘蒿 *D. sophia* (L.) Webb & Prantl 一年生草本。茎直立，多分枝，下部淡紫色。叶为三回羽状深裂，下部叶具柄。伞房花序；萼片直立，长圆条形，早落；花黄色，长圆状倒卵形，具爪；雄蕊6枚，比花瓣长1/3。长角果圆筒状，种子小，每室1行，稍扁，淡红褐色（图14-104）。除华南外全国各地均产，生于山坡、田野及农田。种子（南葶苈子）泻肺平喘，行水消肿。

图14-105　菘蓝

（3）**菘蓝属 *Isatis***：约90种，我国约有6种。

菘蓝 *I. tinctoria* L. (=*I. indigotica* Fortune ex Lindl.) 二年生草本。主根圆柱形。茎直立，无毛或具白色柔毛，具白粉霜。基生叶莲座状，长圆形至宽倒披针形，有叶柄；茎生叶互生，长圆状披针形，基部垂耳圆形或较尖锐，半抱茎。圆锥花序；花小，黄色；子房1室。角果翅果状，近长圆形，扁平，内有种子1枚；果瓣中央有1条显明的棱（图14-105）。全国除华南外大部分地区有分布，生长于田野、牧场、路旁、荒地；华北、西北、东北多地有栽培。根（板蓝根）清热解毒，凉血利咽。叶（大青叶）清热解毒，凉血消斑；尚可加工制成青黛，能清热解毒、凉血消斑、泻火定惊。

本科植物中，**菥蓂 *Thlaspi arvense* L.**的全草（菥蓂）清肝明目，和中利湿，解毒消肿；**萝卜 *Raphanus sativus* L.**的种子（莱菔子）消食除胀，降气化痰；**白芥 *Sinapis alba* L.**的种子（白芥子）和**芥菜 *Brassica juncea* (L.) Czern.**的种子（黄芥子）温肺豁痰利气，散结通络止痛；**无茎荠 *Pegaeophyton scapiflorum* (Hook. f. & Thomson) C. Marquand & Airy Shaw**的干燥根和根状茎（高山辣根菜）清热解毒，清肺止咳，止血，消肿。中华蜜蜂等工蜂所采集的芸薹（油菜）*Brassica rapa* L. var. *oleifera* DC. (= *B. campestis* L.)的花粉（油菜花粉）也可药用。常见药用植物还有荠菜 *Capsella bursa-pastoris* (L.) Medik.、蔊菜 *Rorippa indica* (L.) Hiern 等。

34. 蓼科 Polygonaceae

$⚥ * P_{3\sim6,(3\sim6)} A_{3\sim9} \underline{G}_{(2\sim4:1:1)}$

案例

近年来“人形何首乌”的报道较多，大多数是由人为制造而成。那么如何判断人形何首乌是否是真正的何首乌？何首乌具补肝益肾、养血养精的功效，但是近年来关于何首乌肝毒性的报道屡见不鲜，引起何首乌毒性的主要成分为蒽醌类。如何看待何首乌的补益作用与毒性？什么原因导致何首乌出现毒性？

【特征与分类】

多年生**草本**，稀灌木或小乔木。**茎节常膨大，偶尔中空**。**单叶**，边缘通常全缘，**互生**；托叶通常**连合成膜质托叶鞘**。**花两性**，稀为单性；常排成穗状、总状、圆锥状或头状花序；顶生或腋生，**单被花**，**花被片** 3 ～ 6，**常花瓣状**，分离或基部合生，宿存；雄蕊（3 ～）6 ～ 9；**子房上位**，**1 室**，常 **3 心皮合生**，稀 2 ～ 4 心皮，**胚珠 1 枚**，基生胎座。**瘦果或小坚果**，常包于**宿存的花被内**，多有翅。种子有胚乳（图 14-106）。

图 14-106　虎杖 *Reynoutria japonica* 及其花的解剖

Ⅰ. 新发植株；Ⅱ. 雄花枝；Ⅲ. 果枝；Ⅳ. 雄花序及雄花的解剖

1. 雄花花枝，示腋生圆锥花序；2. 雄花花冠纵切；3. 圆锥花序分枝，示苞片及其内的花；4. 雄花花冠底面观；5. 花被裂片；6. 雄蕊群；7. 退化雌蕊

本科植物细胞中常见草酸钙簇晶，含有蒽醌类、黄酮类和鞣质类及芪类化合物。

分子证据表明，广义的蓼属并非单系群，且其内的分组应分别成立为属级单位，主要有蓼属、拳参属、萹蓄属、何首乌属、虎杖属、蔓蓼属等，其中萹蓄属由于包含了蓼属的模式种萹蓄而

—•笔记栏•—

沿用了*Polygonum*的学名。

本科约55属，1 500余种，分布于全球。我国约20属，270余种，分布于全国。已知药用10属，136种。

【主要药用属检索表】

1. 茎缠绕 …… 何首乌属 *Pleuropterus*
1. 茎直立。
  2. 花单性，雌雄异株；柱头流苏状 …… 虎杖属 *Reynoutria*
  2. 花两性，柱头头状。
    3. 花被6枚 …… 大黄属 *Rheum*
    3. 花被片5枚或4枚。
      4. 瘦果具三棱，明显比宿存的花被长 …… 荞麦属 *Fagopyrum*
      4. 瘦果具三棱或凸镜状，比宿存的花被短。
        5. 叶基部具关节；托叶鞘2裂，后撕裂 …… 萹蓄属 *Polygonum*
        5. 叶基部无关节；托叶鞘既不为2裂也不为撕裂。
          6. 茎不分枝，具基部叶；托叶鞘顶端偏斜 …… 拳参属 *Bistorta*
          6. 茎分枝，无基生叶；托叶鞘顶端截形 …… 蓼属 *Persicaria*

【主要药用植物】

（1）**蓼属 *Persicaria***：130～140种，我国有60余种。

红蓼 *P. orientalis* (L.) Spach (= *Polygonum orientale* L.) 一年生草本。茎直立，粗壮，密被长柔毛。叶片大，宽卵形，基部圆形或近心形，全缘，两面被柔毛；托叶鞘筒状，膜质，具长缘毛，顶端具草质、绿色的翅。总状花序穗状，顶生或腋生，花序梗无毛；花被5深裂，淡红色或白色；雄蕊7枚，比花被长；花柱2，中下部合生。瘦果圆形，双凹，黑褐色，有光泽，包于宿存花被内（图14-107）。分布于除西藏外的全国各地，野生或栽培。生于沟边湿地、村边路旁。果实（水红花子）散血消癥，消积止痛，利水消肿。

图14-107 红蓼

杠板归 *Persicaria perfoliata* (L.) H. Gross (= *Polygonum perfoliatum* L.)的地上部分（杠板归）清热解毒，利水消肿。**蓼蓝 *Persicaria tinctoria* (Aiton) Spach** (= *Polygonum tinctorium* Aiton)的叶（蓼大青叶）清热解毒，凉血消斑；并可用于加工青黛。头花蓼 *Persicaria capitata* (Buch.-Ham. & D. Don) H. Gross (= *Polygonum capitatum* Buch.-Ham. & D. Don)的地上部分（头花蓼）亦可药用。

（2）**拳参属 *Bistorta***：40多种，我国有20多种。

拳参 *B. officinalis* Delarbre (= *Polygonum bistorta* L.) 多年生草本。根状茎肥厚弯曲，黑褐色。茎直立，不分枝。基生叶宽披针形或狭卵形，纸质，基部沿叶柄下延成翅；茎生叶披针形或线形；托叶筒状，膜质，顶端偏斜，于一侧深裂，无缘毛。总状花序呈穗状，顶生，紧密；花被5深裂，白色或淡红色；雄蕊8枚，花柱3。瘦果椭圆形，稍长于宿存的花被（图14-108）。分布于东北、华北、华东、华中等地。生于山坡草地、山顶草甸。根状茎（拳参）清热解毒，消肿止痛。

（3）**荞麦属 *Fagopyrum***：30种左右，我国近

—•笔记栏•—

20种。

金荞麦 ***F. dibotrys*** **(D. Don) H. Hara** 多年生草本。根状茎木质化，黑褐色。茎直立。叶在茎、枝上部互生，叶片阔三角形，稍呈戟状；托叶鞘筒状，膜质，顶端截形，无缘毛。伞房花序，顶生或腋生；花梗中部具关节；花被5深裂，白色；雄蕊8枚，比花被短；花柱3枚。瘦果宽卵形，具3锐棱，明显比宿存花被长（图14-109）。分布于陕西、华东、华中、华南及西南等地。生于山谷湿地、山坡灌丛。国家二级重点保护野生植物。根状茎（金荞麦）清热解毒，排脓祛瘀。

图14-108　拳参

图14-109　金荞麦

（4）**大黄属** ***Rheum***：50～60种，我国有近40种。

掌叶大黄 ***Rh. palmatum*** **L.** 高大粗壮草本，根及根状茎粗壮木质。茎直立，中空。叶片长宽近相等，基部近心形，掌状5裂，裂片深至1/3～2/3，具粗齿或羽裂；基出脉多为5条，叶密被短毛；托叶鞘发达，膜质。大型圆锥花序；花被片紫红色或黄白色；花被片6枚，雄蕊9枚。瘦果的3条棱上具翅；果期果序的分枝直而聚拢（图14-110）。分布于甘肃、四川、青海、云南西北部及西藏东部等省（区）。生于山坡或山谷湿地，多有栽培。**唐古特大黄**（鸡爪大黄）***Rh. tanguticum*** **Maxim. ex Balf.** 叶片的分裂深至2/3以下，裂片窄长披针形；花小，紫红色稀淡红色。**药用大黄** ***Rh. officinale*** **Baill.** 叶片掌状浅裂，裂片大齿状三角形，深不及1/3；花被片绿色到黄白色；果枝开展。3种大黄的根及根状茎（大黄）泻下攻积，清热泻火，凉血解毒，逐瘀通经，利湿退黄。

图14-110　掌叶大黄

大黄中的泻下成分

（5）**何首乌属** ***Pleuropterus***：2种，我国均有。

何首乌 ***P. multiflora*** **(Thunb.) Harald.** (=*Polygonum multiflorum* Thunb.) 多年生缠绕草本。块根肥厚，长椭圆形，红褐色，断面有异常维管束形成的“云锦花纹”。叶互生；叶片卵状心形，光滑；托叶鞘膜质，偏斜，无毛。圆锥花序，开展；花被5深裂，绿白色，外侧3片背部有翅，果时增大；雄蕊8枚。瘦果卵形，具3棱，包藏于宿存花被内（图14-111）。分布于全国各地。生于山

图 14-111　何首乌

图 14-112　萹蓄

谷灌丛、山坡林下或石缝中。块根（何首乌）生用能解毒，消痈，润肠通便；制用能补肝肾，益精血，强筋骨，乌须发；茎藤（首乌藤）养血安神，祛风通络。

（6）**虎杖属** ***Reynoutria***：约5种，我国有2种。

虎 杖 ***R. japonica*** **Houtt.** (=*Polygonum cuspidatum* Siebold & Zucc.) 多年生草本。根状茎粗壮，横走，常有片状髓。茎粗壮，中空，有紫色斑点。叶片宽卵形，近革质；托叶鞘膜质筒状，偏斜，早落。花单性，雌雄异株，圆锥花序腋生；花被绿白色，5深裂；雄花花被片无翅，雄蕊8枚，比花被片长；雌花花被片外面3片背部具翅，果时增大，雌蕊柱头流苏状。瘦果卵形，具3棱，包藏于宿存花被内（图14-106）。分布于陕西、甘肃及长江流域和以南各省。生于山坡、路旁的阴湿处。根及根状茎（虎杖）利湿退黄，清热解毒，散瘀止痛，止咳化痰。

（7）**萹蓄属** ***Polygonum***：160多种，我国约有25种。

萹蓄 ***P. aviculare*** **L.** 一年生草本。茎平卧、上升或直立，自基部多分枝，具纵棱。叶片常椭圆形，大小不等，基部具关节；托叶鞘膜质，下部褐色，上部白色，撕裂。花单生或簇生于叶腋，花梗顶部具关节；花被5深裂，绿色，边缘白色或淡红色；雄蕊8枚。瘦果卵形，具3棱，与宿存花被近等长或稍超过，密被由小点组成的细条纹，无光泽（图14-112）。产于全国各地。生于田边路、沟边湿地。地上部分（萹蓄）利尿通淋，杀虫止痒。

另外，木藤蓼 *Fallopia aubertii* (L. Henry) Holub (= *Polygonum aubertii* L. Henry) 的茎（木藤蓼）入药。常用药用植物还有羊蹄 *Rumex japonicus* Houtt. 等。

35. 石竹科 Caryophyllaceae

⚥ $* K_{4\sim5,(4\sim5)} C_{4\sim5,0} A_{5\sim10} \underline{G}_{(2\sim5:1\sim5:1\sim\infty)}$

案例

藏药阿仲尕布，藏族人称之为人间仙草，中药名雪灵芝。全草入药，能清热止咳，利湿退黄，主治流感、肺炎、黄疸、筋骨疼痛、淋病等。经观察，其主要特征如下：多年生垫状草本，主根粗壮，木质化。茎高寸许，簇生，外形半圆球状，茎下部密集枯叶，叶片针状线形，膜质，抱茎，上面凹入，下面凸起；茎基部叶较密集，上部2～3对。花1～2枚，生于枝端；苞片披针形，草质；萼片5枚，膜质，3脉；花瓣5枚，白色；花盘杯状；雄蕊10枚；子房上位，球形；蒴果。分析下列问题：

（1）该植物是哪个科的药用植物？为什么？

（2）您知道该植物含有的主要化学成分类型是什么吗？

—•笔记栏•—

【特征与分类】

草本，稀半灌木。**节常膨大**。**单叶对生，全缘**。托叶膜质或无。**花两性**，辐射对称；**聚伞花序或单生**；**萼片4～5枚**，分离或连合；**花瓣4～5枚，常具爪**，稀无；**雄蕊常5～10枚**；**子房上位**，心皮2～5枚，1室，稀2～5室，胚珠1至多数，**特立中央胎座**。**花柱2～5枚**，稀1枚，**蒴果**齿裂或瓣裂，稀浆果。种子1至多数，肾形、卵形、胚环形或半圆形（图14-113）。

图14-113　麦蓝菜 *Gypsophila vaccaria* 及其花的解剖

1. 花期枝条；2. 花瓣；3. 花萼纵剖；4. 左：雌蕊；右：雄蕊；5. 花冠正面；6. 聚伞花序侧面；7. 花纵切；8. 雌蕊纵切与萼筒横切；9. 花部离析；10. 子房横切

石竹科植物的化学成分主要有皂苷类和环醇类。

本科约100属，3 300余种。我国有33属，近420种，南北均产，主产于华北、西南和西北。已知药用10余属，100余种。

【主要药用属检索表】

1. 有托叶；花萼绿色，叶状；花瓣2深裂；蒴果3瓣裂 ………………………… 荷莲豆草属 *Drymaria*
1. 无托叶。
    2. 萼片离生，稀基部合生；花瓣近无爪，稀无花瓣；雄蕊通常周位生。
        3. 植株具肉质根；花2型，茎顶端的花为开花授精花，有花瓣，常不结实；茎基部的花为闭花授精花，无花瓣，结实；花瓣2浅裂 …. 孩儿参属 *Pseudostellaria*
        3. 植株通常无肉质根；花非2型，无闭花授精花。
            4. 蒴果顶端常10齿裂，稀6～8齿裂。
                5. 蒴果圆筒形；通常全株被毛，具腺体；花瓣分裂达1/3 …………… 卷耳属 *Cerastium*
                5. 蒴果卵形；植株有或无毛；花瓣2深裂达中部或基部 ……………… 繁缕属 *Stellaria*
            4. 蒴果5瓣裂至中部，裂瓣顶端再2齿裂；花瓣2深裂至基部 ………………………………………………………………………………… 鹅肠菜属 *Myosoton*
    2. 萼片合生成明显的花萼筒；花瓣通常显爪；雄蕊下位生。
        6. 花萼具连合纵脉，萼筒花后多少膨大；花柱3枚或5枚 …………………… 蝇子草属 *Silene*
        6. 花萼无连合纵脉，萼筒花后不膨大；花柱2枚，稀3枚。
            7. 花萼具5棱；花瓣微凹缺或全缘；蒴果不完全4室 ……………… 石头花属 *Gypsophila*
            7. 花萼无棱，基部具1至数苞叶；花瓣边缘具齿或细裂；蒴果1室 ……………………………………………………………………… 石竹属 *Dianthus*

【主要药用植物】

（1）**孩儿参属 *Pseudostellaria***：24种，我国有12种。

孩儿参 *P. heterophylla* (Miq.) Pax　多年生草本。块根肉质，纺锤形。叶对生；顶部两对叶较大，呈十字形。花2型：普通花1～3枚，着生于顶端总苞内，白色，萼片5枚，花瓣5枚，雄蕊10枚；闭花受精花着生于茎下部叶腋，萼片4枚，无花瓣。蒴果卵形，熟时下垂（图14-114）。分布于辽宁、内蒙古、河北、陕西、山东、江苏、安徽、河南、浙江、江西、湖北、湖南、四川。生于山谷林下、林阴处。块根（太子参）益气健脾，生津润肺。

—•笔记栏•—

图14-114　孩儿参

图14-115　瞿麦

古诗中的石竹

（2）**石头花属*Gypsophila***：140～150种，我国约有20种。

麦蓝菜*G. vaccaria* (L.) Sm. [= *Vaccaria segetalis* (Neck.) Garcke ex Asch., = *V. hispanica* (Mill.) Rauschert] 一年生或二年生草本，全株光滑无毛。叶窄卵状椭圆形或阔披针形。聚伞花序顶生；苞片2枚；萼筒壶状，具5条翅状棱，萼齿5枚；花瓣5枚，淡红色；雄蕊10枚。蒴果，4齿裂。种子球形，黑色（图14-113）。分布于华南以外各地区。生于草坡、麦田等处。种子（王不留行）活血通经，下乳消肿，利尿通淋。

（3）**石竹属*Dianthus***：330～350种，我国有近20种。

瞿麦*D. superbus* L. 多年生草本。叶对生，线形或披针形。顶生聚伞花序；花萼下具小苞片4～6枚，倒卵形，顶端长尖，长为花萼1/4；萼筒较粗短，顶端5裂；花瓣5枚，淡紫色，具长爪，顶端深裂成丝状；雄蕊10枚；花柱2枚。蒴果长筒形，与宿存萼等长或稍长，顶端4齿裂（图14-115）。分布于全国。生于山野、草丛等处。瞿麦或**石竹*D. chinensis* L.**的地上部分（瞿麦）利尿通淋，活血通经。

本科植物中，**银柴胡*Stellaria dichotoma* L. var. *lanceolata* Bunge**的根（银柴胡）清虚热，除疳热。**金铁锁*Psammosilene tunicoides* W. C. Wu & C. Y. Wu**的根（金铁锁）祛风除湿，散瘀止痛，解毒消肿；国家二级重点保护野生植物。

36. 苋科Amaranthaceae

$⚥ *P_{3\sim5}A_{3\sim5}\underline{G}_{(2\sim3:1:1\sim\infty)}$

【特征与分类】

多为**草本**。**单叶互生**或对生，叶片边缘常全缘或波状；无托叶。茎节有时膨大。**花两性**，稀单性，辐射对称，单生，或集成聚伞、穗状或圆锥花序；**花被片3～5枚**，干膜质、草质或肉质；**雄蕊与花被片同数而对生**，花丝基部合生或分离；**心皮2～3枚，合生，子房常上位，1室，基生胎座**，胚珠1至数枚。**胞果**，或周裂（盖裂）的蒴果。

本科植物含三萜皂苷类（三萜皂苷水解后可生成齐墩果酸）；甾类，如蜕皮甾酮、杯苋甾酮、牛膝甾酮等；黄酮类，如山柰苷等；生物碱类，如甜菜碱等。

APG Ⅳ系统中的苋科是广义的，包括了藜科Chenopodiaceae。传统上认为，苋科植物的花被片干膜质，雄蕊基部通常合生，而藜科植物具有绿色和膜质至肉质花被，雄蕊通常分离。分子证据倾向于将藜科归并为苋科的一个亚科。

本科180余属，近2 400种，广布于全球。我国约有70属，260余种，多分布于西北及东北地区。已知药用15属，50余种。

【主要药用植物】

地 肤 ***Bassia scoparia*** **(L.) A. J. Scott** [=*Kochia scoparia* (L.) Schrad.]　一年生草本。根略呈纺锤形。茎直立，淡绿色或带紫红色，具多条棱。等面叶，披针形或条状披针形，常具3条明显主脉；茎上部叶较小，无柄，1脉。花两性或雌性，通常1～3个生于上部叶腋，构成疏穗状圆锥状花序；花被近球形，淡绿色。胞果扁球形，果皮膜质，与种子离生。种子卵形（图14-116）。分布于全国。生于田边、路旁、荒地。果实（地肤子）清热利湿，祛风止痒。

图14-116　地肤

青葙 ***Celosia argentea*** **L.**　一年生草本，无毛；茎直立，具分枝，绿色或红色，具显明条纹。绿色常带红色。花多数，密生，在茎端或枝端成单一、无分枝的塔状或圆柱状穗状花序；苞片及小苞片披针形，白色，光亮；花被片初为白色顶端带红色，或全部粉红色，后白色。胞果卵形，包裹在宿存花被片内。种子凸透镜状肾形（图14-117）。分布于全国。生于坡地、路边、田野等干燥向阳处。种子（青葙子）清肝泻火，明目退翳。同属植物**鸡冠花** ***C. cristata*** **L.**的花序（鸡冠花）收敛止血，止带，止痢。

图14-117　青葙

1. 植株；2. 花序一部分；3. 鸡冠花

牛 膝 ***Achyranthes bidentata*** **Blume**　多年生草本。根圆柱形。茎四棱形，节膨大。叶对生，椭圆形至椭圆状披针形，全缘。穗状花序；苞片1枚，干膜质，小苞片硬刺状；花被片膜质；雄蕊5枚，花丝下部连合。胞果长圆形，包于宿存花被内，向下折贴近花序轴（图14-118）。除东北外，全国广布，以河南栽培为主。生于山坡林下。根（牛膝）逐瘀通经，补肝肾，强筋骨，利尿通淋，引血下行。同属植物土牛膝（粗毛牛膝）*A. aspera* L.的根和根状茎（土牛膝）也可药用。

图14-118　牛膝

商陆科

本科植物**川牛膝** ***Cyathula officinalis*** **Kuan**的根（川牛膝）逐瘀通经，通利关节，利尿通淋。

37. 报春花科 Primulaceae

$⚥ * K_{(4\sim5)}C_{(4\sim5),0}A_{4\sim5}\underline{G}_{(4\sim5:1:1\sim\infty)}$

【特征与分类】

草本、灌木、乔木或藤本。**单叶互生，螺旋状排列，对生或轮生，基部常呈莲座状**，全缘至有锯齿，具羽状脉。**花两性，辐射对称；花萼4～5裂；花冠裂片4～5**，覆瓦状或螺旋状排列；**雄蕊4～5，与花冠裂片同数对生；子房上位，特立中央胎座**，多少呈球形；柱头点状或头状；胚珠倒生至弯生。**蒴果**，瓣裂或周裂；或**浆果**，种子嵌入肉质胎座轴中；或**核果**，种子1至多数。

本科植物常含烃基苯醌和二羟基苯衍生物，如紫金牛酚、酸金牛醌、信筒子醌、杜茎山醌等；

—•笔记栏•—

香豆素类，如岩白菜素；黄酮类，如槲皮素、杨梅素苷等。

分子系统学研究表明，传统意义上以草本为特征的报春花科并非单系类群，而是与以木本为特征的紫金牛科Myrsinaceae等互相嵌套。APG Ⅳ系统中将其合并为广义的报春花科。

本科约60属，3 100余种。我国有19属，690余种，南北均产，主产于西南地区。已知药用约8属，190余种。

不同品种的金钱草药材

【主要药用植物】

过路黄 ***Lysimachia christinae*** **Hance** 多年生草本。茎柔弱，带红色，匍匐地面，常在节上生根。叶、花萼、花冠均具点状及条状黑色腺条纹。叶对生，心形或阔卵形。花腋生，2朵相对；花冠黄色，先端5裂，雄蕊5枚，与花冠裂片相对生；子房上位，特立中央胎座。蒴果球形（图14-119）。分布于长江流域至南部各省（区），北至陕西。生于山坡、疏林下、沟边阴湿处。全草（金钱草）利湿退黄，利尿通淋，解毒消肿。

图14-119 过路黄

朱砂根 ***Ardisia crenata*** **Sims** 灌木。叶片革质或坚纸质。伞形花序或聚伞花序，着生于侧生特殊花枝顶端；花枝近顶端常具2～3枚叶或更多，或无叶；花萼近基部连合，全缘；花瓣常白色，盛开时反卷；雄蕊较花瓣短；雌蕊与花瓣近等长或略长。果球形，鲜红色（图14-120）。分布于台湾及西藏东南、海南至湖北。生于山坡林下及沟谷阴湿处。根（朱砂根）解毒消肿，活血止痛。

图14-120 朱砂根

紫金牛 ***A. japonica*** **(Thunb.) Blume**的全草（矮地茶）化痰止咳，清利湿热，活血化瘀。灵香草 *Lysimachia foenum-graecum* Hance的全草（零陵香）也可药用。

38. 杜鹃花科Ericaceae

$⚥ *K_{4\sim5,(4\sim5)}C_{(4\sim5)}A_{8\sim10,4\sim5}\underline{G},\overline{G}_{(2\sim10:1\sim10:1:\infty)}$

【特征与分类】

灌木、乔木或藤本，稀草本。**单叶常互生，螺旋排列**，无托叶。花序多样；**花常两性**，稀单性，辐射对称至稍单面对称；萼片4～5枚，离生至稍合生，花冠具4～5个由小到大的覆瓦状至镊合状排列的裂片，**或为钟状或漏斗状；雄蕊常8～10枚，花药顶孔开裂**，有时有2个凸出物（芒）或顶端变狭窄，形成1对小管；心皮2～10枚，合生，子房上位或下位，花柱1枚。**蒴果，室间开裂或室背开裂**；或**浆果**；或**核果**，具果核1至数枚。

杜鹃花科的化学成分有黄酮类，如槲皮素、山柰酚、杨梅素、金丝桃苷等，其中棉黄素和杜鹃黄素是杜鹃花科的特征性成分；苷类，如越橘苷、桃叶珊瑚苷等；挥发油类；多种植物中还含毒性较大的梫木毒素。

APG Ⅳ系统中的杜鹃花科，在《中国植物志》界定的杜鹃花科之外，还包括了传统意义上的岩高兰科Empetraceae、鹿蹄草科Pyrolaceae等科。狭义杜鹃花科为并系，因此目前普遍接受广义杜鹃花科的观点。

本科120余属，约4 600种。我国约有25属，810余种，南北均产，多分布于西南地区。已知药用10余属，130余种。

【主要药用植物】

鹿蹄草*Pyrola calliantha* Andres 常绿草本状小半灌木。根状茎细长，横生，斜生，具分枝。叶基生，4～7枚，革质，叶下面常有白霜，有时带紫色。花葶有1～4枚鳞片状叶。总状花序，花密生，花冠广开，较大，白色或稍带淡红色；萼片舌形；雄蕊10枚。蒴果扁球形（图14-121）。分布于除新疆、黑龙江及华南以外的全国大部分地区。生于山地针叶林、针阔叶混交林或阔叶林下。鹿蹄草与**普通鹿蹄草*P. decorata* Andres**的全草（鹿衔草）祛风湿，强筋骨，止血，止咳。

图14-121　鹿蹄草

兴安杜鹃*Rhododendron dauricum* L. 半常绿灌木。多分枝，小枝具鳞片和柔毛。单叶对生，常集生小枝上部，近革质，矩圆形，下面密被鳞片，花生枝端，先花后叶；花紫色或粉红，外具柔毛；雄蕊10枚。蒴果矩圆形（图14-122）。分布于东北、西北及内蒙古。生于干燥山坡、灌丛中。叶（满山红）止咳祛痰。国家二级重点保护野生植物。

羊踯躅*Rh. molle* (Blume) G. Don 落叶灌木，先花后叶或花叶同时开放。叶下面密被灰白色微柔毛及疏刚毛，边缘具睫毛。花冠宽钟状，黄色，有深红色斑点；雄蕊5，长不超过花冠。蒴果长圆形（图14-122）。分布于长江中下游地区及华南、西南省（区）。生于山坡草地或丘陵灌丛、杂木林下。花（闹羊花）祛风除湿，散瘀定痛。

图14-122　兴安杜鹃（1）与羊踯躅（2）

本科植物滇白珠*Gaultheria leucocarpa* Blume var. *yunnanensis* (Franch.) T. Z. Hsu & R. C. Fang [=*G. yunnanensis* (Franch.) Rehder]的全株（透骨香）也可药用。

39. 茜草科 Rubiaceae

⚥ $* K_{(4\sim6)} C_{(4\sim6)} A_{4\sim6} \overline{G}_{(2:2:1\sim\infty)}$

【特征与分类】

乔木、灌木或草本，有时为藤本。**单叶对生或轮生**，全缘；**托叶2枚**，分离或合生，常宿存。**花两性**，二歧聚伞花序排成圆锥状或头状，少为单生。花**辐射对称**，花萼和**花冠4～5裂**，稀6裂；**雄蕊与花冠裂片同数而互生**，着生在花冠管的内壁上；**雌蕊多由2心皮合生**而成，**子房下位**，**常2室**，每室1至多数胚珠。**蒴果**、**浆果或核果**（图14-123）。

图14-123　细梗耳草 *Hedyotis tenuipes* 及其花的解剖

1. 花期枝条；2. 花的全形；3、4. 花冠纵切；5. 花冠展开；6. 萼筒沿花柱基横切，示蜜腺盘；7. 子房横切；8. 花（去花冠）；9. 花蕾纵切

本科植物以生物碱、环烯醚萜类及蒽醌类等为主要特征性成分。

本科约有600属，13 000余种，广布于热带和亚热带，少数分布至温带。我国有100余属，700余种，主要分布于西南至东南部，西北至北部较少。已知药用50余属，200余种。

【主要药用属检索表】

1. 子房每室有多数胚珠。
  2. 木质藤本；茎、枝均有钩状刺；花密集成圆球形的头状花序；果皮厚而干燥……………………钩藤属 *Uncaria*
  2. 灌木或小乔木；茎、枝均无钩状刺；花大，腋生或顶生，单生、簇生或很少组成伞房状的聚伞花序；花冠裂片旋转排列；果皮肉质；具侧膜胎座……………………栀子属 *Gardenia*
1. 子房每室有1颗胚珠。
  3. 木质或草质藤本。
    4. 花多朵密集，呈头状；萼管彼此合生；果为合心皮果。
      5. 乔木或灌木；花两性，花冠筒明显较花冠裂片长……………………木巴戟属 *Morinda*
      5. 藤本；花杂性，或单性异株；花冠筒常较花冠裂片短……………………巴戟天属 *Gynochthodes*
    4. 花序松散，聚伞状或伞形；萼管彼此分离；有两个分核的核果；全株常有臭味……………………鸡矢藤属 *Paederia*
  3. 草本。
    6. 托叶与叶同型，呈轮生状；花5基数；胚珠着生在隔膜上；果皮肉质……………………茜草属 *Rubia*
    6. 托叶与叶不同型，叶对生；花4基数；胚珠顶生；果皮易碎…………红芽大戟属 *Knoxia*

【主要药用植物】

（1）**巴戟天属 *Gynochthodes***：90余种，我国约有20种。

巴戟天 *G. officinalis* (F. C. How) Razafim. & B. Bremer (= *Morinda officinalis* F. C. How) 藤本。根肉质，肠状缢缩。叶对生，革质；托叶顶部截平，干膜质。头状花序具花4～10朵，数个在枝顶呈伞形花序状；花3（～4）基数，无花梗；花萼外侧具1特大萼齿（此萼齿有时可变成叶状，白色），内侧具2极小齿；花冠白色；雄蕊与花冠裂片同数；子房下位，3（～4）室，每室胚珠1颗；着生于隔膜下部。聚花核果，成熟时红色（图14-124）。产于福建、广东、海南、广西等省（区）。生于山地疏、密林下和灌丛中。根（巴戟天）补肾壮阳，强筋骨，祛风湿。国家二级重点保护野生植物。

（2）**茜草属 *Rubia***：80余种，我国有40余种。

茜草 *R. cordifolia* L. 多年生攀缘草本。根丛生，橙红色。枝四棱形，棱上具倒生刺。叶呈4枚轮生状，有长柄；叶片卵形至卵状披针形，基部心形，两面粗糙；基出脉3条，下面中脉及叶柄

—•笔记栏•—

上有微小皮刺。聚伞花序呈疏松的圆锥状。花小,5数;花冠辐状,黄白色,裂片镊合状排列;子房下位,2室,每室胚珠1枚,着生在隔膜上。浆果成熟时橙黄色(图14-125)。产于东北、华北、西北,以及四川北部、西藏东北部等地区。生于疏林、林缘、灌丛或草地上。根(茜草)凉血,祛瘀,止血,通经。

图14-124　巴戟天

(3) **钩藤属** ***Uncaria***:约40种,我国约有11种。

钩藤 ***U. rhynchophylla*** **(Miq.) Miq. ex Havil.** 常绿木质大藤本。小枝四棱形,叶腋有钩状变态枝。叶对生,椭圆形,两面均无毛,干时褐色或红褐色;托叶2深裂,裂片条状钻形。头状花序不计花冠直径5～8 mm,单生叶腋或顶生呈总状花序状,花近无梗。花5数,花冠黄色;子房下位,2室,每室胚珠多数。蒴果,外果皮厚(图14-126)。分布于湖南、江西、福建、广东、广西及西南地区,生于山谷、溪边、湿润灌丛中。**大叶钩藤** ***U. macrophylla*** **Wall.** 托叶深2裂;叶近革质,卵形或阔椭圆形,长10～16 cm,宽6～12 cm;花和小蒴果有明显的梗。**毛钩藤** ***U. hirsuta*** **Havil.** 叶革质,下面密被硬毛;托叶深2裂,裂片卵形;头状花序不计花冠直径20～25 mm,花萼裂片线状长圆形,近基部最宽。钩藤、大叶钩藤、毛钩藤、**华钩藤** ***U. sinensis*** **(Oliv.) Havil.** 或**白钩藤**(无柄果钩藤)***U. sessilifructus*** **Roxb.** 带钩的茎枝(钩藤)息风定惊,清热平肝。

(4) **栀子属** ***Gardenia***:130多种,我国有6种。

栀子 ***G. jasminoides*** **J. Ellis** 常绿灌木。叶对生或3叶轮生,有短柄;革质,椭圆状倒卵形至倒阔披针形;上面光亮,下面脉腋内簇生短毛;托叶在叶柄内合成鞘。花大,白色,芳香,单生枝顶;花部常5～7数,萼筒有翅状直棱,花冠高脚碟状;子房下位,1室,胚珠多数。果肉质,外果皮略带革质,熟时黄色,具翅状棱5～8条(图14-127)。分布于我国南部和中部,生于山坡树林中,各地有栽培。果实(栀子)泻火除烦,清热利湿,凉血解毒;外用消肿止痛;加工成焦栀子,能凉血止血。

红大戟 ***Knoxia roxburghii*** **(Spreng.) M. A. Rau**(= *K. valerianoides* Thorel ex Pit.)的块根(红

图14-125　茜草

图14-126　毛钩藤(1、2)、钩藤(3)和大叶钩藤(4)

—•笔记栏•—

广义耳草属的分类

图14-127 栀子

大戟）泻水逐饮，消肿散结。牛白藤*Hedyotis hedyotidea* (DC.) Merr.的全草（牛白藤）、金毛耳草*H. chrysotricha* (Palib.) Merr.的全草（金毛耳草）、白花蛇舌草*Scleromitrion diffusum* (Willd.) R. J. Wang [= *Hedyotis diffusa* Willd.; = *Oldenlandia diffusa* (Willd.) Roxb.]的全草（白花蛇舌草）、水线草（伞房花耳草）*Oldenlandia corymbosa* L. [= *Hedyotis corymbosa* (L.) Lam.]的全草（水线草）、鸡矢藤*Paederia scandens* (Lour.) Merr.的地上部分（鸡矢藤）等也可药用。

40. 龙胆科 Gentianaceae

☿ $*K_{(4\sim5)}C_{(4\sim5)}A_{4\sim5}\underline{G}_{(2:1:\infty)}$

【特征与分类】

草本、乔木或灌木。**单叶对生**，全缘，无托叶。聚伞花序或花单生；**花两性，辐射对称；花萼筒状**，常4～5裂，**花冠筒状、漏斗状或辐状**，常4～5裂，**裂片多旋转状排列，雄蕊与花冠裂片同数且互生**，生于花冠管上；**子房上位**，2枚心皮，1室，**侧膜胎座**，胚珠多数。**蒴果，2瓣裂**，种子多数。

本科植物含有多种类型化学成分，如叫酮类、环烯醚萜类、黄酮类、萜类等，其中叫酮类和环烯醚萜类化合物是龙胆科植物的主要特征性成分。

APG系统中，将传统上属于龙胆科的睡菜属*Menyanthes*和荇菜属*Nymphoides*拆分，成立了睡菜科Menyanthaceae；另外，原马钱科的灰莉属*Fagraea*等转移至龙胆科。

本科有100属左右，1 700～1 900种，广布全球，主产于北温带。我国有20余属，430余种。已知药用10余属，100多种。

【主要药用植物】

（1）**龙胆属*Gentiana***：330～400种，我国有250余种。

图14-128 龙胆

龙胆*G. scabra* Bunge 多年生草本。须根多数，粗壮、略肉质。枝下部叶膜质，鳞片形；中、上部叶近革质，无柄，卵形或卵状披针形，边缘全缘，密生细乳突，主脉3～5条。聚伞花序密生于茎顶或叶腋；萼深裂，裂片常外反或开展；花冠蓝紫色，钟状，浅裂，裂片间的褶偏斜；子房有柄，基部有轮状着生的腺体，花柱短。种子表面具增粗的网纹，两端具翅（图14-128）。分布于东北及华北等地。生于草地、灌丛、林缘。龙胆、**条叶龙胆*G. manshurica* Kitag.**、**三花龙胆*G. triflora* Pall.**或**滇龙胆草**（坚龙胆）***G. rigescens* Franch.**的根和根状茎（龙胆）清热燥湿，泻肝胆火。

秦艽*G. macrophylla* Pall. 多年生草本。须根黏合或扭结成1个粗大、圆锥形的直根；茎基部有残叶的纤维。基生叶莲座状，常为矩圆状披针形，5条脉明显；茎生叶明显地比莲座状叶小，对生。聚伞花序顶生或腋生；花萼向一侧开展；花冠蓝紫色，裂片间的褶整齐；雄蕊着生于冠筒中下部；子房无柄，花柱甚短。蒴果长圆形，内藏。种子表面具细网纹（图14-129）。分布于西北、华北、东北及四川等地区。生于高山草地及林缘。秦艽、**麻花艽**（麻花秦艽）***G. straminea***

—•笔记栏•—

Maxim.、**粗茎秦艽** ***G. crassicaulis*** **Duthie ex Burkill**或**达乌里秦艽**(小秦艽)***G. dahurica*** **Fisch.**的根(秦艽)祛风湿,清湿热,止痹痛,退虚热。麻花艽的花(麻花秦艽花)也可药用。

(2) **獐牙菜属** ***Swertia***:160～170种,我国有80余种。

青叶胆 ***S. mileensis*** **T. N. Ho & W. L. Shi**[1] 一年生草本。茎直立,四棱形,具窄翅,从基部起呈塔形分枝。叶无柄,叶片狭矩圆形,3出脉。圆锥状聚伞花序多花,开展;花4基数,直径约1cm;花萼深裂至近基部;花冠淡蓝色,无异色脉纹,深裂至近基部,裂片下部具2个杯状腺窝,腺窝顶端具短柔毛状流苏;花丝离生,花药蓝色;花柱较明显。蒴果。种子光滑(图14-130)。产于云南南部地区。生于山坡草丛中。全草(青叶胆)清肝利胆,清热利湿。

图14-129　秦艽(1、2)和达乌里秦艽(3)

图14-130　青叶胆

瘤毛獐牙菜 ***S. pseudochinensis*** **H. Hara**的全草(当药)清湿热,健胃。川西獐牙菜*S. mussotii* Franch.的全草(川西獐牙菜)也能药用。

红花龙胆 ***Metagentiana rhodantha*** **(Franch.) T. N. Ho & S. W. Liu** (= *Gentiana rhodantha* Franch.)的全草(红花龙胆)清热除湿,解毒,止咳。

41. 马钱科 Loganiaceae

$⚥ * K_{(4\sim5)}C_{(4\sim5)}A_{(4\sim5)}\underline{G}_{(2:2:2\sim\infty)}$

【特征与分类】

木本或草本。**单叶对生**,少有互生或轮生,**托叶退化为两叶柄间的线痕**。**花两性,整齐**,通常为聚伞花序或圆锥花序,有时为穗状花序或单生;**花萼4～5裂**;**花冠合瓣**,**4～5裂**;**雄蕊与花冠裂片同数并与之互生**,生于花冠筒内;**子房**上位或半下位,**通常2室**。蒴果或浆果。

本科植物常含吲哚类生物碱和木脂素类。

APG Ⅳ系统中,原来归属于马钱科的醉鱼草属*Buddleja*、钩吻属*Gelsemium*和灰莉属,现在分别归属于玄参科、钩吻科Gelsemiaceae和龙胆科。

本科有16～17属,约500种。分布于全球热带和温带。中国有6属,约30种。已知药用3属,10余种。

【主要药用植物】

马钱子(马钱)***Strychnos nux-vomica*** **L.** 常绿乔木。叶对生,叶片纸质,光亮;基出脉3～5条,具网状横脉。圆锥状聚伞花序,腋生。花5数;花萼裂片卵形;花冠绿白色,后变白色,花冠管比花冠裂片长;雄蕊着生于花冠管喉部,花药伸出花冠管喉部之外,花丝极短;雌蕊子房卵形,柱头头状。浆果圆球状,成熟时橘黄色,内有种子1～4颗;种子扁圆盘状,表面灰黄色,密被银色绒毛(图14-131)。原产于印度、东南亚,中国台湾、福建、广东、海南、广西和云南南部等

1　《中国植物志》中归并入蒙自獐牙菜*Swertia leducii* Franch.。

—•笔记栏•—

图14-131　马钱子
1. 花枝；2. 种子；3. 花序一部分

图14-132　萝藦 *Metaplexis japonica* 及其花的解剖
1. 花期枝条；2. 花冠纵剖（红色箭头所指为载粉器，白色箭头所指为副花冠）；3. 聚伞花序；4. 合蕊冠离析；5. 载粉器（上：背面观；下：腹面观）；6. 花冠纵切；7. 合蕊冠顶面观；8. 花冠筒横切；9. 花被离析；10. 合蕊冠纵切

地有栽培。种子（马钱子）通络止痛，散结消肿；有剧毒。

42. 夹竹桃科 Apocynaceae

⚥ $* K_{(5)} C_{(5)} A_5 \underline{G}_{(2:1\sim2:1\sim\infty)}$

【特征与分类】

木本或草本，**具乳汁或水液。单叶对生或轮生**，稀互生，**全缘**；无托叶，稀有假托叶；叶腋内、叶腋间或叶柄顶端常具腺体。花单生或聚伞花序，顶生或腋生；**花两性，辐射对称**；花萼合生成筒状或钟状，常5裂，内面基部常有腺体；**花冠**高脚碟状、漏斗状或坛状，常5裂，**裂片旋转覆瓦状**或镊合状排列；**常有副花冠**，由5枚离生或基部合生的裂片或鳞片所组成，生于花冠筒上、雄蕊背部或合蕊冠上；**雄蕊**5枚，着生在花冠筒上或花冠喉部，各自**分离，或与雌蕊黏生成中心柱，称合蕊柱**（此种情况下花丝合生为1个有蜜腺的筒，称合蕊冠）；**花药常呈箭头状，花粉粒彼此分离，或连成花粉块**，通过花粉块柄而系结于粉腺上；花盘环状、杯状、舌状或无花盘；**心皮2枚**，离生或合生；**子房多为上位**，1或2室，侧膜胎座或中轴胎座，胚珠1至多颗；花柱1或2而合生。**蓇葖果双生**，或因1个不育而单生，稀浆果、核果、蒴果；**种子多数，顶端具丝状长毛**（图14-132）。

本科植物常含生物碱（吲哚类生物碱、甾体类生物碱）、强心苷类、倍半萜类、三萜类、木脂素类和黄酮类等。

传统上，萝藦科 Asclepiadaceae 和夹竹桃科有极近的亲缘关系，其特征为花具明显的副花冠、形成合蕊柱、花粉成团块或四合花粉粒。APG Ⅳ系统中，夹竹桃科包含了原萝藦科。

本科有320～350属，6 500余种。分布于热带亚热带地区，少数在温带地区。我国近90属，440余种，全国广布，华南与西南地区为中国的分布中心。已知药用60余属，200余种。

【主要药用植物】

（1）**萝芙木属** ***Rauvolfia***：75种左右，我国约有7种。

萝芙木 *R. verticillata* (Lour.) Baill. 灌木，多分枝，具乳汁，全体无毛。小枝下部叶对生，枝顶3～4枚轮生，近纸质至膜质，长椭圆状披针形或卵状披针形。聚伞花序较疏，生于上部小枝的腋间；花小，花冠白色，高脚碟状，花冠筒中部膨大，被长柔毛；雄蕊5，着生花冠筒中部；心皮2，离生。核果，成熟时红色（图14-133）。分布于西南、华南地区。生于潮湿的山沟、坡地的疏林下或灌丛中。萝芙木和蛇根木*R. serpentina* (L.) Benth. ex Kurz的根是提取利血平的原料。

（2）**罗布麻属*Apocynum***：约5种，我国有2种。

罗布麻*A. venetum* L. 半灌木，具乳汁。枝条常对生，光滑无毛，带红色。单叶对生，椭圆状披针形至卵圆状长圆形，两面无毛，叶缘有细齿。花冠圆筒状钟形，紫红色或粉红色，筒内基部具副花冠；雄蕊5，花药箭形，基部具耳；花盘肉质环状；心皮2枚，离生。蓇葖果双生，下垂（图14-134）。分布于北方各省（区）及华东地区。生于盐碱荒地和沙漠边缘及河流两岸。叶（罗布麻叶）平肝安神，清热利水。

（3）**络石属*Trachelospermum***：10种左右，我国有5～6种。

络石*T. jasminoides* (Lindl.) Lem. 常绿攀缘灌木，全株具白色乳汁；嫩枝被柔毛。叶对生；叶片椭圆形或卵状披针形。聚伞花序；花萼5裂，裂片覆瓦状；花冠高脚碟状，白色，顶端5裂。蓇葖果双生；种子顶端具白色绢质种毛（图14-135）。分布于除新疆、青海、西藏及东北地区以外的各省（区）。生于山野、溪边、沟谷、林下，攀缘于岩石、树木及墙壁上。带叶藤茎（络石藤）祛风通络，凉血消肿。

（4）**杠柳属*Periploca***：17种，我国有6种。

杠柳*P. sepium* Bunge 落叶蔓生灌木，具白色乳汁，全株无毛。叶对生，披针形，革质。聚伞花序腋生；花萼5深裂，其内面基部有10个小腺体；花冠紫红色，裂片5枚，中间加厚，反折，内面被柔毛；副花冠环状，顶端10裂，其中5裂延伸成丝状而顶部内弯；四合花粉承载于基部有黏盘的匙形载粉器上。蓇葖果双生，圆柱状。种子顶部有白色绢毛（图14-136）。分布于长江以北及西南地区。生于平原及低山丘林缘、山坡。根皮（香加皮）利水消肿，祛风湿，强筋骨；有毒。

图14-133　萝芙木（1）和蛇根木（2）

图14-134　罗布麻

图14-135　络石

（5）**白前属*Vincetoxicum***：250～270种，我国有近30种。

白薇*V. atratum* (Bunge) C. Morren & Decne. (= *Cynanchum atratum* Bunge) 多年生草本，有乳汁；全株被绒毛。根须状，有香气。茎直立，中空。叶对生；叶片卵形或卵状长圆形。聚伞花序，无花序梗；花深紫色。花萼内面基部有小腺体5个；花冠辐状，具缘毛；副花冠5裂，与合蕊柱等长；花药顶端具1圆形的膜片；花粉块每室1个，下垂。蓇葖果单生。种子一端有长毛（图14-137）。分布于南北各省（区）。生于林下草地或荒地草丛中。白薇或**蔓生白薇*Vincetoxicum versicolor* (Bunge) Decne.** (= *Cynanchum versicolor* Bunge)的根和根状茎（白薇）清

—•笔记栏•—

图14-136　杠柳

图14-137　白薇(1)和蔓生白薇(2)

热凉血,利尿通淋,解毒疗疮。

柳叶白前 ***Vincetoxicum stauntonii* (Decne.) C. Y. Wu & D. Z. Li** [= *Cynanchum stauntonii* (Decne.) Schltr. ex Levl.]或**芫花叶白前** ***Vincetoxicum glaucescens* (Decne.) C. Y. Wu & D. Z. Li** [= *Cynanchum glaucescens* (Decne.) Hand.-Mazz.]的根状茎和根(白前)降气,消痰,止咳。**徐长卿** ***Vincetoxicum mukdenense* Kitag.** [= *Cynanchum paniculatum* (Bunge) Kitag.]的根和根状茎(徐长卿)祛风,化湿,止痛,止痒。

本科植物**通光散**(通关藤)***Marsdenia tenacissima* (Roxb.) Moon**的藤茎(通关藤)止咳平喘,祛痰,通乳,清热解毒。华南杜仲藤(红杜仲藤)*Urceola quintaretii* (Pierre) D. J. Middleton (= *Parabarium chunianum* Tsiang)、毛杜仲藤 *Urceola huaitingii* (Chun & Tsiang) D. J. Middleton (= *Parabarium huaitingii* Chun & Tsiang)、杜仲藤(花皮胶藤)*Urceola micrantha* (Wall. ex G. Don) D. J. Middleton [= *Parabarium micranthum* (Wall. ex G. Don) Pierre, = *Ecdysanthera utilis* Hayata & Kawak.]的树皮(红杜仲),暗消藤(马莲鞍)*Streptocaulon juventas* (Lour.) Merr. (= *S. griffithii* Hook. f.)的根(藤苦参),地梢瓜 *Cynanchum thesioides* (Freyn) K. Schum.的种子(细叶白前子)等也可药用。

另外,长春花 *Catharanthus roseus* (L.) G. Don 为提取抗癌药长春碱和长春新碱的原料;黄花夹竹桃 *Thevetia peruviana* (Pers.) K. Schum.全株均有毒,有强心作用;匙羹藤 *Gymnema sylvestre* (Retz.) R. Br. ex Schult.含匙羹藤酸类,可作为治疗糖尿病、减肥的补充制剂。

43. 紫草科 Boraginaceae

$⚥ * K_{(5)}C_{(5)}A_5\underline{G}_{(2:2\sim4:2\sim1)}$

【特征与分类】

草本或半灌木,少为灌木或乔木,常被粗硬毛。**单叶**互生,稀对生或轮生,常全缘;无托叶。多为**蝎尾状聚伞花序**;**花两性,辐射对称**;花萼近全缘或5齿裂;**花冠**辐状、漏斗状、钟状或管状,**常5裂,喉部常有附属物**;**雄蕊5枚**,与花冠裂片互生,着生于花冠管上;具花盘;雌蕊由**2枚心皮**组成,**子房上位,每室2胚珠**,或子房常4深裂而成4室,每室1胚珠,花柱常单生于子房顶部或4分裂子房的基部。**核果**,或4枚**小坚果**。

紫草科植物常含萘醌类色素(如紫草素)及生物碱类成分等。

本科有150余属,3 400余种。分布于温带及热带地区。中国有49属,320余种,全国均产,但多数分布于青藏高原、横断山脉和西部地区。已知药用21属,60余种。

【主要药用植物】

软紫草(新疆紫草)***Arnebia euchroma* (Royle) Johnst.** 多年生草本,被开展的白色或淡黄色长硬毛。须根多条,肉质,紫色。基生叶条形,茎生叶变小。镰状聚伞花序生茎上部叶腋,有时密集成头状,具多花;苞片显著,披针形。花5数;花冠紫色,喉部无附属物;雄蕊着生于花冠筒中部或喉部；子房4裂，花柱长或较短，柱头顶端2裂。小坚果，有粗网纹和疣状突起（图14-138）。分布于西藏、新疆。生于高山多石砾山坡及草坡。国家二级重点保护野生植物。**黄花软紫草**（内蒙紫草）***A. guttata* Bunge**茎生叶匙状线形，花冠黄色。软紫草和黄花软紫草的根（紫草）清热凉血，活血解毒，透疹消斑。

滇紫草*Onosma paniculata* Bureau & Franch.的根部栓皮（滇紫草）可药用。

图14-138　软紫草（1）和黄花软紫草（2）

44. 旋花科Convolvulaceae

⚥ $*K_5C_{(5)}A_5\underline{G}_{(2:1\sim4:1\sim2)}$

【特征与分类】

草质藤本或灌木，偶为寄生植物，**具乳汁**。**单叶互生**，全缘、**掌状或羽状分裂**，**叶基常心形**或戟形，无托叶。**花**单生或聚伞花序，**两性**，**辐射对称**，**5基数**；苞片小而成对，有时叶状或总苞状；**萼片5枚**，常显著分离，**外萼片常比内萼片大**，**果期常增大而宿存**；**花冠常漏斗状**，**蕾期旋转状**，常有**5条明显瓣中带**；**雄蕊与花冠裂片同数互生**；花盘环状或杯状；雌蕊**2心皮**合生，**子房上位**，1～2室，或因假隔膜而为4室，**中轴胎座**，**每室有1～2枚倒生胚珠**。**蒴果**，常室背开裂、周裂或盖裂；稀浆果。**种子常三棱形**。

本科植物常有乳汁管，茎具内生韧皮部、双韧维管束。化学成分主要含莨菪烷类生物碱、黄酮类和香豆素类。

本科约58属，1 650种，广布于全球，主产于美洲和亚洲的热带与亚热带地区。我国有20属，130余种，主产于西南与华南地区。已知药用16属，54种。

【主要药用植物】

（1）**丁公藤属*Erycibe***：约70种，我国有10种。

丁公藤*E. obtusifolia* Benth. 高大木质藤本，小枝明显有棱，无毛。单叶互生，革质全缘，椭圆形至倒长卵形，叶脉在叶背凸起且边缘网结上举。聚伞花序。花白色或黄白色；花萼球形，被柔毛；花冠钟状，5深裂；雄蕊不等长，花丝之间有鳞片。浆果。种子1枚（图14-139）。分布于华南地区；生于山谷湿润密林中或路旁灌丛。丁公藤或**光叶丁公藤*E. schmidtii* Craib**的茎藤（丁公藤）有小毒，祛风除湿，消肿止痛；有强烈的发汗作用。

图14-139　丁公藤

（2）**菟丝子属*Cuscuta***：200余种，我国约有12种。

菟丝子*C. chinensis* Lam. 一年生寄生缠绕草本。茎黄色，纤细。叶退化为鳞片状。花簇生成球形，近无总花序梗；苞片及小苞片小，鳞片状。花萼杯状，中部以下连合，裂片三角状；花冠黄白色，壶状，5裂，冠檐向外反折，内面基部鳞片边缘流苏状；子房2室。蒴果球形，成熟时被花冠完全包裹，盖裂。种子2至多数，表面粗糙（图14-140）。全国广布；生于田边、山坡阳处、路边或海边沙丘，常寄生在豆科、蓼科、菊科、藜科等多种植物上。其与**南方菟丝子*C. australis* R. Br.**的种子（菟丝子）补益肝肾，固精缩尿，安胎，明目，止泻；外用消

菟丝子的危害及利用

—•笔记栏•—

图14-140 菟丝子

图14-141 牵牛

风祛斑。

（3）**番薯属*Ipomoea***：600余种，我国约有30种。

牵 牛（裂 叶 牵 牛）***I. nil* (L.) Roth** [=*Pharbitis nil* (L.) Choisy] 一年生缠绕藤本，全株被粗硬毛。单叶互生，叶片宽卵形或近圆形，掌状3～5裂。花1～3朵腋生，苞片线形或叶状；花萼裂片狭披针形；花冠大而显著，漏斗状，蓝紫色、紫红色或白色；雄蕊5枚，不等长，与花柱内藏；子房上位，3室，柱头头状。蒴果近球形，3瓣裂。种子卵状三棱形，被褐色短绒毛（图14-141）。原产于热带美洲，我国广泛栽培或逸为野生；常见于山坡灌丛、干燥河谷及山地路边、园边宅旁。牵牛或**圆叶牵牛*Ipomoea purpurea* (L.) Roth** [=*Pharbitis purpurea* (L.) Voigt.]的种子（牵牛子）泻水通便，消痰涤饮，杀虫攻积；有毒；其黑色者称“黑丑”，淡黄色者称“白丑”。

45. 茄科 Solanaceae

⚥ $*K_{(5)}C_{(5)}A_5\underline{G}_{(2:2:\infty)}$

案例

《三国志》记载东汉名医华佗用“麻沸散”剖腹开脑，为患者做外科手术的故事广为流传。在“麻沸散”这味毒物里，不少人推断其中的主药是曼陀罗。分析下列问题：

（1）请问推断依据是什么？

（2）请根据曼陀罗属植物的原产地及引种历史判断上述故事情节是否真实？

【特征与分类】

草本或灌木，茎有时具皮刺。**单叶互生，无托叶。花单生，簇生或由聚伞花序组成各式花序。**花两性，**辐射对称；花萼**裂片5枚，宿存，常**果时增大**；花冠裂片5枚，连合成**辐状、钟状、漏斗状**或**高脚碟状，常明显具褶，有折痕；雄蕊与花冠裂片同数而互生，**药室**纵裂**或**顶孔开裂；**雌蕊2心皮合生，**子房上位，2室或因假隔膜而成假4室或假多室，子房室常偏离花的正中线，中轴胎座，**每室**胚珠多数。浆果或蒴果。种子**常扁平，盘形或肾形（图14-142）。

本科植物茎具内生韧皮部、双韧维管束，叶含草酸钙砂晶。主要富含生物碱，其中以莨菪烷型、吡啶型、甾体型和嘌呤型生物碱多见。

本科约100属，2 400余种。广布于全球温带及热带地区，美洲热带种类最为丰富。我国约25属，110余种，各省（区）均有分布，尤以西南地区为甚。已知药用22属，80余种。

【主要药用属检索表】

1. 子房不完全4室；4瓣裂蒴果，常被刺……………………………………曼陀罗属*Datura*

1. 子房2室；浆果或盖裂蒴果。

  2. 聚伞花序顶生或兼有单花而腋生于茎枝下部叶腋；盖裂蒴果。

3. 聚伞花序顶生；果萼齿不具强壮的边缘脉，顶端无刚硬针刺 ………………泡囊草属 *Physochlaina*
3. 花在茎枝中下部单生叶腋且常偏向一侧，而在上部逐渐密集成蝎尾式总状或穗状花序；果萼齿有强壮的边缘脉，顶端有刚硬的针刺 ……………天仙子属 *Hyoscyamus*

2. 单花或2至多朵簇生于叶腋；浆果。
 4. 花冠漏斗状或筒状钟形，冠檐狭窄。
  5. 棘刺灌木；花冠漏斗状；雄蕊着生于冠筒近中部 ……………………………枸杞属 *Lycium*
  5. 无刺草本；花冠筒状钟形；雄蕊着生于冠筒近基部 ……………………………颠茄属 *Atropa*
 4. 花冠辐状或阔钟状，冠檐宽阔。
  6. 花冠辐状；花萼在果期不显著增大，宿存于果实基部 ……………………辣椒属 *Capsicum*
  6. 花冠阔钟状；花萼在果期显著增大而包围果实。
   7. 果实成熟时果萼变橙色至火红色，近革质 ……………………………………………………………………………………酸浆属 *Alkekengi*
   7. 果实成熟时果萼草绿色或淡麦秆色，薄纸质 ……………………灯笼果属 *Physalis*

图14-142 苦蘵 *Physalis angulata* 及其花的解剖

1. 花期枝条；2. 上：花冠侧面观；下：底面观；3. 花萼纵剖；4. 花冠纵剖，箭头所指为腺窝；5. 雌蕊；6. 宿萼纵剖，示幼果；7. 果实横切；8. 不同发育时期果实；9. 子房纵切；10. 雄蕊；11. 种子

【主要药用植物】

（1）**枸杞属 *Lycium***：100种左右，我国约有10种。

宁夏枸杞 *L. barbarum* L. 具棘刺灌木。叶互生，或簇生于短枝上；叶片披针形至卵状长圆形，基部楔形。花1～2朵腋生或数朵簇生于短枝上；花萼钟状，常2中裂；花冠漏斗状，粉红色或紫色，5裂，筒部明显长于冠檐；雄蕊5，花丝近基部及冠筒内壁密被绒毛。浆果倒卵形，或因长期人工培育或植株年龄、生境的不同而形状和大小多变，成熟时鲜红色（图14-143）。分布于西北和华北地区；常生于向阳潮湿沟岸、山坡、田埂和宅旁。宁夏、甘肃、新疆多有栽培。果实（枸杞子）滋补肝肾，益精明目；根皮（地骨皮）凉血除蒸，清肺降火。**枸杞 *L. chinense* Mill.** 的根皮也作地骨皮入药。

图14-143 宁夏枸杞

（2）**颠茄属 *Atropa***：5种左右，我国有1种。

颠茄 *A. belladonna* L. 多年生草本，根粗壮，圆柱形，茎下部带紫色，嫩枝绿色，多腺毛。茎下部叶互生，上部叶对生，不等大，沿

—•笔记栏•—

图14-144 颠茄

叶脉有柔毛，叶柄长。花单生叶腋，俯垂，花梗密生白色腺毛；花萼钟状，果时稍增大成星芒状而向外展开；花冠钟状，下部黄绿色，上部淡紫色，5浅裂，花开放时向外反折。浆果球形，熟时黑紫色（图14-144）。原产于欧洲，我国山东、江苏、浙江有栽培。全草（颠茄草）解痉镇痛，抑制腺体分泌，扩大瞳孔，为抗胆碱药和提取阿托品的原料。

（3）**曼陀罗属*Datura***：12种左右，我国有3种。

洋金花（白花曼陀罗）***D. metel* L.** 高大草本，半灌木状，全株近无毛。单叶互生，叶片卵形至宽卵形，基部楔形，全缘或具稀疏锯齿。花单生于叶腋，直立。花萼筒状，无明显棱角，先端5裂，果时宿存部分增大成浅盘状；花冠大型，白色，长漏斗状，裂片在蕾中对折旋转；雄蕊5枚；子房不完全4室。蒴果近球形，疏生短刺，不规则4瓣裂（图14-145）。西南和华南地区多为野生，华东和华北地区多为栽培；常生于向阳山坡草地或住宅旁。全株有毒，以种子为甚。花（洋金花）平喘止咳，解痉定痛。

图14-145 洋金花

本科植物中，**天仙子**（莨菪）***Hyoscyamus niger* L.** 的种子（天仙子）解痉止痛，平喘，安神；**漏斗泡囊草*Physochlaina infundibularis* Kuang** 的根（华山参）温肺祛痰，平喘止咳，安神镇静；为提取莨菪烷类生物碱的资源植物；有毒。**辣椒*Capsicum annuum* L.** 的果实（辣椒）温中散寒，开胃消食；**挂金灯*Alkekengi officinarum* Moench var. *francheti* (Mast.) R. J. Wang** [=*Physalis alkekengi* L.var. *franchetii* (Mast.) Makino] 的干燥宿萼或带果实的宿萼（锦灯笼）清热解毒，利咽化痰，利尿通淋。此外，龙葵*Solanum nigrum* L. 的地上部分（龙葵），白英*S. lyratum* Thunb. 的全草（白英），茄*S. melongena* L. 的根和茎（茄根），刺天茄*S. violaceum* Ortega (= *S. indicum* L.)、牛茄子*S. capsicoides* All.、水茄*S. torvum* Sw. 和黄果茄*S. virginianum* L. (= *S. xanthocarpum* Schrad.; = *S. surattense* Burm. f.) 的根及老茎（丁茄根）等，也可药用。睡茄*Withania somnifera* (L.) Dunal原产于印度、中东至地中海地区，我国见于甘肃、云南等地，根、叶、浆果有滋补强壮、镇静安神等作用。

茄科植物与莨菪烷类生物碱

46. 木樨科Oleaceae

$⚥ * K_{(4)} C_{(4),0} A_2 \underline{G}_{(2:2:2)}$

【特征与分类】

灌木或乔木。叶对生，单叶、三出或羽状复叶，无托叶。圆锥聚伞花序或花簇生；花两性，稀单性异株，**辐射对称；花萼、花冠4裂；雄蕊2枚**，着生于花冠筒上；**心皮2枚**，合生，**子房上位，2室，每室2枚胚珠。核果、蒴果、浆果、翅果。**

木樨科植物常有石细胞、草酸钙针晶和棱晶，叶普遍具盾状毛，横列型气孔，叶肉中常具厚壁的异型细胞。化学成分主要含环烯醚萜类、酚类、木脂素类、苦味素类、苷类、香豆素类化合物和挥发油等。

本科约27属，700余种，广布于温带和亚热带地区，亚洲种类丰富。我国有12属，160余种，南北均产。已知药用8属，约90种。

【主要药用植物】

（1）**连翘属** ***Forsythia***：10余种，我国有6种。

连翘 ***F. suspensa*** **(Thunb.) Vahl** 落叶灌木。枝棕褐色，略四棱形，疏生皮孔，节间中空，节部具实心髓。单叶对生，偶三出复叶，叶片卵形或长椭圆状卵形，中部以上明显具粗锯齿。花单生或数朵簇生叶腋，先叶开放；花萼4深裂，边缘具睫毛；花冠金黄色，深4裂，冠管内有橘红色条纹；有长花柱花和短花柱花之分。蒴果，先端喙状，疏生瘤状皮孔，果梗较长。种子有翅（图14-146）。分布于太行山、秦岭及黄土高原地带，除华南地区外，各地均有栽培；生于山坡灌丛和山谷、山沟疏林中。果实（连翘）清热解毒，消肿散结，疏散风热。

图14-146　连翘

连翘的异型花柱现象

（2）**女贞属** ***Ligustrum***：约45种，我国20多种。

女贞 ***L. lucidum*** **W. T. Aiton** 常绿大乔木，树皮灰褐色，嫩枝紫红色；全株无毛。单叶对生，革质，卵形、长卵形或椭圆形，全缘。圆锥花序顶生。花小，4基数，近无梗；萼齿不明显；花冠白色，近辐射对称，花冠管与裂片近等长，裂片反折。核果，肾形，深蓝黑色，成熟时呈红黑色，被白粉（图14-147）。产于长江以南至华南、西南各省（区），向西北分布至陕西、甘肃；生于疏、密林中。干燥成熟果实（女贞子）滋补肝肾，明目乌发。

图14-147　女贞

（3）**梣属** ***Fraxinus***：60种左右，我国有20余种。

白蜡树（尖叶白蜡树）***F. chinensis*** **Roxb.** (= *F. szaboana* Lingelsh.) 落叶乔木，树皮灰褐色，纵裂；芽阔卵形，被棕色柔毛或腺毛。奇数羽状复叶对生，叶轴具浅沟，小叶5～7枚，椭圆形或椭圆状卵形，先端锐尖至渐尖，叶缘具整齐锯齿。小枝、叶轴和小叶下面常无毛。雌雄异株；花排成圆锥花序，与叶同时开放；花萼筒状，紧贴坚果基部，4浅裂，萼齿革质；无花冠；坚果圆柱形，先端具匙状翅（图14-148）。全国广布；生于向阳坡地湿润处或山地杂木林中；多栽培，以养殖白蜡虫生产白蜡。白蜡树、**花曲柳**（苦枥白蜡树）***F. chinensis*** **subsp.** ***rhynchophylla*** **(Hance) A. E. Murray** (= *F. rhynchophylla* Hance)或**宿柱梣**（宿柱白蜡树）***F. stylosa*** **Lingelsh.**的枝皮和干皮（秦皮）清热燥湿，收涩止痢，止带，明目。

本科植物**暴马丁香** ***Syringa reticulata*** **subsp.** ***amurensis*** **(Rupr.) P. S. Green & M. C. Chang** [= *S. reticulata* (Blume) H. Hara var.

图14-148　白蜡树

mandshurica (Maxim.) H. Hara]的干皮或枝皮（暴马子皮）清肺祛痰，止咳平喘。洋丁香*S. vulgaris* L.、朝阳丁香*S. oblata* Lindl. subsp. *dilatata* (Nakai) P. S. Green & M. C. Chang (= *S. dilatata* Nakai)或紫丁香*S. oblata* Lindl.的叶（丁香叶）、羽叶丁香*S. pinnatifolia* Hemsl.的根（山沉香）等，亦可药用。茉莉花*Jasminum sambac* (L.) Aiton的花可制花茶或提取精油。

47. 玄参科 Scrophulariaceae

⚥ ↑ $K_{(4\sim5)}C_{(4\sim5)}A_{4,2}\underline{G}_{(2:2:\infty)}$

图14-149　玄参*Scrophularia ningpoensis*及其花的解剖

1. 聚伞花序（1A. 腹面观；1B. 背面观）；2. 雌蕊及花盘；3. 去除花冠的花；4. 花冠腹面观；5. 花腹面观；6. 花背面观；7. 花纵剖（白色箭头所指为退化雄蕊）；8. 花萼及其裂片；9. 花冠展开（内侧）；10. 花冠横剖 11. 雌蕊纵切；12. 子房横切；13. 未成熟雄蕊；14. 成熟雄蕊

【特征与分类】

草本，少灌木。**单叶对生**，或互生而螺旋状，稀轮生，无托叶。**总状、穗状或聚伞花序**。花萼4～5裂，宿存；花冠4～5裂，多少呈**二唇形**；**二强雄蕊**，着生于花冠管上；**花盘环状或一侧退化**；雌蕊由**2心皮**组成，**子房上位**，2室，**中轴胎座**，每室胚珠多数。**蒴果**，室间开裂，稀浆果，**常具宿存花柱**。**种子多而细小**（图14-149）。

本科植物体表常具单毛，腺毛常具由垂直隔壁分开的多细胞构成之短或长柄；具双韧维管束。化学成分主要含环烯醚萜类化合物，很少类群含生物碱。

传统上的玄参科是一个300多属、约5 000种的大科。分子证据表明，广义“玄参科”是多系的。在APG Ⅳ系统中，我国的玄参科植物仅包括保留的玄参属、毛蕊花属等及并入的原属马钱科的醉鱼草属等少数属种。原玄参科中一些半寄生的属转移至列当科Orobanchaceae；其他属种则被归入了车前科Plantaginaceae、泡桐科Paulowniaceae、母草科Linderniaceae和通泉草科Mazaceae等多个科中。

本科有60属左右，2 300余种，遍布于世界各地。我国有6属，约70种，主产于西南地区。已知药用3属，10余种。

【主要药用植物】

（1）**醉鱼草属*Buddleja***：110余种，我国约有25种。

密蒙花*B. officinalis* Maxim. 灌木，小枝略呈四棱形，灰褐色，全株密被灰白色星状短绒毛。单叶对生，狭椭圆形至长圆状披针形，基部楔形，全缘或偶有疏锯齿，网脉明显，托叶缢缩成横线。顶生聚伞圆锥花序，花多而密集，花梗极短。花萼钟状，萼裂片三角形；花冠紫堇色，喉部橘黄色；雄蕊着生于花冠管中部；子房2室。蒴果，被星状毛，基部有宿存花被。种子具翅（图14-150）。除东北和西北部分省（区）外，全国广布；生于向阳山坡、河边、村旁的灌木丛中或林缘。花蕾和花序（密蒙花）清热泻火，养肝明目，退翳。

（2）**玄参属*Scrophularia***：290种左右，我国约有37种。

玄参*S. ningpoensis* Hemsl. 多年生高大草本。支根肥大，纺锤形。茎方形，有时具狭翅。茎下部叶对生而具柄，上部有时互生而柄极短；叶片多变化，卵形至披针形，边缘具细锯齿。聚伞花序组成大而疏散的圆锥花序，花梗具腺毛。花萼5裂至基部，裂片顶端钝圆；花冠二唇形，紫褐色，花冠筒略呈球形；二强雄蕊，退化雄蕊大，近圆形。蒴果（图14-149）。我国特产，广布于华东、华中、华南、西南等地，变异较大，浙江、湖北、安徽等省多有栽培；生于溪边、丛林、高草丛中。根（玄参）清热凉血，滋阴降火，解毒散结。

原玄参科植物**苦玄参** ***Picria fel-terrae* Lour.**（现属母草科Linderniaceae）的全草（苦玄参）清热解毒，消肿止痛。

48. 车前科 Plantaginaceae

$⚥ * \uparrow K_{(4\sim5)}C_{(5,4)}A_{4,2}\underline{G}_{(2:2:\infty)}$

【特征与分类】

草本，稀灌木，常被毛。**单叶互生，螺旋状**，或对生，偶轮生，无托叶。花序多种。**两性花，单面对称**，少为辐射对称。花萼4或5裂；**花冠二唇形**或筒状；**雄蕊4枚**；**二强**或等长，或减少至2枚；雌蕊2心皮合生，**子房上位**，2室，**中轴胎座**，胎座增大不分裂。**蒴果，室间开裂**，偶为孔裂或周裂。**种子多数，具角或翅**。

本科植物体表毛被多样，腺毛常具无垂直隔壁的多细胞构成之长柄；具双韧维管束。化学成分主要是环烯醚萜类、三萜类和酚类化合物，有些属种含强心苷。

传统分类上的车前科仅包含车前属等2～3属。APG Ⅳ系统中，车前科的范畴扩大了许多，增加了诸多原属玄参科的种类，如胡黄连属、兔耳草属、毛地黄属、婆婆纳属等。

本科有100余属，2 100余种，全世界广布。我国有25属，近170种，主产于西南与华南地区。已知药用10余属，50余种。

【主要药用植物】

（1）**毛地黄属** ***Digitalis***：约28种，我国引种2种。

毛地黄（紫花洋地黄）***D. purpurea* L.** 草本，全体被短柔毛和腺毛。叶基生成莲座状，叶柄具狭翅，叶片卵形或长椭圆形，基部渐狭，边缘具带短尖的圆齿；下部的茎生叶与基生叶同形，向上渐小。萼钟状，果期略增大，5深裂；花冠紫红色或黄白色，内面具斑点。蒴果。种子短棒状（图14-151）。原产于欧洲，我国有栽培。本种和毛花洋地黄 *D. lanata* Ehrh. 的叶能强心升压、改善血液循环，是提取强心苷的原料。

图14-150　密蒙花

图14-151　毛地黄

—• 笔记栏 •—

车前名字的由来

图 14-152 车前

（2）**胡黄连属** ***Neopicrorhiza***：2种，我国有1种。

胡黄连 ***N. scrophulariiflora*** **(Pennell) D. Y. Hong** (=*Picrorhiza scrophulariiflora* Pennell) 矮小草本，根状茎粗壮。叶基生，匙形至卵形，基部渐狭，叶缘具锯齿。穗状聚伞花序，花萼生棕色腺毛。花冠深紫色，二唇形；雄蕊略二强。蒴果4瓣裂。分布于西藏东部、云南西北部、四川西部；生于高山草地及石堆中。国家二级重点保护野生植物。根状茎（胡黄连）退虚热，除疳热，清湿热。

（3）**车前属** ***Plantago***：240余种，我国约20种。

车前 ***P. asiatica*** **L.** 多年生草本，具须根。叶基生成莲座状；叶片宽卵形至宽椭圆形，边缘波状、全缘或中部以下有锯齿或裂齿，基部宽楔形，叶脉弧形。穗状花序，下部常间断。花萼4裂，花冠白色，雄蕊4枚。周裂蒴果。种子多数，具角（图14-152）。全国广布；生于草地、沟边、河岸湿地、田边、路旁或村边空旷处。车前或**平车前** ***P. depressa*** **Willd.** 的全草（车前草）清热利尿通淋，祛痰，凉血，解毒；成熟种子（车前子）清热利尿通淋，祛痰，凉血，解毒。

本科植物中，**短筒兔耳草** ***Lagotis brevituba*** **Maxim.** 的全草（洪连）清热，解毒，利湿，平肝，行血，调经。此外，毛麝香 *Adenosma glutinosum* (L.) Druce的全草、草本威灵仙 *Veronicastrum sibiricum* (L.) Pennell的根及全草亦可入药。

49. 爵床科 Acanthaceae

⚥ $\uparrow K_{(4\sim5)}C_{(4\sim5)}A_{4,2}\underline{G}_{(2:2:2\sim\infty)}$

【特征与分类】

草本或灌木，全株表面具**条形钟乳体**。**茎节膨大，叶对生**，无托叶。**聚伞花序构成多种复合花序**。花两性，**每花下具1苞片和2小苞片**。花萼4～5裂；**花冠二唇形，喉部常扩大；二强雄蕊**，或退化为2枚，贴生于花冠筒上；雌蕊**2心皮**合生，**子房上位，2室，中轴胎座**，每室胚珠2至多数。**蒴果，室背开裂**，且**几乎总是爆裂**，种子常生于**珠柄钩**上。

爵床科植物茎叶的表皮细胞常含钟乳体；茎常具异常的次生生长；花粉粒形态极为多样。化学成分主要有酚类、环烯醚萜类、二萜类化合物和生物碱。

根据分子系统学证据，原置于马鞭草科的海榄雌属 *Avicennia* 被转移至爵床科中。

本科有200余属，5 400余种，广布热带和亚热带地区。我国约有40属，320余种，主产于长江以南地区。已知药用30余属，70余种。

【主要药用植物】

（1）**穿心莲属** ***Andrographis***：25种左右，我国有2种。

穿心莲 ***A. paniculata*** **(Burm. f.) Wall. ex Nees** 一年生草本。茎四棱形，节膨大。叶对生，叶片卵状长圆形至披针形。茎、叶嚼之味极苦。总状花序集成大型圆锥花序，苞片和小苞片小。花萼具腺毛和微毛；花冠白色，二唇形，裂片覆瓦状排列，下唇带紫色斑纹；雄蕊2，外伸，药室一大一小，花丝被柔毛。蒴果，2瓣裂，每边具一排珠柄钩，种子10余粒（图14-153）。原产地可能在南亚，两广地区大量栽培。地上部分（穿心莲）清热解毒，凉血，消肿。

（2）**马蓝属*Strobilanthes***：400 ～ 500种，我国130多种。

板　蓝（马　蓝）***S. cusia* (Nees) Kuntze** [=*Baphicacanthus cusia* (Nees) Bremek.]　草本，多年生一次性结实。茎节膨大，幼嫩部分和花序均被锈色鳞片状毛。叶对生，叶柄长，叶片卵形至披针形，边缘有稍粗的锯齿。穗状花序，每节具2朵对生的花；苞片叶状，早落。花萼不等5深裂；花冠二唇形，淡紫色，花冠筒顶端内弯，裂片旋转状排列；二强雄蕊。蒴果棒状，具4个珠柄钩。种子4粒（图14-154）。分布于华南、西南、华东及南亚热带线以南地区；生于潮湿的地方。根及根状茎（南板蓝根）清热解毒，凉血消斑。叶为大青叶的地方代用品，可制备青黛。

图14-153　穿心莲

图14-154　板蓝

本科植物中，**小驳骨*Justicia gendarussa* Burm. f.** (= *Gendarussa vulgaris* Nees)的地上部分（小驳骨）祛瘀止痛，续筋接骨。此外，水蓑衣*Hygrophila ringens* (L.) R. Br. ex Spreng. [= *H. salicifolia* (Vahl) Nees]的种子（南天仙子），以及孩儿草*Rungia pectinata* (L.) Nees、爵　床*Justicia procumbens* L. [= *Rostellularia procumbens* (L.) Nees]、狗肝菜*Dicliptera chinensis* (L.) Juss.等的全草也可药用。

50. 马鞭草科Verbenaceae

$⚥\uparrow K_{(4\sim5)}C_{(4\sim5)}A_{4,2}\underline{G}_{(2:2\sim4:1\sim2)}$

【特征与分类】

草本、灌木或小乔木，稀为藤本；叶常**交互对生**，叶片不裂或羽状分裂，无托叶；**花序总状**，有时穗状或紧缩成头状；花通常两性，稀为单性异株，4 ～ 5数；花萼管状或钟状，**花冠唇形**，有时近辐射对称；**雄蕊**常4枚，**二强**，有的减少至2，着生于花冠管上；**子房上位，2心皮，2室，每室1 ~ 2胚珠**；**蒴果**，熟时2或4裂，或为**核果**。

本科植物的主要化学成分为黄酮类、三萜类、二萜类化合物及挥发油。

APG Ⅳ系统中，传统上属于马鞭草科的紫珠属、牡荆属、大青属、莸属等划分到了唇形科。

本科有30余属，950余种，分布于热带至温带地区。中国有5属，7种，主要分布于长江以南各省（区）。已知药用5属，5种。

【主要药用植物】

马鞭草*Verbena officinalis* L.　多年生草本。茎四棱形。叶对生；基生叶边缘常具粗锯齿及缺刻；茎生叶常3深裂。花小，穗状花序细长；花萼先端具5齿；花冠淡紫色，5裂，稍二唇形；雄蕊二强；子房4室，每室1胚珠。果包藏于萼内，熟时分裂成4个小坚果（图14-155）。全国各地均有分布。生于山野或荒地。地上部分（马鞭草）活血散瘀，解毒，利水，退黄，截疟。

图14-155　马鞭草

—•笔记栏•—

"青出于蓝而胜于蓝"中的青与蓝

—•笔记栏•—

51. 唇形科 Lamiaceae (Labiatae)

$⚥ \uparrow K_{(4\sim5)}C_{(4\sim5)}A_{4,2}\underline{G}_{(2:2\sim4:1\sim2)}$

案例

瑶药粘手风以全株入药，能祛风活血、散瘀消肿。主治产后身痛、风湿骨痛、关节痛、跌打损伤、骨折、毒蛇咬伤等。经观察，其主要特征如下：灌木或小乔木，小枝四棱形。单叶对生，叶片表面主脉及侧脉有多细胞的单毛，背面无毛，有细小黄色腺点；聚伞花序腋生，花小而密集，5～7次分歧，花序被多细胞的单毛；花萼和花冠4裂，雄蕊4枚，雄蕊着生于花冠管基部，子房上位。浆果状核果，白色，具细小腺点。分析下列问题：

（1）该植物在APG系统中属于唇形科，请利用检索表找出其所在属。该属在传统的分类系统中属于哪个科？

（2）唇形科中的草本类型，与前述马鞭草形态上颇为近似，它们的区别在哪里？

【特征与分类】

多草本至灌木，稀乔木，**多具挥发油。茎多四棱形。叶常交互对生**，偶轮生，极稀互生。**花序聚伞式，或再形成轮伞花序、穗状、圆锥状的复合花序；花两性，多单面对称；花萼4～5裂，宿存**，果时常增大，多二唇形；**花冠**4～5裂，**常二唇形**，蜜腺常发达；**雄蕊常4枚，二强**，或退化为2枚；雌蕊2心皮合生，**子房上位，2室或4深裂形成假4室，每室胚珠1～2枚。浆果状核果或4枚小坚果**（图14-156）。

本科植物化学成分类型多样，普遍含挥发油及二萜类、黄酮类、生物碱类成分。

APG Ⅳ系统中，唇形科包括了原马鞭草科的紫珠属、牡荆属、大青属、莸属等。

本科有230余属，7 900余种。广布于全球，地中海及中亚尤为丰富。中国有100余属，1 000

图14-156　狭叶兰香草 *Caryopteris incana* var. *angustifolia* 及其花的解剖

1. 叶的背腹面；2. 花枝；3. 花冠侧面观；4. 花蕾后期；5. 花蕾；6. 花蕾纵剖；7. 花冠纵剖；8. 花冠展开，示雄蕊；9. 雌蕊；10. 花萼筒展开；11. 雄蕊局部

余种，各省（区）均有广布，主产于西南地区。已知药用83属，490余种。

—•笔记栏•—

【主要药用属检索表】

1. 木本；花萼钟状、杯状、筒状、漏斗状或管状，果不明显增大；核果。
 2. 单叶，花冠4裂，雄蕊着生于花冠管基部 …………………………… 紫珠属 *Callicarpa*
 2. 掌状复叶（单叶蔓荆除外），花冠5裂，雄蕊着生于花冠管中部或上部 ……… 牡荆属 *Vitex*
1. 草本；花萼二唇形，果常增大；小坚果。
 3. 花冠单唇形或假单唇形。
  4. 花冠假单唇形，上唇很短，2深裂或浅裂，下唇3裂，花冠管内有毛状环。根生叶丛生，全缘 …………………………… 筋骨草属 *Ajuga*
  4. 花冠单唇形，下唇5裂，花冠管内平滑。叶有齿 …………………………… 香科科属 *Teucrium*
 3. 花冠二唇形或近整齐。
  5. 花萼唇形，有宽钝裂片，全缘，上萼片有盾状附属物，花冠上唇盔瓣状 …………………………… 黄芩属 *Scutellaria*
  5. 花萼常4～5裂，或二唇形，无附属物。
   6. 花冠下裂片为船形，比其他裂片长，不外折，上唇具4圆裂片，花冠管基部为囊状，聚伞花序组成圆锥花序或穗状花序 …………………………… 香茶菜属 *Isodon*
   6. 花冠下裂片不为船形。
    7. 花冠管包于萼内；花柱顶端等分为钻状裂片2枚。单叶不分裂 ……… 罗勒属 *Ocimum*
    7. 花冠管不包于萼内。
     8. 花冠为明显二唇形，有不相等的裂片；上屏盔瓣状、镰刀形或弧形等。
      9. 雄蕊4枚，花药卵形。
       10. 后对（上侧）雄蕊比前对（下侧）雄蕊长。
        11. 药室初平行，后叉开状；后对雄蕊下倾，前对雄蕊上升，两者交叉 …………………………… 藿香属 *Agastache*
        11. 药室初略叉开，以后平叉开。
         12. 后对雄蕊直立，前对雄蕊多少向前直伸；叶有缺刻或分裂 …………………………… 裂叶荆芥属 *Schizonepeta*
         12. 4枚雄蕊均上升。叶肾形或肾状心形，边缘有齿 …………………………… 活血丹属 *Glechoma*
       10. 后对雄蕊比前对雄蕊短。
        13. 萼为二唇形，果成熟时闭合，上唇顶端截形，上部凹陷，有3短齿；轮状聚伞花序排成假穗状花序 …………………………… 夏枯草属 *Prunella*
        13. 萼不为二唇形，果成熟时张开，上唇上部不凹陷，轮状聚伞花序不排成假穗状花序。
         14. 小坚果多少呈三角形，顶平截。
          15. 花冠上唇穹窿呈盔状；萼齿顶端无刺。叶全缘或具齿牙 …………………………… 野芝麻属 *Lamium*
          15. 花冠上唇直立；萼齿顶有刺。叶有裂片或缺刻 …………………………… 益母草属 *Leonurus*
         14. 小坚果倒卵形，顶端钝圆；通常花冠管内有柔毛环，顶生假穗状花序 …………………………… 水苏属 *Stachys*
      9. 雄蕊2枚，药隔延长，线形，和花丝有关节相连 …………………………… 鼠尾草属 *Salvia*
     8. 花冠近辐射对称；有上唇则扁平或略穹隆。
      16. 雄蕊4枚，几乎相等，非二强雄蕊。

—•笔记栏•—

17. 能育雄蕊2枚，生前边，药室略叉开 ……………… 地瓜儿苗属 *Lycopus*
17. 能育雄蕊4枚，药室平行 ……………… 薄荷属 *Mentha*
16. 雄蕊2枚或二强雄蕊。
18. 能育雄蕊4枚 ……………… 紫苏属 *Perilla*
18. 能育雄蕊2枚 ……………… 石荠苎属 *Mosla*

【主要药用植物】

图14-157 大叶紫珠

（1）**紫珠属** ***Callicarpa***：150～160种，我国约有47种。

大叶紫珠 ***C. macrophylla*** **Vahl** 灌木至小乔木，全株稍有臭味。小枝近四方形，与叶柄、叶背与花序轴均密生灰白色粗糠状分枝茸毛。叶片长椭圆形，宽大，基部钝圆或宽楔形，背面有黄色腺点，隐于毛中；叶柄粗壮。聚伞花序较开展，5～7次分歧，总花梗粗短。花小，整齐，4基数；萼齿不明显；花冠紫色，花丝超出花冠，药室纵裂；子房4室，每室1胚珠。果实球形，有腺点（图14-157）。产于两广及云贵地区。生于疏林下和灌丛中。叶或带叶嫩枝（大叶紫珠）散瘀止血，消肿止痛。

裸花紫珠 ***C. nudiflora*** **Hook. & Arn.** 的叶（裸花紫珠）可消炎，解肿毒，化湿浊，止血。**杜虹花** ***C. pedunculata*** **R. Br.** (= *C. formosana* Rolfe) 的叶（紫珠叶）凉血收敛止血，散瘀解毒消肿。**广东紫珠** ***C. kwangtungensis*** **Chun** 的茎枝和叶（广东紫珠）收敛止血，散瘀，清热解毒。

（2）**紫苏属** ***Perilla***：1种，我国有产。

紫苏 ***P. frutescens*** **(L.) Britt.** 一年生草本，具香气。茎方形，叶两面紫色、绿色或仅下面紫色，两面有毛。轮状聚伞花序，每节2花，组成顶生和腋生、偏向于一侧的总状花序，小苞片较明显，宽卵圆形；花萼果时增大，基部一侧膨胀；花冠白色至紫红色，近二唇形，冠筒短；雄蕊4枚。小坚果球形，具网纹（图14-158）。产于全国各地，常栽培。果实（紫苏子）降气化痰，止咳平喘，润肠通便。叶（紫苏叶）解表散寒，行气和胃。茎（紫苏梗）理气宽中，止痛，安胎。

图14-158 紫苏

（3）**鼠尾草属** ***Salvia***：约1 000种，我国有90种。

丹参 ***S. miltiorrhiza*** **Bunge** 多年生草本。全株密被长柔毛及腺毛。根肥壮，外皮砖红色。羽状复叶对生，小叶常3～5枚；轮状聚伞花序组成假总状花序；花萼二唇形；花冠紫蓝色，冠檐二唇形，上唇镰刀状；能育雄蕊2枚，药隔线形，与花丝连接处有关节，上臂十分伸长，先端药室可育，下臂短而增粗，药室不育，顶端连合；子房4全裂。小坚果光滑（图14-159）。产于华北至华东一带。生于山坡、林下草丛或溪谷旁。多有栽培。根（丹参）活血祛瘀，通经止痛，清心除烦，凉血消痈。

图14-159　丹参

（4）**夏枯草属*Prunella***：约10种，我国有4种。

夏枯草*P. vulgaris* L. 多年生草本；根状茎匍匐，在节上生须根。茎钝四棱形，具浅槽。叶对生，卵状长圆形或卵圆形。轮状聚伞花序密集组成顶生穗状花序，每一轮状聚伞花序下承以苞片；苞片宽心形，先端具骤尖头，边缘具睫毛。花萼钟形，二唇形；花冠二唇形，上唇较长，近圆形，多少呈盔状。雄蕊4枚，花丝先端2裂，1裂片能育具花药，药室极叉开。小坚果黄褐色（图14-160）。除东北、华北及青藏高原外，我国大部分地区均产。生于荒坡、草地、溪边及路旁等湿润地上。干燥果穗（夏枯草）清热泻火，明目，散结消肿。

图14-160　夏枯草

（5）**薄荷属*Mentha***：约40种，我国有10余种。

薄荷*M. canadensis* L. (= *M. haplocalyx* Briq.) 多年生草本，全株芳香，口尝有清凉感。茎四棱形，下部数节具纤细的须根及水平匍匐根状茎。叶对生，叶片卵形或长圆形，两面均有腺鳞及柔毛。轮状聚伞花序腋生；花近辐射对称，花萼管状钟形，萼齿狭三角状钻形；花冠淡紫或白色，冠檐4裂，上裂片先端2裂；雄蕊4，前对较长，药室平行。小坚果黄褐色，具小腺窝（图14-161）。分布于南北各省。宜生长在潮湿的地方。地上部分（薄荷）疏散风热，清利头目，利咽，透疹，疏肝行气。留兰香*M. spicata* L.、辣薄荷*M. piperita* L.的地上部分具有类似功效，从中提取的挥发油被用于牙膏、口香糖的加香等。

图14-161　薄荷

（6）**牡荆属*Vitex***：210种左右，我国约有16种。

单叶蔓荆*V. rotundifolia* L. f. (= *V. trifolia* L. var. *simplicifolia* Cham.) 灌木。茎匍匐，节处常生不定根。单叶对生，叶片倒卵形或近圆形，顶端通常钝圆。圆锥花序顶生，花序梗密被灰白色绒毛；花萼钟形，顶端5浅裂；花冠二唇形，淡紫色或蓝紫色；雄蕊4枚，伸出花冠外；子房近球形，密生腺点，4室，每室有1枚胚珠。核果成熟时黑色，果萼宿存，外被灰白色绒毛（图14-162）。分布于我国沿海省（区）及江西、安徽等地。生于沙滩、海边及湖畔。其与**蔓荆*V. trifolia* L.**的果实（蔓荆子）疏风散热，清利头目。

上述两种植物的根（蔓荆子根）、蔓荆的叶（蔓荆叶），以及黄荆*V. negundo* L.或牡荆*V.*

—•笔记栏•—

图14-162　单叶蔓荆

negundo L. var. *cannabifolia* (Siebold & Zucc.) Hand.-Mazz.的果实(黄荆子),均可药用。牡荆的叶尚可供提取牡荆油用。

(7) **黄芩属*Scutellaria***: 470种左右,我国约有90种。

黄芩*S. baicalensis* Georgi 多年生草本。主根肥厚,断面黄色。茎基部多分枝。叶对生,具短柄,披针形至条状披针形,下面被下陷的腺点。花成对着生于花序轴的一侧,成顶生间有腋生的总状花序,苞片叶状。花萼上裂片在背上有一圆形、内凹、鳞片状的盾片;花冠筒近直立,冠檐2唇形;雄蕊4枚,前对较长。小坚果扁球形,具瘤(图14-163)。分布于北方地区。生于向阳山坡、草原。根(黄芩)清热燥湿,泻火解毒,止血,安胎。

半枝莲*S. barbata* D. Don的全草(半枝莲)清热解毒,化瘀利尿。

(8) **刺蕊草属*Pogostemon***: 90种左右,我国约有27种。

广藿香*P. cablin* (Blanco) Benth. 多年生草本或半灌木。芳香气浓。茎四棱形,分枝,被绒毛。叶圆形或宽卵圆形,两面被绒毛。轮状聚伞花序10至多花,穗状花序状。花萼筒状,密被长绒毛,萼齿钻状披针形;花冠紫色,裂片外面均被长毛;雄蕊外伸,花丝具髯毛。在我国境内未见结果(图14-164)。原产于印度尼西亚、马来西亚、菲律宾等地;广东肇庆、阳春、湛江,海南万宁等地广为栽培。地上部分(广藿香)芳香化浊,和中止呕,发表解暑。

图14-163　黄芩

图14-164　广藿香

(9) **益母草属*Leonurus***: 约24种,我国有12种。

益母草*L. japonicus* Houtt. 一年生或二年生草本。叶二型;基生叶有长柄,叶片边缘5～9浅裂;中部叶菱形,掌状3深裂;顶生叶近无柄,线形或线状披针形。轮状聚伞花序腋生;花萼管状钟形,萼齿先端刺尖;花冠淡红紫色(有白花变型),上唇直伸,稍长;前对雄蕊较长。小坚果长圆状三棱形,顶端截平(图14-165)。分布于全国。生长于多种生境,尤以阳处为多。地上部分（益母草）活血调经，利尿消肿，清热解毒；果实（茺蔚子）活血调经，清肝明目。

图14-165　益母草

本科植物中，**石香薷*Mosla chinensis* Maxim.**及其栽培品种**江香薷*M. chinensis* ‘Jiangxiangru’**的地上部分（香薷）发汗解表，化湿和中；**碎米桠*Isodon rubescens* (Hemsl.) H. Hara** [= *Rabdosia rubescens* (Hemsl.) H. Hara]的地上部分（冬凌草）清热解毒，活血止痛；**硬毛地笋**（毛叶地瓜儿苗）***Lycopus lucidus* Turcz. ex Benth. var. *hirtus* (Regel) Makino & Nemoto**的地上部分（泽兰）活血调经，祛瘀消痈，利水消肿；**裂叶荆芥**（荆芥）***Nepeta tenuifolia* Benth.**[= *Schizonepeta tenuifolia* (Benth.) Briq.]的地上部分（荆芥）和花穗（荆芥穗）解表散风、透疹、消疮，炒炭后（荆芥炭和荆芥穗炭）收敛止血；**活血丹*Glechoma longituba* (Nakai) Kuprian.**的地上部分（连钱草）利湿通淋，清热解毒，散瘀消肿；**灯笼草*Clinopodium polycephalum* (Vaniot) C. Y. Wu & Hsuan**或**风轮菜*C. chinense* (Benth.) Kuntze**的地上部分（断血流）收敛止血；**筋骨草*Ajuga decumbens* Thunb.**的全草（筋骨草）清热解毒，凉血消肿；**独一味*Phlomoides rotata* (Benth. ex Hook. f.) Mathiesen** [=*Lamiophlomis rotata* (Benth. ex Hook. f.) Kudo]的地上部分（独一味）活血止血，祛风止痛。

此外，山香*Mesosphaerum suaveolens* (L.) Kuntze [= *Hyptis suaveolens* (L.) Poit.]的全草（山香），线纹香茶菜*Isodon lophanthoides* (Buch.-Ham. ex D. Don) H. Hara [= *I. striatus* (Benth.) Kudô; = *Rabdosia lophanthoi des* (Buch.-Ham. ex D. Don) H. Hara]和溪黄草*Isodon serra* (Maxim.) Kudô的地上部分（溪黄草），香茶菜*I. amethystoides* (Benth.) H. Hara [= *Rabdosia amelysoides* (Benth.) H. Hara]和大萼香茶菜*Isodon macrocalyx* (Dunn) Kudô [= *Rabdosia macrocalyx* (Dunn) H. Hara]及同属数种植物的地上部分或根状茎（香茶菜），丁香罗勒*Ocimum gratissimum* L.全草经水蒸气蒸馏提取的挥发油（丁香罗勒油），排草香*Coleus strobilifer* (Roxb.) A. J. Paton (= *Anisochilus carnosus* (L. f.) Wall. ex Benth.)带老茎的根状茎及根（香排草），甘青青兰*Dracocephalum tanguticum* Maxim.的地上部分（甘青青兰），藿香*Agastache rugosa* (Fisch. & C. A. Mey.) Kuntze的地上部分（藿香），牛至*Origanum vulgare* L.的全草（牛至），螃蟹甲（块根糙苏）*Phlomoides younghushandii* (Mukerjee) Kamelin & Makhm. (= *Phlomis kawaguchii* Murata)的块根（螃蟹甲、块根糙苏），大青*Clerodendrum cyrtophyllum* Turcz.和海州常山*C. trichotomum* Thunb.的叶等，也可药用。

52. 列当科 Orobanchaceae

⚥ $\uparrow K_{(4\sim5)}C_{(5)}A_4\underline{G}_{(2:1\sim2:\infty)}$

【特征与分类】

草本，极少数灌木，**半寄生至全寄生**，**具有吸器**，极少数非寄生；**单叶**，螺旋状互生或对生；**花序**常为**总状**；**花两性**，**单面对称**；花萼管状，4～5裂，**花冠常二唇形**；**雄蕊4枚**，**二强**；**雌蕊2心皮合生**，**子房上位**，**1～2室**；**蒴果**室背或室间开裂，裂片2～3枚；**种子**具棱角，**多数**。

列当科药用植物主要含有苯乙醇苷、环烯醚萜苷、黄酮类、生物碱等化学成分。

APG Ⅳ系统中，将传统上属于玄参科的地黄属、阴行草属、独脚金属等26个属合并入了列当科。

本科有近100属，2 200余种，世界广布。我国约有38属，500余种，各省均有分布，主产于西南地区。已知药用20余属，70余种。

—•笔记栏•—

地黄的栽培

图 14-166 地黄

【主要药用植物】

（1）**地黄属** ***Rehmannia***：6种，我国均有。

地黄 ***R. glutinosa*** **(Gaertn.) DC.** 多年生草本，密被灰白色多细胞长柔毛和腺毛。块根肉质肥厚。叶常在茎基部集成莲座状，或逐渐缩小而在茎上互生；花序略呈总状，或几乎全部单生叶腋而分散在茎上；花萼密被多细胞长柔毛和白色长毛，萼齿5枚；花冠被长柔毛，裂片5枚；二强雄蕊，两药室常排成一直线；子房幼时2室，老时因隔膜撕裂而成1室，花柱顶部扩大成2枚片状柱头。蒴果（图14-166）。分布于华北及邻近的华东、西北一些省（区）。生于砂质壤土、荒山坡、山脚、墙边、路旁等处。主要栽培于河南温县、武陟县等地。新鲜或干燥块根（地黄）入药；前者习称“鲜地黄”，清热生津，凉血，止血；后者习称“生地黄”，清热凉血，养阴生津。生地黄的炮制加工品（熟地黄）补血滋阴，益精填髓。

（2）**肉苁蓉属** ***Cistanche***：20余种，我国有5种。

肉苁蓉与梭梭

图 14-167 肉苁蓉

肉苁蓉 ***C. deserticola*** **Ma** 高大草本，大部分生长于地下。茎不分枝或少分枝。叶小，宽卵形或三角状卵形，上部的变狭，两面无毛。花序穗状，苞片与花等长或稍长。花萼长度约为花冠的一半，5浅裂；花冠筒状钟形，裂片边缘常稍外卷，淡黄白色或淡紫色。雄蕊4枚，二强，被长柔毛，花药基部有骤尖头。子房基部有蜜腺，1室，侧膜胎座。蒴果卵球形，2瓣裂。种子外面网状，有光泽（图14-167）。主产于内蒙古、甘肃、新疆等省（区）。生于荒漠中，寄生于苋科植物梭梭 *Haloxylon ammodendron* (C. A. Mey.) Bunge ex Fenzl的根上。**管花肉苁蓉** ***Cistanche mongolica*** **Beck**[1]产于新疆，其花药基部钝，不具小尖头，常寄生于柽柳属（*Tamarix*）植物根上。肉苁蓉或管花肉苁蓉带鳞叶的肉质茎（肉苁蓉）补肾阳，益精血，润肠通便。两者均为国家二级重点保护野生植物。

本科植物中，**阴行草** ***Siphonostegia chinensis*** **Benth.** 的全草（北刘寄奴）活血祛瘀，通经止痛，凉血，止血，清热利湿。此外，沙氏鹿茸草（绵毛鹿茸草）*Monochasma savatieri* Franch. ex Maxim. 的干燥地上部分（鹿茸草）也可药用。

1 我国文献中常见的管花肉苁蓉学名 *Cistanche tubulosa* (Schenk) Wight ex Hook. f. 系误用。*C. tubulosa* 花冠黄色，分布于北非、中东、中亚至南亚次大陆。

53. 桔梗科Campanulaceae

$⚥ * \uparrow K_{(5)}C_{(5)}A_5\overline{G},\underline{\overline{G}}_{(2\sim5:2\sim5:\infty)}$

【特征与分类】

多草本，常具乳汁。单叶互生，少数对生或轮生，无托叶。花单生或排成各种花序；**花两性**，辐射对称或单面对称，具有花托；花萼筒5裂，宿存；**花冠常钟状或管状，5裂；雄蕊5枚**；雌蕊为2～5心皮合生，**子房常下位或半下位**，2～5室（常3室），**中轴胎座，常3室。蒴果**，稀浆果（图14-168）。

桔梗科植物具乳汁管，薄壁细胞内常含菊糖。所含化学成分主要为三萜皂苷、倍半萜类、甾醇类、苯丙素类、多炔类和生物碱类化合物等。

本科近90属，2 400余种，分布于全球，以温带和亚热带地区为多。我国约有17属，近180种，分布于全国，以西南地区为多。已知药用10余属，100余种。

图14-168　羊乳*Codonopsis lanceolata*花的解剖

1. 花纵切；2、3. 子房横切；4. 花部离析（去除花冠）；5. 雄蕊；6. 雄蕊的不同朝向；7. 柱头横切（内侧）；8. 柱头顶面观

【主要药用属检索表】

1. 花冠辐射对称；雄蕊离生；雌蕊3～5心皮合生，3～5室；蒴果3～5裂。
    2. 花冠钟状至筒状；雌蕊3心皮合生，3室；蒴果3裂。
        3. 直立草本；总状或圆锥花序，子房下位；蒴果在基部3孔裂 .... 沙参属*Adenophora*
        3. 缠绕或直立草本；花单生，子房下位或半下位；蒴果自先端3瓣裂 .... 党参属*Codonopsis*
    2. 花冠阔钟状；雌蕊5枚，心皮合生，5室；蒴果5裂 .... 桔梗属*Platycodon*
1. 花冠单面对称；雄蕊合生；雌蕊2枚，心皮合生，2室；蒴果2裂 .... 半边莲属*Lobelia*

【主要药用植物】

（1）**桔梗属*Platycodon***：1种，我国原产。

桔梗*P. grandiflorus* (Jacq.) A. DC. 多年生草本，具白色乳汁。根肉质，长圆锥状。叶对生、轮生或互生，叶片边缘具细锯齿。花大而美丽，单生或数朵生于枝顶；花萼5裂，宿存；花冠阔钟状，蓝色，5裂；雄蕊5枚；心皮5枚，合生，子房半下位，5室，中轴胎座，柱头5裂。蒴果，顶部5裂。种子多数（图14-169）。青藏高原以东、南岭及其以北的广大地区均有分布。生于山地草坡或林缘。根（桔梗）宣肺，利咽，祛痰，排脓。

图14-169　桔梗

（2）**党参属*Codonopsis***：约50种，我国大约有40种。

党参（素花党参）*C. pilosula* (Franch.)

Nannf. [= *C. pilosula* (Franch.) Nannf. var. *modesta* (Nannf.) L. T. Shen] 多年生缠绕草质藤本，具白色乳汁；全株具臭气。根圆柱状，具多数瘤状茎痕，常在中部分枝。叶互生，常卵形，基部近于心形，老时仍两面有毛。花两性，整齐，5基数，单生于枝端；花萼无毛，贴生至子房中部，裂片狭矩圆形；花冠阔钟状，淡绿色，略带紫晕，较花萼裂片长；子房半下位，3室。蒴果3瓣裂（图14-170）。分布于东北、华北经陕、甘、青至川、滇、藏一线。生于山地、草坡、林边或灌丛中。全国各地有栽培。党参或川**党参*C. pilosula* (Franch.) Nannf. subsp. *tangshen* (Oliv.) D. Y. Hong** (= *C. tangshen* Oliv.)的根（党参）健脾益肺，养血生津。

图14-170　党参

（3）**沙参属*Adenophora***：60余种，我国有40余种。

沙参*A. stricta* Miq. 多年生草本，具白色乳汁。根圆锥形，质地较泡松。茎、叶、花萼均被短硬毛。茎生叶互生，无柄，狭卵形。花序狭长，常不分枝而成假总状花序；花5数，整齐；花萼裂片狭长，通常全缘；花冠钟状，蓝紫色；花丝基部扩大成片状，边缘被毛；花盘宽圆筒状；子房下位，3室，胚珠多数；花柱与花冠近等长。蒴果（图14-171）。分布于四川、贵州、广西、湖南、湖北、河南、陕西、江西、浙江、安徽、江苏。生于山坡草丛中。沙参或**轮叶沙参*A. triphylla* (Thunb.) A. DC.** [= *A. tetraphylla* (Thunb.) Fisch.]的根（南沙参）养阴清肺，益胃生津，化痰，益气。

图14-171　轮叶沙参（1）和沙参（2）

（4）**半边莲属*Lobelia***：近440种，我国20余种。

半边莲*L. chinensis* Lour. 多年生小草本，具白色乳汁。主茎平卧，分枝直立。叶互生，近无柄，狭披针形。花单生于叶腋；花萼筒倒长锥状，裂片披针形；花冠粉红色，5个裂片全部偏向下方；雄蕊与花冠裂片互生，花丝上部及花药合生成筒，下方的两个花药近端有髯毛；子房下位，2室，中轴胎座，胚珠多数。蒴果2裂（图14-172）。分布于长江中下游及以南地区。生于水边、沟边或潮湿草地。全草（半边莲）清热解毒，利尿消肿。

图14-172　半边莲

54. 菊科Asteraceae（Compositae）

$⚥ * \uparrow K_{0,\infty} C_{(3\sim5)} A_{(4\sim5)} \overline{G}_{(2:1:1)}$

笔记栏

黄花蒿的腺毛与青蒿素的合成

案例

青蒿素提取自药用植物黄花蒿，是一种用于治疗疟疾的药物，它的发现挽救了全球特别是发展中国家的数百万人的生命。凭借在青蒿素研究中的突出贡献，中国科学家屠呦呦荣获2015年诺贝尔生理学或医学奖，成为第一位获诺贝尔科学奖项的中国本土科学家。同属另有一种植物名为青蒿，不含青蒿素。分析下列问题：

(1) 您知道两者名称混乱现象的来龙去脉吗?

(2) 如何区分这两种植物?

【特征与分类】

草本、半灌木或灌木，稀为乔木。有的**具乳汁管或树脂道**。叶互生或对生，稀轮生，无托叶。**花**两性或单性，**5基数；头状花序**，多朵小花密集生于花序托（即缩短的花序轴）上，**外具1层或多层总苞片组成的总苞**，单生或多个再排成总状、聚伞状等；**花序中的小花同形（即全为管状花或舌状花）或异形（即外围为雌花，假舌状，中央为管状花）；萼片**通常**形成**鳞片状、刚毛状或毛状的**冠毛**，或缺；花冠管状、舌状、假舌状或二唇形；管状花辐射对称，冠檐5裂，稀4裂；舌状花或假舌状花单面对称，花冠裂片偏向一侧；雄蕊4～5枚，着生于花冠管上，**聚药雄蕊；雌蕊2心皮合生**，柱头2裂，**子房下位，1室**，具**1枚**直立基生**胚珠**。**连萼瘦果**，常具冠毛（图14-173）。

图14-173　马兰*Aster indicus*及其花的解剖

1. 花期枝条；2. 头状花序底面观，示总苞片；3. 头状花序纵切；4. 假舌状花侧面观；5. 管状花侧面观；6. 管状花的花冠筒展开；7. 雌蕊；8. 聚药雄蕊纵剖

本科植物体内薄壁细胞中常含菊糖。主要的化学成分有黄酮类、倍半萜内酯类、生物碱类、聚炔类、香豆素类及三萜类等。

菊科是被子植物中物种最多的科，1 660～1 720属，25 000～35 800种，全球广泛分布。我国有270余属，2 460余种；另引种栽培100余属，分布于全国。已知药用150余属，约800种。

传统上菊科分为两个亚科，即管状花亚科Tubuliflorae和舌状花亚科Liguliflorae。管状花亚科植物无乳汁，头状花序全部为同形的管状花，或有异形的小花（边缘常具假舌状花）；舌状花亚科植物通常有乳汁，头状花序全部为舌状花。

菊科是晚近剧烈分化的大科，两个亚科的划分难以反映实际的系统发育关系。根据分子数据，菊科划分为14～16个亚科。在我国，药用植物主要集中在飞廉亚科（菜蓟亚科）、斑鸠菊亚科、菊苣亚科及紫菀亚科。

【主要药用属检索表】

1. 头状花序由同形的小花构成，所有小花两性，同为舌状或同为管状，稀外层的管状花中性，扩大。

　2. 头状花序全由管状小花构成；植物体不具白色乳汁。

—•笔记栏•—

3. 总苞片先端具明显的刺状或膜质附属物；花柱分枝短，常不明显，下部具毛环；花药基部有长尾 .... **飞廉亚科 Carduoideae**

4. 叶缘有刺。

5. 冠毛羽状，基部联合成环；总苞片同形；花白色或紫色。

6. 花序基部有叶状苞片；花两性或单性；瘦果多柔毛 .... 苍术属 *Atractylodes*

6. 花序基部无叶状苞片；花两性；瘦果无毛 .... 蓟属 *Cirsium*

5. 冠毛呈鳞片状或缺，不联合；总苞片外轮叶状；花红色 .... 红花属 *Carthamus*

4. 叶缘无刺。

7. 头状花序在莲座叶丛中央或茎端密集成簇；根具香气 .... 川木香属 *Dolomiaea*

7. 头状花序在枝端单生或排列成复花序，不聚集成簇；根不具香气。

8. 总苞片顶端呈针刺状，末端钩曲；冠毛多而短，易脱落 .... 牛蒡属 *Arctium*

8. 总苞片顶端无钩刺；冠毛长，不易脱落 .... 漏芦属 *Rhaponticum*

3. 总苞片先端无明显的附属物；花柱分枝长且醒目，下部不具毛环；花药基部无尾或具极短的尾。

9. 叶对生，或下部对生，上部互生；花柱分枝先端有长的不育附属物 .... 泽兰属 *Eupatorium*（**紫菀亚科 Asteroideae**）

9. 叶互生；花柱分枝先端无不育附属物 .... **斑鸠菊亚科 Vernonioideae**

10. 头状花序具总花梗，在茎上排成圆锥花序状或伞房花序状聚伞状花序；总苞片4～6层 .... 斑鸠菊属 *Vernonia*

10. 头状花序无总花梗，簇生或在茎上排成复头花序状；总苞片2层 .... 地胆草属 *Elephantopus*

2. 头状花序全由舌状小花构成；植物体具白色乳汁 .... **菊苣亚科 Cichorioideae**

11. 冠毛膜片状 .... 菊苣属 *Cichorium*

11. 冠毛单毛状或糙毛状。

12. 叶基生，莲座状排列；头状花序单生于花葶顶端；瘦果中部以上有小瘤状凸起 .... 蒲公英属 *Taraxacum*

12. 叶茎生或基生；头状花序排成各式花序；瘦果平滑无小瘤状。

13. 头状花序有花80朵以上；冠毛为细单毛；瘦果无喙 .... 苦苣菜属 *Sonchus*

13. 头状花序有花25朵以下；冠毛为糙毛；瘦果具长或短喙。

14. 瘦果极扁平或较扁，两面有多数细纵肋 .... 莴苣属 *Lactuca*

14. 瘦果近圆柱形，腹背稍扁，具10粗肋 .... 苦荬菜属 *Ixeris*

1. 头状花序由异形的小花构成，外层小花雌性或中性，假舌状或丝状，中央小花两性，管状，或由同形的管状单性小花分别构成雌雄花序 .... **紫菀亚科 Asteroideae**

15. 头状花序仅有管状花（两性或单性）或兼有外层丝状花，无假舌状花。

16. 花序单性，雌花序仅有2朵小花；雌花序总苞外多钩刺 .... 苍耳属 *Xanthium*

16. 花序外层雌花，内层两性花，头状花序排成总状或圆锥状；总苞片无钩刺 .... 蒿属 *Artemisia*

15. 头状花序有管状花和假舌状花（雌性或无性）。

17. 瘦果有冠毛。

18. 假舌状花黄色；花药基部戟形，有细长渐尖的尾部 .... 旋覆花属 *Inula*

18. 假舌状花白色或蓝紫色；花药基部钝，无尾 .... 紫菀属 *Aster*

17. 瘦果无冠毛。

19. 叶互生；总苞片边缘干膜质；花序托无托片 .... 菊属 *Chrysanthemum*

—•笔记栏•—

19. 叶对生；总苞片叶质；花序托有托片。

20. 假舌状花1层，黄色；管状花5裂；瘦果为内层总苞片（或外层托片）所包裹 ……………………………………………………………………… 豨莶草属*Sigesbeckia*

20. 假舌状花2层，白色；管状花4裂；内层总苞片不包裹瘦果 ……………………………………………………………………… 鳢肠属*Eclipta*

【主要药用植物】

（1）**飞廉亚科Carduoideae**：草本或灌木，叶互生。头状花序雌雄同株或异株，通常含多数小花。全部花冠管状。花托有托片或托毛，很少无托片亦无托毛的，有时花托蜂窝状，窝缘有钻状突起。

1）**苍术属*Atractylodes***：4种，我国均有。

苍术（茅苍术、北苍术、关苍术）***A. lancea* (Thunb.) DC.** [= *A. chinensis* (Bunge) Koidz.; = *A. japonica* Koidz. ex Kitam.] 多年生草本。根状茎粗肥，结节状或疙瘩块状，横断面有红棕色油点，具香气。叶硬纸质，下部叶常无柄，3～5羽状深裂，两侧裂片较小，顶裂片大，卵形；上部叶具柄，羽状分裂或不裂；苞叶裂片刺状。头状花序直径1～2 cm；花冠白色；瘦果被柔毛，冠毛羽状（图14-174）。分布于东北、华北、华东、中南及西南地区。生于山坡草丛中。根状茎（苍术）燥湿健脾，祛风散寒，明目。

图14-174　苍术

白术*A. macrocephala* Koidz. 根状茎肥大，略呈骨状，有不规则分枝。花冠较大，紫红色（图14-175）。分布于陕西、湖北、湖南、江西、浙江。生长于山坡林地，现多栽培。根状茎（白术）健脾益气，燥湿利水，止汗，安胎。

图14-175　白术

2）**风毛菊属*Saussurea***：510种左右，我国340余种。

雪莲花（天山雪莲）***S. involucrata* (Kar. & Kir.) Sch. Bip.** 根状茎粗，颈部被多数褐色的叶残迹。叶密集，基生叶和茎生叶无柄；最上部叶苞叶状，膜质，淡黄色。头状花序10～20个，在茎顶密集成球形的复花序。总苞半球形，直径1 cm；总苞片3～4层，边缘或全部紫褐色。小花紫色。瘦果长圆形。冠毛污白色（图14-176）。分布于新疆（乌鲁木齐、博格达山、和硕县）。生于高山地带山坡、山谷、石缝、水边、草甸。地上部分（天山雪莲）系维吾尔族习用药材，能补肾活血，强筋骨，营养神经，调节异常体液。阿尔泰雪莲花*S. orgaadayi* Khanm. & Krasnob.、水母雪兔子*S. medusa* Maxim.、绵头雪兔子*S. laniceps* Hand.-Mazz.的地上部分也可药用。上述4种均为国家二级重点保护野生植物。

—•笔记栏•—

图14-176　雪莲花

图14-177　云木香

图14-178　牛蒡

3）川木香属 ***Dolomiaea***：约20种，我国12种左右。

云木香（木香）***D. costus*** **(Falc.) Kasana & A. K. Pandey** [= *Aucklandia costus* Falc.; = *A. lappa* (Decne.) Decne.] 多年生草本。主根粗壮，干后芳香。基生叶片巨大，三角状卵形，边缘具不规则浅裂或呈波状，疏生短齿，叶片基部下延成翅；茎生叶互生。头状花序具总苞片约10层；托片刚毛状；全为管状花；暗紫色。瘦果具肋，上端有一轮淡褐色羽状冠毛（图14-177）。西藏南部、云南、四川有分布或栽培。根（木香）行气止痛，健脾消食。

川木香 ***Dolomiaea souliei*** **(Franch.) Shih** [= *Vladimiria souliei* (Franch.) Ling]与**灰毛川木香** ***Dolomiaea souliei*** **var.** ***cinerea*** **(Y. Ling) Q. Yuan** [= *Vladimiria souliei* (Franch.) Ling var. *cinerea* Ling]的根（川木香）功效与木香近似，能行气止痛、温中和胃。

4）牛蒡属 ***Arctium***：50种左右，我国有3种。

牛蒡 ***A. lappa*** **L.** 二年生草本。肉质直根粗大。茎直立，粗壮，常紫红或淡紫红色，有多数高起的条棱。基生叶宽卵形，边缘具稀疏的浅波状凹齿或齿尖，基部心形，叶柄长达32 cm。茎生叶与基生叶同形或近同形。头状花序多数或少数在茎枝顶端排成疏松的伞房花序或圆锥状伞房花序，花序梗粗壮。总苞片多层，多数，外层三角状或披针状钻形，中内层披针状或线状钻形。小花紫红色。瘦果两侧压扁，浅褐色。冠毛多层，浅褐色；冠毛为糙毛状刚毛，易散落（图14-178）。全国各地普遍分布。果实（牛蒡子）疏散风热，宣肺透疹，解毒利咽；新鲜全草（鲜牛蒡草）也可药用。

5）蓟属 ***Cirsium***：430～500种，我国约有46种。

蓟 ***C. japonicum*** **DC.** 多年生草本。块根纺锤状或萝卜状。茎直立，有条棱，接头状花序下部灰白色。基生叶较大，羽状深裂或几全裂；自基部向上的叶渐小，与基生叶同形并等样分裂，无柄，基部扩大半抱茎。头状花序常直立。总苞片约6层，覆瓦状排列。小花红色或紫色。冠毛浅褐色（图14-179）。地上部分（大蓟）凉血止血，散瘀解毒，消痈。**刺儿菜** ***C. arvense*** **(L.) Scop. var.** ***integrifolium*** **Wimm. & Grab.** [= *C. setosum* (Willd.) M. Bieb.]的地上部分（小蓟）与大蓟功效相同。

6）红花属 ***Carthamus***：16种或40余种，我国大面积引种栽培1种。

红花 ***C. tinctorius*** **L.** 一年生草本。茎直立，白色或淡白色，光滑，无毛。叶互生，长椭圆形或卵状披针形，叶缘齿端有尖刺或无。头状花序多数，在茎枝顶端排成伞房花序；总苞片卵状披针形，上部边缘常有锐刺，内侧数列卵形，无刺；小花全部为两性管状花，初开时黄色，后变为红色（图14-180）。原产于伊朗、土耳其一带，我国东北、华北、西北、西南及山东、浙江等地，特别是新疆广泛栽培。花（红花）活血通经，散瘀止痛。

本亚科植物中，**驴欺口**（蓝刺头）***Echinops davuricus* Fisch. ex Hornem.** (= *E. latifolius* L.)或**华东蓝刺头*E. grijsii* Hance**的根（禹州漏芦）清热解毒，消痈，下乳，舒筋通脉；**祁州漏芦*Rhaponticum uniflorum* (L.) DC.**的根（漏芦）功效同禹州漏芦；**水飞蓟*Silybum marianum* (L.) Gaertn.**的果实（水飞蓟）清热解毒，疏肝利胆。

（2）**菊苣亚科Cichorioideae**：头状花序全部小花舌状，植物有乳汁。

1）**菊苣属*Cichorium***：7种，我国有2种。

菊苣*C. intybus* L. 多年生草本。主根粗壮。茎直立，绿色，有条棱。基生叶莲座状，倒披针状长椭圆形，大头状倒向羽状深裂、羽状深裂或不分裂而边缘有稀疏的尖锯齿；茎生叶较小，基部抱茎。头状花序多数；全部小花舌状，蓝色、紫色或淡白色。瘦果倒卵形，有3～5棱。冠毛极短，膜片状，2～3层（图14-181）。分布于黑龙江、辽宁、山西、陕西、新疆等地。生于滨海荒地、河边、水沟边或山坡。菊苣或**毛菊苣*C. glandulosum* Boiss. & A. Huet**的地上部分或根（菊苣）清肝利胆，健胃消食，利湿消肿。

2）**蒲公英属*Taraxacum***：约2 400种，我国有120余种。

蒲公英*T. mongolicum* Hand.-Mazz. 多年生草本。根圆柱状，黑褐色，粗壮。叶莲座状基生，倒卵状披针形、倒披针形或长圆状披针形，边缘有时具波状齿或羽状深裂，叶柄及主脉常红紫色。花葶1至数个；总苞片2～3层，外层总苞片常贴伏而不反曲，先端增厚或有小角状突起，内层总苞片远长于外层，先端紫红色，有小角；舌状花黄色。瘦果先端具细长的喙，冠毛白色（图14-182）。除新疆、西藏等省（区）外，全国广布。生于田野、山坡、草地。蒲公英或**华蒲公英**（碱地蒲

图14-179 蓟

图14-180 红花

图14-181 菊苣

—• 笔记栏 •—

—•笔记栏•—

图14-182　蒲公英

图14-183　款冬

图14-184　紫菀

公英）***T. sinicum* Kitag.**（= *T. borealisinense* Kitam.）的全草（蒲公英）清热解毒，消肿散结，利尿通淋。

苣荬菜*Sonchus wightianus* DC.的全草（北败酱）、苦荬*Ixeris chinensis* (Thunb.) Kitag.的全草（苦菜）也可药用。

（3）**紫菀亚科Asteroideae**：草本，半灌木或灌木。叶通常互生。头状花序由异形的小花构成，外层小花雌性或中性，舌状或丝状，中央小花两性，管状；或由同形的两性管状小花组成（泽兰属）。

1）**款冬属*Tussilago***：1种，我国原产。

款冬*T. farfara* L. 多年生草本。根状茎横生，褐色。花葶密被白色茸毛。头状花序单生顶端，初时直立，花后下垂；总苞片线形，常带紫色；边缘有多层雌花，花冠舌状，黄色；中央的两性花少数，花冠管状，顶端5裂。瘦果圆柱形；冠毛白色（图14-183）。除华南地区外全国大部分地区有分布。常生于山谷湿地或林下。未出土的带花葶幼小花序（款冬花）润肺下气，止咳化痰。

2）**紫菀属*Aster***：150～170种，我国有近140种。

紫菀*A. tataricus* L. f. 多年生草本。茎直立，粗壮，基部有纤维状枯叶残片且常有不定根。基部叶在花期枯落，长圆状或椭圆状匙形，边缘有具小尖头的圆齿、浅齿或有密锯齿；中部叶长圆形或长圆披针形，无柄，全缘或有浅齿；上部叶狭小。头状花序多数，在茎和枝端排列成复伞房状；总苞片3层；边缘舌状花蓝紫色；中央管状花黄色。瘦果倒卵状长圆形，紫褐色（图14-184）。分布于东北、华北及陕甘一带。生于低山阴坡湿地、山顶和低山草地及沼泽地。根和根状茎（紫菀）润肺下气，消痰止咳。

马兰*A. indicus* L. [= *Kalimeris indica* (L.) Sch. Bip.] 的全草（马兰草）也可药用。

3）**菊属*Chrysanthemum***：40种左右，我国约有25种。

菊*C.* × *morifolium* Ramat.（= *C. morifolium* Ramat.）多年生草本。茎直立，基部有时木质化；全株被白色绒毛。叶片卵形至披针形，叶缘有粗大锯齿或羽裂，叶顶端及裂片顶端圆钝。头状花序单生茎顶或多个在茎上端排成伞房花序状的聚伞状花序；总苞片多层；舌状花1至数层；边缘舌状花雌性，形色多样；中央管状花两性，黄色或紫色，具托片。瘦果无冠毛（图14-185）。全国各地栽培。头状花序（菊花）散风清热，平肝明目，清热解毒。因药材产地和加工方法不同，有贡菊、亳菊、滁菊、杭菊、怀菊、湖菊等商品。

花中君子——菊

—•笔记栏•—

野菊 ***C. indicum*** **L.** 的头状花序（野菊花）清热解毒，泻火平肝。

4）**蒿属** ***Artemisia***：470余种，我国有近190种。

黄花蒿 ***A. annua*** **L.** 一年生草本，全株具强烈气味。叶常三回羽状深裂，裂片及小裂片矩圆形或倒卵形，背面微有白色腺点。头状花序球形，直径1.5～2.5 mm，有短梗，下垂或倾斜，多数，在分枝上排成总状或复总状花序，并在茎上组成开展、尖塔形的圆锥花序；总苞片3～4层；花序托凸起，半球形；小花黄色，全为管状花；外层雌性，内层两性（图14-186）。广布于全国各地。生于山坡、荒地。地上部分（青蒿）清虚热，除骨蒸，解暑热，截疟，退黄。所含青蒿素（artemisinin）用于治疗疟疾。

艾 ***A. argyi*** **H. Lév. & Vaniot** 多年生草本。植株有浓烈香气。茎、枝均被灰色蛛丝状柔毛。叶厚纸质；中下部叶卵状椭圆形，羽状深裂，裂片有粗齿或羽状缺刻，上面有腺点，下面有灰白色绒毛。头状花序椭圆形，每数个至10余个在分枝上排成小型的穗状花序或复穗状花序，并通常在茎上再组成狭窄、尖塔形的圆锥花序；总苞片3～4层，覆瓦状排列（图14-187）。广布于全国各省。生于路旁、荒野，亦有栽培。叶（艾叶）温经止血，散寒止痛；外用去湿止痒，供灸治或熏洗用。

猪毛蒿（滨蒿）***A. scoparia*** **Waldst. & Kit.** 和 **茵陈蒿** ***A. capillaris*** **Thunb.** 的地上部分（茵陈）清热利湿，利胆退黄。奇蒿 *A. anomala* S. Moore、白苞蒿 *A. lactiflora* Wall. ex DC. 的全草（刘寄奴）亦可药用，后者习称广东刘寄奴。

5）**旋覆花属** ***Inula***：约78种，我国约有11种。

图14-185 菊

图14-186 黄花蒿

图14-187 艾

旋覆花 ***I. japonica*** **Thunb.** 多年生草本，被长伏毛。基部叶常较小，在花期枯萎；中部叶长圆形，长圆状披针形或披针形，基部渐狭或有半抱茎的小耳，无叶柄，边缘有小尖头的疏齿或全缘，下面有疏伏毛和腺点；上部叶渐狭小，线状披针形。头状花序列成疏散的伞房花序；总苞片5层，条状披针形；边缘花舌状，黄色，顶端有3小齿；盘花管状，深黄色。瘦果圆柱形，冠毛白色（图14-188）。广布于东北、华北、华中、华东各省及四川、广东等地。生于路旁、河岸边。旋覆花或**欧亚旋覆花** ***Pentanema britannicum*** **(L.) D. Gut. Larr., Santos-Vicente, Anderb., E. Rico & M. M. Mart. Ort.** (= *Inula britannica* L.) 的头状花序（旋覆花）降气，消痰，行水，止呕；**线叶旋覆花**（条叶旋覆花）***I. linariifolia*** **Turcz.** 的地上部分（金沸草）亦有类似功效。

—• 笔记栏 •—

图14-188 旋覆花

图14-189 豨莶

图14-190 佩兰

土木香*I. helenium* L.的根（土木香）健脾和胃，行气止痛，安胎。此外，总状土木香*I. racemosa* Hook. f.的根（藏木香）亦可药用。

6）**豨莶属*Sigesbeckia***：11种，我国有3种。

豨莶*S. orientalis* L. 一年生草本。全体被白色柔毛。茎上部常多歧或假2叉分枝。茎中部叶三角状卵形，边缘浅裂或具粗锯齿，下面有腺点；基出脉3枚。头状花序排成圆锥状；总花梗密生短柔毛；总苞片背面有紫褐色头状有梗腺毛。雌花舌状、黄色，两性花管状（图14-189）。秦岭及长江流域以南广布。生于林缘及荒野。豨莶、**腺梗豨莶*S. pubescens* (Makino) Makino**或**毛梗豨莶*S. glabrescens* (Makino) Makino**的地上部分（豨莶草）祛风湿，利关节，解毒。

7）**泽兰属*Eupatorium***：60余种，我国有14种。

佩兰*E. fortunei* Turcz. 多年生草本。茎直立，绿色或红紫色。中部茎叶较大，三全裂或三深裂；或全部茎叶不裂，披针形、长椭圆或长椭圆形；羽状脉，边缘有粗齿或不规则的细齿。头状花序多数在茎顶及枝端排成复伞房花序。总苞钟状；总苞片2～3层，紫红色。花白色或带微红色。瘦果黑褐色，长椭圆形，5棱；冠毛白色（图14-190）。分布于华东、中南、华南、西南省（区）。生于路边灌丛及山沟路旁；多栽培。地上部分（佩兰）芳香化湿，醒脾开胃，发表解暑。

林泽兰（轮叶泽兰）***E. lindleyanum* DC.**的地上部分（野马追）化痰止咳平喘。多须公（华泽兰）*E. chinense* L.的根（广东土牛膝）也可入药。

本亚科植物中，**千里光*Senecio scandens* Buch.-Ham. ex D. Don**的地上部分（千里光）清热解毒，化痰散结；**熊胆草**（苦蒿）***Eschenbachia blinii* (H. Lév.) Brouillet** (= *Conyza blinii* H. Lév.)的地上部分（金龙胆草）清热化痰，止咳平喘，解毒利湿，凉血止血；**一枝黄花*Solidago decurrens* Lour.**的全草（一枝黄花）清热解毒，疏散风热；**短葶飞蓬*Erigeron breviscapus* (Vaniot) Hand.-Mazz.**的全草（灯盏细辛、灯盏花）活血通络止痛，祛风散寒；**蓍*Achillea alpina* L.**的地上部分（蓍草）解毒利湿，活血止痛；**艾纳香*Blumea balsamifera* (L.) DC.**新鲜叶经提取加工制成的结晶（艾片）开窍醒神，清热止痛；**天名精*Carpesium abrotanoides* L.**的果实（鹤虱）杀虫消积，全草（天名精）亦可药用；**翼齿六棱菊*Laggera crispata* (Vahl) Hepper & J. R. I. Wood**的地上部分（臭灵丹草）清热解毒，止咳祛痰；**石胡荽**（鹅不食草）***Centipeda minima* (L.) A. Braun & Asch.**的全草（鹅不食草）通窍

—•笔记栏•—

散寒，祛风利湿，散瘀消肿；**苍耳*Xanthium strumarium* L.** (= *X. sibiricum* Patrin ex Widder)带总苞的果实（苍耳子）散风寒，通鼻窍，祛风湿；**鳢肠*Eclipta prostrata* (L.) L.**的地上部分（墨旱莲）滋补肝肾，凉血止血，鲜茎榨汁（墨旱莲草汁）也可药用。

此外，麻叶千里光*Jacobaea cannabifolia* (Less.) E. Wiebe (=*Senecio cannabifolius* Less.)和全叶千里光*Jacobaea litvinovii* (Schischk.) Zuev[= *Senecio cannabifolius* Less. var. *integrifolius* (Kŏidz.) Kitam.]的地上部分（返魂草）、一点红*Emilia sonchifolia* (L.) DC.的全草（一点红）、羊耳菊*Duhaldea cappa* (Buch.-Ham. ex D. Don) Pruski & Anderb. [= *Inula cappa* (Buch. -Ham. ex D. Don) DC.]的全草（羊耳菊）和根（羊耳菊根）等亦可药用。松果菊*Echinacea purpurea* (L.) Moench，又名紫锥菊，原产于北美，全球各地多有栽培；在美国和欧洲被广泛使用，被普遍认为具有增强免疫作用，用于治疗感冒。甜叶菊*Stevia rebaudiana* (Bertoni) Bertoni原产于南美，我国引栽；叶（甜叶菊）入药；从中提取的甜菊糖苷甜度高、热量低，可作为医药用的甜味剂辅料和食品添加剂。

斑鸠菊亚科Vernonioideae地胆草*Elephantopus scaber* L.的全草（地胆草）药用，地下部分为岭南药膳原料“地胆头”。

55. 忍冬科Caprifoliaceae

$⚥ * \uparrow K_{(3\sim5)}C_{(3\sim5)}A_{1\sim5}\overline{G}_{(2\sim5:1\sim5:1\sim\infty)}$

【特征与分类】

灌木或木质藤本，稀多年生草本或小乔木。**单叶对生**，稀为羽状分裂或复叶；常**无托叶**，有时托叶形小而不显著或退化成腺体。穗状、圆锥、伞形或聚伞花序；**花两性**，近辐射对称或**单面对称**；**花萼和花冠**合生，(3～)**4～5裂**；雄蕊(1～)3～5枚；**子房下位，2～5室**，常部分子房室不发育，每室胚珠1至多数。**浆果、核果**、瘦果或蒴果；种子胚直立，有时无胚乳。

本科植物含黄酮类、环烯醚类、三萜皂苷类、绿原酸类、甾醇类、挥发油、生物碱类等主要成分。败酱属、缬草属等属的植物常具特殊臭气。

APG Ⅳ系统中，传统上的败酱科Valerianaceae和川续断科Dipsacaceae等并入忍冬科，而荚蒾属*Viburnum*和接骨木属*Sambucus*则移至五福花科Adoxaceae。

本科有30余属，1 100余种，全球广布，主要分布于北半球温带地区。我国有25属，150余种，全国广布，以西南地区种类最多。已知药用10余属，约100种。

【主要药用植物】

(1) **忍冬属*Lonicera***：160～190种，我国约有58种。

忍冬*L. japonica* Thunb. 半常绿缠绕灌木。幼枝暗红褐色，密被黄褐色、开展的硬直糙毛、腺毛和短柔毛，下部常无毛。叶纸质，单叶对生，卵状椭圆形，幼时两面被短毛。总花梗单生叶腋，花成对，苞片叶状；花萼5裂；花冠白色，凋落前转黄色，故称金银花，芳香，二唇形，上唇4裂，下唇带状而反曲；雄蕊5枚。浆果圆形，熟时蓝黑色（图14-191）。除黑龙江、内蒙古、宁夏、青海、新疆、海南和西藏无自然生长外，全国各省均有分布。生于山坡灌丛中；现山东、河南、贵州多栽培。花蕾或初开的花（金银花）清热解毒，疏散风热；茎枝（忍冬藤）清热解毒，疏风通络。

图14-191　忍冬

大花忍冬（灰毡毛忍冬、黄褐毛忍冬）***L. macrantha* (D. Don) Spreng.** (= *L. macranthoides* Hand.-Mazz.; = *L. fulvotomentosa* P. S. Hsu & S. C. Cheng)、**菰腺忍冬**（红腺忍冬）***L. hypoglauca* Miq.**、**华南忍冬*L. confusa***

—•笔记栏•—

图14-192 华南忍冬(1)和菰腺忍冬(2)

图14-193 甘松

(Sweet) DC.(图14-192)的花蕾或初开的花(山银花)功效同金银花。

(2) **甘松属*Nardostachys***：1种，我国原产。

甘松*N. jatamansi* (D. Don) DC. 多年生草本。主根粗长。根状茎木质，密被叶鞘纤维，有浓烈香气。叶丛生，长匙形或线状倒披针形，主脉平行三出，全缘。聚伞花序头状，顶生，花后主轴及侧轴常伸长；花冠紫红色、钟形，裂片5枚，花冠筒里面有白毛；雄蕊4枚；柱头头状。瘦果倒卵形(图14-193)。产于四川、云南、西藏。生于高山灌丛、草地。根及根状茎(甘松)理气止痛，开郁醒脾；外用祛湿消肿。国家二级重点保护野生植物。

(3) **缬草属*Valeriana***：350～420种，我国有20种左右。

蜘蛛香*V. jatamansi* W. Jones 多年生草本。根状茎粗厚，块柱状，节密，有浓烈香味。基生叶发达，心状圆形至卵状心形；茎生叶不发达，每茎2～3对，下部的心状圆形，上部的常羽裂。聚伞花序顶生。花萼裂片果期伸长外展呈羽毛状；花白色或微红色，杂性。瘦果长卵形，两面被毛。产于西南及中南等省(区)。生于山顶草地、林下或溪边。根状茎和根(蜘蛛香)理气止痛，消食止泻，祛风除湿，镇惊安神。缬草*V. officinalis* L.的根及根状茎有类似作用。

(4) **川续断属*Dipsacus***：20种左右，我国约有9种。

图14-194 川续断

川续断*D. asper* Wall. ex DC. 多年生草本。主根圆锥状，黄褐色。茎粗壮，具6～8棱，棱具疏细刺。基生叶稀疏丛生，琴状羽裂；茎生叶对生，茎中下部叶为羽状深裂，茎上部叶披针形，不裂或基部3裂。头状花序顶生，圆形；总苞片5～7枚，披针形或狭线形；花冠淡黄或白色，冠筒窄漏斗状，4裂，2大2小，外被短柔毛。瘦果长倒卵柱状，顶端外露(图14-194)。产于西南及中南各省(区)。生于沟边、草丛、林缘和田野路旁。根(续断)补肝肾，强筋骨，续折伤，止崩漏。

败酱*Patrinia scabiosifolia* Link或攀倒

—•笔记栏•—

甑（白花败酱）*P. villosa* (Thunb.) Dufr.的全草（败酱草）也可药用。

56. 五加科 Araliaceae

$⚥ * K_{(5)} C_{5 \sim 10} A_{5 \sim 10} \overline{G}_{(2 \sim 15:2 \sim 15:1)}$

【特征与分类】

多年生草本，**灌木或乔木**，有时攀缘状，**茎有时有刺；叶互生**，稀对生或轮生，单叶、羽状复叶或掌状复叶；**花小**，两性或单性，**5基数，辐射对称，常排成伞形花序或头状花序**，稀穗状花序和总状花序；花萼与子房合生，**萼齿小；花瓣**（5～10），常**分离**；雄蕊常与花瓣同数互生。**子房下位**，常**2～5室，每室1胚珠。浆果、核果**，或双悬果（天胡荽属 *Hydrocotyle*）（图14-195）。

本科植物富含三萜皂苷类、黄酮类、香豆素类及聚炔类化合物。

APG Ⅳ系统中，原伞形科天胡荽属被归入五加科，位于本科的基部。本科有40属左右，1 400余种；我国有22属，约200种。已知药用约20属，110余种。

图14-195　长刺楤木 *Aralia spinifolia* 及其花的解剖

1. 幼果果序腹面观；2. 花序，左侧分枝为雄花期，右侧分枝为雌花后期；3. 幼果果序背面观；4. 花部离析；5. 花冠底面观；6. 花冠正面观；7. 花冠正面观（去除雄蕊）；8. 子房横切；9. 花冠正面，示花柱和柱头；10. 幼果纵切；11. 幼果侧面观；12. 花蕾纵切；13. 花纵切

【主要药用植物】

（1）**五加属 *Eleutherococcus***：30种左右，我国约有18种。

细柱五加 *E. nodiflorus* (Dunn) S. Y. Hu (= *Acanthopanax gracilistylus* W. W. Smith) 灌木，有时蔓生状，节上通常疏生反曲扁刺。掌状复叶，小叶通常5片，稀3～4片，在长枝上互生，短枝上簇生；叶柄基部常有细刺；叶无毛或沿脉疏生刚毛，边缘有细钝齿。伞形花序常腋生；花黄绿色；花瓣5枚；花柱2枚，分离。果扁球形，黑色；宿存花柱反曲（图14-196）。分布于南方各省。生于林缘或灌丛。根皮（五加皮）祛风湿，补益肝肾，强筋壮骨，利水消肿。同属其他多种植物的根皮或茎皮民间亦作“五加皮”用，如无梗五加 *Eleutherococcus sessiliflorus* (Rupr. & Maxim.) S. Y. Hu、红毛五加 *E. giraldii* (Harms) Nakai等。

图14-196　细柱五加

刺五加 *E. senticosus* (Rupr. & Maxim.) Maxim. [=*Acanthopanax senticosus* (Rupr. & Maxim.) Harms] 灌木，枝密生针刺，脱落后遗留圆形刺痕。掌状复叶，小叶5片，稀3片；叶柄常疏生细刺；边缘有锐利重锯齿。伞形花序单生或2～4个组成稀疏圆锥花序生于茎顶；花瓣5枚，黄绿色；花柱5枚，合生成柱状，子房5室。浆果状核果，球形，有5棱，黑色（图14-197）。分布于东北、河北、河南、陕西北部、

—•笔记栏•—

人参的栽培和生产问题

图14-197 刺五加

图14-198 人参

图14-199 三七

山西及四川。生于林缘、灌丛中。根及根状茎或茎(刺五加)益气健脾,补肾安神。

(2) **人参属** ***Panax***:13种,我国有9种。

人参 ***P. ginseng*** **C. A. Mey.** 多年生草本。主根肉质,圆柱形或纺锤形,下面稍有分枝。根状茎(芦头)短,直立或斜上,不增厚成块状,每年增生1节,有时其上生出不定根,习称“艼”。地上茎单生,有纵纹,基部有宿存鳞片。掌状复叶轮生茎端,通常一年生者生1片三出复叶(“三花”,习称,下同),二年生者生1片掌状五出复叶(“巴掌”),三年生者生2片掌状五出复叶(“二甲子”),以后每年递增1片复叶,最多可达6片复叶;小叶片椭圆形或卵形,中央1片较大。伞形花序单个顶生,总花梗长于总叶柄;花淡黄绿色;花柱2枚,离生。浆果状核果扁球形,熟时鲜红色(图14-198)。分布于东北。现多为栽培。根和根状茎(人参)大补元气,复脉固脱,补脾益肺,生津养血,安神益智;经蒸制后(红参)大补元气,复脉固脱,益气摄血;叶(人参叶)补气,益肺,祛暑,生津;花和果实也可药用。

三七 ***P. notoginseng*** **(Burkill) F. H. Chen ex C. H. Chow** 多年生直立草本。主根肉质,单生或簇生,倒圆锥形或圆柱形。地上茎单生。掌状复叶,3～6枚轮生于茎顶;小叶通常3～7片,形态变化较大,中央1片最大,长椭圆形至倒卵状长椭圆形,两面脉上密生刚毛。伞形花序顶生;花小,淡黄绿色。果扁球状肾形,熟时红色(图14-199)。主要栽培于云南、广西,种植在林下或山坡人工荫棚下。根和根状茎(三七)散瘀止血,消肿定痛;花能清热,平肝,降压。

西洋参 ***P. quinquefolium*** **L.**的根(西洋参)补气养阴,清热生津。**疙瘩七**(竹节参、珠子参)***P. bipinnatifidus*** **Seem.** [= *P. japonicus* (T. Nees) C. A. Mey. var. *major* (Burkill) C. Y. Wu & K. M. Feng]的根状茎(竹节参、珠子参)散瘀止血,消肿止痛,祛痰止咳,补肺养阴,止血。

人参属所有物种均为国家二级重点保护野生植物。

本科植物**通脱木** ***Tetrapanax papyrifer*** **(Hook.) K. Koch**的茎髓(通草)清热利尿,通气下乳。虎刺楤木*Aralia finlaysoniana* (Wall. ex G. Don) Seem.或黄毛楤木*A. chinensis* L.[1]的根(鹰不扑)、

---

1 研究认为,《中国药典》附录中虎刺楤木和黄毛楤木的学名*Aralia armata* (Wall.) Seem.和*A. decaisneana* Hance分别为野楤头和台湾毛楤木的学名。

白花鹅掌柴（广西鹅掌柴）*Schefflera leucantha* R. Vig. (= *S. kwangsiensis* Merr. ex H. L. Li)的带叶茎枝（汉桃叶）也可药用。

57. 伞形科 Apiaceae（Umbelliferae）

$⚥ *K_{(5),0}C_5A_5\overline{G}_{(2:2:1)}$

【特征与分类】

草本，稀半灌木；常含挥发油而**具香气**。根常直生，常肉质；**茎有纵棱，常中空**或有髓。**叶互生**，常为**掌状或羽状分裂的复叶**，稀单叶；**叶柄基部扩大成鞘状**。**复伞形花序**，稀为伞形花序，基部常具总苞片；**花小，两性，5基数；花萼与子房贴生，萼齿通常小而不明显**；花瓣5枚；**雄蕊与花瓣同数而互生；子房下位，2室，每室**各有倒悬**胚珠1枚**，花柱2枚。常为**双悬果**，每**分果有**5条主棱（中间背棱1条，两边侧棱各1条，两侧棱和背棱间各有中棱1条），**棱槽内及合生面有**纵走的**油管**1至多条；分果背腹压扁或两侧压扁（图14-200）。

图14-200 珊瑚菜 *Glehnia littoralis* 及其花和果实的解剖

Ⅰ. 植株；Ⅱ. 复伞形花序；Ⅲ. 花和果实的解剖

1. 小伞形花序；2. 花背面观；3. 花腹面观；4. 花离析；5. 不同发育阶段雄蕊；6. 花纵切；7. 子房横切；8. 果实纵剖；9. 果实横切，示侧棱（红色箭头）、中棱（绿色箭头）、背棱（白色箭头）；10. 双悬果纵切；11. 果实背面观；12. 分果腹面观；13. 果序

本科植物常含挥发油、香豆素类、黄酮类、三萜皂苷、生物碱和聚炔类等成分。

本科有440～460属，约4 150种，广布于温带地区，主产于欧亚国家，尤其是中亚国家。我国有110余属，约650种。已知药用50余属，230余种。

【主要药用属检索表】

1. 单叶，全缘或有缺刻。
  2. 匍匐草本；叶片圆肾形；伞形花序 ……………… 积雪草属 *Centella*
  2. 直立草本；叶片披针形或条形；复伞形花序 ……………… 柴胡属 *Bupleurum*
1. 复叶，或单叶近全裂。
  3. 果有刺或小瘤。
    4. 全体被白色粗硬毛；具总苞片；果有刺 ……………… 胡萝卜属 *Daucus*
    4. 全体无毛；无总苞片；果有小瘤 ……………… 防风属 *Saposhnikovia*
  3. 果无刺或瘤。
    5. 叶近革质；果有绒毛 ……………… 珊瑚菜属 *Glehnia*
    5. 叶非革质；果无绒毛。
      6. 果棱无明显的翅。
        7. 小伞形花序外缘花瓣为辐射瓣；果皮薄而坚硬，果实成熟后不分离 ……………… 芫荽属 *Coriandrum*
        7. 小伞形花序外缘花瓣不为辐射瓣；果皮薄而柔软，果实成熟后分离。
          8. 叶的末回裂片线形；花金黄色；具强烈香味 ……………… 茴香属 *Foeniculum*
          8. 叶的末回裂片楔形；花白色；不具香味 ……………… 明党参属 *Changium*
      6. 果棱全部或部分有翅。
        9. 萼齿明显，三角形 ……………… 羌活属 *Notopterygium*
        9. 萼齿无，或极不显，少数为线形、钻形。

10. 花瓣白色、粉红色、淡红色或紫色。
    11. 分生果棱等宽，横剖面近五角形 .... 蛇床属 *Cnidium*
    11. 分生果背棱较主棱宽1倍以上，横剖面扁圆形或甚扁。
        12. 分生果侧翅外缘连合，围绕果实形成侧翅环。
            13. 果实全部果棱有窄翅 .... 藁本属 *Ligusticum*
            13. 果实背棱、中棱线形无翅，侧棱有窄翅 .... 前胡属 *Peucedanum*
        12. 分生果侧翅成熟时分离 .... 当归属 *Angelica*
10. 花瓣黄色、淡黄色或暗黄绿色 .... 阿魏属 *Ferula*

【主要药用植物】

（1）**柴胡属 *Bupleurum***：210余种，我国有40余种。

北柴胡 *B. chinense* DC. 多年生草本。主根粗大而坚硬。茎多丛生，直立，上部多分枝，略呈之字形。基生叶早枯，中部叶倒披针形或狭椭圆形，全缘，有平行脉7～9条。复伞形花序很多，形成疏松的圆锥状；伞辐3～8枚；小总苞片5枚，披针形，顶端尖锐，3脉，向叶背凸出；小花5～10朵，萼齿不显，花瓣黄色。双悬果宽椭圆形；每棱槽油管3，合生面油管4（图14-201）。分布于东北、华北、西北、华东和华中。生长于向阳山坡路边、岸旁或草丛中。**红柴胡**（狭叶柴胡）***B. scorzonerifolium* Willd.** 根皮红棕色，茎基部密覆叶柄残余纤维；叶线状披针形，有平行脉3～5条，叶缘白色，软骨质。两者的根（柴胡）疏散退热，疏肝解郁，升举阳气，分别称北柴胡和南柴胡。

图14-201 北柴胡

竹叶柴胡 *B. marginatum* Wall. ex DC. 的根（竹叶柴胡）、全草（滇柴胡）具有类似功效。

（2）**阿魏属 *Ferula***：210种以上，我国约有31种。

新疆阿魏 *F. sinkiangensis* K. M. Shen 多年生一次结果草本。植株有强烈的葱蒜样臭味。茎粗糙，被毛，单一，上部枝近轮生。基生叶三出式三回羽状全裂，末回裂片狭小；茎生叶逐渐简化，变小。复伞形花序在茎枝顶端排成圆锥状，中央花序近无梗，侧生花序长常超出中央花序；无总苞片；小总苞片脱落；萼齿小，花瓣黄色。双悬果与果梗近等长，椭圆形，背腹压扁，果棱突起；每棱槽内有油管3～4，合生面油管12～14（图14-202）。产于新疆伊犁地区，生长于荒漠中和带砾石的黏质土坡上。新疆阿魏或**阜康阿魏 *F. fukanensis* K. M. Shen** 的树脂（阿魏）

图14-202 新疆阿魏

—•笔记栏•—

消积，化癥，散痞，杀虫。两者均为国家二级重点保护野生植物。

（3）**茴香属** ***Foeniculum***：3种，我国有1种。

茴香 ***F. vulgare*** **Mill.** 草本，全株具强烈香味。茎直立，光滑，灰绿色或苍白色。中部或上部的叶柄部分或全部延伸成鞘状，叶鞘边缘膜质；叶片阔三角形，四至五回羽状全裂，末回裂片线形。复伞形花序；无总苞片和小总苞片；小花萼齿退化或不明显，花瓣黄色。双悬果长圆形，光滑，主棱5条，侧棱较背棱稍粗壮；每棱槽内有油管1，合生面油管2（图14-203）。原产于地中海地区。我国各省（区）均有栽培。果实（小茴香）散寒止痛，理气和胃。

图14-203 茴香

（4）**山芎属** ***Conioselinum***：16～20种，我国约有8种。

辽藁本 ***C. smithii*** **(H. Wolff) Pimenov & Kljuykov** [= *Ligusticum jeholense* (Nakai & Kitag.) Nakai & Kitag.] 多年生草本。根状茎不规则团块状，具膨大的结节。茎直立，中空。叶二至三回三出式羽状全裂，小羽片卵形，边缘为不整齐羽状深裂，先端略尖。复伞形花序顶生或侧生；伞辐8～10；小总苞片8～10，钻形；小伞形花序具白色小花15～20。双悬果椭圆形，背棱突起，侧棱翅狭；每棱槽内油管1，合生面油管2～4（图14-204）。产于吉林、辽宁、河北、山西、山东等省。生于中高海拔的林下、草甸及沟边等阴湿处。**藁本** ***Conioselinum anthriscoides*** **(H. Boissieu) Pimenov & Kljuykov** (= *Ligusticum sinense* Oliv.)或辽藁本的根状茎和根（藁本）祛风散寒，除湿止痛。

图14-204 辽藁本

川芎 ***Conioselinum anthriscoides*** **(H. Boissieu) Pimenov & Kljuykov 'Chuanxiong'** (= *Ligusticum chuanxiong* Hort.) 多年生草本。根状茎发达，呈不规则的结节状拳形团块。茎直立，圆柱形，下部茎节膨大成盘状。三至四回三出式羽状全裂，末回裂片线状披针形至长卵形。复伞形花序；总苞片3～6；小总苞片4～8，线形，长3～5 mm；小花白色，萼齿不发育。双悬果椭圆形，背棱槽内油管1～5，侧棱槽内油管2～3，合生面油管6～8（图14-205）。西南多栽培，主产于四川灌县。根状茎（川芎）活血行气，祛风止痛。

图14-205 川芎

图14-206 防风

图14-207 当归

图14-208 白芷

（5）**防风属*Saposhnikovia***：1种，我国原产。

防风*S. divaricata* (Turcz.) Schischk. 多年生草本。根粗壮，细长圆柱形，淡黄棕色。茎基密被褐色叶柄残余纤维。基生叶二回或近三回羽状全裂，最终裂片条形至倒披针形；顶生叶简化成叶鞘。复伞形花序；无总苞片；小总苞片4～6；小花白色，萼齿短三角形。双悬果矩圆状宽卵形，幼时具瘤状凸起，次棱发达，侧棱成狭翅状；主棱下及棱槽内各有油管1，合生面有油管2（图14-206）。分布于东北、华北、西北及山东等地，主产于东北草原。生长于草原、丘陵、多砾石山坡。根（防风）祛风解表，胜湿止痛，止痉。

（6）**当归属*Angelica***：100余种，我国有50种。

当归*A. sinensis* (Oliv.) Diels 多年生大型草本。根粗短，具浓郁香气。叶三出式二至三回羽状分裂或羽状全裂，末回裂片卵形或狭卵形，3浅裂，有尖齿；茎上部叶简化成囊状的鞘和羽状分裂的叶片。复伞形花序，伞辐9～30；小总苞片2～4；小花白色，萼齿5，卵形。双悬果椭圆形，背向压扁，每分果有5条果棱，侧棱延展成宽翅，每棱槽中有油管1，合生面油管2（图14-207）。分布于西北、西南地区，主要栽培于甘肃东南部，以岷县最多，质量好，其次为云南、四川、陕西、湖北等省。根（当归）补血活血，调经止痛，润肠通便。

白芷*A. dahurica* (Fisch. ex Hoffm.) Benth. & Hook. f. ex Franch. & Sav. 多年生高大草本。根肉质，长圆锥形，有浓烈气味。茎粗壮，茎及叶鞘暗紫色。茎上部叶二至三回羽状分裂，末回裂片椭圆状披针形，基部下延成翅；花序下方的叶简化成无叶的、显著膨大的囊状叶鞘。复伞形花序大型；小总苞片5～10；小花白色，无萼齿。双悬果无毛，背向压扁，阔椭圆形或近圆形，侧棱翅状；棱槽中有油管1，合生面油管2（图14-208）。分布于东北、华北。多生于沙质土及石砾质土壤上。根（白芷）解表散寒，祛风止痛，宣通鼻窍，燥湿止带，消肿排脓。栽培变种**杭白芷*A. dahurica* 'Hangbaizhi'** 根具四棱，也作白芷用；主要栽培于浙江、江苏、安徽、四川、福建等地。

重齿当归*A. biserrata* (Shan & Yuan) Yuan & Shan (= *A. pubescens* Maxim. f. *biserrata* Shan & Yuan) 多年生高大草本。根类圆柱形，棕褐色，有特殊香气。茎中空，常带紫色。叶二回三出式羽状全裂，末回裂片边缘有不整齐的尖锯齿，或重锯齿；茎上部叶鞘囊状。复伞形花序；小总苞片5～10，阔披针形，顶端有长尖；小花白色，无萼齿。果实椭圆形，侧棱成翅；棱槽间有油管2～3，合生面有油管2～4。分布于四川、湖北、江西、安徽、浙江等地区。生长于阴湿山坡，林下草丛中或稀疏灌丛中。根（独活）祛风除湿，通痹止痛。

紫花前胡*A. decursiva* (Miq.) Franch. & Sav. [= *Peucedanum decursivum* (Miq.) Maxim.] 的根（紫花前胡）降气化痰，散风清热。

（7）**前胡属*Peucedanum***：50～70余种，我国30余种。

前胡（白花前胡）***P. praeruptorum* Dunn** 多年生草本。主根粗壮，圆锥形。茎直立，上部叉状分枝，基部残留褐色叶鞘纤维。基生叶宽卵形或三角状卵形，三出式二至三回羽状分裂，末回裂片菱状倒卵形；叶柄基部有卵状披针形叶鞘。复伞形花序；总苞片无或早落；小总苞片8～12；小花白色，萼齿不显著。双悬果椭圆形或卵形，侧棱有窄而厚的翅；棱槽内油管3～5，合生面油管6～10（图14-209）。分布于华东、华中、西南等地。生长于山坡林缘、路旁或半阴性的山坡草丛中。根（前胡）降气化痰，散风清热。

图14-209　前胡

（8）**珊瑚菜属*Glehnia***：1种，我国原产。

珊瑚菜*G. littoralis* F. Schmidt ex Miq. 多年生草本。全株被白色柔毛。根圆柱形或纺锤形，粗壮，表面黄白色。叶近基生，革质，三出式分裂至三出式二回羽状分裂，末回裂片倒卵形至卵圆形。复伞形花序顶生；伞辐8～16，粗壮；小伞形花序近头状；小总苞片多数，披针形；小花15～20，花瓣白色或带堇色。果实近圆球形，果棱有木栓质翅；每棱槽内有油管1～3，合生面油管2～6（图14-200）。产于我国沿海省份。生长于海边沙滩或栽培于肥沃疏松的沙质土壤。根（北沙参）养阴清肺，益胃生津。国家二级重点保护野生植物。

本科植物中，**积雪草*Centella asiatica* (L.) Urban**的全草（积雪草）清热利湿，解毒消肿；**明党参*Changium smyrnioides* H. Wolff**为国家二级重点保护野生植物，根（明党参）润肺化痰，养阴和胃，平肝，解毒；**羌活*Hansenia weberbaueriana* (Fedde ex H. Wolff) Pimenov & Kljuykov** (= *Notopterygium incisum* Ting ex H. T. Chang)或**宽叶羌活*Hansenia forbesii* (H. Boissieu) Pimenov & Kljuykov**（= *Notopterygium franchetii* H. Boissieu）的根状茎及根（羌活）解表散寒，祛风除湿，止痛；**野胡萝卜*Daucus carota* L.**的果实（南鹤虱）杀虫消积；**蛇床*Cnidium monnieri* (L.) Cusson**的果实（蛇床子）燥湿祛风，杀虫止痒，温肾壮阳。

此外，孜然芹（香旱芹）*Cuminum cyminum* L.的成熟果实（香旱芹）、羊红膻（缺刻叶茴芹）*Pimpinella thellungiana* H. Wolff的全草（羊红膻）也可药用。

—• 笔记栏 •—

【小结】

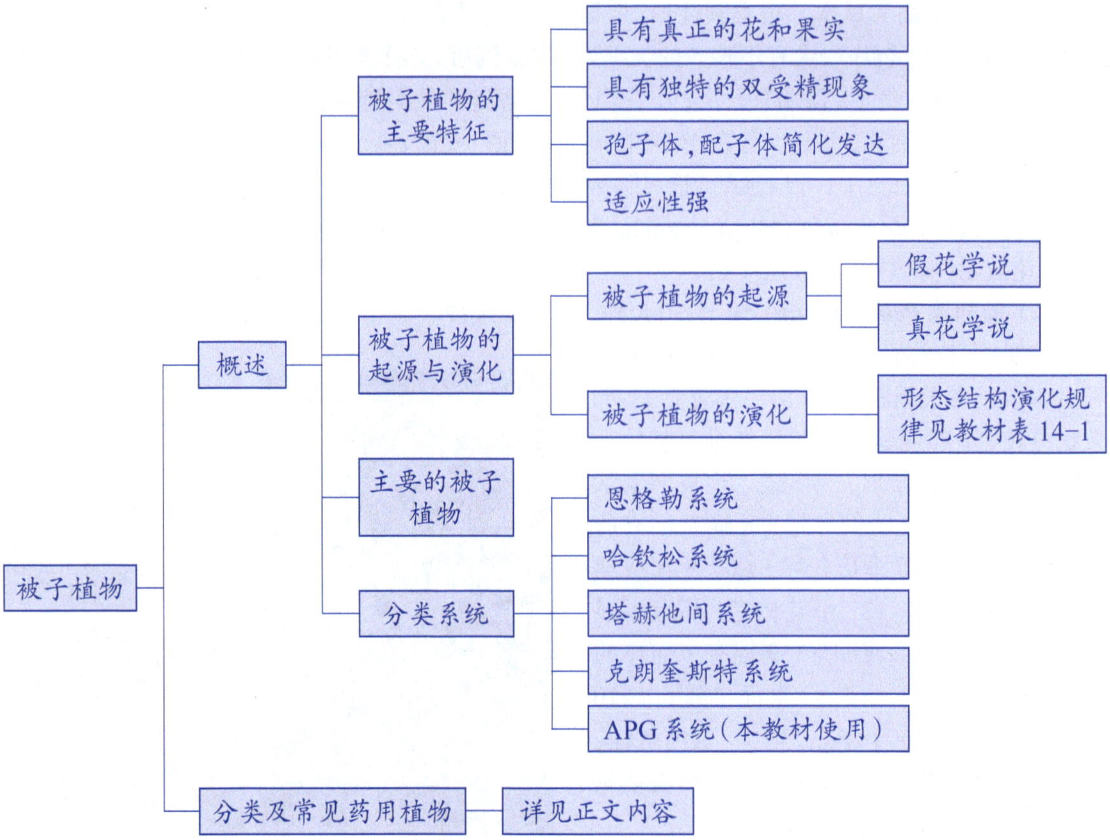
被子植物
概述
被子植物的主要特征
具有真正的花和果实
具有独特的双受精现象
孢子体，配子体简化发达
适应性强
被子植物的起源与演化
被子植物的起源
假花学说
真花学说
被子植物的演化
形态结构演化规律见教材表14-1
主要的被子植物
分类系统
恩格勒系统
哈钦松系统
塔赫他间系统
克朗奎斯特系统
APG系统（本教材使用）
分类及常见药用植物
详见正文内容

下篇　药用植物解剖学

—•笔记栏•—

第十五章授课视频

典型的植物细胞结构示意图

第十五章　植物的细胞

案例

1665年，罗伯特·胡克用自制的显微镜观察植物的木栓组织时，发现了许多规则的“小室”，他把这些“小室”称为cell（细胞）。1838年，德国植物学家施莱登（Matthias J. Schleiden）在前人研究成果的基础上，和动物学家西奥多·施旺（Theodor Schwann）共同创建了细胞学说，即细胞是生物体结构和功能的基本单位。细胞学说与能量守恒定律、生物进化论并誉为19世纪三大重大的自然科学发现。

随着光学显微镜和电子显微镜的不断发展，人类对细胞结构的认识越来越深入。植物细胞有哪些不同于动物细胞的特有结构呢？它们各有什么特点？

植物细胞是植物体形态结构和生命活动的基本单位。由一个细胞构成的单细胞植物体，所有生命活动在一个细胞内完成；由许多形态和功能不同的细胞构成的多细胞植物体，这些细胞间相互依存，彼此协作，共同完成植物体的所有生命活动。

一、植物细胞的形状

自然界中植物细胞的形状多样，随植物种类、存在部位及功能不同而异。处于游离状态的单细胞或排列松散的细胞多近似球形或椭球形；排列紧密的细胞常呈多面体形或其他形状；执行输导作用的细胞多呈长管状；执行支持作用的细胞，细胞壁常增厚，细胞呈纺锤形、圆柱形或不规则形。

二、植物细胞的大小

植物细胞的大小差异很大，一般细胞的直径为10～100 μm。一些单细胞绿藻的细胞很小，如蛋白核小球藻直径只有3～5 μm；番茄、西瓜果肉储藏组织的细胞直径可达1 mm；苎麻纤维细胞一般长达200 mm，有的甚至可达550 mm；无节乳汁管的细胞最长，长度可达数米至数十米。

第一节　植物细胞的特有结构

植物的细胞一般都很小，非肉眼所能观察到，显微镜是观察植物细胞常用的工具。光学显微镜的分辨极限不超过0.2 μm，有效放大倍数一般不超过1 200倍；要观察更细微的结构，需要使用电子显微镜，电子显微镜的有效放大倍数可超过100万倍。用光学显微镜观察到的细胞结构称为显微结构（microscopic structure），在电子显微镜下观察到的细胞结构称为超微结构（ultramicroscopic structure）或亚显微结构（submicroscopic structure）。

一个典型的植物细胞，外面包围着一层比较坚韧的细胞壁（cell wall），细胞壁内有生命的物质总称为原生质体（protoplast），主要包括细胞膜（cell membrane，又称质膜plasma membrane）、细胞质（cytoplasm）、细胞核（nucleus），以及质体（plastid）、线粒体（mitochondrion）、核糖体（ribosome）、内质网（endoplasmic reticulum）、溶酶体（lysosome）、液泡（vacuole）等细胞器（cell organelle)[1]。细胞内还含有多种非生命的物质，主要包括储藏的营养物质和废物，它们是原生质体的代谢产物，称为后含物(ergastic substance)。另外，细胞内还存在一些生理活性物质，包括酶、维生素、植物激素、抗生素和植物杀菌素等。本教材重点介绍植物细胞特有的结构，即细胞壁、质体、液泡及细胞的后含物。

一、细胞壁

细胞壁是位于细胞膜外的一层较厚、较坚韧并略有弹性的结构，由原生质体向细胞膜外面分泌的纤维素、半纤维素和果胶质等形成；植物体中不同类型细胞的细胞壁成分可有不同。细胞壁机械强度很高，对原生质体具有支持和保护作用，同时还能防止细胞吸胀而破裂。此外，细胞壁还参与许多生命活动过程，如植物细胞的生长、物质的吸收和运输、细胞间信号的相互识别等。

(一) 细胞壁的分层

根据细胞壁的结构特征，可将细胞壁分为胞间层(intercellular layer)、初生壁(primary wall)和次生壁(secondary wall)3层(图15-1)。

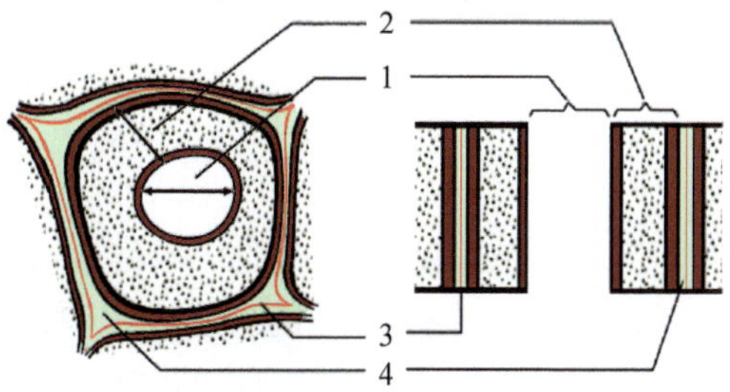

图15-1　细胞壁的结构

1. 细胞腔；2. 三层次生壁；3. 胞间层；4. 初生壁

1. 胞间层　又称中层(middle lamella)，是相邻两个细胞共有的薄层。当细胞分裂时，在细胞中部纺锤丝的赤道面产生细胞板，将细胞分隔为二，并且在细胞板上添加果胶类(pectin)物质，形成胞间层；胞间层能使植物细胞彼此粘连。果胶质可被果胶酶溶解。细胞在生长分化过程中，部分果胶质被果胶酶溶解，这部分细胞壁彼此分开而形成的间隙称为细胞间隙(intercellular space)，细胞间隙具有通气和储藏气体的作用。当果实成熟时，产生的果胶酶将果胶质分解，细胞彼此分开，使果实变软。一些真菌侵入植物体时会分泌果胶酶溶解果胶质，以利于菌丝顺利侵入；从苘麻等植物的茎皮中获取纤维的“沤麻”工艺，也是利用微生物产生的果胶酶使胞间层溶解，而使纤维细胞分离。果胶质还可以被酸、碱溶液分解。茎木类药材的鉴定工作中，常用铬酸-硝酸混合液等解离液，将组织解离后进行观察鉴定。

2. 初生壁　在细胞生长过程中，由原生质体分泌的纤维素、半纤维素、果胶类物质及一些糖蛋白，沉积于胞间层的内侧，形成初生壁。在电子显微镜下，可看到构成细胞壁的结构单位是微纤丝。微纤丝由平行排列的长链状的纤维素分子组成。初生壁一般较薄，其中纤维素组成的微纤丝排列无定向，呈网状，分布在非纤维素多糖的基质中，构成初生壁的框架，半纤维素、果胶类物质等填充于框架之中，使初生壁有延展性。初生壁可以随着细胞生长而延伸，原生质体分泌的物质可以不断填充到细胞壁的结构中去，这种生长方式称为填充生长。分裂活动旺盛的细胞、进行光合作用的细胞和分泌细胞等只有初生壁。

3. 次生壁　细胞停止生长以后，原生质体分泌的纤维素、半纤维素以及木质素(lignin)和其他物质继续在初生壁的内侧层层累积，使细胞壁加厚，形成次生壁。次生壁一般比较厚而坚韧，纤维素含量高，微纤丝排列比初生壁致密，有一定的方向性，且各层微纤丝间斜度不同；果胶质极少，基质是半纤维素的，也不含有糖蛋白。次生壁中还添加了木质素，大大增强了次生壁的硬度，因此次生壁比初生壁坚韧，延展性差。不是所有植物细胞都具有次生壁，通常是一些具有支持作用的细胞及起输导作用的细胞会形成次生壁，以增强机械强度。具有次生壁的细胞其初生壁显得很薄，并且两相邻细胞的初生壁和它们之间的胞间层共同形成一种整体结构，称为复合中层(compound middle lamella)，有时也包括早期形成的次生壁。较厚的次生壁一般又可

1　细胞核有时也被认为是一种细胞器。

—•笔记栏•—

分为外(S1)、中(S2)、内(S3)三层,其中S2层最厚。

(二)胞间连丝(plasmodesmata)和纹孔(pit)

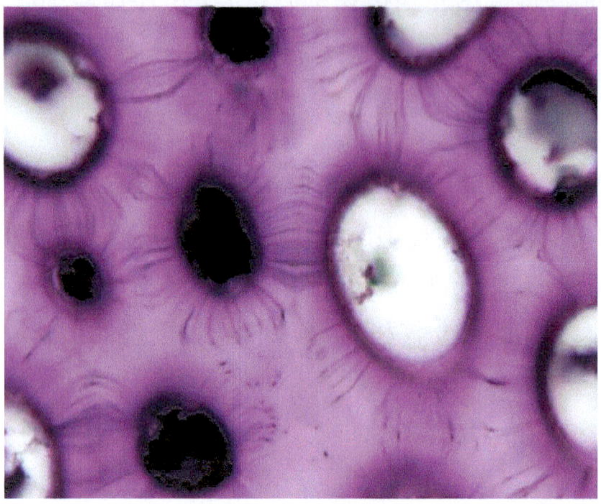

图15-2 柿胚乳细胞

示胞间连丝(Michael Clayton, 2010)

1. 胞间连丝 细胞间有许多纤细的原生质丝,穿过初生壁上的微细孔隙,连接相邻细胞,这种原生质丝称为胞间连丝。一般植物细胞的胞间连丝不明显,但马钱子、柿、君迁子等植物种子的胚乳细胞,由于细胞壁较厚,胞间连丝较为显著,经过染色处理后可在光学显微镜下观察到(图15-2)。在电子显微镜下观察,胞间连丝是直径约40 nm的小管状结构,相邻细胞间的质膜和细胞质在胞间连丝作用下是连续的,中央有连丝微管将两细胞间的内质网连通。胞间连丝使植物体的各个细胞彼此连成一个整体,有利于细胞间物质运输和信息的传递,细胞间因胞间连丝保持着生理上的有机联系。初生壁上有一些明显凹陷的较薄区域,胞间连丝分布比较密集,这些区域称为初生纹孔场(primary pit field)。

2. 纹孔 在次生壁的形成过程中,增厚并不是均匀的,往往在原有的初生纹孔场处不形成次生壁,留下一些孔状凹陷的结构,称为纹孔。纹孔处的初生壁和胞间层构成了纹孔膜(pit membrane),由次生壁围成的腔穴称为纹孔腔(pit cavity),常呈圆筒形或半球形;纹孔腔往细胞内的开口称为纹孔口(pit aperture)。纹孔常在相邻两细胞的相同部位成对存在,形成纹孔对(pit-pair)。纹孔的存在有利于细胞间水分和其他物质的运输。

根据纹孔的形状和结构,可分为单纹孔(simple pit)和具缘纹孔(bordered pit);纹孔对则有单纹孔对、具缘纹孔对和半具缘纹孔对(half-bordered pit-pair)3种类型(图15-3)。

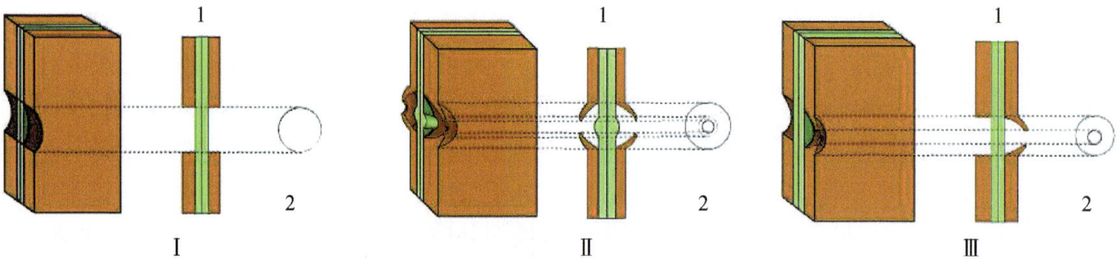

图15-3 纹孔对

Ⅰ. 单纹孔对;Ⅱ. 具缘纹孔对;Ⅲ. 半具缘纹孔对

1. 切面观;2. 表面观

(1)单纹孔:结构简单,从纹孔膜至纹孔口的纹孔腔直径不变,呈圆筒状。当次生壁很厚时,单纹孔的纹孔腔就很深,状如一条长而狭窄的孔道或沟,称为纹孔道或纹孔沟;有时因为汇合而形成分支纹孔道。单纹孔常见于纤维和石细胞的细胞壁中。

(2)具缘纹孔:纹孔膜边缘的次生壁向细胞腔内呈拱状隆起,形成纹孔缘,覆盖着半球形的纹孔腔,中央有一个小的纹孔口。具缘纹孔的正面观为两个同心圆环,外圈是纹孔膜的边缘,内圈是纹孔口的边缘。具缘纹孔多见于孔纹导管和孔纹管胞的细胞壁上。松柏类植物管胞上的具缘纹孔对,纹孔膜中央特别厚,形成纹孔塞(torus)。纹孔塞具有活塞作用,能调节细胞之间的液流。在显微镜下,这种具缘纹孔从正面观察呈现出3个同心圆,中间的一圈是纹孔塞的边缘。

（3）半具缘纹孔对：排列在纹孔膜两侧的单纹孔和具缘纹孔，构成半具缘纹孔对。在薄壁细胞与导管或管胞相邻接的细胞壁上，可察见半具缘纹孔对。在显微镜下正面观察，半具缘纹孔对也为两个同心圆。观察植物类药材粉末时，半具缘纹孔对与不具纹孔塞的具缘纹孔对较难区别。

（三）细胞壁的特化

在植物的生长发育过程中，由于受到不同生长环境的影响，或为了适应特定生理功能的需要，某些细胞的细胞壁在纤维素、半纤维素和果胶质等物质之外，还常常沉积一些特殊的物质而发生各种不同的特化。常见的有木质化、木栓化、角质化、黏液质化和矿质化等。

1. 木质化（lignified）　细胞壁在进行附加生长时，原生质体分泌了较多的木质素，木质素属于芳香族化合物，填充到细胞壁中可增强细胞壁的硬度、增加细胞群的机械支撑力。随着木质化细胞壁不断增厚，其细胞多趋于衰老或死亡，如植物体内输导组织中的导管和管胞、机械组织中的纤维和石细胞等。

发生木质化的细胞壁，加间苯三酚试液和浓盐酸后，因木质化程度不同，显现出红色或紫红色；加氯化锌碘溶液显现出黄色或棕色。

2. 木栓化（suberized）　木栓质（suberin）属于脂肪性化合物，原生质体分泌的木栓质积累到细胞壁中，使细胞不透气、不透水，细胞内的原生质体因与外界隔离而坏死，木栓化细胞最终成为死细胞。通常木栓化细胞出现在保护组织中，细胞壁呈黄褐色，对植物内部组织具有保护作用。树干外面的褐色树皮具有木栓化细胞，栓皮栎的木栓细胞层特别发达，可作为保温瓶的瓶塞。

木栓化细胞壁加苏丹Ⅲ试液显现出橘红色或红色；加氢氧化钾并加热，木栓质则会溶解呈现出黄色油滴状。

3. 角质化（cutinized）　细胞在代谢过程中，原生质体分泌的角质（cutin）积聚在细胞壁的表面，形成一层无色透明的保护层，称为角质层（cuticle）。角质也属于脂肪性化合物，能够防止植物体内的水分过度蒸发和微生物的侵害，增加对植物内部组织的保护作用。

角质化细胞壁加苏丹Ⅲ试液显橘红色或红色；但遇碱液加热能较持久地保持。

4. 黏液质化（mucilaginous）　细胞壁中的果胶质和纤维素等成分在细胞表面变成黏液或树胶的一种现象。黏液质干燥时呈固体状态，吸水后膨胀成黏液状。例如，车前、芥菜、亚麻的种子，以及鼠尾草和丹参果实的表皮中都具有黏液化细胞。通常认为，黏液质化细胞壁提高了细胞的持水性，可使细胞在较长时间内保持外部水分，有利于保持细胞活性和种子吸水萌发。

黏液化细胞壁的鉴别：加玫红酸钠乙醇溶液可染成玫瑰红色；加钌红试液可染成红色。

5. 矿质化（mineralized）　细胞在代谢过程中，硅质（二氧化硅或硅酸盐）或钙质等在细胞壁中积累，有利于增强细胞壁的坚固性。如木贼茎、硅藻的细胞壁内积累了大量的硅酸盐，使植物的茎、叶表面变硬，增强了植物的机械支持能力。

硅质不溶于硫酸或乙酸，但溶于氟化氢，可以此区别于草酸钙和碳酸钙。

二、质体

质体（plastid）是自养真核生物细胞中的一种膜性半自主细胞器，与糖、氨基酸、脂肪酸、萜烯等重要化合物的合成以及淀粉、蛋白质和脂肪等的储藏密切相关。质体在细胞中数目不一，其体积比细胞核小，但比线粒体大。质体可通过分裂繁殖，其分裂独立于细胞分裂。质体具有独立的基因组，为环状的双链线性DNA分子，大小为130～210 kb，可以自主合成一些自身所需蛋白，在大多数有花植物中为母系遗传。

根据质体内所含色素的不同，可将质体分为叶绿体（chloroplast）、有色体（chromoplast）和白色体（leucoplast）（图15-4）。

—•笔记栏•—

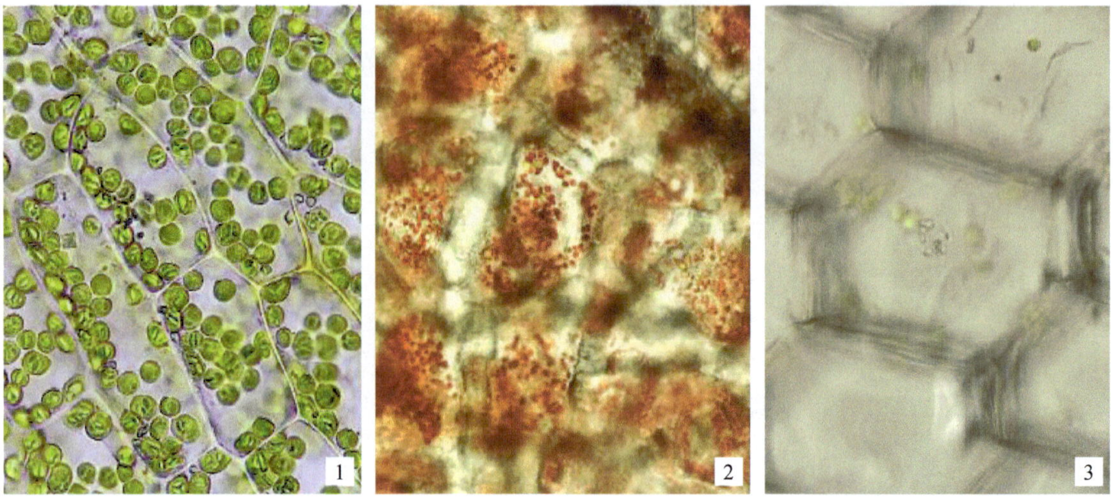

图15-4　质体的种类

1. 叶绿体（立碗藓叶）；2. 有色体（红辣椒果实）；3. 白色体（紫鸭跖草叶）

叶绿体的结构

1. 叶绿体　　叶绿体的形状、数目和大小随不同植物和不同细胞而异。例如，衣藻细胞中只有1个杯状的叶绿体；丝藻细胞中仅有1个呈环状的叶绿体；水绵细胞中有1～4条带状的叶绿体；高等植物细胞中的叶绿体通常呈椭圆形，数目较多，少者20个，多者可达100个，它们在细胞中的分布与光照有关。光照强时，叶绿体常分布在细胞外周；黑暗时，叶绿体常流向细胞内部。

叶绿体是植物进行光合作用和合成淀粉的重要场所，主要含有叶绿素A（chlorophyll A）、叶绿素B（chlorophyll B）、胡萝卜素（carotene）和叶黄素（xanthophyll）；这4种色素均为脂溶性。叶绿素是重要的光合色素，主要吸收太阳光中的红光和蓝紫光，能直接利用其能量进行光合作用；胡萝卜素和叶黄素主要吸收太阳光中的蓝紫光，不能直接参与光合作用，只能把吸收的光能传递给叶绿素，有辅助光合作用的功能。植物细胞中的叶绿体所含的4种色素以叶绿素为多，所以使植物体呈现绿色。

叶绿体广泛分布于绿色植物的茎、叶、花萼和果实的绿色部分如立碗藓叶等；根中一般不含叶绿体。绿色植物的光合作用是地球上有机体生存和繁殖的根本源泉。

2. 有色体　　主要含有胡萝卜素和叶黄素等；在某些植物中，有色体集中分布的部位如花被片、果实或根等，多呈现黄色、橙红色或橙色。在金莲花的花瓣、红辣椒和番茄的果皮、胡萝卜的根中都可以看到有色体，常呈针形、圆形、杆形、多角形或不规则形状。有色体的存在使植物体呈现鲜艳的色彩，具有吸引昆虫和其他动物传粉的作用。

除了有色体，细胞液中含有的多种水溶性色素也与植物的颜色有关。色素和有色体不同：有色体是具有一定形状和结构的细胞器，分布于细胞质中，主要呈现黄色、橙红色或橙色；色素呈均匀状态，如花青素，一般溶解在细胞液中，主要为红色、蓝色或紫色。

3. 白色体　　是一类不含色素的微小质体，多为圆形、椭圆形、纺锤形或其他形状的小颗粒，如紫鸭跖草叶中的白色体。白色体普遍存在于植物的储藏细胞中，根据其储藏物质的不同可以分储藏淀粉的淀粉体（amyloplast）或造粉体，以及储藏脂肪和脂肪油的造油体（elaioplast）。

有色体、白色体同叶绿体一样都由双层膜包被，但内部没有叶绿体那么发达的膜结构，不形成基粒和片层。

质体由前质体（proplastid）发育分化而来，在一定的条件下，一种质体可以转化成另一种质体。如果把植物放在黑暗环境下，质体内部会形成一些管状的膜结构，不能合成叶绿素，成为黄化的质体；如果给这些黄化的植株照光，叶绿素能够合成，叶色转绿，黄化的质体转化为叶绿体。番茄子房壁细胞内的质体是白色体，子房呈现白色；当受精后的子房发育成幼果，受到光照后白色体转化成叶绿体，幼果呈现绿色；果实成熟过程中叶绿体转化成有色体，果实由绿变红。胡萝卜根露在地面经日光照射会变成绿色，这是有色体转化为叶绿体的缘故。

三、液泡

液泡是由单层膜包围而成的一种复杂的、动态的细胞器，起源于内质网或者高尔基体的小泡。液泡外围的膜称为液泡膜（tonoplast）。幼期的细胞具有多个分散的小液泡，随着细胞的成长，这些小液泡通过不断融合、自体吞噬和内吞等过程，逐渐发展成数个或一个大型的中央液泡，细胞质和细胞核被中央液泡挤到细胞的周边。中央大液泡的形成是成熟植物细胞的典型标志之一，也是成熟的植物活细胞结构的显著特征。

洋葱根尖细胞中液泡形成的各个阶段示意图

植物细胞内的液泡有两类，一类是水解型液泡（lytic vacuole），另一类是储藏型液泡（storage vacuole）。

水解型液泡是一种营养性液泡，存在于植物营养组织的大部分细胞中，中央大液泡便是其特殊形式，液泡膜内充满细胞液（cell sap）。液泡中的细胞液主要是水分，其中溶有多种无机盐、氨基酸、有机酸、糖类、生物碱、色素等复杂的成分，依不同植物不同组织器官而异，如甜菜根部细胞的液泡中含有大量蔗糖，许多果实的液泡中含有大量的有机酸，烟草叶肉细胞的液泡中含有烟碱等。有些细胞的液泡中还含有多种色素，如花青素等，可使植物的茎、叶、花等具有红色或蓝紫色等。

储藏型液泡主要指蛋白储藏液泡（protein storage vacuole），液泡膜中充满储藏蛋白质的蛋白体（protein body），主要存在于种子和果实细胞中，如胚乳细胞中；营养器官的细胞中也有。某些植物种子中还有代谢物储藏液泡（metabolite storage vacuole）。

液泡参与细胞内物质的积累与移动，调节细胞的渗透压，在维持细胞质内环境的稳定上起着重要的作用。液泡中还含有一些水解酶，能够参与细胞内的分解活动，在细胞器的更新中发挥作用。此外，有些细胞的液泡中含有一些晶体，如草酸钙晶体，这种液泡成为存储细胞代谢废物的场所，能减轻草酸对细胞的毒害。

第二节　植物细胞的后含物

细胞原生质体在代谢过程中产生的非生命物质统称为后含物。后含物的种类很多，可分为两大类，一类是可能被再利用的储藏营养物质，如淀粉、菊糖、蛋白质、脂肪和脂肪油等；另一类是一些废弃的晶体物质，如草酸钙结晶、碳酸钙结晶等。后含物在植物体内多以液体、晶体或非结晶固体状态存在于液泡或细胞质中。细胞中后含物的种类、形态和性质随植物种类不同而异，其特征是中药鉴定中常用的重要依据之一。

一、淀粉

淀粉的合成是将叶片光合作用固定的有机物以蔗糖的形式运输到根、茎及种子等淀粉合成器官，转化为1-磷酸葡萄糖后进入造粉体，再经酶的作用聚合形成直链淀粉和支链淀粉，继而由一个中心开始，从内向外层层沉积，生成淀粉粒（starch grain, granule）。淀粉粒储藏在薄壁细胞中，是细胞中碳水化合物最普遍的储藏形式。

淀粉粒的核心称为脐点（hilum），直链淀粉和支链淀粉环绕脐点相互交替分层积累；直链淀粉对水的亲和力比支链淀粉更强，两者遇水膨胀性不一样，对光的折射率有差异，从而在水装片中淀粉粒的脐点周围，呈现出许多明暗相间的同心轮纹，称层纹（annular striation, lamellae）。如果用乙醇处理，淀粉脱水，层纹就会消失。植物的种类不同，淀粉粒的形状、脐点的位置和形状、层纹的明显程度也不同。常见的淀粉粒多呈圆球形、卵圆形或多角形，脐点的形状有点状、线状、裂隙状、分叉状、星状等多种形状。小麦、蚕豆等的淀粉粒脐点位于中央；马铃薯、藕、甘薯等

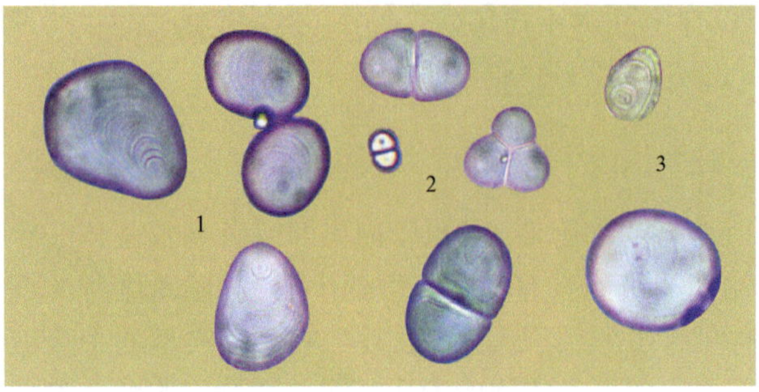

图 15-5 马铃薯淀粉粒

1. 单粒淀粉粒；2. 复粒淀粉粒；3. 半复粒淀粉粒

的淀粉粒脐点偏于一端。

根据淀粉粒的构造特征，可以将淀粉粒分为3种类型（图15-5）：

1. 单粒淀粉粒（simple starch grain） 一个淀粉粒只有一个脐点，层纹围绕在脐点周围。

2. 复粒淀粉粒（compound starch grains） 一个淀粉粒具有两个或两个以上脐点，各脐点有各自的层纹围绕。

3. 半复粒淀粉粒（half compound starch grains） 一个淀粉粒具有两个或两个以上脐点，各脐点除有本身的层纹环绕外，外面还有共同的层纹围绕。

淀粉不溶于水，在热水中膨胀而糊化。直链淀粉遇碘液显蓝色，支链淀粉遇碘液显紫红色，一般植物同时含有直链淀粉和支链淀粉，加入碘液显蓝色或紫色。用甘油乙酸试液装片，置偏光显微镜下观察，淀粉粒常显偏光现象，已糊化的淀粉粒无偏光现象。

二、菊糖

菊糖（inulin）是由果糖分子聚合而成的多糖，广泛分布于菊科、桔梗科植物中，龙胆科部分植物根的薄壁细胞、山茱萸果皮细胞中也可以观察到菊糖。菊糖能溶于水，不溶于乙醇，新鲜的植物细胞中不能直接观察到菊糖。观察菊糖时，须先将含有菊糖的材料如桔梗根、木香根等浸入乙醇中，一周以后做成切片，置显微镜下观察，可在细胞中看见球状、半球状或扇状的菊糖结晶（图15-6）。

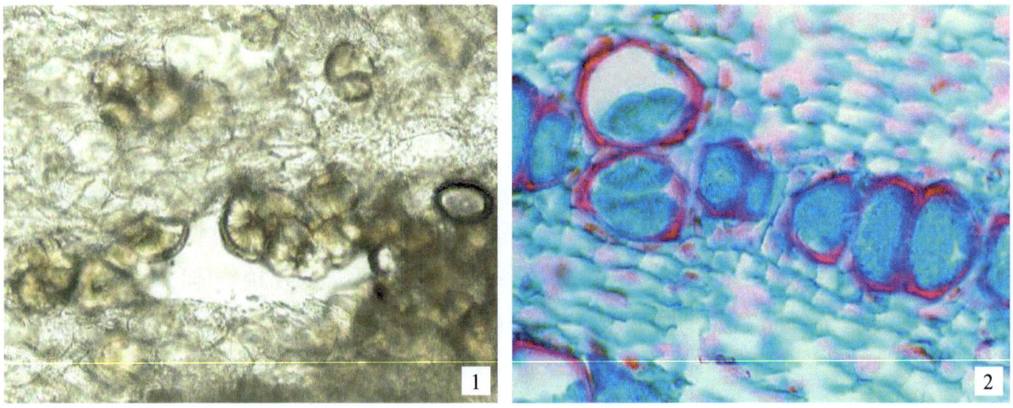

图 15-6 菊糖结晶

1. 桔梗根；2. 木香根

含有菊糖的材料切片，加10% α-萘酚的乙醇溶液后再加硫酸，菊糖显紫红色，并很快溶解。

三、蛋白质

细胞中储藏的蛋白质与原生质体中呈胶体状态的有生命的蛋白质不同，常呈固体状态，是非活性的、无生命的物质。在种子萌发及初期生长过程中，储藏蛋白质逐渐被分解，产生各种氨基酸，为植物体的生长提供重要的氮源、碳源和硫源。

储藏的蛋白质以蛋白体的形式存在于细胞质、液泡等部位。蛋白体是一层膜包裹成圆球状的颗粒，其内的储藏蛋白为结晶体或是无定形的小颗粒。传统理论中蛋白体被认为是一种白色体，常被称为造蛋白体（proteinoplast/proteoplast/aleuroplast/aleuronaplast），但近来研究认为其并非质体。储藏蛋白质有的在内质网合成，随着储藏蛋白质的增多和内质网腔体积的增大，这些储藏蛋白质从内质网上脱离，形成球形的蛋白体；也有衍生自高尔基体的小泡。细胞质中的小的蛋白质颗粒与大的蛋白体融合，并逐渐靠近、融入蛋白储藏液泡，在其内成熟并储藏。

蛋白体又称为糊粉粒（aleurone grain）。其中的结晶蛋白质具有晶体和胶体的二重性，因此称拟晶体（crystalloid），以与真正的晶体相区别。蛋白质拟晶体有不同的形状，但常常呈方形，如马铃薯块茎中近外围的薄壁细胞中的方形拟晶体。有些糊粉粒既包含无定形蛋白质，又包含拟晶体，成为复杂的形式；蓖麻和油桐胚乳细胞中的糊粉粒除了拟晶体外还含有磷酸盐球形体。糊粉粒多分布于植物种子的胚乳或子叶中，有时它们集中分布在某些特殊的细胞层，特称为糊粉层（aleurone layer）；如玉米、水稻、小麦果实的胚乳最外面一层或多层细胞即为糊粉层。糊粉粒和淀粉粒常在同一细胞中互相混杂（图15-7）。

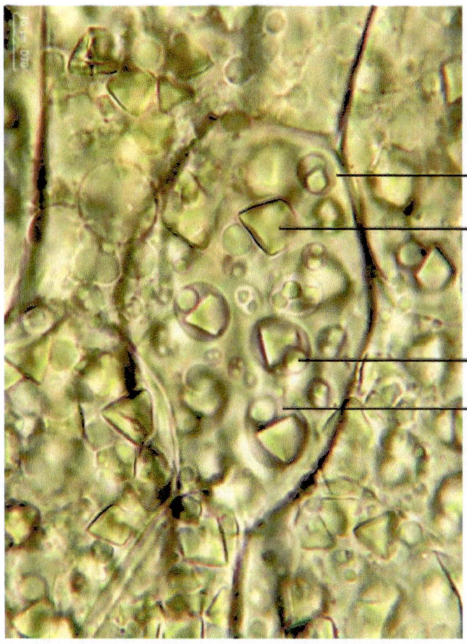

图15-7 蓖麻胚乳细胞中的糊粉粒（Christian Aubert, 2004）

1. 糊粉粒；2. 蛋白质拟晶体；3. 球晶体；4. 基质

蛋白质可通过颜色反应进行检验。蛋白质溶液加浓硝酸并微热，可见黄色沉淀析出，冷却后再加过量氨液，沉淀变为橙黄色；加碘试液显棕色或黄棕色；加硝酸汞试液显砖红色。

四、脂肪和脂肪油

脂肪（fat）和脂肪油（fat oil）是由脂肪酸和甘油结合而成的脂。在常温下呈固体或半固体的称为脂肪，如可可豆脂；呈液体的称为脂肪油，如大豆油、芝麻油、花生油等。脂肪和脂肪油通常呈小滴状分散在细胞质中，不溶于水，易溶于有机溶剂，比重比较小，折光率强。脂肪和脂肪油常存在于植物的种子里，有的种子所含脂肪达到种子干重的45%～60%。脂肪是储藏营养物质最为经济的形式，氧化时能释放出较多的能量。有些树干的薄壁细胞中储藏的淀粉在冬季可转化为脂肪，这样便可储藏更多的能量，在次年春天再转化为淀粉。

脂肪和脂肪油加苏丹Ⅲ试液显橘红色、红色或紫红色，加紫草试液显紫红色，加四氧化锇显黑色。

五、晶体

一般认为，晶体（crystal）是植物细胞在生理代谢过程中产生的废物。常见的晶体有草酸钙结晶和碳酸钙结晶两种类型。

1. 草酸钙结晶（calcium oxalate crystal） 是植物体在代谢过程中产生的草酸，与钙盐结合而形成的晶体；存在于细胞液中。草酸钙结晶的形成，可以降低过多的草酸对植物所产生的毒害。草酸钙结晶在植物体中的分布很普遍，随着器官组织的衰老，草酸钙结晶会逐渐增多。

草酸钙结晶常无色半透明或稍暗灰色，常见的有以下几种形状（图15-8）：

（1）方晶（solitary crystal）：又称单晶或块晶，通常呈正方形、长方形、斜方形、八面形、三棱形等多种形状，常为单独存在的单晶体，分布于甘草根及根状茎、黄柏树皮、番泻叶叶脉处等细胞中。天仙子的草酸钙结晶为双晶（twin crystals）。

（2）柱晶（styloid，columnar crystal）：晶体呈长柱形，长度约为宽度的4倍；也有末端较尖者。例如，在知母根状茎、射干根状茎等细胞中可以观察到柱晶。

—•笔记栏•—

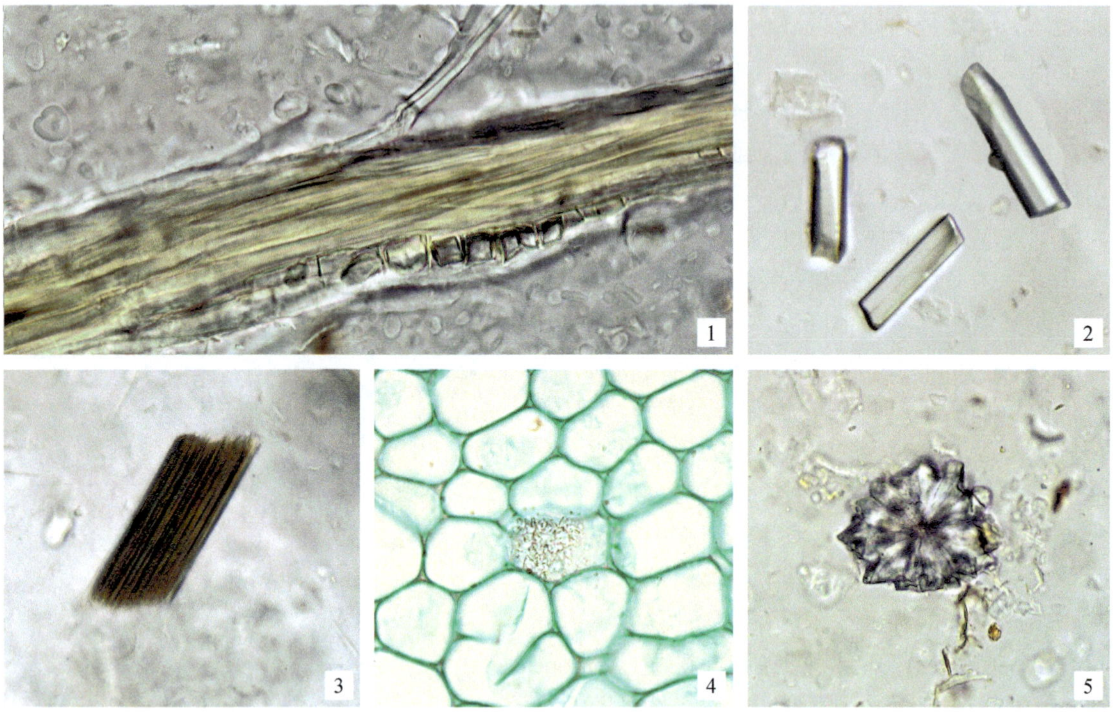

图 15-8　各种草酸钙结晶

1. 方晶（甘草根）；2. 柱晶（射干根状茎）；3. 针晶（束）（半夏块茎）；4. 砂晶（牛膝根）；5. 簇晶（大黄根）

（3）针晶（raphide, acicular crystal）：晶体呈两端尖锐的针状，在细胞中多成束存在，称针晶束（raphides），如半夏块茎、黄精和玉竹根状茎等细胞中可以观察到针晶束。也有针晶不规则地分散在细胞中，如苍术根状茎中的晶体。针晶一般存在于含有黏液的细胞中。

（4）砂晶（sand crystal）：晶体呈细小的三角形、箭头状或不规则形，通常密集于细胞腔中；聚集有砂晶的细胞颜色较暗，很容易与其他细胞相区别。例如，在颠茄叶、牛膝根、枸杞根皮等细胞中可以观察到砂晶。

（5）簇晶（druse, cluster crystal）：晶体由许多八面体、三棱形单晶体聚集而成，通常呈球形或三角状星形。例如，在人参根、大黄根状茎、椴树茎、天竺葵叶等细胞中可以观察到簇晶。

一般一种植物只能见到一种形状的结晶，但少数植物也有两种或多种形状的结晶，如曼陀罗叶中含有簇晶、方晶和砂晶。不同种植物或同一植物的不同部位所含草酸钙结晶的形状和大小有一定的区别，可作为中药材鉴定的重要依据之一。

草酸钙结晶加稀乙酸不溶解，加稀盐酸溶解而无气泡产生；加 10% ～ 20% 硫酸溶液溶解，而后可形成针状的硫酸钙结晶析出。

2. 碳酸钙结晶（calcium carbonate crystal）　通常呈现为由细胞壁伸向细胞腔中的瘤状突起，因此又常称为钟乳体（cystolith）；含钟乳体的细胞称晶细胞（lithocyst）（图 15-9）。桑科、爵床科、荨麻科等类群植物的叶表皮细胞中常含有钟乳体，如假杜鹃叶、桑叶、穿心莲叶、苎麻叶等。

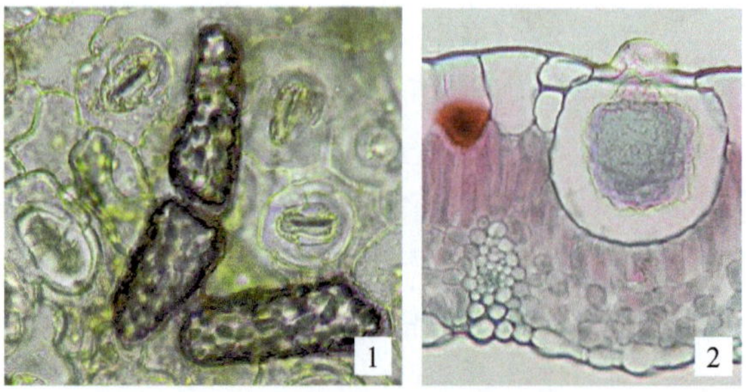

图 15-9　碳酸钙结晶

1. 表面观（假杜鹃叶）；2. 切面观（桑叶）

区别于草酸钙结晶的是，碳酸钙结晶加乙酸或稀盐酸溶解，同时产生 CO_2 气泡。

在代谢过程中，植物细胞除形成草酸钙结晶和碳酸钙结晶以外，还形成其他多种类型的结晶，如柽柳叶细胞中可形成石膏结晶、菘蓝叶细胞中可形成靛蓝结晶、薄荷叶细胞中可形成橙皮苷结晶、槐花细胞中可形成芸香苷结晶。

第三节　植物细胞的分裂方式及分裂方向

一、植物细胞的分裂方式

植物细胞的分裂有无丝分裂、有丝分裂和减数分裂3种方式。

无丝分裂在植物体内的发生具有普遍性，通常在生长和物质代谢旺盛部位、衰老及病变的组织中可观察到无丝分裂，不适宜的环境条件也易导致无丝分裂。在植物各种器官的表皮及薄壁组织、生长点和根尖部位靠近表皮的部分、木质部、花药的绒毡层、胚乳、愈伤组织等处的细胞中，均已发现无丝分裂现象。一般认为，无丝分裂难以保证遗传物质的平均分配，从而可影响遗传的稳定性；然而，无丝分裂后的两个子核往往大小相近并有各自的核仁，其子细胞接着又可进行正常的有丝分裂或减数分裂，说明无丝分裂可能也具有未被完全认知的稳定遗传机制。

有丝分裂是植物营养细胞的主要分裂方式。通过有丝分裂，每条染色体精确复制成两条染色单体并均等地分到两个子细胞中，使子细胞含有同母细胞相同的遗传信息。在植物的根尖和茎尖生长点部位、根和茎中的形成层等分生组织中，细胞常进行着旺盛的有丝分裂。

减数分裂只发生在大、小孢子母细胞分裂产生大、小孢子（胚囊母细胞产生胚囊细胞、花粉母细胞产生花粉粒）的过程中。

二、植物细胞的分裂方向

植物细胞分裂时，一个母细胞产生两个子细胞，从而出现一个新的细胞壁，依照这个新细胞壁壁面与器官的表面、长轴和圆周的相对位置，植物细胞分裂的方向有3个（图15-10）：

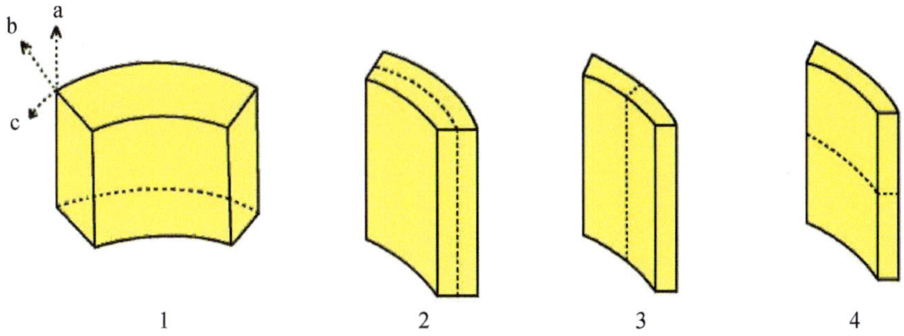

图15-10　细胞分裂的方向（仿杨春澍等，1997）

1. 细胞的空间方向：a. 轴向；b. 径向；c. 切向

2. 切向分裂；3. 径向分裂；4. 横向分裂

1. 切向分裂（平周分裂）　细胞分裂后，两个子细胞之间形成的新细胞壁与植物体的纵轴的圆周切线平行或与半径垂直的分裂方式。分裂的结果是增加植物体或器官径向的细胞层次，使植物体增粗。

2. 径向分裂（垂周分裂）　细胞分裂后，两个子细胞之间形成的新细胞壁与植物体的纵轴的圆周切线垂直或与半径平行的分裂方式。分裂的结果是不增加植物体或器官径向的细胞层次，而增加切向细胞的数量扩大圆周的长度，以适应植物体的增粗生长。

3. 横向分裂（垂轴分裂）　细胞分裂后，两个子细胞之间形成的新细胞壁与植物体的纵轴相垂直的分裂方式。分裂的结果是增加植物体或器官的长度，促进植物体的纵向生长。

—•笔记栏•—

细胞的程序性死亡

【小结】

- 植物的细胞
  - 植物细胞的特有结构
    - 细胞壁
      - 细胞壁的分层：胞间层、初生壁、次生壁
      - 胞间连丝
      - 纹孔：单纹孔、具缘纹孔、半缘纹孔对
      - 细胞壁的特化：木质化、木栓化、角质化、黏液质化、矿质化
    - 质体：叶绿体、有色体、白色体
    - 液泡：水解型液泡、储藏型液泡
  - 植物细胞的后含物
    - 储藏营养物质：淀粉（单粒淀粉粒、复粒淀粉粒、半复粒淀粉粒）、菊糖、蛋白质、脂肪和脂肪油
    - 晶体物质
      - 草酸钙晶体：方晶、柱晶、针晶、砂晶、簇晶
      - 碳酸钙晶体
  - 植物细胞的分裂方式及分裂方向
    - 植物细胞的分裂方式：无丝分裂、有丝分裂、减数分裂
    - 植物细胞的分裂方向：切向分裂、径向分裂、横向分裂

第十六章　植物组织

—•笔记栏•—

第十六章授课视频

案例

1972年，考古工作者在湖南长沙市郊马王堆汉墓中，出土了一些药材块段或细小碎片。徐国钧院士运用显微鉴定等技术方法，将这些药材一一分辨出来，分别是茅香、高良姜、桂皮、杜衡、佩兰、花椒、辛夷、姜、藁本等9种。这些药材均含有芳香物质且有一定的抗菌作用，可以用来防腐保鲜。墓中辛追夫人遗体不腐或许正是与这些药材有关。这一工作开创了我国药物考古学的先河，引起了全世界的关注。分析下列问题：

（1）徐国钧院士运用的中药粉末显微鉴定方法是中药专业人才必备的技能之一。对中药材及其粉末鉴定有显著意义的药用植物组织碎片特征有哪些？

（2）结合自己的学习，尝试制作常用中药材组织粉末显微制片。

植物体中来源相同、形态结构相似或不同、行使相同生理功能的细胞群称为组织（tissue），通常由一个细胞或一群细胞经过分裂与分化形成。植物的组织是植物体中的功能单位。由同一类型细胞构成的组织称为简单组织，由密切联系的多种不同类型的细胞构成的功能单位称为复合组织。组织之间相互独立，行使不同的功能，同时不同组织间又相互协作，共同执行器官的生理功能。低等植物结构简单，没有组织分化；高等植物的组织分化明显，其中被子植物的组织分化程度最高、最复杂。

被子植物的组织按照分化程度可以分为两大类：分生组织和成熟组织。分生组织细胞具有细胞分裂产生新细胞的能力；成熟组织细胞通常失去分裂能力，分化成具有一定形态结构、行使特定功能的细胞群。但有些成熟组织在植物体生长发育的一定时期，或受到外界刺激，能够恢复分裂能力，转化成次生分生组织，产生新的细胞或组织。

不同组织在植物体中呈现出各种各样的特点，且因部位不同而表现各异，这是中药材显微鉴定的重要依据。

第一节　植物组织的类型

一、分生组织

植物体中具有持续或周期性分裂和分化能力的细胞群称为分生组织（meristem）。植物体胚胎时期的所有细胞都可以分裂，当植物体形态建成后，一些分生组织分布在植物的根、茎顶端、腋芽处等，也有的分生组织则在一定的条件下才会进行细胞分裂，如形成层和木栓形成层等。植物体内的分生组织分类如下：

（一）按性质和来源分类

1. 原分生组织（promeristem）　是直接由胚细胞保留下来的分生细胞；细胞体积较小，多为立方体，排列较紧密，无细胞间隙，细胞壁薄，细胞质浓，细胞核大（图16-1）。原分生组织位于根端和茎端较前的部位，细胞无任何分化，具有持久而强烈的分生能力，在植物的生长季节分裂能力最旺盛。

2. 初生分生组织（primary meristem）　是由原分生组织衍生的细胞组成的；这些细胞

—•笔记栏•—

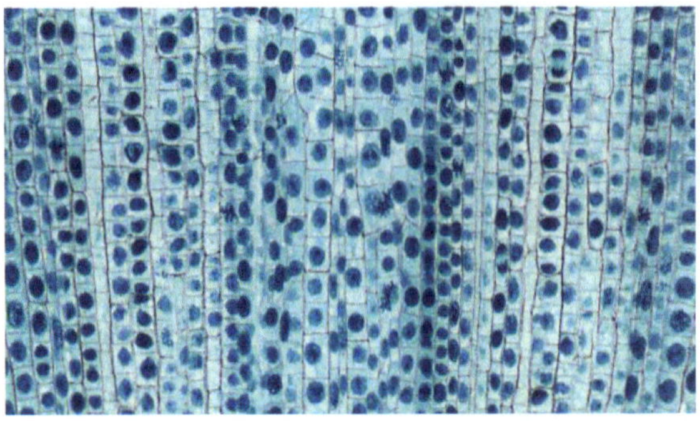

图16-1 洋葱根尖部位的分生组织

在形态上已经出现了最初的分化，但是细胞仍具有一定的分裂能力，因此，它是一种边分裂、边分化，由分生组织向成熟组织过渡的组织；通常细胞小，壁薄，细胞核较大且位于细胞的中央，液泡小而分散，细胞内通常没有后含物。例如，茎的初生分生组织可分化为原表皮层（protoderm）、基本分生组织（ground meristem）和原形成层（procambium），这3种初生分生组织将进一步分化发育形成茎的初生结构（primary structure）。

3. 次生分生组织（secondary meristem） 是由成熟组织细胞经历生理和形态上的变化，脱离原来的成熟状态（即脱分化dedifferentiation），重新转变成的分生组织。在植物中，经常可见已经分化成熟的表皮、皮层、髓射线、维管柱鞘等部位的薄壁细胞，细胞质变浓，液泡缩小，恢复分裂能力，成为次生分生组织。大多数的双子叶植物和裸子植物根的形成层、茎的束间形成层及木栓形成层是典型的次生分生组织，这些次生分生组织不断进行细胞分裂并再分化，形成次生的保护组织和维管组织，构成根和茎的次生结构（secondary structure），最终使根和茎不断增粗。

（二）按位置分类

1. 顶端分生组织（apical meristem） 位于根与茎的主轴和侧枝的顶端，即根、茎顶端的生长锥。顶端分生组织依据性质，包含原分生组织和初生分生组织两部分，原分生组织位于前端。顶端分生组织的分裂活动可以使根和茎不断伸长，并在茎上形成侧枝和叶，使植物扩大营养面积。

2. 侧生分生组织（lateral meristem） 位于根和茎的纵向侧方部分，属于次生分生组织。典型的侧生分生组织包括维管形成层（cambium）和木栓形成层（cork cambium）两类：形成层的活动可使根和茎不断增粗；木栓形成层的活动是使长粗的根和茎表面形成新的保护组织，以适应植物器官面积的扩大。

侧生分生组织普遍存在于裸子植物和木本双子叶植物中。草本双子叶植物中的侧生分生组织只有微弱的活动或基本不存在活动，单子叶植物中侧生分生组织一般不存在，因此，双子叶草本植物和单子叶植物的根和茎没有明显的增粗生长。

侧生分生组织细胞与顶端分生组织细胞有明显的区别。形成层细胞一般呈长梭形或长方形，细胞质不浓厚，其分裂活动随季节变化有明显的周期性。

3. 居间分生组织（intercalary meristem） 指位于已经分化了的组织区域之间的分生组织，是顶端分生组织在某些器官中局部区域的保留，一般位于茎、叶、子房柄、花柄等成熟组织之间。居间分生组织细胞活动的持续时间较短，分生能力有限，分裂一段时间后所有的细胞都可转变成成熟细胞。

典型的居间分生组织存在于许多单子叶植物的茎和叶中。例如，小麦、水稻等禾谷类作物，在茎的节间基部保留居间分生组织，所以当顶端分化成幼穗后，居间分生组织的活动，出现拔节和抽穗现象，使茎急剧长高、花序发育。葱、蒜、韭等植物的叶子剪去上部后还能继续伸长，这是叶基部的居间分生组织活动的结果。落花生的胚珠受精后，其雌蕊柄基部的居间分生组织活动，雌蕊柄伸长，子房被推入土中发育成果实。

二、成熟组织

分生组织衍生的大部分细胞，逐渐丧失分裂能力，进一步生长和分化形成的其他各种组织，称为成熟组织或永久组织（permanent tissue）。成熟组织分化程度不同，有一些与分生组织差异较小，分化程度浅，具有进一步发育的潜力；而另外一些与分生组织细胞形态差异较大，功能专一，并且完全丧失了分裂能力。因此，组织的“成熟”或“永久”的程度是相对的。成熟组织也不是一成不变的，一些分化较浅的组织，有时随着植物的发育，进一步特化为另一类组织；而相反，有时在一定的条件下，又可以脱分化形成次生分生组织。

成熟组织按照功能可以分为薄壁组织、保护组织、机械组织、输导组织和分泌组织。

（一）薄壁组织

薄壁组织（parenchyma）是植物体组成的基础，是植物进行各种代谢活动的主要组织，在植物体中分布最广、多数部位占比也较大，是植物体重要的组成部分，因而又称为基本组织（ground tissue）。薄壁组织在植物体或器官中可形成一个连续的组织，如茎和根中的皮层和髓部、叶肉细胞、花的各部、果实的果肉及种子的胚乳等，全部或主要由薄壁组织构成，其他多种组织如机械组织、输导组织等常分布于薄壁组织中，通过薄壁组织的有机结合形成各种器官的结构。薄壁组织在植物体内主要发挥同化、储藏、吸收、通气等的作用。

—•笔记栏•—

薄壁组织类型图

传递细胞

薄壁组织的细胞具有的较薄初生壁，主要由纤维素、半纤维素和果胶质构成，少有细胞壁特化，壁上的纹孔为单纹孔；细胞较大，形状多为球形、椭球形、圆柱形、多面体形等，排列疏松，一般具有较发达的细胞间隙；细胞内具有原生质体，液泡较大。

薄壁组织是一类分化程度较低的成熟组织，细胞具有潜在的分生能力，在一定条件下可脱分化，转变为分生组织，进行有限的分裂，在创伤愈合再生、形成不定根或不定芽及嫁接愈合等时期发挥作用；正常状态下，薄壁组织也参与侧生分生组织的发生。此外，薄壁组织可塑性较大，在植物体发育过程中常进一步特化为分化程度更高的组织，如厚壁组织、输导组织、分泌组织等。

根据细胞结构和生理功能不同，除基本薄壁组织外，薄壁组织通常还有以下几类：

（1）同化薄壁组织：多存在于植物体的绿色部分，如叶肉组织、幼茎的皮层外层组织等，细胞中含有较多的叶绿体，能够进行光合作用。

（2）储藏薄壁组织：其中储藏有大量如淀粉粒、糊粉粒、脂肪等营养物质；主要存在于各类储藏器官，如块根、块茎、球茎、鳞茎、果实和种子中。一些仙人掌科、景天科的肉质植物，以及芭蕉科植物等的茎、叶中的细胞较大，液泡中含有大量的水分，或称为储水薄壁组织。

（3）吸收薄壁组织：植物根尖的根毛区表皮细胞的壁薄，没有角质层，向外突起形成根毛，主要生理功能是从外界吸收水分和无机盐等物质；有些气生根的表皮也有吸收水分的功能。此类具有吸收功能的薄壁组织称为吸收薄壁组织。

（4）通气薄壁组织：在水生和湿生植物中，薄壁组织中细胞间隙特别发达，有辅助通气的功能，因此称为通气薄壁组织。例如，水稻、莲、石菖蒲等的根、茎、叶中薄壁组织有较大间隙，在体内形成一个相互贯通的通气系统，使叶片通过光合作用产生的氧气能通过这个通气系统到达根部。通气组织不仅能够储存空气，同时对植物也有漂浮和支持作用。

（二）保护组织

保护组织（protective tissue）覆盖于植物体器官表面，具有保护作用，能防止植物体内水分过分蒸腾，控制植物与环境的气体交换，防止病虫害侵害及机械损伤等。根据发育时期、位置和结构不同，保护组织分为表皮和周皮。

1. 表皮（epidermis）　又称表皮层，属于初生保护组织，由初生分生组织中的原表皮分化而来；位于幼嫩的根和茎、叶、花、果实等器官的表面。表皮通常由一层生活细胞构成，少数植物的表皮是由2～3层细胞组成的复表皮（multiple epidermis），如印度榕 *Ficus elastica* 叶和夹竹桃叶的表皮。

表皮细胞常为扁平的长方形、方形、多角形或不规则形等，彼此嵌合，排列紧密，无细胞间隙；细胞内一般没有叶绿体；细胞壁厚薄不一，外壁较厚，通常角质化，在表面沉积一层明显的角质层，使表皮具有高度的隔水性，可有效减少植物体内水分蒸腾，同时对防治病菌侵入和增加机械支持也有一定的作用。有些植物在角质层内或角质层外还具有一层蜡质，形成蜡被，如甘蔗茎和蓖麻茎表面都有明显的白粉状蜡被。还有的植物表皮细胞矿质化，可使植物器官表面粗糙、坚实，如木贼、禾本科植物的硅质化细胞壁等。在生产实践中，植物体表面层的结构特点是选育抗病品种、使用农药或除草剂时必须考虑的因素。表皮的结构和角质层纹理的形状，也是植物分类的一个依据。

—•笔记栏•—

表皮上除了典型的表皮细胞外还有不同类型的特化细胞，如气孔和毛茸。

（1）气孔（stoma）：是表皮上一对通常特化为肾形或哑铃状的保卫细胞（guard cell）及其所围绕而成的孔隙，又称为气孔器（stomatal apparatus）；有时气孔也专指两个保卫细胞间的孔隙。气孔是气体进入植物体的门户，控制气体交换和调节水分蒸腾。

保卫细胞是生活细胞，较其他表皮细胞小，细胞质丰富，细胞核明显，含叶绿体。双子叶植物气孔的保卫细胞多呈肾形，细胞壁增厚不均匀，与表皮细胞相邻处的细胞壁较薄，两个保卫细胞凹面相对处则较厚。当保卫细胞吸水膨胀时，较薄处的外壁易伸长，向外扩展，两个保卫细胞呈现两个相对的拉弓状变形，气孔张开；当保卫细胞失水时，膨压降低，保卫细胞向回收缩，细胞变直，气孔缩小或闭合。影响植物气孔开闭的外界环境因素有光照、水分、温度、CO_2浓度及植物激素等。

气孔多分布在植物叶片及幼嫩的茎枝上，在表皮上散列或成行分布。气孔的大小及数量随植物器官的不同及所处的环境条件不同而异，叶片上的气孔较多，茎上的较少，根上几乎没有。同一植物不同的叶片、同一叶片的不同部位，其气孔的数量及排列方式也不尽相同。一般植物的叶片两面都有气孔，尤以背面丰富。气孔通常与表皮细胞在同一平面上，但旱生植物的气孔通常凹入，水生植物的气孔通常凸出叶表面。

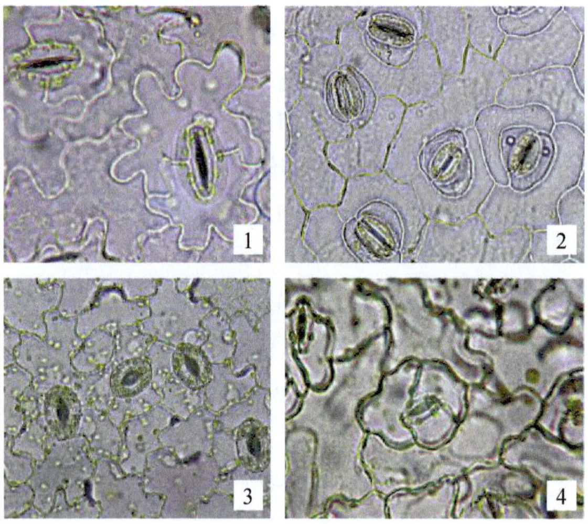

图16-2　气孔及气孔轴式

1. 直轴式（薄荷叶）；2. 平轴式（栀子叶）；3. 不定式（细辛叶）；4. 不等式（菘蓝叶）

有些植物的气孔器在保卫细胞周围还有1个或多个副卫细胞（subsidiary/accessory cell），它们的形状、大小、排列方式等与普通的表皮细胞不同。副卫细胞的形状、数目及排列方式与植物的种类有关。组成气孔器的保卫细胞和副卫细胞的排列关系称为气孔轴式或气孔类型。双子叶植物常见的气孔轴式有以下几类（图16-2）：

1）直轴式（diacytic type）：又称横列式，2个副卫细胞包围保卫细胞，它们的共同壁与保卫细胞和气孔的长轴垂直。唇形科、石竹科和爵床科植物常具有直轴式气孔，如薄荷、瞿麦、穿心莲等。

2）平轴式（paracytic type）：又称平列式，2个副卫细胞于两侧包围保卫细胞，其长轴与保卫细胞和气孔的长轴平行，如茜草、栀子等茜草科植物和番泻叶等豆科植物的气孔。

3）不定式（anomocytic type）：又称无规则型，围绕保卫细胞的副卫细胞数目不定，形状、大小等与正常表皮细胞近似，如菊、桑、枇杷、细辛等植物的气孔。

4）不等式（anisocytic type）：又称不等细胞型，保卫细胞周围有3或4个副卫细胞，其中1个明显较小，如菘蓝等十字花科植物、烟草等茄科植物的气孔。

5）环式（actinocytic type）：又称辐射型，副卫细胞4至多数，呈规则的环状或辐射状排列包围保卫细胞，如大叶黄杨、茶、桉树等植物的气孔。

单子叶植物的气孔类型也较多。禾本科和莎草科植物的保卫细胞狭长，两头呈球形，中间窄，呈特殊的哑铃形；两端球形部分的细胞壁较薄，中间部分细胞壁特别厚，也可通过保卫细胞吸水或失水时膨胀压力的变化，控制气孔的开闭。保卫细胞的两边有两个平行排列呈三角形的副卫细胞，对气孔的开启有辅助作用，如淡竹叶等。

不同植物的气孔轴式各不相同，同一种植物的同一器官上也常常具有两种或两种以上的气孔轴式，分布情况也因种而异，对植物的分类鉴定和药材鉴定具有一定的参考价值。

（2）毛茸（trichome, hair）：表皮上常具有各种单细胞或多细胞的毛状附属物，或特称表皮毛（epidermal hair），具有保护植物免受动物啃食和防止水分过度蒸发、分泌等功能。毛茸的形状多种多样；有的可长期存在，也有的很早脱落。根据毛茸的结构和功能可分为腺毛和非腺毛两种类型。

1）腺毛（glandular hair）：具有分泌功能，能够分泌挥发油、树脂、黏液等物质，多存在于植物的茎、叶、芽鳞、子房、花萼、花冠等部分，如薄荷叶、忍冬花蕾和木芙蓉叶上的腺毛等。腺毛由多细胞构成，有腺头（head）、腺柄（stalk）之分；腺头通常膨大呈球形，由1个或几个分泌细胞组成，能产生分泌物；腺柄有单细胞的，也有多细胞的；如薄荷、莨菪、毛地黄等植物叶上的腺毛。在薄荷等唇形科植物叶片上还有一种无柄或短柄的腺毛，头部常呈扁球形，由8个左右分泌细胞排列在同一平面上，称为腺鳞（glandular scale，图16-3）。

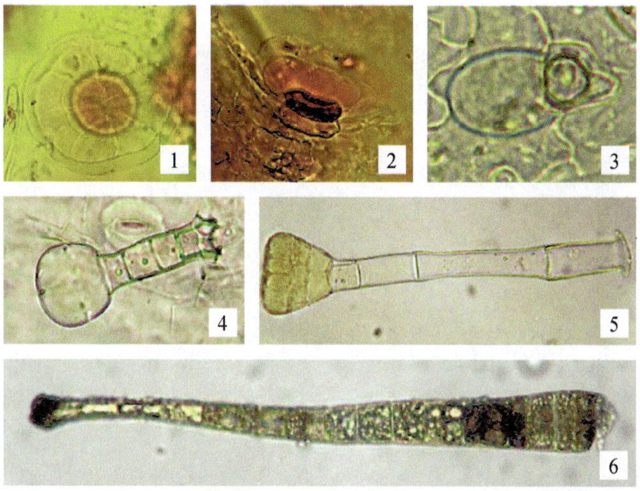

图16-3 各种腺毛

1. 薄荷叶腺鳞（顶面观）；2. 薄荷叶腺鳞（侧面观）；3. 薄荷叶腺毛；4、5. 忍冬花蕾上的腺毛；6. 木芙蓉叶上的腺毛

荨麻属*Urtica*的螫毛具有特殊的结构，它是单个的分泌细胞，似一个基部膨大的毛细管，顶部封闭为小圆球状。当螫毛与皮肤接触时，圆球顶部原有的缝线破裂，露出锋利的边缘，刺进皮肤，再由泡状基部将含有的蚁酸和组胺等液体挤进伤口。滨藜属等植物的叶表面有一种可分泌盐的腺毛，由1个柄细胞和1个基细胞组成。一些食虫植物的腺毛能分泌多糖类物质以吸引昆虫，同时还分泌黏液及特殊的消化液，能够捕捉昆虫并将捕捉到的昆虫消化掉。

2）非腺毛（nonglandular hair）：非腺毛无头、柄之分，末端通常尖狭，起保护作用。构成非腺毛的细胞数目有单个或多个，形状多样或不规则，有单细胞毛（如忍冬叶）、分枝状毛（如裸花紫珠叶）、丁字形毛（如菊叶）、星状毛（如木芙蓉叶、石韦叶）、鳞片状毛（如胡颓子叶）等，有的非腺毛细胞内有晶体沉淀（图16-4）。

不同植物表皮上的毛茸形态各不相同，是中药鉴定的重要依据之一。同一种植物甚至同一器官上也可能存在不同形态的毛茸。例如，薄荷叶上既有非腺毛，又有不同形状的腺毛和腺鳞。

图16-4 各种非腺毛

1. 单细胞毛（忍冬叶）；2. 分枝状毛（裸花紫珠叶）；3. 丁字形毛（菊叶）；4、5. 星状毛（木芙蓉叶）；6. 鳞片状毛（胡颓子叶）；7. 星状毛（石韦叶）

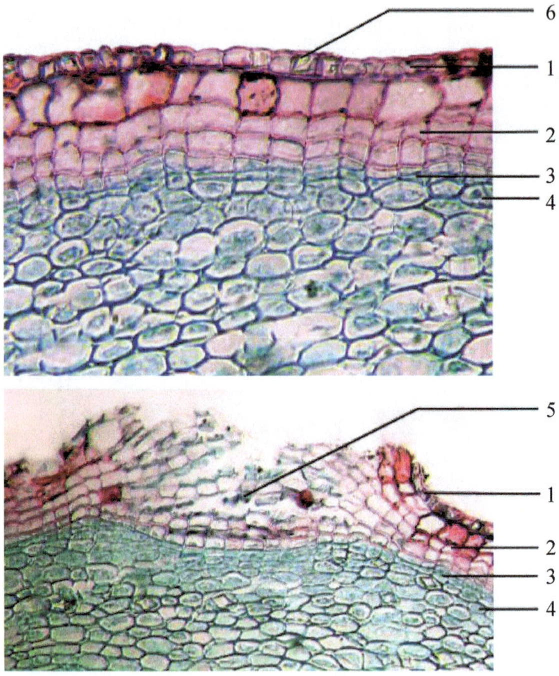

图16-5 桑茎周皮及皮孔

1. 表皮；2. 木栓层；3. 木栓形成层；4. 栓内层；5. 填充细胞；6. 草酸钙方晶

有的植物花瓣表皮细胞向外突出如乳头状，成为乳头状细胞或乳头状突起，是表皮细胞与毛茸的中间形式。

2. 周皮（periderm） 某些植物的根和茎在进行次生生长、不断增粗的过程中，表皮被破坏，植物体形成新的次生保护组织即周皮，代替表皮行使保护功能。周皮是由木栓层（cork, phellem）、木栓形成层（cork cambium, phellogen）、栓内层（phelloderm）形成的复合组织，可控制水分散失，防止病虫害及外界因素对植物体内部组织的机械损伤。茎的周皮上有皮孔，可代替表皮上的气孔起通气作用（图16-5）。

在茎中，木栓形成层是表皮内方的薄壁细胞恢复分裂能力而形成的次生分生组织。细胞形状规则，多为类长方体形，横切面上呈环状排列。木栓形成层细胞多数进行切向分裂，向外产生的细胞分化成木栓层，向内分裂形成栓内层；必要时径向分裂扩大圆环。

木栓层细胞横切面呈长方形，紧密排列成整齐的径向行列，无细胞间隙，细胞壁厚且强烈木栓化，细胞成熟时原生质体死亡解体，细胞腔内通常充满空气。木栓层具有高度隔水、隔气，并有抗压、隔热、绝缘、质地轻、具弹性、抗有机溶剂和多种化学药品的特性，对植物起到了有效的保护作用。木栓层在商业上有重要应用，可供日用或作轻质绝缘材料和救生设备。栓皮栎和黄檗等是商用木栓的主要来源。

栓内层是薄壁的生活细胞，通常只有一层细胞，细胞排列较疏松，一般与外侧的木栓细胞排成相对一致的径向行列。茎中的栓内层细胞常含叶绿体，也称绿皮层。

皮孔是植物周皮上内外气体交换的通道。最初的皮孔常发生于气孔下面，此处木栓形成层细胞比其他部分更为活跃，但其分裂不形成木栓细胞，而是向外分生出大量的椭圆形、圆形的薄壁细胞，排列疏松，具有发达的细胞间隙，称为填充细胞（complementary cells）。填充细胞快速大量地产生，从而将表皮突破，形成各种形状的小突起，即为皮孔。

（三）机械组织

机械组织（mechanical tissue）是对植物起巩固和支持作用的组织，具有很强的抗压、抗张弛能力。植物能够有一定的硬度，枝干挺立，树叶平展，能经受狂风暴雨及其他外力的侵袭，都与机械组织的存在有关。机械组织细胞的特点是细胞壁增厚；一般植物的幼嫩器官没有机械组织或机械组织不发达，主要依靠细胞的膨压保持其正常的生长状态。机械组织根据细胞形态及细胞壁增厚的方式，可分为厚角组织和厚壁组织两类。

1. 厚角组织（collenchyma） 厚角组织细胞最明显的特征是细胞壁不均匀地增厚。在横切面上，厚角组织细胞为不规则形状，通常在几个细胞邻接的角隅处，细胞壁明显增厚，也有的在切向壁或细胞间隙处加厚（图16-6）；纵切面上则多为细长形，两端略呈平截状或斜尖状。厚角细胞壁的增厚，仅为初生壁成分的添加，除纤维素外，还含有大量的果胶和半纤维素；不含木质素，硬度不强，具有可塑性和延展性。由于果胶有强烈的亲水性，壁中含水量较大，在光学显微镜下，增厚的壁显出特殊的珠光，很容易与其他组织相区别；但当将其制成永久切片时，材料一经脱水，增厚的壁在视觉上变薄，同时珠光也会消失。

厚角组织的细胞是生活细胞，细胞内具有原生质体，常含叶绿体，可进行光合作用，具有一定

—•笔记栏•—

的潜在分生能力，在许多植物中能参与木栓形成层的形成。

厚角组织主要是在生长的茎和叶中起支持作用，一方面由于厚角组织为长柱形，相互重叠排列，初生壁虽然比较软，但许多细胞壁的增厚部分集中在一起形成柱状或板状，因此使其具有较强的机械强度；另一方面厚角组织分化较早，但仅初生壁增厚使其能随周围细胞的扩伸而延展。因此，它既有支持作用，又不会束缚幼嫩器官的生长。大部分植物的茎和叶柄在继续发育时，在较深入的部位又发育出厚壁组织，这时，厚角组织的支持作用便成为次要的了。在许多草质的茎和叶中，如不产生很多厚壁组织时，厚角组织就是主要的支持组织。有时厚角组织细胞壁能木质化进一步发育成次生壁，转变成厚壁组织。

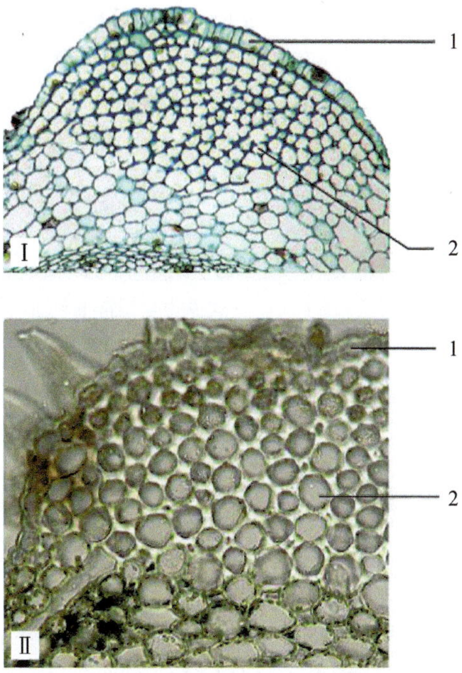

图16-6　厚角组织（薄荷茎）
Ⅰ. 石蜡切片；Ⅱ. 临时水装片
1. 表皮；2. 厚角组织

厚角组织一般分布于茎、叶柄、叶片主脉上下两侧、花柄等部位，特别是草本植物茎的棱角处，经常是厚角组织集中分布的位置。厚角组织多直接分布于表皮之下，或与表皮只隔开几层薄壁细胞。在茎和叶柄中厚角组织往往形成连续的圆筒或分离成束状。

根据厚角组织细胞壁加厚方式的不同可将其分为3种类型。

（1）真厚角组织：又称为角隅厚角组织，细胞壁显著加厚的部分发生在几个相邻细胞的角隅处。真厚角组织是最普遍的一种类型，如薄荷、南瓜等植物茎棱角下的厚角组织。

（2）板状厚角组织：又称片状厚角组织，细胞的切向壁增厚，如接骨木茎中的厚角组织。

（3）腔隙厚角组织：在角隅厚角组织中出现了细胞间隙，周围的细胞向着间隙的壁均加厚而形成的一种特殊类型，如夏枯草、锦葵等植物茎中的厚角组织。

2. 厚壁组织（sclerenchyma）　是植物体中重要的支持组织，细胞具有全面均匀增厚的次生壁，并常常木质化。厚壁组织细胞成熟后原生质体通常消失，成为死亡细胞；细胞壁一般颇厚，具有明显的层纹和纹孔，细胞腔则变得较小，甚至仅剩一个缝隙。厚壁组织常常单独或成群分布在其他组织中。根据细胞形态不同，厚壁组织可分为纤维和石细胞两种类型。

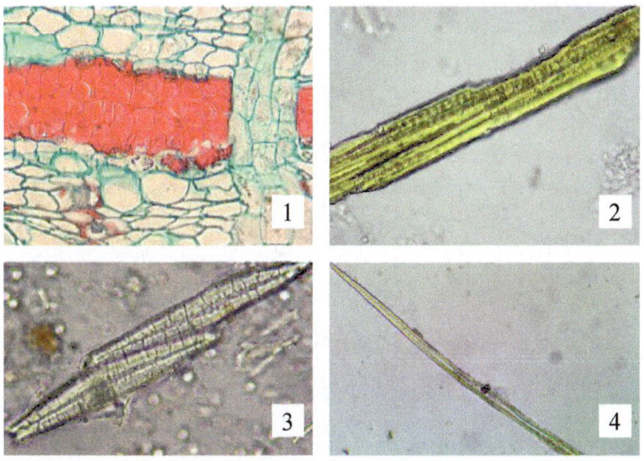

图16-7　纤维束及纤维
1. 纤维束（川黄檗树皮横切面）；2. 晶纤维（川黄檗树皮）；3. 韧皮纤维（黄芩根）；4. 纤维（罗浮买麻藤茎）

（1）纤维（fiber）：通常为两端尖细的梭状细胞，尖端彼此镶嵌成束。完全发育的纤维多数情况下是死细胞，次生壁明显增厚，并强烈木质化，壁上的纹孔常呈缝隙状，细胞腔窄细或几乎消失（图16-7）。

纤维广泛分布于维管植物成熟器官各部，单个或成束分布。如川黄檗树皮中所见，尖而细长的纤维通常在体内相互重叠排列，紧密地结合成束，增加了组织的强度，使其具有大的抗压能力和弹性，是成熟植物体中主要的支持组织。根据纤维在植物体内发生的位置，纤维通常可分为木质部纤维和木质部外纤维。

—•笔记栏•—

1）木质部纤维（xylem/xylary fiber）：分布在被子植物的木质部中的纤维，简称木纤维。细胞为长轴向的纺锤状，一般具木质化次生壁，细胞腔小，细胞壁上具有不同形状的退化具缘纹孔或裂隙状单纹孔。木纤维细胞壁增厚的程度随植物种类和生长部位及生长时期的不同而异，如黄连的根状茎、乌头和牛膝的根等里面的木纤维细胞壁较薄，而苏木茎中的木纤维细胞壁常明显增厚。就生长季节来说，春季生长的木纤维细胞壁较薄，而秋季生长的木纤维细胞壁较厚。

木纤维有纤维管胞（fiber tracheid）和韧型纤维（libriform fiber）两种类型。纤维管胞稍短而宽，细胞壁一般加厚，具双凸镜形或裂隙状开口的具缘纹孔。韧型纤维比前者更加细长，壁更厚，壁上有单纹孔。这两种纤维细胞腔中均可具有薄的横向隔膜，形成特殊的分隔纤维（septate fiber），残留有原生质体，起储藏营养物质的作用；分隔木纤维在植物中广泛存在，如姜、葡萄等的木质部中。有些植物的木质部中还有黏液纤维（mucilage fiber）。

木纤维的细胞壁通常厚且坚硬，增加了植物体的机械巩固作用，但其弹性、韧性较差，脆而易断。蕨类、裸子植物的木质部中没有纤维，管胞同时起着输导和支持作用，这是蕨类、裸子植物较被子植物原始的特征之一。

2）木质部外纤维（extraxylary fiber）：包括分布在韧皮部的韧皮纤维（phloem fiber）（如黄芩根、罗浮买麻藤茎中的纤维）、在皮层或髓部薄壁组织中分布的皮层/髓部纤维（cortical/pith fiber），以及围绕或毗邻维管束的维管束鞘纤维（或称环管纤维，perivascular/pericyclic fiber）。这些纤维细胞多为长纺锤形，两端尖，细胞壁厚，细胞腔缝隙状，横切面中的轮廓呈多角形，细胞壁呈同心纹层。有不少植物的韧皮纤维细胞壁木质化程度较低或不木质化，韧性较大，如苎麻、苘麻等。维管束鞘纤维通常显著木质化。

此外，药材鉴定中还可以见到以下几种类型的纤维：

1）晶纤维（crystal fiber）：在包围于纤维束外周的薄壁细胞中，多数含有晶体，形成晶鞘纤维，常简称为晶纤维。这些薄壁细胞中有的含有草酸钙方晶，如甘草和葛等植物的根中、黄檗树皮中的纤维等；有的含有草酸钙簇晶，如石竹和瞿麦茎、叶中的纤维等；还有的含有石膏（硫酸钙）结晶，如柽柳茎枝中的纤维。

2）嵌晶纤维（intercalary crystal fiber）：某些植物的纤维，有一些细小的草酸钙方晶或砂晶嵌入细胞壁中，如黑老虎*Kadsura coccinea*的根和藤茎中的纤维嵌有小方晶、草麻黄茎中的纤维嵌有细小的砂晶等。

3）分枝纤维（branched fiber）：长梭形纤维顶端具有明显分枝，如辣蓼铁线莲*Clematis terniflora* var. *mandshurica*根中的纤维。

（2）石细胞（sclereid）：与细长的纤维有所不同，石细胞通常为等径形，抑或略为伸长、形状多样的细胞，如黄芩、天门冬、花叶假杜鹃、川黄檗的石细胞分别呈长方形、类圆形、类方形、分枝状，此外还有星状、柱状、骨状、毛状、不规则形等。石细胞多由薄壁细胞的细胞壁强烈木质化增厚形成，通常细胞成熟时原生质体消失，只留下空而小的细胞腔。石细胞壁上有很多圆形的单纹孔，由于细胞壁特别厚而形成明显的管状纹孔道，有时纹孔道随细胞壁的增厚彼此汇合，形成特殊的分枝纹孔道（图16-8）。

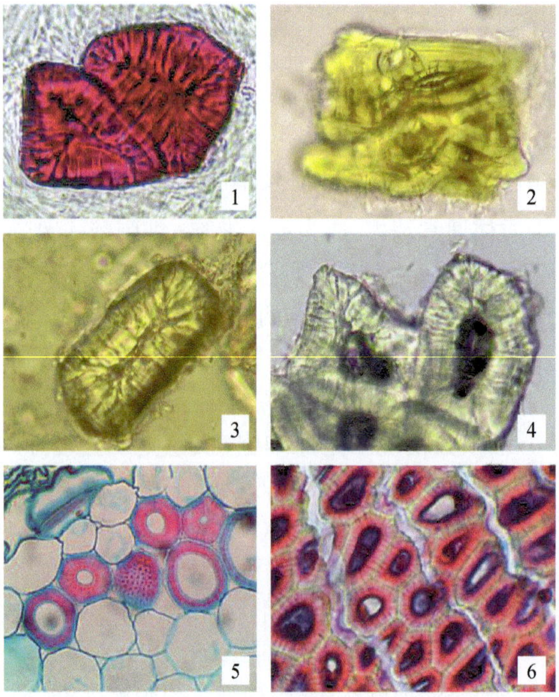

图16-8　石细胞

1. 梨果肉中的石细胞（间苯三酚和浓盐酸染色）；2. 川黄檗树皮中的石细胞；3. 黄芩根中的石细胞；4. 花叶假杜鹃茎中的石细胞；5. 天门冬块根中的石细胞；6. 五味子种皮中的石细胞

石细胞也广布于维管植物的植物体各部，常见于茎、叶、果实、种子中，有增加器官硬度和支持力的作用。它们常常单个散生或数个集合成簇包埋于薄壁组织中，有时也可连续成片分布。肉桂树皮中的石细胞可连成环状，梨果肉中的石细胞则成簇存在，石细胞的多少是梨品质优劣的一个重要指标。茶的叶片中，具有单个的分枝状石细胞，散布于叶肉细胞间，增加了叶的硬度，其与茶叶的品质也有关联。在某些植物的果皮和种皮中，石细胞形成坚实、完整的一层，如枣、胡椒等的内果皮以及五味子、栀子种皮中的石细胞。

此外，在药材鉴定中，还有以下几种特殊类型石细胞：

1）分隔石细胞：石细胞腔内产生薄的横向隔膜，如虎杖根及根状茎中的石细胞。

2）嵌晶石细胞：石细胞的细胞壁中嵌有非常细小的草酸钙晶体，并常稍突出于表面，如异形南五味子 *Kadsura heteroclita* 藤茎中的石细胞。

3）含晶石细胞：在石细胞的细胞腔内含有各种形状的草酸钙结晶，如广寄生茎及叶内均存在含有草酸钙方晶的石细胞，木通 *Akebia quinata* 藤茎内有含棱晶的石细胞，紫菀根状茎内有含簇晶的石细胞等。

（四）输导组织

输导组织（conducting tissue）是植物体内长距离运输水分、无机盐和有机物的管状组织。低等植物只在细胞间进行物质运输，是一种原始的方式，高等植物中细胞间的运输仅是一种辅助形式。在植物长期进化的过程中，蕨类植物、裸子植物、被子植物形成了发达的、进化的输导组织，成为维管植物最重要的组织特征。

输导组织细胞通常呈长管状，上下相连成管道，贯穿于植物体的各个器官，成为一个连续的系统。输导细胞可分为两大类，一类为管状分子（tracheary element），包括管胞（tracheid）和导管分子（vessel member），是木质部的主要组分，其功能是将根从土壤中吸收的水分和无机盐运送到地上部分，兼具支持作用；另一类为筛分子（sieve element），包括筛胞（sieve cell）和筛管分子（sieve tube element）及与筛管分子伴生的伴胞（companion cell），是韧皮部的主要组分，功能是将叶的光合作用产物运输到根、茎、花、果实中去。植物体各部分之间经常进行的物质重新分配和转移，也要通过输导组织来完成。

1. 管胞和导管

（1）管胞：是一种原始的管状分子，为细长管状的单个细胞，两端斜尖，端壁完整；次生壁加厚并木质化，成熟后原生质体消失而成为死细胞；侧壁和端壁上有纹孔。管胞木质化次生壁的增厚常形成各种纹理，如环状、螺旋状、梯状、网状等。管胞平均长度为5～6 mm，横截面上呈棱角形和多边形，在器官中纵向连接，上下两个管胞的端部紧密重叠，水分通过管胞壁上的纹孔，从一个管胞腔向侧上方的另一个管胞腔转移，输导效率较低（图16-9）。

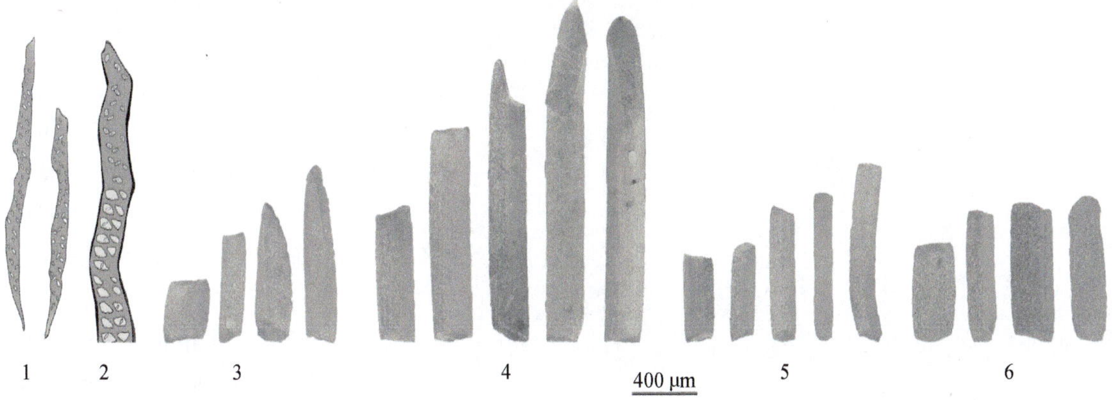

图16-9　管胞及导管分子

1. 管胞；2. 管胞先端；3～6. 依次为慈竹、绵竹、孝顺竹、硬头黄竹木质部中的导管分子（Luo J, et al., 2019, CC-BY 4.0）

—•笔记栏•—

管胞存在于所有维管植物中。绝大多数的蕨类植物和裸子植物主要依靠管胞进行水分运输，被子植物的木质部中也发现管胞的存在，尤其是叶柄和叶脉中，但数量较少；也有些原始被子植物类群如水青树属 *Tetracentron*、昆栏树属 *Trochodendron* 植物的木质部中仅有管胞。管胞不仅可以运输水分，同时还具有一定的支持作用。

在系统发育中，管胞向两个方向演化，一个方向是次生壁进一步增厚，细胞壁上的纹孔变窄，特化为专营支持功能的木纤维；另一个方向是细胞横壁溶解，特化为专营输导功能的导管分子（如慈竹、绵竹、孝顺竹、硬头黄竹木质部中的导管分子）。

（2）导管（vessel）：普遍存在于被子植物木质部。如前所述，一些原始被子植物没有导管；某些旱生的、水生的或寄生的植物中也会由于退化而缺乏导管。而一些蕨类植物类群如卷柏属等，以及少数进化的裸子植物类群，如麻黄属、买麻藤属植物中也有导管存在。导管的组成单位是导管分子。导管分子呈长管状或筒状，幼时为生活细胞，随着成熟度增加，细胞次生壁木质化程度加深，原生质体随之分解消失，逐渐成为死细胞；其两端的横壁也发生溶解，形成穿孔；具有穿孔的横壁称穿孔板（perforation plate）。导管分子通常直径比管胞大，而长度比管胞短；一系列导管分子彼此首尾相连，通过横壁上的穿孔形成贯通的管状结构，即为导管。导管的长度及直径随不同植物及植物的部位不同而不同，导管直径越大输送水分的效率越高。一般情况下，导管都是由死亡细胞连成的管状结构，但是在葡萄的卷须、麻黄、丝瓜和棉花的导管中观察到含有原生质体和细胞核，表明有部分导管也可能长期处于活细胞的状态。

不同植物导管横壁溶解形成的穿孔板各异（图16-10）。导管分子之间的横壁溶解为一个大的穿孔称为单穿孔板（simple perforation plate）；有些植物中的导管横壁没有完全消失，而在横壁上形成许多大小形态不同的穿孔，称为复穿孔板（compound perforation plate），常见的有横壁上有数个扁长而平行排列穿孔的梯状穿孔板（scalariform perforation plate），如芍药属植物的导管分子；有很多圆形穿孔的多孔状穿孔板（foraminate perforation plate）或称麻黄式穿孔板（ephedroid perforation plate），见于麻黄属植物的导管分子；具有网状孔隙的网状穿孔板（reticulate perforation plate），如杨梅属植物的导管分子；以及一些过渡类型。侧向相邻导管之间的水分运输主要依靠每个导管分子侧壁上的纹孔。

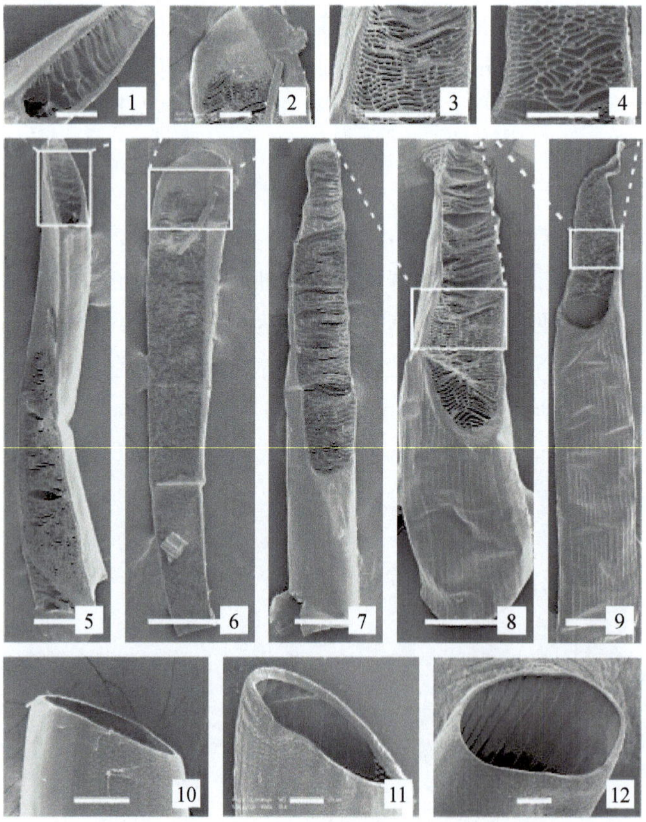

图16-10　穿孔板

1. 梯状穿孔板；2～4. 网状穿孔板；
5～9. 具有梯状或网状穿孔板的导管分子；
10～12. 单穿孔板（Luo J, et al., 2019, CC-BY 4.0）

导管分子在成熟过程中，其次生壁的增厚也是不均匀的，形成了如同管胞壁上的各式纹理或纹孔。根据导管分子次生壁增厚所形成的纹理不同，将导管分为以下几种类型（图16-11）：

1）环纹导管（annular vessel）：导管分子较细长，细胞壁上的木质化增厚呈环状纹理，环纹之间仍是较薄的初生壁，有利于导管分子的伸长生长。

2）螺纹导管（spiral vessel）：导管分子壁上木质化增厚的次生壁呈1条或数条螺旋带状，易与初生壁分离，也适应于导管的伸长生长。

3）梯纹导管（scalariform vessel）：导管分子壁上增厚的木质化次生壁与未增厚的初生壁部分间隔成梯形。梯纹导管细胞壁中木质化的次生壁已占有较大的比例，分化程度较深，不易进行伸长生长。

4）网纹导管（reticulate vessel）：导管分子直径较大，增厚的木质化次生壁交织成网状，网孔是未木质化增厚的部分。

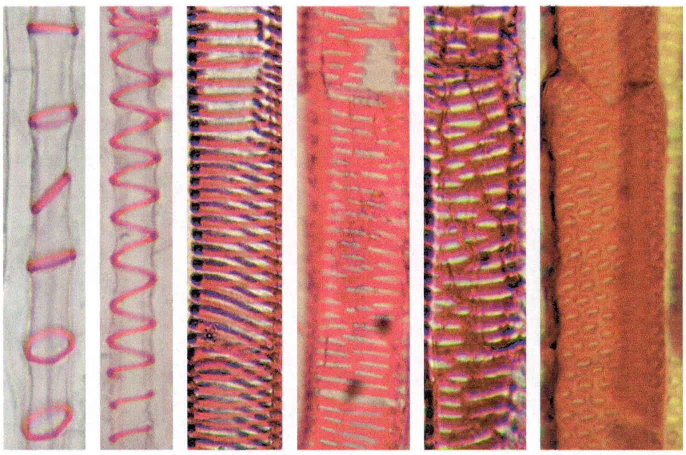

图16-11　南瓜茎中各种类型的导管

1. 环纹导管；2、3. 螺纹导管；4. 梯纹导管；5. 网纹导管；6. 孔纹导管

5）孔纹导管（pitted vessel）：导管分子变得粗短，管径大，次生壁几乎全面增厚并木质化，未增厚部分为单纹孔或具缘纹孔，前者为单纹孔导管，后者为具缘纹孔导管。

上述5种类型的导管中，环纹导管和螺纹导管在器官的形成过程中出现较早，直径较小，输导能力较差，次生壁的加厚较少，属于原始的初生类型，多存在于植物的幼嫩器官，可随植物器官的生长而伸长，如南瓜的幼茎、半夏和天南星的块茎中。梯纹导管、网纹导管和孔纹导管的管径大，次生壁增厚面积大，导管壁坚硬，有很强的支撑作用，能抵抗周围组织的压力，很好地保持其输导功能，属于较进化的次生类型，大多存在于器官的成熟部分，如掌叶大黄和苍术的根状茎中、甘草和蒙古黄芪的根中等。

一种植物的木质部并不具有全部类型的导管，但常见一种植物的某一器官中具有多于一种的导管类型，如南瓜茎的纵切片中常可见到典型的环纹和螺纹存在于同一导管上。导管不同类型之间还有一些中间类型，如大黄根状茎中常可见到网纹未增厚的部分横向延长，出现了梯纹和网纹的中间类型，这种类型称为梯-网纹导管。

导管和管胞在药材粉末鉴定中有时很难分辨，需要采用解离的方法将细胞进行离析，以观察管状分子的形态。

2. 筛胞和筛管

（1）筛胞（sieve cell）：是原始类型的筛分子。蕨类植物和裸子植物中承担运输光合作用产物功能的输导分子为筛胞，在被子植物的韧皮部也有。与管胞形状类似，筛胞也是轴向狭长的单个细胞，两端尖斜；但与管胞不同，筛胞是生活细胞，细胞成熟后细胞核消失，具有浓厚的原生质，另外其细胞壁薄，保持纤维素性质的初生壁，不发生木质化增厚。在筛胞的侧壁上，有一些较薄的凹陷区域，其中有很多细小的孔道，相邻筛胞的原生质丝通过这些孔道互相连接，这种小孔称为筛孔（sieve pore），筛孔集中分布的区域称为筛域（sieve area）。纵向上筛胞先端彼此重叠，依靠侧壁上筛域中的筛孔运输，输导功能较差。

筛胞一旁常有蛋白质细胞（albuminous cell）伴生。蛋白质细胞具有一个较大的细胞核，细胞质染色深，支持和辅助筛胞维持正常的生命活动、发挥正常的生理功能。蛋白质细胞与筛胞来源于不同的母细胞，但当筛胞失去功能时，蛋白质细胞也随之死亡。

（2）筛管（sieve tube）：是被子植物运输光合作用产物和其他可溶性有机物的管状结构，主要存在于被子植物的韧皮部。筛管由被称为筛管分子的管状细胞纵向连接而成（图16-12）。筛管分子与筛胞有相同的特点，同样是生活细胞，细胞成熟后细胞核、细胞骨架和液泡膜等均消

—•笔记栏•—

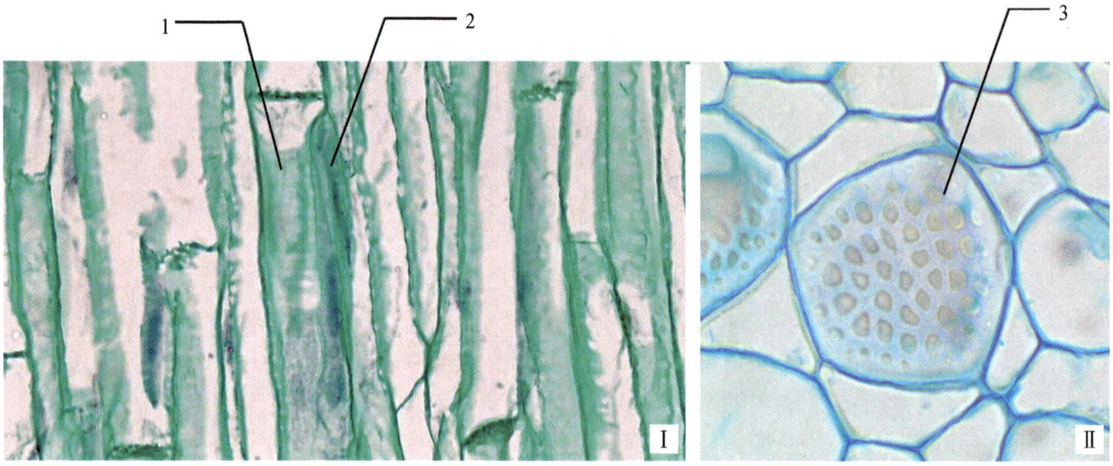

图16-12 南瓜茎韧皮部中的筛管和伴胞

Ⅰ. 纵切面, Ⅱ. 横切面

1. 筛管; 2. 伴胞; 3. 筛板

失；细胞壁为薄的初生壁，主要成分为果胶和纤维素。但筛管分子较粗短，两端具横壁，分化为具有筛孔的筛板（sieve plate）；筛孔较粗大，原生质联络索穿过筛孔使上下相邻的筛管分子的原生质体密切相连；联络索比胞间连丝粗壮，周围有胼胝质（callose，一种β-1,3葡聚糖）鞘包围。一个筛板上若只有一个筛域则称为单筛板（simple sieve plate）；若分布数个筛域则称为复筛板（compound sieve plate）。筛管分子的侧壁上也有筛域。

筛管运送养分的速度可达每小时10～100 cm。筛管分子形成后，随着其不断老化，筛孔的周围胼胝质将会不断增多，最后形成垫状的胼胝体（callus），堵塞筛孔，联络索中断，筛管失去运输功能。通常，筛管分子在春天形成，其功能仅保持一个生长季，在秋天就停止输导。一些多年生的双子叶植物，如葡萄、椴、碱蓬的筛管可持续2至多年，其筛管于当年春天形成，在冬季来临前形成胼胝体，暂时停止筛管的输导功能，而第二年春季胼胝体溶解，部分筛管逐渐恢复输导功能，另外一些较老的筛管则会永远失去输导功能而被新的筛管代替。而多年生的单子叶植物筛管可保持长期的输导功能，甚至整个生活期均有输导功能。

筛管分子一侧有伴胞与之毗邻。伴胞是小型的薄壁细胞，与筛管分子起源于同一个母细胞，与筛管分子近等长，或再进行一次横向分裂形成2个伴胞。伴胞的细胞质浓，细胞核大，含有多种酶类，代谢旺盛；伴胞与筛管分子相邻的壁上有稠密的筛域，通过胞间连丝相互联系。筛管的生命活动与输导功能与伴胞的代谢活动密切相关，筛管死亡后，伴胞也随之失去活性。

（五）分泌组织

某些植物细胞能合成一些特殊的有机物或无机物，并排出体外、细胞外或积累于细胞腔内，这种现象称为分泌现象。能分泌一些特殊物质的细胞称为分泌细胞，由分泌细胞构成的组织称为分泌组织（secretory tissue）。植物分泌物的种类繁多，有糖类、挥发油、有机酸、生物碱、丹宁、树脂、油类、蛋白质、酶、杀菌素、生长素、维生素及多种无机盐等，这些分泌物在植物的生活中起着多种作用。根的细胞分泌有机酸、生长素、酶等到土壤中，使难溶解的盐类转化成可溶性物质，能被植物吸收利用，并能吸引一定的微生物，构成特殊的根际微生物群，为植物根健壮生长创造条件；植物分泌蜜汁和芳香油，能引诱昆虫前来采蜜，以利于传粉；某些植物分泌物能抑制或杀死病菌及其他植物，或能对动物或人形成毒害，有利于保护自身；有些分泌物可药用，如乳香、没药、松节油、樟脑、蜜汁、松香及各种芳香油等；也有一些植物的分泌物具有重要的经济价值，如橡胶、生漆、芳香油、蜜汁等。分泌组织的形态及分泌物在某些植物科属鉴别上有一定的价值。

根据分泌细胞产生的分泌物是积累在植物体内还是排出体外，常把分泌组织分为外部分泌组织和内部分泌组织两大类。

1. 外部分泌组织　是分布在植物体表的分泌结构，其分泌物常排出体外。常见的外部分泌组织有腺毛、蜜腺等。腺毛的结构与分布参见保护组织的相关内容。

蜜腺(nectary)是能够分泌蜜液的腺体，由1层表皮细胞及表皮下数层细胞特化而成。与相邻细胞相比，蜜腺细胞体积较小，细胞质浓，核较大，具有发达的内质网和高尔基体，细胞壁较薄，无角质层或角质层很薄，细胞质产生蜜液并通过角质层扩散或经腺体表皮上的气孔排出。蜜腺下常有维管组织分布，由于蜜的原料来自韧皮部的汁液，因此，这些维管束中含有的韧皮部和木质部的比例与蜜汁的成分有关，当韧皮部发达时，蜜中糖分含量很高，反之，当木质部发达时，糖分含量降低，水分含量增高。

蜜腺一般位于花萼、花冠、子房或花柱的基部，称为花部蜜腺，分泌花蜜，提供传粉昆虫所需的食物，与花的色彩和香味相配合，适应虫媒传粉的特征。蜜腺除存在于花部外，还存在于茎、叶、托叶、花柄处，称为花外蜜腺。某些蕨类植物的叶上也存在蜜腺。

蜜腺的形态多样。有的无特殊外形，如紫云英的雄蕊和雌蕊之间的花托表皮具腺性，能分泌花蜜。有的植物蜜腺可分化成具有一定外形的特殊结构，如油菜花蜜腺在花托上形成4个绿色的小颗粒；三色堇的花蜜腺在两个雄蕊上，是药隔延伸成的两个棒状物，伸入花距内；枣、丹参、当归等的蜜腺形成花盘。乌桕和大戟的花外蜜腺分别呈盘状和杯状，存在于叶柄和花序总苞片上。

2. 内部分泌组织　指分泌组织分布在植物体内，分泌物也不排出体外，积存在体内。根据分泌组织形态结构和分泌物的不同可分为分泌细胞、分泌腔、分泌道和乳汁管(图16-13)。

(1) 分泌细胞(secretory cell)：一般为薄壁细胞，单个、成团或成列分散于其他细胞之中，体积通常明显较周围细胞大，或比较长，易于识别。分泌细胞多呈球形、囊状、分枝状等，分泌物积聚其中；当整个细胞充满分泌物时，往往发生木栓化，失去分泌功能，其作用相当于储藏室。根据分泌物质的不同，分泌细胞分为不同的类型，如姜和菖蒲的根状茎、肉桂树皮与叶中分泌挥发油的油细胞，半夏、玉竹、山药、白及等植物地下茎中分泌黏液的黏液细胞，柿的果实、接骨木茎髓中分泌鞣质的单宁细胞等。十字花科、白花菜科等类群的植物体内有一种芥子酶细胞，分泌和储有黑芥子酶，周围的薄壁组织细胞中含有芥子油苷等硫代葡萄糖苷，当植物组织受到昆虫噬咬破坏时，芥子油苷与黑芥子酶直接接触，被黑芥子酶水解为苷元，进一步分解形成异硫氰酸酯、腈类等有毒物质，以抵御昆虫和病原侵袭。

(2) 分泌腔(secretory cavity)：是多个分泌细胞围绕成的储藏分泌物的腔室结构，又称分泌囊(secretory sac)，多呈类球形。分泌腔周围的分泌细胞称为上皮细胞(epithelial cell)。分泌物为挥发油的分泌腔常被称为油室(oil cavity)；许多芳香植物叶片中透明的“油点”即为油室。分泌腔根据形成的过程和结构，常可分为两种类型：

1) 溶生分泌腔(lysigenous secretory cavity)：薄壁细胞中的一群分泌细胞，随着产生的分泌物逐渐增多，中央部分的分泌细胞破裂溶解，形成含有分泌物的腔室；腔室

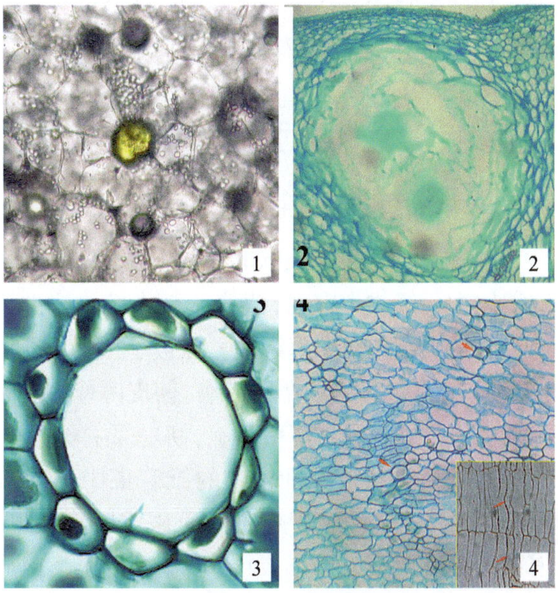

图16-13　内部分泌组织

1. 油细胞(姜根状茎)；2. 分泌腔(柑橘果皮)；3. 分泌道(松属植物叶)；4. 乳汁管(蒲公英根，红色箭头所示)

—•笔记栏•—

周围的细胞常破碎不完整，如棉花根中的黏液腔。

2）裂生分泌腔（schizogenous secretory cavity）：又称离生性分泌腔，由一群分泌细胞彼此分离形成细胞间隙，随着分泌的物质逐渐增多，细胞间隙逐渐扩大而形成腔室；分泌细胞不被破坏，完整地包围着腔室，如金丝桃、桃金娘、紫金牛等植物的叶片中及当归根中的油室。

有些植物中的分泌腔为裂溶生型，如柑橘类果皮中的油室。

（3）分泌道（secretory canal）：指分泌细胞彼此分离形成的长管状腔道，分泌道周围的上皮细胞产生的分泌物储存在分泌道中。松柏类和一些双子叶植物中可观察到储有不同分泌物的分泌道。松树茎中的分泌道储有上皮细胞分泌的树脂，称为树脂道（resin duct）；小茴香果实的分泌道储存挥发油，称为油管（oil duct）；美人蕉和椴树的分泌道中则储藏有黏液，称为黏液道或黏液管（mucilage duct/canal）等。

（4）乳汁管（laticiferous tube，latex duct）：指由单个长管状细胞形成或一系列细胞通过端壁溶解连接而成的，分泌和输送乳汁的管道系统；常分布于植物器官的薄壁组织中。构成乳汁管的细胞是生活细胞，其细胞壁为初生壁，不木质化，细胞质稀薄，通常具有多数的细胞核，液泡中含有大量乳汁；也有的植物乳汁管细胞中的乳汁存在于整个细胞质中，而不仅仅存在于细胞液中，如巴西橡胶树。乳汁的颜色多样，有白色、乳白色、黄色和橙色等。乳汁的成分很复杂，因植物种类不同而异，主要是糖类、蛋白质、脂肪、单宁、橡胶、生物碱、苷类、酶等物质。许多类群的植物具有乳汁管，如大戟科大戟属、橡胶树属；桑科桑属、榕属；桔梗科党参属、桔梗属；菊科蒲公英属、莴苣属等。在植物受到外界损伤后，乳汁管中流出的乳汁可以很快凝结成胶状物质并覆盖创伤面，有的乳汁具有毒性，可以使植物免受外界真菌及其他生物的侵害。

根据乳汁管的发育和结构可将其分为两类：

1）无节乳汁管（nonarticulate laticifer）：1个乳汁管仅由1个乳汁细胞构成，分枝或不分枝，长度可达数米，如夹竹桃科、桑科及大戟科大戟属等一些植物的乳汁管。

2）有节乳汁管（articulate laticifer）：由许多乳汁细胞连接而成，连接处的细胞壁溶解贯通，成为分枝或不分枝的巨大的多核管道系统，如菊科、桔梗科、罂粟科、旋花科、番木瓜科，以及大戟科橡胶树属等植物的乳汁管。

在广藿香茎、叶，以及粗茎鳞毛蕨叶柄及根状茎中，有一类特殊的腺毛，其存在于薄壁组织内部的细胞间隙中，称为间隙腺毛（intercellular glandular hair），也属于内部分泌组织。

第二节　维管束的组成及其类型

一、维管束的组成

维管束（vascular bundle）是石松类植物和蕨类植物、裸子植物和被子植物的输导系统，在植物体中一般成束存在，贯穿于整个植物体的内部，对植物体具有输导和支持的作用。维管束主要由木质部和韧皮部组成。在被子植物中，木质部里主要有导管、管胞、木薄壁细胞和木纤维等，韧皮部中主要是筛管、伴胞、韧皮薄壁细胞和韧皮纤维等；裸子植物和蕨类植物的木质部成分则主要是管胞和木薄壁细胞，韧皮部主要是筛胞和韧皮薄壁细胞。

裸子植物和双子叶植物的维管束中，木质部和韧皮部之间具有形成层，能持续不断地进行分生生长，这种维管束称为无限维管束或开放性维管束（open bundle）；蕨类植物和单子叶植物的维管束中没有形成层，不能进行连续或周期性分生生长，为有限维管束或闭锁性维管束（closed bundle）。

木质部和韧皮部组织统称为维管组织（vascular tissue）。整个植物体中的维管组织构成了维管组织系统（vascular tissue system）。

二、维管束的类型

根据维管束中韧皮部与木质部排列方式不同及形成层的有无，将维管束分为以下几种类型（图16-14）。

1. 有限外韧维管束（closed collateral bundle）　维管束中木质部位于内侧，韧皮部位于外侧，中间没有形成层。单子叶植物，如石斛、天麻、玉蜀黍等，茎中的维管束是有限外韧型的。

2. 无限外韧维管束（unclosed collateral bundle）　也是木质部位于内侧，韧皮部位于外侧，但两部分之间有形成层，可使得植物不断地增粗，如松柏等裸子植物和向日葵等双子叶植物茎中的维管束。

3. 双韧维管束（bicollateral vascular bundle）　木质部内外两侧均有韧皮部存在，且外侧韧皮部与木质部之间有形成层。葫芦科、夹竹桃科、旋花科、茄科等一些类群的植物，如南瓜、绞股蓝、夹竹桃、龙葵等，茎中具有双韧维管束。

4. 周韧维管束（amphicribral vascular bundle）　木质部在中间，韧皮部围列于周边，如百合科、棕榈科、禾本科一些植物的茎中，以及多数蕨类植物如槲蕨、乌毛蕨等植物的根状茎中的维管束。

5. 周木维管束（amphivasal vascular bundle）　周木维管束中，木质部围绕在位于中间的韧皮部的周围。见于一些单子叶植物，如石菖蒲等的根状茎、龙血树等的茎中。

6. 辐射维管束（radical vascular bundle）　韧皮部和木质部相间排列，呈辐射状。双子叶植物如毛茛的幼根及单子叶植物的根中，维管束呈辐射形。

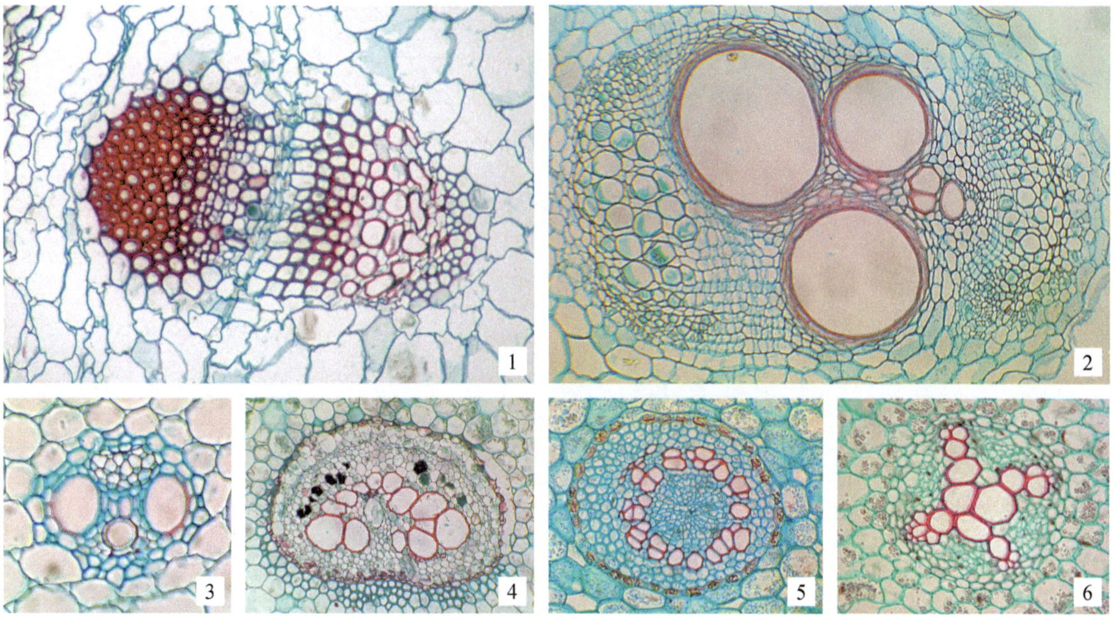

图16-14　维管束类型

1. 无限外韧维管束（向日葵茎）；2. 双韧维管束（南瓜茎）；3. 有限外韧维管束（玉蜀黍茎）；4. 周韧维管束（乌毛蕨叶柄基部）；5. 周木维管束（石菖蒲根状茎）；6. 辐射维管束（毛茛根）

—•笔记栏•—

【小结】

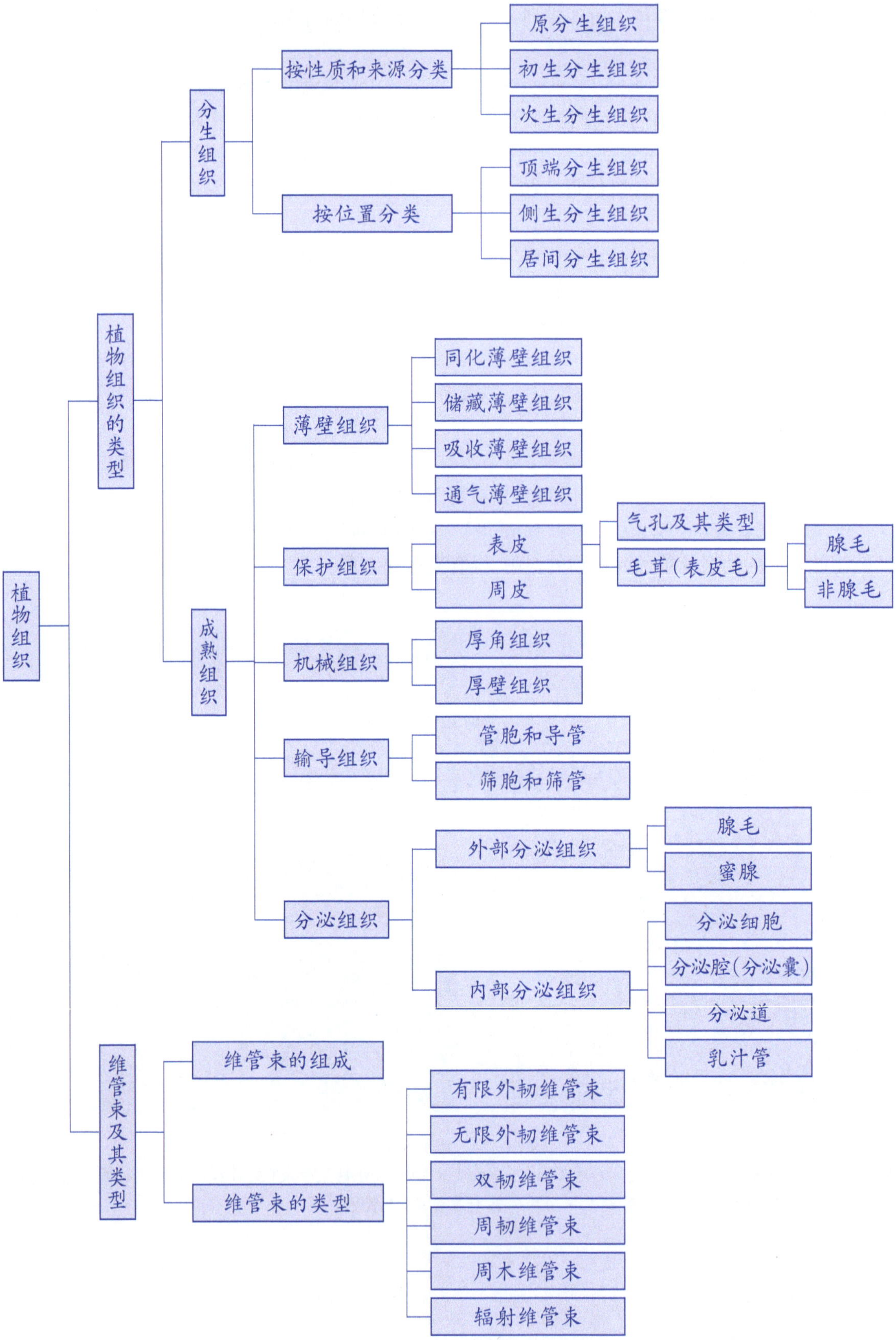
植物组织
植物组织的类型
分生组织
按性质和来源分类
原分生组织
初生分生组织
次生分生组织
按位置分类
顶端分生组织
侧生分生组织
居间分生组织
成熟组织
薄壁组织
同化薄壁组织
储藏薄壁组织
吸收薄壁组织
通气薄壁组织
保护组织
表皮
气孔及其类型
毛茸（表皮毛）
腺毛
非腺毛
周皮
机械组织
厚角组织
厚壁组织
输导组织
管胞和导管
筛胞和筛管
分泌组织
外部分泌组织
腺毛
蜜腺
内部分泌组织
分泌细胞
分泌腔（分泌囊）
分泌道
乳汁管
维管束及其类型
维管束的组成
维管束的类型
有限外韧维管束
无限外韧维管束
双韧维管束
周韧维管束
周木维管束
辐射维管束

第十七章 根的结构

—•笔记栏•—

第十七章授课视频

案例

在农、林、园艺、药用植物栽培等工作中，对植物进行移栽时，经常带有土球，移栽后要修剪部分枝叶及充分地灌溉。

您知道这是为什么吗？

根的生长发育起源于根先端即根尖(root tip)部位的顶端分生组织。直接来自顶端原分生组织及其衍生的初生分生组织细胞的增生和成熟，使根不断伸长，这个生长过程称为初生生长(primary growth)。初生生长过程中形成的各种成熟组织属于初生组织(primary tissue)，这些初生组织共同组成了初生结构。初生生长结束后，在成熟的初生结构中，有些细胞恢复分裂能力，产生次生性的侧生分生组织，平行于根的表面圆周而增加细胞的层次，使根不断增粗的生长过程，称为次生生长(secondary growth)；次生生长形成的各种次生组织(secondary tissue)，组成了次生结构。

一、根尖的结构

根的营养吸收

根尖长约1 cm，是根生命活动最旺盛的部分。根的伸长生长、水分和养料的吸收以及组织分化成熟均在根尖部分进行，根尖损伤会直接影响根的生长和发育。依据不同区域细胞分化速度及生长方式不同，根尖可分为根冠、分生区、伸长区和成熟区逐渐过渡的4个区域(图17-1)。

1. 根冠(root cap)　位于根尖的最前端，由多层排列不规则的薄壁细胞组成，对其内部的分生区细胞起保护作用。当根不断延伸生长时，根冠与土壤颗粒发生摩擦，外围细胞常受破坏不断解体、死亡和脱落，生长锥先端细胞不断进行细胞分裂，产生新的根冠细胞，使根冠始终保持一定的形态和厚度。同时，根冠外层细胞被损坏后，形成黏液，有助于减少根尖与土壤的摩擦，使根向下向前延伸生长。除寄生植物及菌根共生植物外，其他大部分植物都有根冠。

2. 分生区(meristematic zone)　位于根冠上方，呈圆锥状，因而又称生长锥(growth cone)或生长点。分生区属于顶端分生组织，细胞通常近等径形，壁薄、质浓、排列紧密、液泡小，细胞核相对较大，进行着旺盛的细胞分裂活动。分生区可分为原分生组织和初生分生组织两部分；初生分生组织的细胞又通常分化为原表皮、基本分生组织和原形成层。分生区产生的细胞，一部分向先端补充形成根冠细胞，更多向后方的伸长区发展，逐渐生长、分化形成各种组织。分生区在分裂过程中始终保持它原有的体积。

3. 伸长区(elongation zone)　分生区后方的部分。伸长区的细胞逐渐停止分裂，沿根的长轴方向显著伸长，细胞中出现大的液泡。同时，细胞开始出现分化，呈现不同的细胞形状。根的伸长生长是分生区细胞分裂和伸长区细胞延伸的共同结果，特别是伸长区细胞的纵向延伸，使根不断向土壤深处推进。

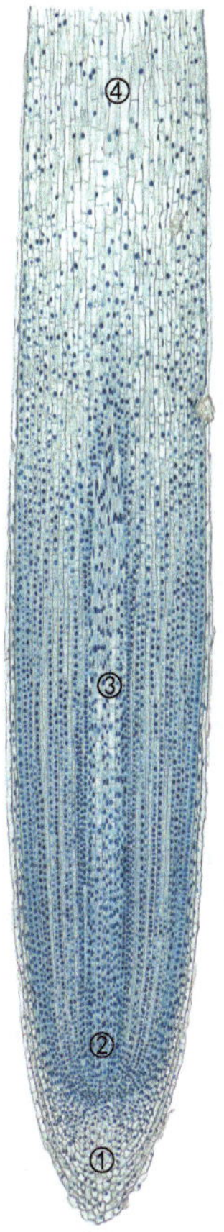

图17-1　洋葱根尖纵切面图

①根冠；②分生区；③伸长区；④成熟区

—•笔记栏•—

4. 成熟区(maturation zone) 处于伸长区上端。在成熟区,细胞停止伸长,分化成熟,形成了根的初生结构。成熟区又称根毛区(root-hair zone/root-hair region),这个区域的部分表皮细胞,外壁向外突出形成细长管状的根毛,数量多而密集,极大地增加了吸收面积。根毛生活期一般只有几天,随着老根毛的死亡,下方新的成熟区域又分化产生许多新根毛。水生植物通常无根毛。

二、根的初生结构

(一) 双子叶植物根的初生结构

在根尖的成熟区做一横切面,可观察到根的初生结构,从外到内依次为表皮、皮层和维管柱3部分(图17-2)。

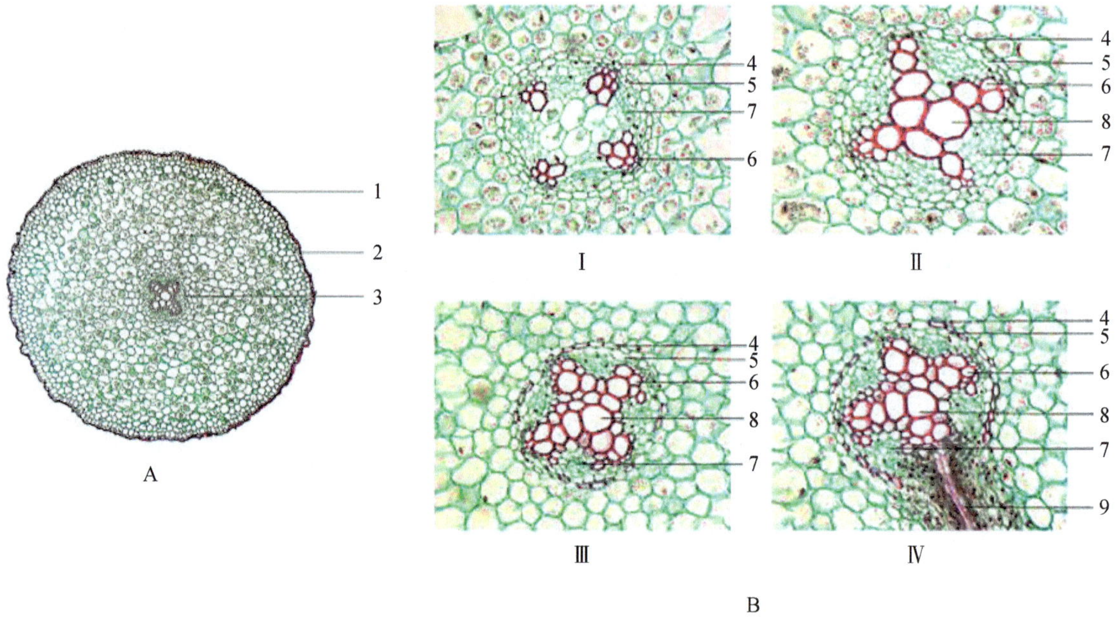

图17-2 毛茛幼根横切面,示初生结构

A. 全貌;B. 维管柱发育过程(Ⅰ～Ⅳ为不同阶段)

1. 表皮;2. 皮层;3. 维管柱;4. 内皮层;5. 维管柱鞘;6. 原生木质部;7. 初生韧皮部;8. 后生木质部;9. 侧根

1. 表皮(epidermis) 通常为一层细胞,由原表皮分化发育而成。表皮细胞排列紧密整齐,无间隙,细胞壁薄、无角质特化,通透性强,部分细胞常向外凸起形成根毛,与根的吸收功能相适应,故又称吸收表皮。

2. 皮层(cortex) 由多层薄壁细胞组成,由基本分生组织发育而来,占据根初生结构的大部分。皮层组织大部分为典型的薄壁组织,细胞排列疏松,细胞间隙明显,细胞内常有储藏物质。皮层最外方、紧邻表皮的一层细胞为外皮层(exodermis),细胞往往排列紧密、无间隙;当表皮受到破坏时,外皮层细胞的细胞壁常增厚并木栓化,可代替表皮暂时行使保护作用。

皮层最内侧的一层细胞为内皮层(endodermis)。内皮层细胞亦紧密整齐排列,无间隙,其径向壁(侧壁)和横向壁(上下壁)局部形成木质化或木栓化的条带状增厚,环绕径向壁和横向壁成一整圈,称凯氏带(Casparian strip)。从横切面观察,增厚部分常在侧壁上成点状,又称凯氏点(Casparian dots)(图17-3)。

3. 维管柱(vascular cylinder) 位于内皮层以内,由原形成层直接分化形成,旧称中柱,在横切面上占比较小。由维管柱鞘(pericycle)、初生木质部(primary xylem)和初生韧皮部(primary phloem)组成,少数还有髓部(pith)。

维管柱鞘紧贴内皮层,通常为一层薄壁细胞,也有少数为2至多层的。细胞较小,排列紧密整齐，具潜在分生能力，一定时期可产生侧根、不定根、不定芽等；当根进行增粗生长时，还可产生木栓形成层及部分形成层。

初生木质部和初生韧皮部是根中的初生维管组织。在横切面上，初生木质部的轮廓呈星角状，由数个木质部脊（xylem ridge）组成，其中主要的细胞成分是导管和管胞、木薄壁细胞和木纤维等。根中的初生木质部分化成熟的顺序是自外向内的向心分化，称为外始式（exarch）。最初成熟的初生木质部位于外方，靠近维管柱鞘，即木质部脊的角隅处，称原生木质部（protoxylem），导管直径较小，多为环纹或螺纹导管；渐近中部，成熟较迟的初生木质部部分，称后生木质部（metaxylem），导管直径较大，多为梯纹、网纹或孔纹导管。外始式的成熟方式，缩短了皮层与初生木质部间的距离，加速了根毛吸收物质的运输。

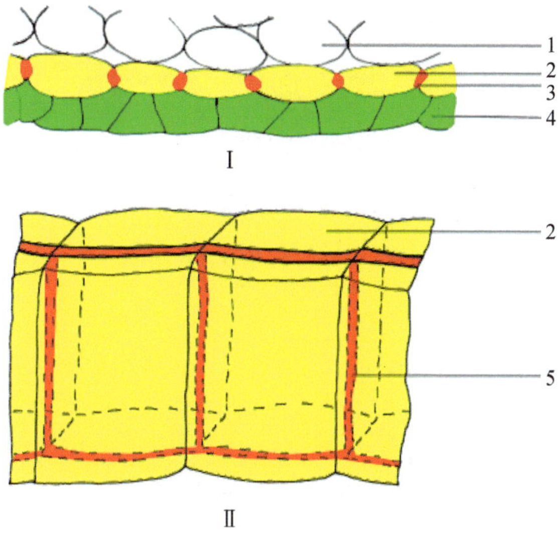

图17-3　内皮层及凯氏点（带）示意图

Ⅰ. 内皮层细胞横切面观；Ⅱ. 内皮层细胞立体图
1. 皮层薄壁细胞；2. 内皮层细胞；
3. 凯氏点；4. 维管柱鞘细胞；5. 凯氏带

不同植物根中木质部脊的数目有所不同。初生木质部有两个木质部脊的，称二原型（diarch）根，如十字花科、伞形科的一些植物；有3个木质部脊的，为三原型（triarch）根，如毛茛科唐松草属植物；依次类推，还有四原型（tetrarch）、五原型（pentarch）、六原型（hexarch）乃至多原型（polyarch）。对于某种植物，初生木质部束的数目有相对稳定性，但也常发生变化；同种植物的不同品种或同株植物的不同根，也可能出现不同的情况。根的离体培养试验表明，培养基中吲哚乙酸的含量可以影响初生木质部束的数目。

初生韧皮部在初生木质部脊之间成束存在，两者相间排列，数目相同，共同构成辐射维管束。初生韧皮部由筛管和伴胞、韧皮薄壁细胞、韧皮纤维（偶有）组成；其发育成熟方式与初生木质部一样，也为外始式，即原生韧皮部（protophloem）在外，后生韧皮部（metaphloem）在内。

在双子叶植物根的初生木质部和初生韧皮部之间通常有一至多层薄壁细胞，具有潜在分生能力，以后可进一步分化形成部分形成层，进而产生次生结构。大多数双子叶植物的根，初生木质部会分化到根的最中央，不具髓部；但部分双子叶植物维管柱的中心保留有薄壁细胞，形成髓部，如龙胆等。

裸子植物初生根的结构与双子叶植物类似，但其初生木质部中仅有管胞，初生韧皮部中有筛胞而无筛管。

（二）单子叶植物根的结构

单子叶植物的根，只有初生生长，终生仅具初生结构，也由表皮、皮层和维管柱3部分组成，但尚有以下几方面的特点。

1. 表皮　表皮细胞1层，寿命短，根毛枯死后，常解体而死亡脱落。少数单子叶植物根的表皮细胞分裂成多层细胞，且细胞壁木栓化，从而形成“根被”（velamen），如百部、麦冬等。

2. 皮层　单子叶植物根发育后期，外皮层常特化成栓化的组织，当表皮和根毛枯死后，代替表皮行使保护作用。另外，其内皮层细胞上的凯氏带，较双子叶植物进一步发展，径向壁（2个侧壁）、横向壁（上、下壁）及内切向壁（内壁）五面显著全面增厚，只留有外切向壁（外壁）较薄，因此在横切面上，细胞壁增厚部分呈马蹄形；也有少数植物根的内皮层细胞壁全部木栓化增厚。在这种情况下，有少数正对着初生木质部角的内皮层细胞，仅具有正常形式的凯氏带增厚，富有通透性，水分和养料可以自由通过，称为通道细胞（passage cell），起横向运输作用，如麦冬（图17-4）。

—•笔记栏•—

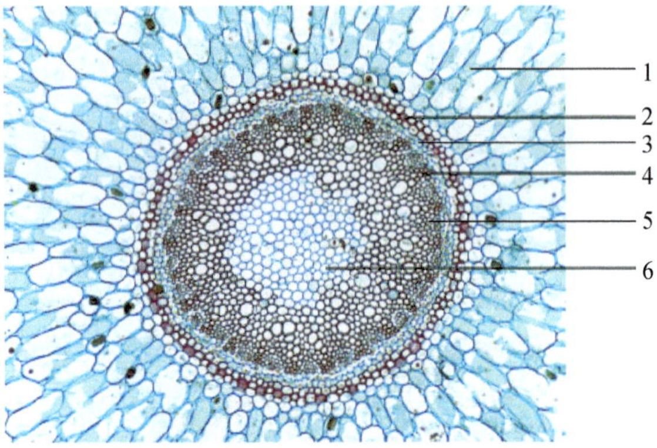

图 17-4 麦冬块根中的维管柱及周围部分

1. 皮层；2. 内皮层；3. 维管柱鞘；
4. 初生木质部；5. 初生韧皮部；6. 髓部

3. 维管柱　单子叶植物的维管柱鞘细胞，在发育后期常部分或全部转化为厚壁组织，如竹类、菝葜等。初生木质部脊数目多，为多原型，一般有 8 ～ 30 束，棕榈科的某些植物可达数百束之多。而且，初生木质部一般不分化到根的最中心，因而有发达的髓部；有时，部分髓部细胞的壁也增厚木化，如麦冬、直立百部等的块根。

三、侧根的形成

侧根起源于维管柱鞘，其发生方式为内起源（endogenous origin）。当侧根发生时，其发生部位所在的母根维管柱鞘细胞恢复分裂能力，先进行平周分裂，增加细胞层数并向外突起，其后同时进行平周分裂和垂周分裂，产生一团新细胞，形成侧根原基（lateral root primordium）；侧根原基细胞进一步分裂分化，逐渐形成生长锥和根冠，生长锥细胞继续分裂产生大量的细胞，以根冠为先导，突入皮层；同时根冠细胞分泌水解酶，将皮层细胞和表皮细胞溶解，从而使侧根较顺利地突破皮层和表皮而伸出母根外。侧根的维管束与其母根的维管束直接相连形成一个连续的系统。侧根的发生在根尖的成熟区已经开始，但侧根突破表皮露出母根外，是在成熟区之后的部位；这样，侧根的产生就不会破坏根尖成熟区的根毛，从而不影响根的吸收功能。

各种植物侧根的发生部位通常是固定的。在三原型和四原型的根中，通常侧根正对着初生木质部发生；在多原型根中，侧根则是对着初生韧皮部发生的。二原型的根有的发生于初生木质部与初生韧皮部之间，有的对着初生韧皮部发生。因而，侧根常在母根上较规则地纵向成列分布。

四、双子叶植物根的次生结构

绝大多数蕨类植物和单子叶植物的根没有次生生长，终身都只有初生结构。而多数双子叶植物和裸子植物的根在初生生长之外，还出现了次生分生组织，即形成层和木栓形成层，其活动产生新的组织，使根逐渐加粗，产生了次生结构。

（一）形成层的产生及其活动

形成层又称为维管形成层（vascular cambium）。在根中，最初的形成层由位于初生韧皮部内方、与初生木质部之间的一些薄壁细胞恢复分裂能力转变而成，并逐步沿初生木质部脊向两侧发展，形成数段弧形狭条；当其推移至木质部脊顶端时，该处的维管柱鞘细胞也恢复分裂能力，参与形成层。这样，各弧条状的形成层彼此相接，形成一个凹凸相间、连续的形成层环。由于位于初生韧皮部内方的形成层产生较早，其分裂活动也较早开始，分裂的速度也较快，内方产生的新组织量也较多，将凹入的形成层部分较快地向外推移，使得形成层环成为较整齐的圆形。以后形成层的分裂基本上是等速进行的。

理论上，形成层为一层细胞，但刚刚分裂形成、尚未分化的衍生细胞与形成层细胞相似，在横切面上呈现为多层扁平的、排列整齐的细胞，合称为形成层区（cambium zone）。形成层通常指形成层区。

形成层细胞主要进行平周分裂，向内产生导管、管胞、木薄壁细胞和木纤维等新的木质部组织，添加于初生木质部的外侧，称次生木质部（secondary xylem）；向外产生筛管、伴胞、韧皮薄壁细胞和韧皮纤维等新的韧皮部组织，添加于初生韧皮部的内侧，称次生韧皮部（secondary phloem）。此时，木质部和韧皮部的位置，已由初生结构中的相间排列，转变为木质部在内、韧皮部在外的排列形式。次生木质部和次生韧皮部为次生结构的主要部分，合称次生维管组织（图17-5）。

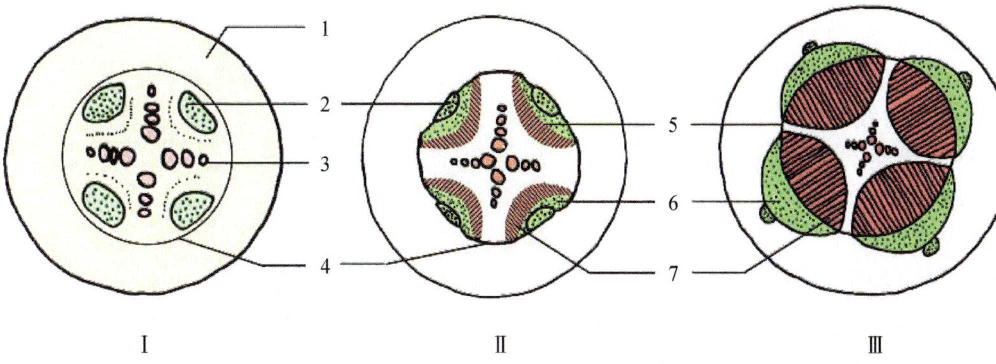

图17-5　根的次生生长图解，示形成层的产生与发展

Ⅰ.幼根情况，初生木质部正在形成，点线表示形成层起始的地方；

Ⅱ.形成层部分产生次生结构，凹凸不齐，初生韧皮部受挤压；Ⅲ.形成层为完整的圆环

1.皮层；2.初生韧皮部；3.初生木质部；4.维管柱鞘；5.形成层；6.次生韧皮部；7.次生木质部

形成层细胞活动时，在一定部位还分生一些薄壁细胞，这些薄壁细胞沿径向延长，呈辐射状排列，贯穿在次生维管组织中，称为维管射线（vascular ray），其中位于木质部的称木射线（xylem ray），位于韧皮部的称韧皮射线（phloem ray）。在有些植物的根中，由维管柱鞘部分细胞转化的形成层所产生的维管射线较宽，故在横切面上，可见数条较宽的维管射线。射线主要行使横向运输水分和养料的功能，构成径向运输系统；而导管、管胞、筛管、伴胞等维管组织则构成轴向运输系统。

次生结构发达的根中，以次生木质部为主，而次生韧皮部所占比例较小。这是因为其在次生生长过程中，新生的次生维管组织总是添加在老的韧皮部内方，外方的韧皮部组织遭受挤压而渐被破坏，特别是初生韧皮部，很早就成为没有细胞形态的颓废组织（obliterated tissue）。而新产生的次生木质部一方面数量较多，另一方面总是添加在前期形成的木质部的外侧，老的木质部基本不受影响，初生木质部也保留在根的中央，结果木质部组织不断增多。粗大的树根中绝大部分为次生木质部，非常坚固。

（二）木栓形成层的产生及其活动

形成层活动产生的次生维管组织使根不断加粗，外方的表皮和皮层不能进行相应的生长而被破坏，失去保护能力。在表皮和皮层被破坏之前，维管柱鞘细胞恢复分裂能力，形成木栓形成层。木栓形成层细胞进行切向分裂，向外产生较多层次的形状扁平、排列整齐紧密、细胞壁木栓化、不透水也不透气的木栓细胞，组成木栓层；向内产生少数层次（常1层）排列疏松的薄壁细胞，即栓内层。木栓层、木栓形成层和栓内层共同构成了次生保护组织——周皮。由于根中最初的木栓形成层起源于维管柱鞘，周皮形成后，位于外方的各种组织（表皮和皮层）由于木栓层隔离了水分和营养的供应而全部死亡脱落，所以具有完整次生结构的根中，没有初生皮层。但有些植物的根中，栓内层比较发达，药材学上将其称为“次生皮层”，有时也简称为皮层，需要注意。

随着根的增粗，到一定时候，最初的木栓形成层便终止活动。这时，栓内层或次生韧皮部内的薄壁细胞，又能恢复分生能力，产生新的木栓形成层，进而形成新的周皮。植物学上的根皮指周皮这部分，而根皮类药材中的“根皮”，则指形成层以外的部分，包括次生韧皮部和周皮，如香加皮、地骨皮、牡丹皮、桑白皮等。

综上所述，根的次生结构是维管形成层和木栓形成层活动的结果。具有完整次生结构的根，从外向内依次为周皮（含木栓层、木栓形成层和栓内层）、次生韧皮部、形成层和次生木质

—•笔记栏•—

部；维管射线径向贯穿维管组织，初生木质部保留在中央（图17-6）。

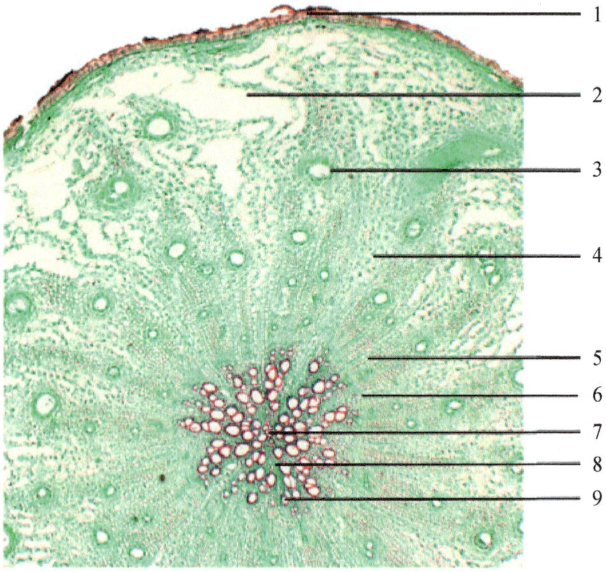

图17-6　当归老根横切面图

1. 木栓层；2. 裂隙；3. 油室；4. 韧皮射线；5. 次生韧皮部；6. 形成层；7. 初生木质部；8. 木射线；9. 次生木质部

许多植物根的次生韧皮部中，常分布有分泌组织，如当归、木香有油室，人参有树脂道，桔梗有乳汁管。各处的薄壁细胞（包括射线）中常含有晶体、营养物质或次生代谢产物，如淀粉粒、菊糖、黄酮、生物碱等，多为药用成分。

五、根的异常生长和异常结构

某些双子叶植物的根，除了正常的次生结构外，还产生一些额外的维管束、附加维管柱、木间木栓等，形成了根的异常结构，也称三生结构（tertiary structure）。常见的有以下几种类型（图17-7）：

1. 同心环状排列的异常维管组织

在一些双子叶植物的根中，初生生长和早期次生生长都是正常的。当正常的次生生长发育到一定阶段，形成层往往失去分生能力，而次生韧皮部束外侧的薄壁细胞恢复分生能力，形成新的形成层，向外分裂产生大量薄壁细胞和一轮环状排列的小型无限外韧维管束；如此反复多次，形成多圈异型维管束，与薄壁细胞相间排列，呈同心环状。

这种异常维管束在苋科、商陆科、紫茉莉科等植物中常见，异常维管束轮数因植物种类而异。牛膝和川牛膝根中，其中央较大的正常维管束的外方，都有多数小型的异形维管束排成数

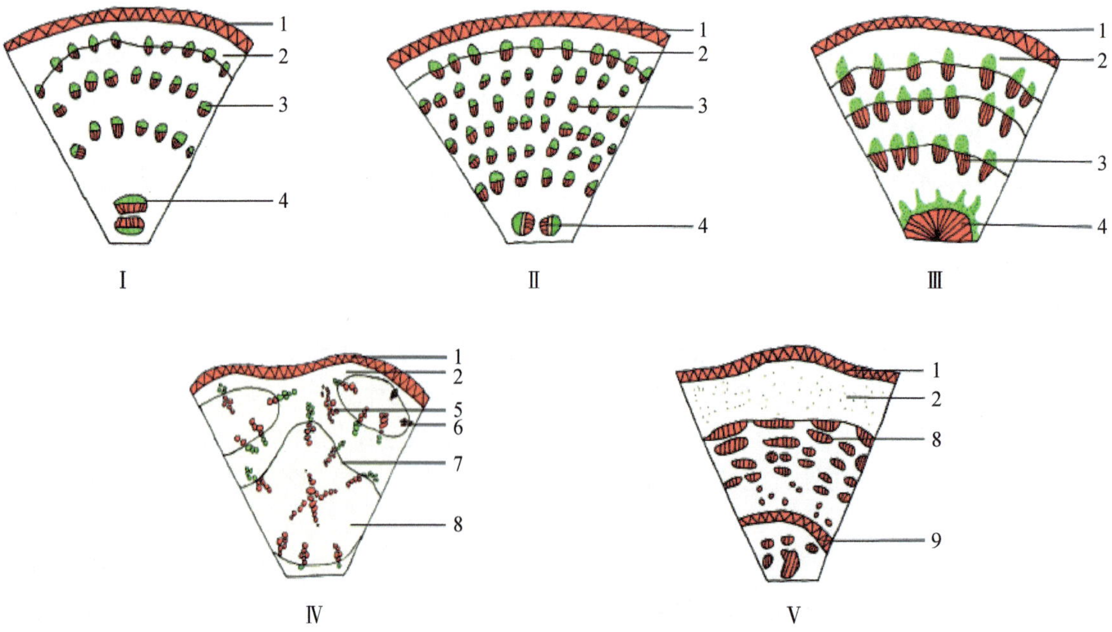

图17-7　根的异常结构

Ⅰ. 牛膝；Ⅱ. 川牛膝；Ⅲ. 商陆；Ⅳ. 何首乌；Ⅴ. 黄芩

1. 木栓层；2. 皮层；3. 异常维管束；4. 正常维管束；5. 单独维管束；6. 复合维管束；7. 形成层；8. 木质部；9. 木栓细胞环

轮，在横断面上，可见连续排列成数圈的浅色小点；但牛膝的异形维管束排列成3～4个同心环，川牛膝的排列呈5～8个同心环，两者异形维管束的数目和排列轮数均不同。商陆根中横断面上形成多个凹凸不平的同心环状层纹，药材鉴别上称“罗盘纹”。

2. 附加维管柱（auxillary stele）　有些双子叶植物如何首乌的根，在正常维管柱外围的薄壁组织中能产生新的附加维管柱，形成异常结构。正常维管束形成之后，皮层中部分薄壁细胞重新恢复分裂能力，形成数个环形的异常形成层（副形成层），其向内产生木质部，向外产生韧皮部，形成异常维管束。何首乌根中异常维管束有单独和复合两种，其结构与中央维管柱相似，在横切面上呈现出大小不等的圆圈状纹理，药材鉴别上称“云锦花纹”。

3. 木间木栓（interxylary cork）　部分双子叶植物的根的次生木质部内形成木栓带，称木间木栓或内涵周皮（included periderm）。木间木栓通常由次生木质部的部分薄壁组织细胞重新恢复分裂能力，脱分化形成木栓形成层，其进一步分化产生木栓层而形成，如黄芩老根中央的木栓环。甘松根中的木栓环将维管柱分隔成2～5束，为木栓环包围部分韧皮部和木质部所致；在根的较老部分，这些被分隔的维管柱束会由于束间组织的死亡裂开而互相脱离，进而使根形成多个分支。

【小结】

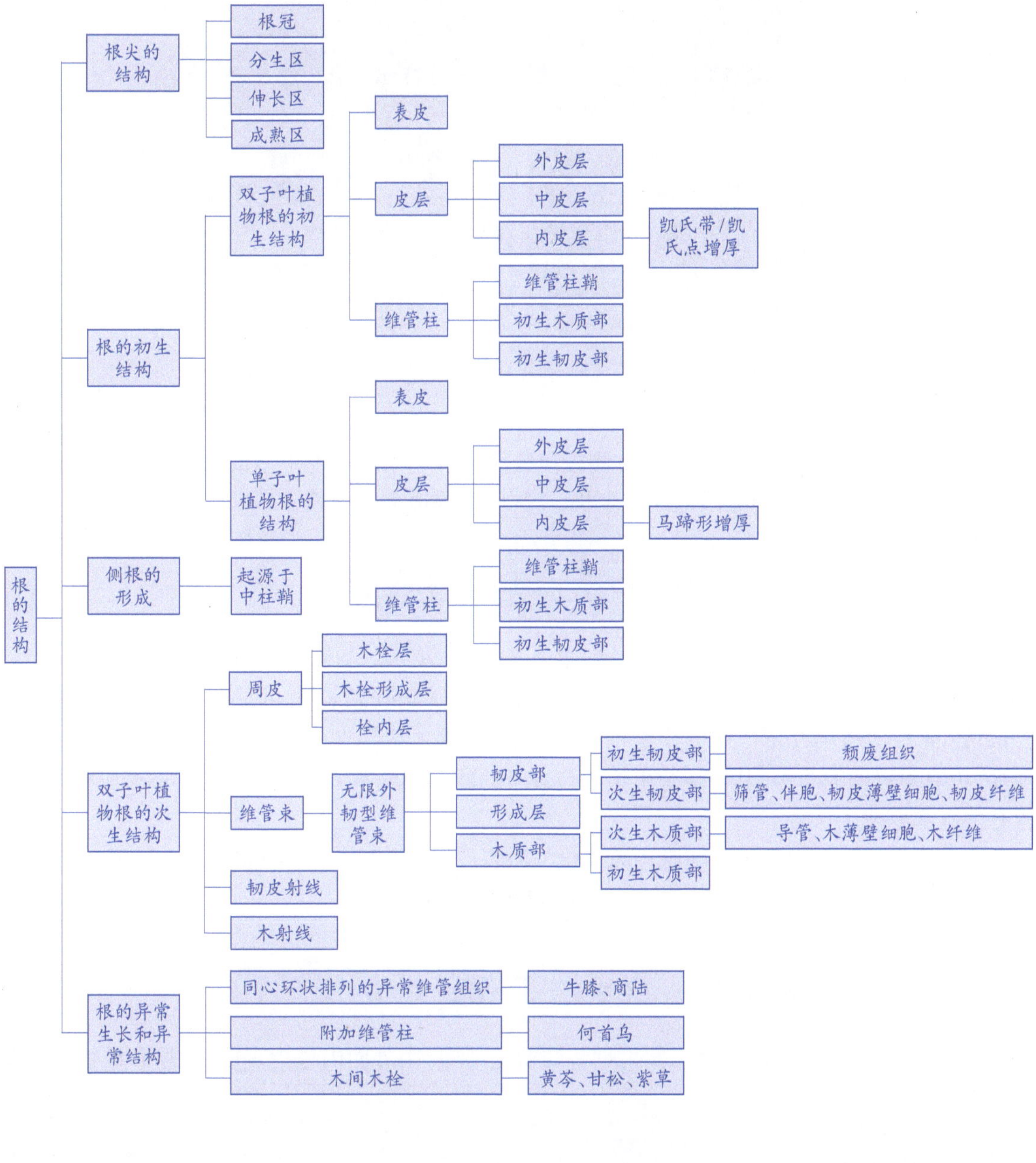

—•笔记栏•—

第十八章　茎的结构

第十八章授课视频

案例

我们在日常生活中，经常可以见到一些树干中心枯朽或形成树洞的古树、老树，树冠部分仍生机勃勃，如图18-1所示。

这样的大树仍能够生存，您知道为什么吗？

图18-1　古树

种子植物的主茎由胚芽发育而来，侧枝由腋芽发育而来。不论主茎或侧枝，其顶端均具有顶芽，多数植物茎的顶端能无限地向上生长，连同叶形成庞大的枝系。

第一节　茎尖的结构

五彩苏芽的纵切面示意图

茎尖指主茎或侧枝的顶端，其结构远比根尖复杂。这主要由于在茎尖生长锥周围能产生侧生结构——形成叶的叶原基（leaf primordium）和形成侧枝的腋芽原基（axillary bud primordium），而根尖并不产生侧生结构（侧根发生于根的成熟区）。茎尖的分生区位于真正的顶端，没有根冠样的结构，其顶端分生组织包裹于幼叶之中。茎尖成熟区的表皮不形成根毛，但常有气孔和毛茸。

由茎尖生长锥分裂出来的细胞逐渐分化为原表皮层、基本分生组织和原形成层等初生分生组织。这些分生组织细胞继续分裂分化，形成茎的初生结构。

茎尖的纵切面和不同部位上横切面示意图

第二节　双子叶植物茎的初生结构

通过茎尖的成熟区做一横切面，可见茎的初生结构，由外而内包括表皮、皮层和维管柱3部分（图18-2）。

一、表皮

由原表皮层发育而来，通常是由一层生活细胞组成，一般不具叶绿体，是茎最外层的初生保护组织。表皮细胞多扁长，排列紧密，没有细胞间隙。其横切面一般呈长方形，外壁稍厚，通常角质化形成角质层，有的还有蜡被。有些植物茎的表皮细胞含花青素，使茎呈现不同程度的紫红色，如甘蔗、蓖麻。茎的表皮上分布有气孔，也有的表皮上有各式毛茸。

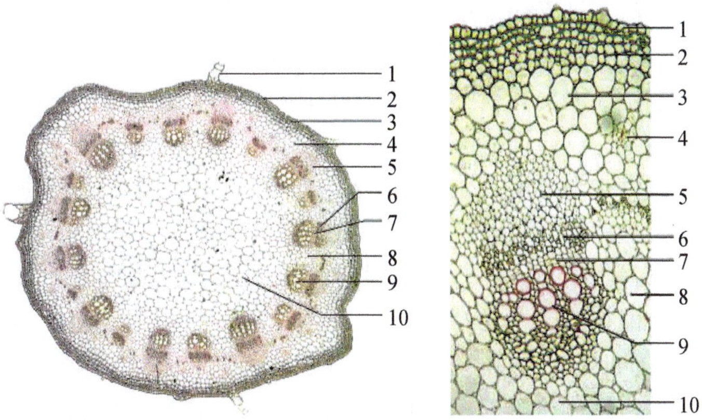

Ⅰ　　　　Ⅱ

图 18-2　向日葵茎的初生结构

Ⅰ. 横切面全貌（1. 毛茸；2. 表皮；3. 厚角组织；4. 皮层；5. 初生韧皮纤维；6. 初生韧皮部；7. 束中形成层；8. 髓射线；9. 初生木质部；10. 髓部）

Ⅱ. 局部放大（1. 表皮；2. 厚角组织；3. 皮层；4. 分泌道；5. 初生韧皮纤维；6. 初生韧皮部 7. 束中形成层；8. 髓射线；9. 初生木质部；10. 髓部）

二、皮层

由基本分生组织分生、分化而成的多层生活细胞，位于表皮与维管柱之间，与根的初生结构相比，茎的横切面皮层所占比例较小。皮层的基本成分是薄壁组织，细胞壁薄而大，排列疏松，具胞间隙，横切面一般呈等径形。嫩茎中近表皮部分的薄壁组织细胞常含叶绿体，能进行光合作用。除薄壁组织外，多数植物的皮层还有由厚角组织或厚壁组织构成的机械组织。例如，南瓜茎、向日葵幼茎的厚角组织在表皮下方呈环状排列；而芹菜、薄荷等多棱或方形茎植物的厚角组织则聚集在棱角处；黄檗、桑等植物茎的皮层中含有纤维和石细胞；向日葵、棉花等还有分泌组织。马兜铃和南瓜等的皮层内侧具有成环的纤维，包围着初生维管束，称周维纤维或环管纤维。水生植物茎的皮层薄壁组织中具发达的细胞间隙，构成通气组织。

茎的皮层最内一层细胞大多仍为一般的薄壁细胞，无内皮层或不甚显著，故皮层与维管柱之间无明显分界。但在水生植物茎中，或一些植物的地下茎中却普遍存在内皮层，如石菖蒲。有些植物如蚕豆、蓖麻、马兜铃、旱金莲等的茎中，最内一层皮层细胞排列较整齐，含许多淀粉粒，称淀粉鞘（starch sheath）。

三、维管柱

维管柱位于皮层内方，包括呈环状排列的初生维管束及髓和髓射线，在茎的初生结构中占较大的比例。

维管柱与中柱

1. 初生维管束（primary vascular bundle）　最普遍的双子叶植物茎初生维管束是无限外韧维管束，初生韧皮部在外侧，初生木质部在内侧，在木质部和韧皮部之间常具束中形成层（fascicular cambium）。少数植物茎具有双韧维管束，其初生木质部内方还有韧皮部，但内韧皮部与木质部间不存在形成层，或有极微弱的形成层。在葫芦科、茄科、旋花科、夹竹桃科等植物的茎中都有双韧维管束，其中以葫芦科茎中的最为典型。茎的质地不同，维管束的排列也有很大差别，藤本植物和大多数草本植物的维管束之间距离较大，即束间区域较宽；而木本植物维管束排列紧密，束间区域较窄，维管束似乎连成一圆环。

初生韧皮部由筛管、伴胞、韧皮薄壁细胞和韧皮纤维共同组成，其发育顺序与根相同，也是外始式，即原生韧皮部在外方，后生韧皮部在内方。原生韧皮部薄壁细胞发育成的纤维常成群地位于韧皮部外侧，过去称中柱鞘纤维，因其起源于韧皮部，现称初生韧皮纤维束，如向日葵的

—•笔记栏•—

帽状初生韧皮纤维束，这些纤维可加强茎的韧性。

初生木质部由导管、管胞及木薄壁细胞和木纤维组成，其发育顺序为内始式（endarch）：原生木质部居内方，由管径较小的环纹或螺纹导管组成；后生木质部居外方，由管径较大的梯纹、网纹或孔纹导管组成，其中以孔纹导管较为普遍。

束中形成层是位于初生韧皮部和初生木质部之间的1～2层具有分生能力的细胞，为原形成层的遗留，在茎的生长过程中，特别是木质茎的增粗过程中，起主要作用。

2. 髓部（pith） 是被维管束围绕着的茎的中央部分，由一些大的薄壁细胞组成，这是双子叶植物茎的结构特点之一。草本植物茎的髓部较大，木本植物茎的髓部一般较小，但也有些例外，如泡桐、通脱木、旌节花、接骨木等有较大的髓部。有些植物的髓部由于局部被破坏，形成一系列片状的横髓隔，如猕猴桃、胡桃，可作分类依据。伞形科、葫芦科的一些植物，茎内髓部成熟较早，当茎继续生长时，节间部分的髓部被拉坏形成空腔。有的髓部组织中有石细胞，如樟树。椴树的髓部，外方有小型的、壁较厚的细胞围绕着内部大型的薄壁细胞，两者界限分明，这层外围细胞称环髓带（perimedullary region）或髓鞘。

3. 髓射线（medullary ray） 位于初生维管束之间，由径向延长的薄壁组织组成，为初生射线（primary ray），在横切面上呈放射状。髓射线与髓部和皮层相通有横向运输的作用。同时，髓射线和髓部与皮层的薄壁组织一样，是茎内储藏营养物质的组织。根据植物茎的质地决定髓射线的宽窄，一般草质性强的植物髓射线较宽，木质性强的植物髓射线较窄。髓射线细胞分化程度较浅，具潜在分生能力，在次生生长开始时，与束中形成层相邻的髓射线细胞能转变为形成层的一部分，即束间形成层（interfascicular cambium）。此外，在一定条件下，髓射线细胞会分裂产生不定芽、不定根。

第三节 双子叶植物茎的次生结构

双子叶植物茎的初生结构形成后，很快就开始次生生长。和根一样，茎次生结构的产生来自维管形成层和木栓形成层两种侧生分生组织的分裂活动，使茎不断加粗。一般木本植物的次生生长可持续多年，因而次生结构发达（图18-3）；草本植物的次生生长有限，故次生结构不发达。

一、双子叶植物木质茎的次生结构

（一）维管形成层及其活动

维管形成层的最初发生来源于初生维管束中保留的原形成层细胞，即束中形成层，当这层细胞开始分生活动时，标志着次生生长的开始。与此同时，与束中形成层相邻的维管束之间的薄壁组织（即髓射线细胞）恢复分生能力，转变为束间形成层。束中形成层与束间形成层连接成为一个完整的形成层环，即为维管形成层，简称形成层。

从来源的性质上讲，束中形成层和束间形成层完全不同。束间形成层是维管束间的薄壁组织细胞恢复分生能力而形成的，是真正的次生分生组织。但束间形成层和束中形成层一旦衔接连成一环后，不论在分裂活动和分裂产生的细胞性质及数量上，都协调一致。

形成层细胞有纺锤状原始细胞和射线原始细胞两种类型。其中，纺锤状原始细胞占多数，形状呈纺锤形，细胞长而扁，它和茎的长轴平行排列，组成和茎轴平行的纵向系统（轴向系统）；射线原始细胞占少数，细胞近等径，它和茎轴垂直排列组成横向系统（径向系统）。形成层成为一完整环后，纺锤原始细胞开始进行切向分裂，向内产生次生木质部，增添于初生木质部外侧；向外产生次生韧皮部，增添于初生韧皮部内侧，并将初生韧皮部挤向外侧。通常次生木质部数量远比次生韧皮部多得多。同时，射线原始细胞也进行分裂产生次生射线细胞，这些薄壁细胞在次生维管组织中呈放射状的径向排列，形成横向的联系组织，称维管射线。在木质部中的称为木射线，在韧皮部中的称韧皮射线。

形成层的束间部分，或产生维管组织，或继续产生薄壁组织，以增加髓射线的长度。藤本植物次生生长时，束间形成层不分化为维管组织，只分裂分化成薄壁细胞，所以藤本植物的次生结构中维管束间距离较宽，仍呈分离状态，如木通马兜铃（关木通）。

形成层细胞在不断分裂形成次生结构的同时，也进行径向或横向分裂，增加细胞数量，扩大自身的周长，以适应内侧木质部的增大，同时形成层的位置也逐渐向外推移。

1. 次生木质部　是木质茎次生结构的主要部分，是木材的主要来源。次生木质部在组成上和初生木质部基本相似，同样具有导管、管胞、木薄壁细胞、木纤维，但都有不同程度的木质化，其细胞长轴与茎轴平行，均衍生于形成层的纺锤状原始细胞，共同组成了纵向系统。次生木质部中导管主要是梯纹、网纹和孔纹导管，其中孔纹导管最普遍。此外，次生木质部中尚有衍生于形成层射线原始细胞的木射线细胞，细胞壁亦发生或多或少的木质化，其长轴沿半径方向排列，构成了与茎轴垂直的径向系统。

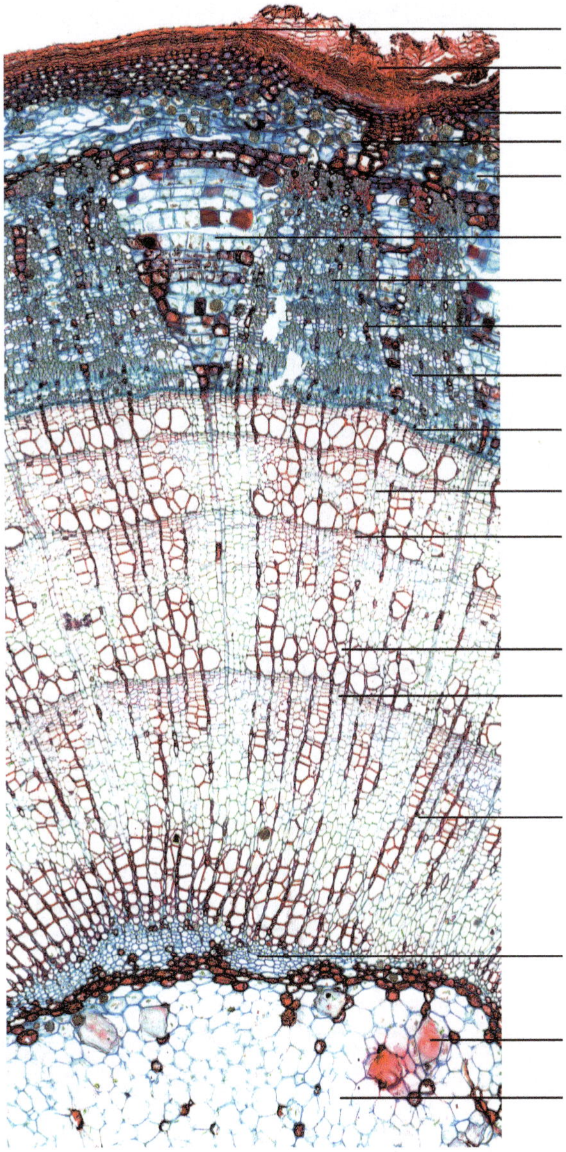

图18-3　双子叶植物木质茎的次生结构（椴树茎横切面）
1. 木栓层；2. 皮孔；3. 厚角组织；4. 簇晶；5. 皮层薄壁组织；6. 扩展的韧皮射线；7. 韧皮纤维；8. 韧皮射线；9. 次生韧皮部；10. 形成层；11. 次生木质部；12. 年轮；13. 早材（第2年木质部）；14. 晚材（第1年木质部）；15. 木射线；16. 环髓带；17. 黏液细胞；18. 髓部

—• 笔记栏 •—

维管射线与髓射线的区别

在木本植物茎的木质部或木材的横切面上常可见许多同心轮层，每一个轮层都是由形成层在一年中所形成的木材，一年一轮标志着树木的年龄，称为年轮（annual ring）。年轮的形成是由于形成层的分裂活动受季节影响产生的。在温带和亚热带的春季或热带的雨季，由于气候温和雨量充沛，形成层的分裂活动较强烈，所产生的细胞体积大，壁薄；导管管径大，数目多；纤维较少；因此材质较疏松，色泽较淡，称早材（early wood）或春材（spring wood）。秋季气温下降，雨量减少，形成层活动逐渐减弱，所形成的细胞体积小，壁较厚；导管管茎小，数目少；纤维较多；因而材质紧密，色泽较深，称晚材（late wood）或秋材（autumn wood）。在同一个生长季中早材向晚材是逐渐转变的，无明显界限，但晚材与下一生长季的春材界限分明，由此形成清晰的年轮（图18-3，图18-4）。年轮一般一年一轮，因此依据树木基部的年轮常可计算树木的年龄。但有的植物（如柑橘）一年可以形成3轮，这些轮称假年轮，这是由于形成层有节奏地活动，每年有几个循环的结果。另外，气候异常、虫害的发生等也都可能形成假年轮。年轮的产生与环境条件有关，在终年气候变化不大的热带，树木就不形成年轮；但在有明显旱季和雨季之分的热带，树木也产生年轮。

—•笔记栏•—

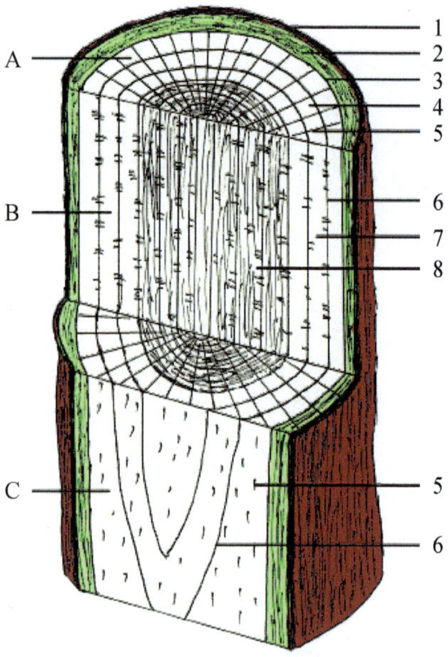

图 18-4 木材的 3 种切面

A. 横切面；B. 径向切面；C. 切向切面
1. 木栓层；2. 次生韧皮部；3. 形成层；4. 次生木质部；5. 射线；6. 年轮；7. 边材；8. 心材

形成层每年都不断地产生次生木质部，因而次生木质部也就不断地逐年增加。在贴近树皮的次生木质部部分，由于是形成层刚产生不久的，含有生活细胞，色泽较浅，质地较松软，称边材（sapwood），边材具输导作用，是功能性木质部，直接关系到树木的营养。次生木质部的内层，近茎内较深的中心部分，色泽较深，质地较坚固，称心材（heart wood）。心材由于养料和氧进入不易，组织容易衰老死亡而逐渐失去输导功能而转变为非功能性的木材。心材失去输导功能的另一原因是附近有些射线细胞或轴向薄壁细胞通过导管上的纹孔侵入导管内，形成侵填体（tylosis），使导管或管胞堵塞，失去运输能力。形成层每年产生的次生木质部，形成新的边材，而内层的边材部分，逐渐因失去输导功能而转变成心材。因此，心材逐年增加，而边材的厚度却较为稳定。有些木本植物，易被真菌侵害，腐烂中空，但由于边材的存在，树木仍能生活。而不少树木的心材比较坚硬，不易腐烂，且常积累一些代谢产物，如挥发油、单宁、树脂、色素等，因此在药材的利用上，心材的价值要比边材高，苏木、檀香、降香等茎木类药材均为心材入药。

组成木材的各种组织错综复杂，要充分了解其结构，就必须从横切面（transverse section）、径向切面（radial section）、切向切面（tangential section）3 种切面上进行比较观察（图 18-4，18-5）。在木材的 3 种切面中，射线的形态特征有明显的区别，常作为判断切面类型的依据。

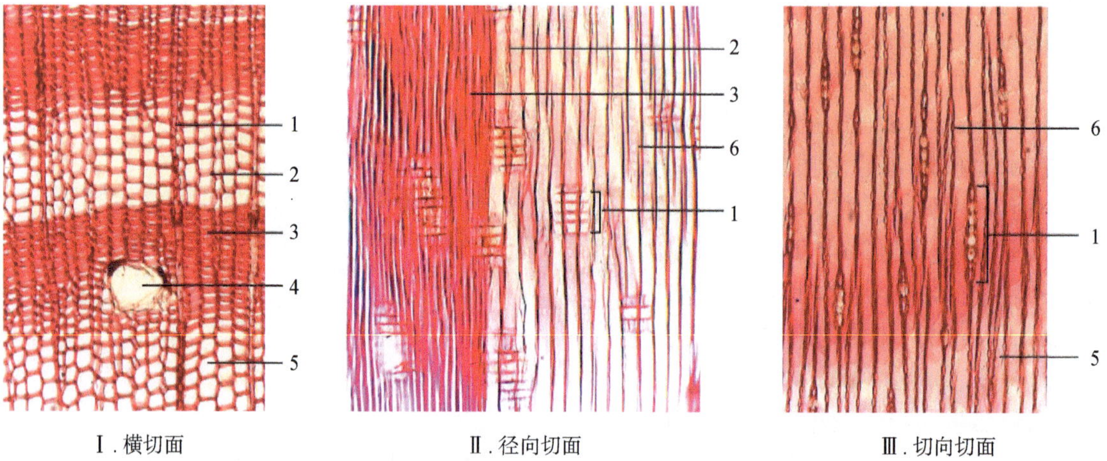

图 18-5 松（*Pinus sp.*）木材的 3 个切面

1. 木射线；2. 早材；3. 晚材；4. 树脂道；5. 管胞；6. 具缘纹孔

横切面是与茎的纵轴垂直所作的切面。所见的导管、管胞、木薄壁细胞、木纤维等均为横切面观，由此可看出它们细胞直径的大小、胞壁的厚薄，以及由此形成的同心圆状的年轮；所见的射线作辐射状条形，是射线的纵切面，显示了它们的长度和宽度。

径向切面是通过茎的中心所作的纵切面。所见的导管、管胞、木薄壁细胞、木纤维和射线等均为纵切面，细胞较整齐，年轮呈纵向平行的带状；射线细胞与纵轴垂直，长方形的细胞横向排成多列，似砖墙，显示了射线的高度和长度。

切向切面也称弦向切面，是垂直于茎的半径所作的纵切面，也就是离开茎的中心所作的任

—•笔记栏•—

何纵切面。所见的导管、管胞、木薄壁细胞和木纤维等与径向切面相似，但是射线为横切面，呈纺锤状，显示了射线的宽度、高度、列数和两端细胞的形状，而年轮则呈U字形波纹。

2. 次生韧皮部　是由形成层向外分裂产生的，其数量远比次生木质部少。次生韧皮部形成时，初生韧皮部及先形成的次生韧皮部被挤向外方，成为颓废组织，因此功能性的韧皮部通常仅限于一个生长季。次生韧皮部常由筛管、伴胞、韧皮纤维和韧皮薄壁细胞组成，其中的薄壁细胞含有多种营养物质和生理活性物质，部分具有药用价值。有的含有石细胞，如肉桂、厚朴、杜仲；有的具乳汁管，如夹竹桃。

韧皮射线是次生韧皮部内的薄壁组织，是维管射线位于次生韧皮部的部分，细胞壁不木质化，与木射线相连，形状一般较宽而不规则，不像木射线那样窄而平直。

（二）木栓形成层及周皮

茎的次生生长使茎不断增粗，而表皮一般不能相应增大而遭破坏。茎的木栓形成层的形成和活动是随着木质茎的次生生长而发生的，但多晚于维管形成层的活动，最终形成的周皮取代了初生保护组织表皮。

在次生生长的初期，多数茎由表皮或表皮内方的皮层薄壁组织细胞恢复分生能力形成木栓形成层，木栓形成层分裂、分化所产生的木栓，代替了表皮的保护作用。木栓形成层的结构较维管形成层简单，只含一种类型的原始细胞，其横切面观是扁平的长方形，表面观一般为多角形。和维管形成层一样，木栓形成层也是一种侧生分生组织，它以平周分裂的方式向外形成木栓层，向内形成栓内层，共同组成了周皮。

大多数植物木栓形成层的活动期是有限的，一般只有几个月，多数树木又可依次再在其内方产生新的木栓形成层，形成新的周皮，其结果是木栓形成层的发生位置逐渐内移，可深达次生韧皮部。老周皮内方的组织被新周皮隔离后逐渐枯死，这些周皮及被它隔离的死亡组织的综合体，因常剥落，故称落皮层（rhytidome）。有的植物落皮层呈鳞片状脱落，如白皮松；有的呈环状脱落，如白桦；有的呈大片脱落，如柠檬桉；有的裂成纵沟，如柳、榆。但也有些植物茎的周皮常年积累而不脱落，如关黄柏、栓皮栎。

树皮有两种概念，一种是狭义的，即指落皮层，是植物学上的概念，而广义的树皮则指形成层以外的所有组织，由内到外包括次生韧皮部、皮层、周皮及周皮以外的落皮层，这是药材学所称的树皮，如皮类药材厚朴、杜仲、肉桂、黄柏、秦皮、合欢皮的药用部分“皮”均指广义树皮。生活中伐木时从树干上剥下来的树皮，也是广义树皮。

树皮类药材的可持续采割

二、双子叶植物草质茎的次生结构

草质茎因生长期短，形成层活动能力弱，次生生长有限，次生结构不发达，木质部的量较少，质地较柔软。其结构特征为（图18-6）：

（1）表皮多长期存在，其上常有各式毛茸、气孔、角质层、蜡被等附属物。少数植物表皮下方有木栓形成层分化，产生少量木栓细胞和栓内层细胞，但表皮仍存在。

（2）皮层发达，近表皮处常有厚角组织。厚角组织成环或成束分布，如薄荷、南瓜、芹菜等茎的棱角处就是厚角组织集中分布的地方。

（3）在维管柱中，通常具典型的次生生长，尽管次生生长的量较少，次生维管组织仍通常形成连续的维管柱。有些种类仅具束中形成层，无束间形成层；有些甚至连束中形成层也不明显，如毛茛，次生生长很少或没有。

（4）髓射线一般较宽、短。

（5）髓部发达，占据茎的大部分，有的种类髓部中央破裂成空洞状、片层状。

生长环境对茎结构的影响

三、双子叶植物根状茎的结构

草本双子叶植物的地下常具有根状茎，结构类似于地上茎，其特点在于（图18-7）：

—•笔记栏•—

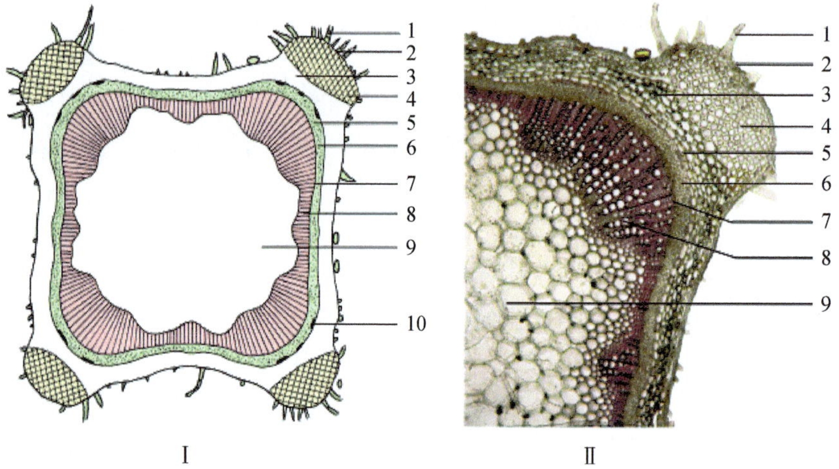

图 18-6　薄荷茎横切面

Ⅰ. 简图；Ⅱ. 详图

1. 毛茸；2. 表皮；3. 皮层；4. 厚角组织；5. 内皮层；6. 韧皮部；7. 形成层；8. 木质部；9. 髓部；10. 纤维

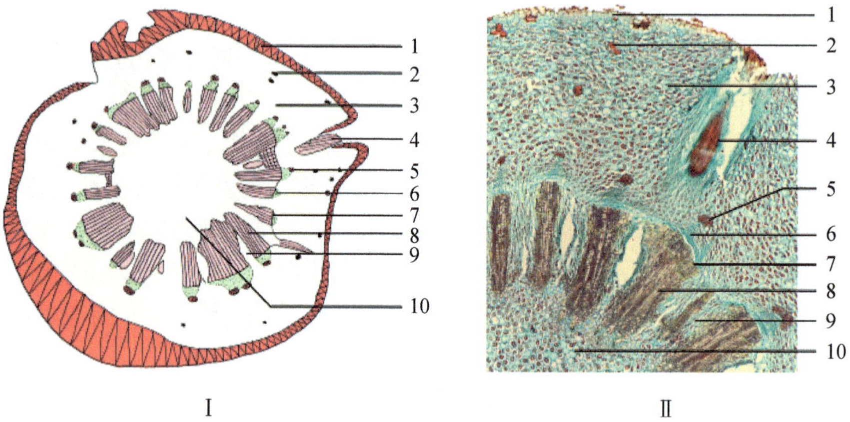

图 18-7　黄连根状茎横切面

Ⅰ. 简图；Ⅱ. 详图

1. 木栓层；2. 石细胞；3. 皮层；4. 根迹维管束；5. 韧皮纤维；6. 韧皮部；7. 形成层；8. 木质部；9. 射线；10. 髓部

（1）表面通常具木栓组织，或木栓化皮层细胞，少数具表皮或鳞叶。

（2）根状茎的节上生有鳞片叶和不定根，因此皮层中常见根迹维管束（茎中维管束与不定根维管束相连的维管束）和叶迹维管束（茎中维管束与叶柄维管束相连的维管束）斜向通过；薄壁细胞含储藏物质，有些有纤维或石细胞。

（3）外韧型维管束，环状排列，其外常有纤维束；髓射线宽窄不一。

（4）中央有明显的髓部。

（5）根状茎生长于地下，常为植物体储藏养分的部位，因此储藏薄壁组织发达，而机械组织则多不发达。

第四节　双子叶植物茎和根状茎的异常结构

有些双子叶植物的茎和根状茎，除了形成一般的正常结构外，常有部分薄壁细胞，恢复分生能力，形成许多异常维管束，组成异常结构。

1. 髓维管束　指在双子叶植物茎或根状茎的髓部发生的维管组织。胡椒科植物风藤茎的髓部有多个异常维管束。掌叶大黄根状茎髓部的异常维管束，外方为木质部，形成层环状，内方为韧皮部，射线深棕色，星芒状射出，习称“星点”（图18-8）。

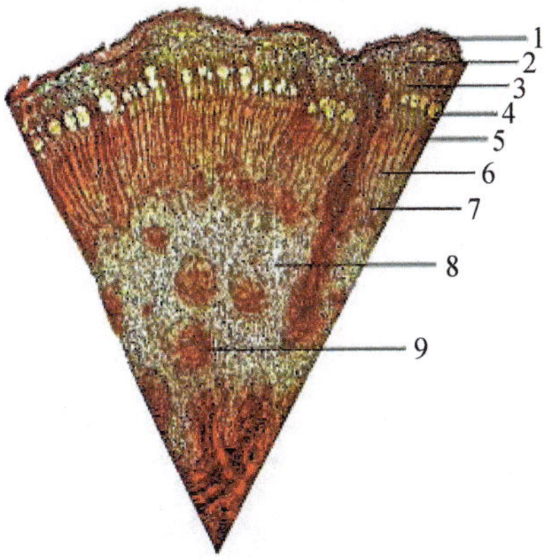

Ⅰ

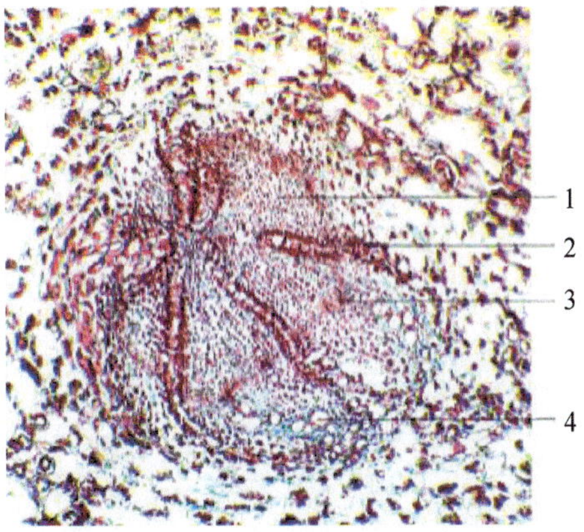

Ⅱ

图18-8　掌叶大黄根状茎横切面

Ⅰ．局部（1. 木栓层；2. 皮层；3. 韧皮部；4. 黏液腔；5. 形成层；6. 木质部；7. 射线；8. 髓部；9. 星点）
Ⅱ．星点放大［1. 韧皮部；2. 射线；3. 异常的形成层；4导管（木质部）］

2. 同心环状排列的异常维管组织　在正常次生生长至一定阶段后，次生维管柱的外围又形成多层呈同心环状排列的异常维管组织。例如，密花豆茎的维管形成层多次发生，形成了偏心性同心环状排列的次生维管组织，次生木质部与次生韧皮部相间排列（图18-9）。

3. 木间木栓　这是与其他异常结构不同的特殊维管束类型，是木栓形成层发生位置的异常形成内含的周皮，在木质部内成为木间木栓。例如，在甘松根状茎的横切面上，可见到一些大小不同的木栓环带，每个环带包围了部分的韧皮部和木质部，从而把次生维管柱分隔为数束（图18-10）。

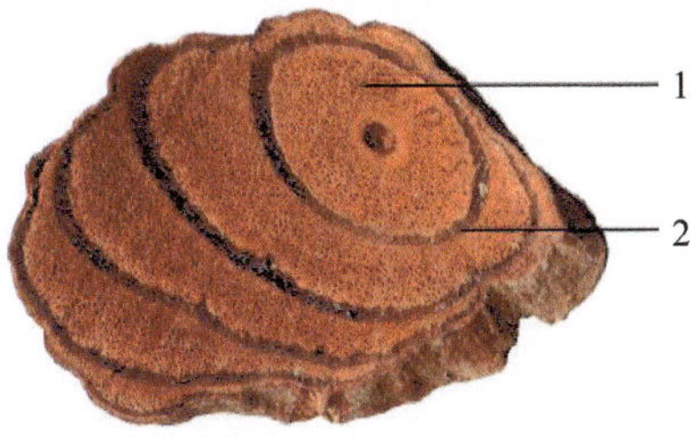

图18-9　密花豆茎横切面
1. 木质部；2. 韧皮部

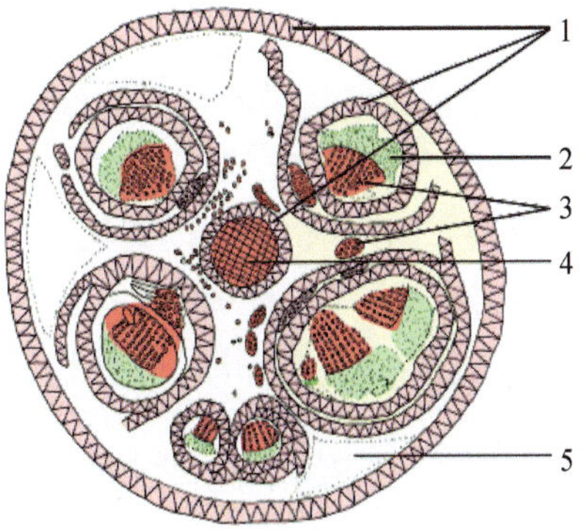

图18-10　甘松根状茎横切面简图
1. 木栓层；2. 韧皮部；
3. 木质部；4. 髓部；5. 裂隙

第五节　单子叶植物茎和根状茎的结构

一、单子叶植物茎的结构

单子叶植物茎和双子叶植物茎在结构上有许多不同。大多数单子叶植物的茎没有侧生分生组织，在初生分生组织分化成熟后不能再增粗，终身只具初生结构。其显著特点为：

（1）最外层仍为由一层细胞构成的表皮，通常不产生周皮。

（2）表皮以内是薄壁组织，除与表皮相接的几层厚壁细胞外，其余均由薄壁细胞组成，越向中心细胞越大，多数维管束散布其中，不能划分出皮层和髓部。薄壁组织具有皮层和髓部

—•笔记栏•—

风藤茎横切面简图

—•笔记栏•—

的功能。

（3）有限外韧型维管束，其排列方式一般有两种：一种是维管束不规则地分散在整个薄壁组织内，越向外越密集，越向中心越稀疏，皮层和髓部很难分辨，如石斛（图18-11）。另一种是维管束排列较规则，一般为两圈，中央为髓部，如水稻、小麦等，但这类禾本科植物茎的髓部往往萎缩破坏，形成中空的茎秆。

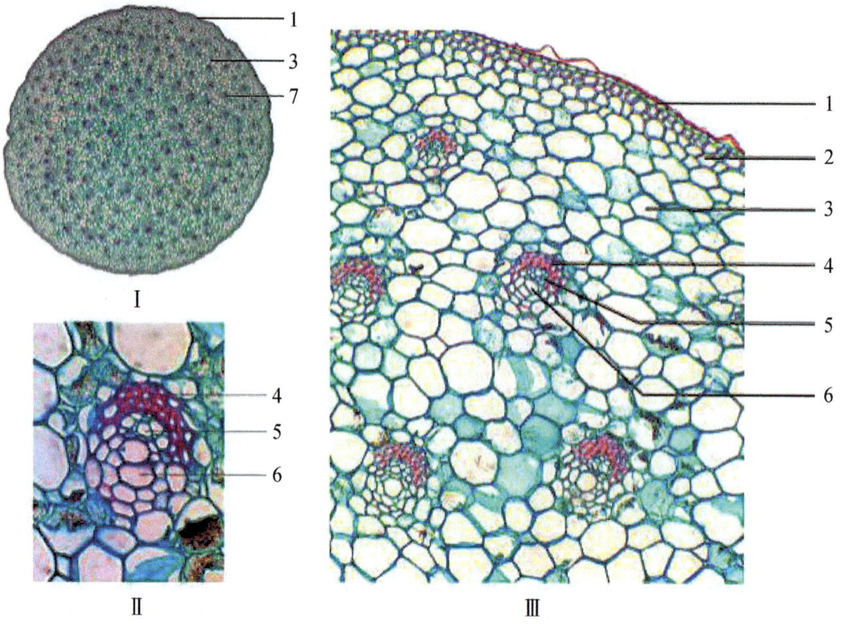

图18-11 石斛茎横切面详图

Ⅰ.横切面全貌；Ⅱ.维管束放大；Ⅲ.横切面局部放大

1.表皮；2.厚壁组织；3.薄壁组织；4.纤维束；5.韧皮部；6.木质部；7.维管束

此外，少数热带或亚热带的单子叶植物茎，除一般初生结构外，有次生生长和次生结构出现，如龙血树、丝兰和朱蕉等。但这种形成层的发生和活动情况却不同于双子叶植物，如龙血树茎内，在维管束外方的薄壁组织，能转化成形成层，向外产生少量薄壁组织，向内产生一圈薄壁组织，在这一圈组织中，有一部分细胞直径较小，细胞较长，并且成束出现，将来能分化成次生维管束，这些次生维管束也是散列的，比初生的更密，结构上也不同于初生维管束。

二、单子叶植物根状茎的结构

知母根状茎横切面简图

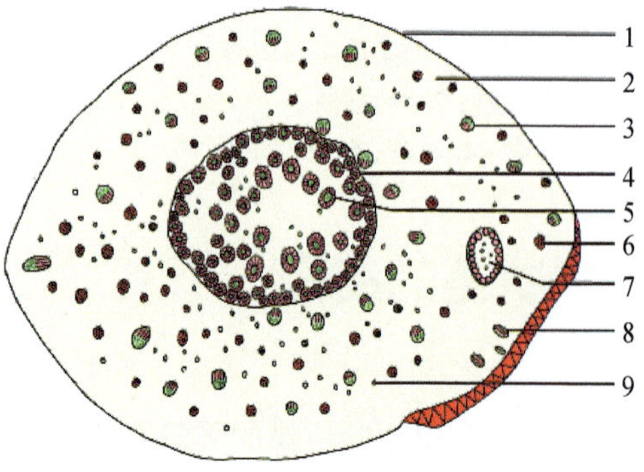

图18-12 石菖蒲根状茎横切面简图

1.表皮；2.皮层；3.外韧维管束；4.内皮层；5.周木型维管束；6.纤维束；7.叶迹维管束；8.根迹维管束；9.油细胞

（1）最外层通常仍为表皮，或木栓化皮层细胞，如生姜；有的皮层细胞转变为木栓细胞而形成所谓的“后生皮层”，代替表皮行使保护功能，如藜芦。少数有周皮，如知母。

（2）皮层所占比例较大，常有叶迹维管束和根迹维管束分布。维管束散生，多为有限外韧维管束，也有周木维管束，如香附，有的则兼有有限外韧维管束和周木维管束，如石菖蒲（图18-12）。皮层中也常有纤维束分散存在。

（3）内皮层大多明显，具凯氏带，因而皮层和维管柱有明显分界，如姜、石菖蒲等。也有的种类内皮层不明显，如知母、射干等。

—•笔记栏•—

第六节　裸子植物茎的结构

裸子植物绝大部分为木本，其茎具有和双子叶植物木质茎基本相似的次生结构，其主要区别在于输导组织组成的不同。

（1）次生木质部主要由管胞和射线组成，有些有少量木薄壁细胞，如侧柏、杉木；有些无木薄壁细胞，如马尾松。除麻黄和买麻藤等买麻藤亚纲植物以外，裸子植物均无导管，无典型的木纤维。管胞兼有输送水分和支持的双重作用，和双子叶植物茎次生木质部中的导管比较，它显得较简单和原始，在横切面上，结构显得均匀整齐。

（2）次生韧皮部由筛胞、韧皮薄壁细胞和射线组成，一般无筛管、伴胞和韧皮纤维。

（3）松柏类植物茎的皮层、韧皮部、木质部、髓部甚至髓射线中常分布有树脂道，分泌树脂。

松茎的横切面

软材与硬材

【小结】

双子叶植物及裸子植物木质茎次生结构发展思维导图：

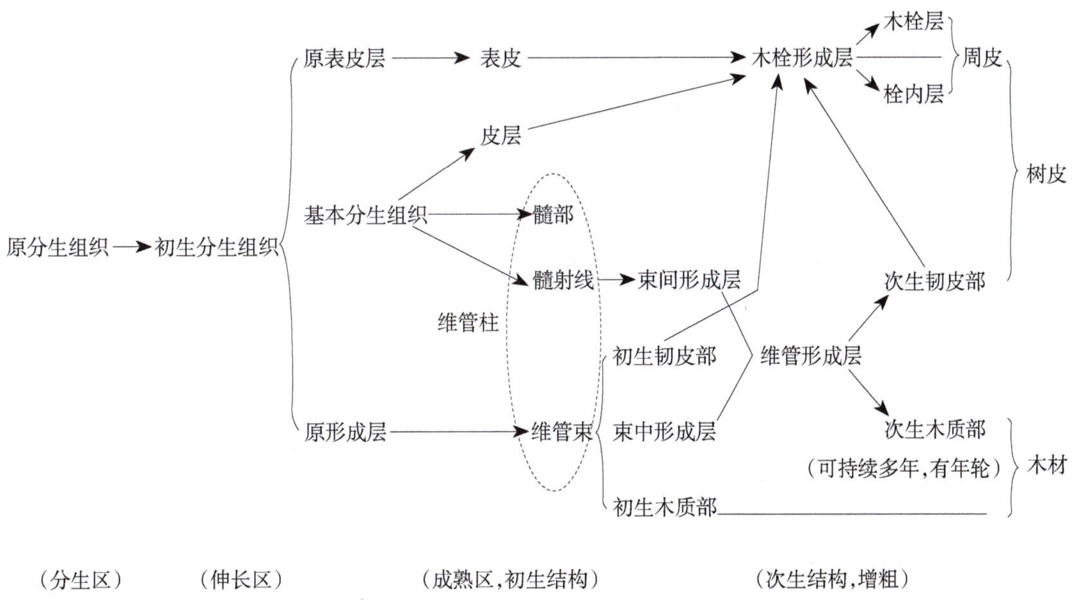

—• 笔记栏 •—

茎的结构思维导图

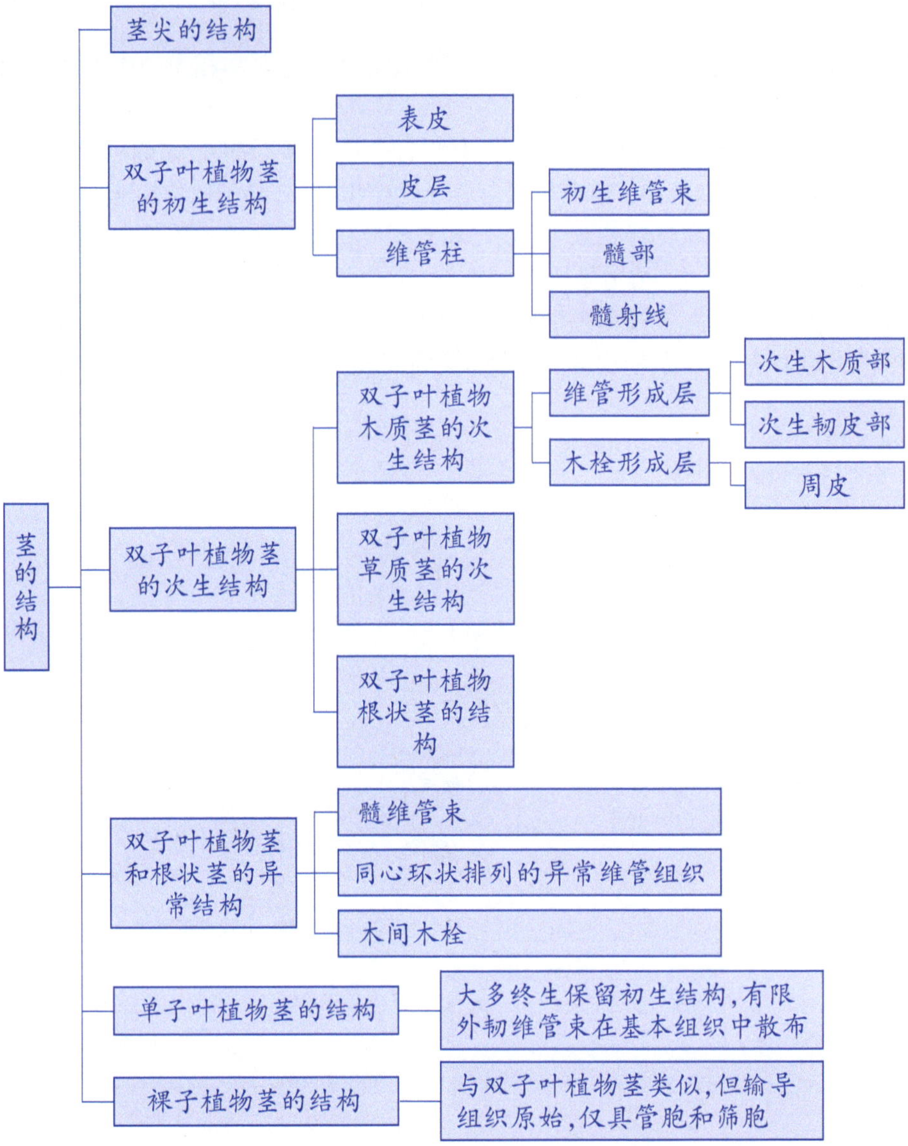

第十九章 叶的结构

第十九章授课视频

案例

叶由叶原基生长发育而来。其中叶片一般为绿色扁平体，含有大量叶绿体，具有向光性，是植物进行光合作用、气体交换和蒸腾作用的重要场所。叶片的结构与其生理功能、生长习性、背腹面的形态差异和植物的抗逆性等均具有内在的联系。分析下列问题：

(1) 叶片的结构如何与叶片的主要生理功能（光合作用、气体交换和蒸腾作用）相适应？

(2) 绿色植物叶片的腹面常为深绿色，而背面颜色相对较浅，试解释这一现象。

(3) 干旱时，部分植物的叶片为何能卷曲成筒状，以降低蒸腾作用的强度从而增强植物的抗旱性？

(4) 玉蜀黍（玉米）的叶片长达800 mm，为何遇强风不易折断？

叶的主体部分通常包括叶片和叶柄，其中叶柄的结构类似于茎的结构，但叶片通常背腹扁平，结构与茎显著不同。

一、双子叶植物叶的结构

（一）叶柄

叶柄一般呈半圆形、圆形、三角形等，近轴面（腹面）平坦或凹陷，远轴面（背面）凸出。在横切面上，其结构也可分为表皮、皮层、维管柱3部分。最外面为表皮，表皮内侧为皮层，皮层中常具厚角组织，有时也具厚壁组织。叶柄中的维管束为无限外韧维管束，大小不同，近环列或排成新月形、半圆形等；维管束在叶柄中常发生分裂或合并，因而叶柄不同位置的横切面上，维管束数目常不一致，变化极大。

（二）叶片

叶片由表皮、叶肉（mesophyll）和叶脉3部分组成（图19-1）。

1\. 表皮　叶片的最外层为表皮，位于腹面（上面）的为上表皮，背面（下面）的为下表皮。表皮通常由一层排列紧密的生活细胞组成；细胞内一般不含叶绿体，表面观多呈不规则形，侧壁（垂周壁）波浪状，彼此互相嵌合，紧密相连，无间隙；横切面长方形或近方形，细胞外壁常较厚，具角质层，有的还具有蜡被、毛茸等附属物。夹竹桃等植物叶片的上表皮由2～4层细胞构成，为复表皮（multiple epidermis）。

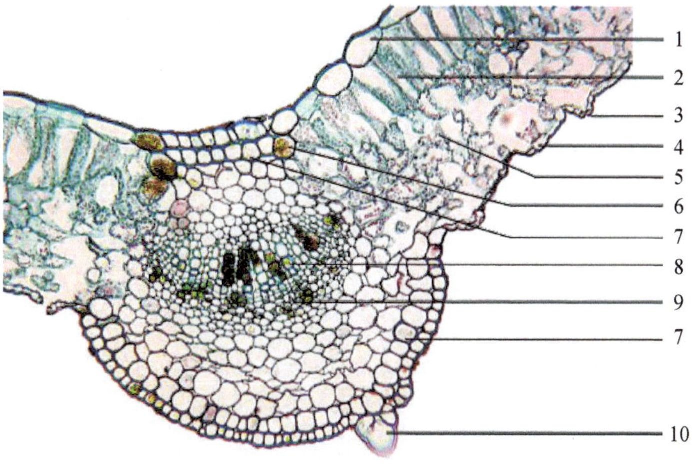

图19-1 薄荷叶片横切面

1. 上表皮；2. 栅栏组织；3. 气孔；4. 下表皮；5. 海绵组织；6. 橙皮苷结晶；7. 厚角组织；8. 木质部；9. 韧皮部；10. 毛茸

一般情况下叶片的上、下表皮都有气孔分布，以下表皮为多，

—•笔记栏•—

气孔的数目、形状因植物种类不同而异。夹竹桃的叶片下表皮上有下陷的气孔窝，气孔全部位于气孔窝里，其中还有非腺毛。

2. 叶肉　叶肉细胞是含有叶绿体的薄壁细胞，为植物进行光合作用的主要场所。叶肉通常分为栅栏组织和海绵组织两部分。

（1）栅栏组织（palisade tissue）：常位于上表皮内侧。细胞呈圆柱形，长轴与表皮垂直，排列整齐紧密，内含大量叶绿体。栅栏细胞在叶片内通常排成1层，如薄荷叶、番泻叶等；也有排列成2层或2层以上的，如女贞叶、夹竹桃叶、茶叶等。栅栏细胞的层数在鉴别一些叶类药材时可作为参考。

（2）海绵组织（spongy tissue）：通常位于栅栏组织下方，下表皮内侧。海绵细胞近圆形或不规则形，细胞间隙大，排列疏松，细胞中所含的叶绿体一般较栅栏细胞为少。

薄荷等植物的叶片中，上表皮内侧为栅栏组织，栅栏组织和下表皮之间为海绵组织，这种叶称异面叶或两面叶（bifacial leaf），外观上腹面常为深绿色，背面颜色则较浅。有些植物的叶片中，没有明显的栅栏组织和海绵组织的分化，或在上、下表皮内侧均有栅栏组织，称等面叶（isobilateral leaf），如水稻、蓝桉和番泻叶（图19-2）等；等面叶背腹面的颜色深浅相近。

有的植物叶肉组织中有油室，如蓝桉、柑橘等，在叶片上表现为透明微点；有的有石细胞，如茶、木樨（桂花）等。有的植物叶肉细胞中含有草酸钙簇晶、方晶、砂晶等，如桑、枇杷、番泻叶等。

在上下表皮的气孔内侧，叶肉组织形成一个较大的腔隙，称孔下室（气室）。孔下室与栅栏组织和海绵组织的胞间隙相通，有利于内外气体的交换。

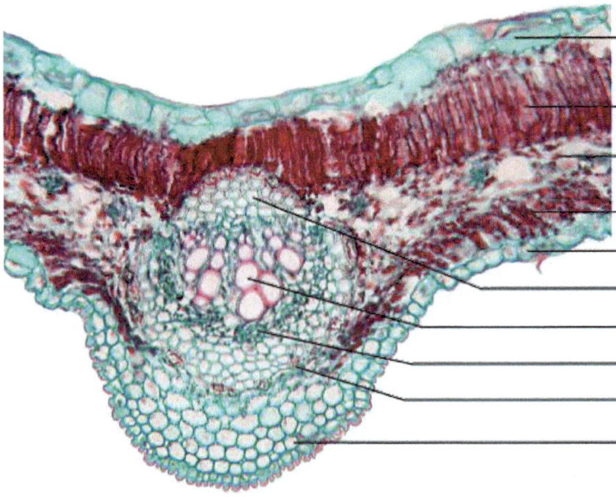

图19-2　番泻叶小叶片横切面

1. 上表皮；2. 栅栏组织；3. 海绵组织；4. 下表皮；5. 纤维束；6. 木质部；7. 韧皮部；8. 草酸钙方晶；9. 厚角组织

3. 叶脉　叶脉是叶片中的维管束。在主脉（中脉）和大的侧脉部位，上下表皮内侧一般为厚角组织和薄壁组织，无叶肉组织。也有些植物在主脉的上方有一层或几层栅栏组织，与叶肉中的栅栏组织相连接，如番泻叶、酸橙等，这种现象称栅栏组织穿过中脉（图19-2）。主脉中央为一个新月形或肾形的外韧维管束，木质部位于腹面，韧皮部位于背面，束中形成层通常存在。在维管束的上下侧，常被厚壁或厚角组织包围，特别是在背面，机械组织更为发达，因此主脉和大的侧脉在叶片背面常显著突起。

侧脉的结构较主脉趋简化。随着叶脉的渐细，形成层逐渐消失，其外围的机械组织逐渐减少，韧皮部和木质部的结构也逐渐简单。到了最后一级叶脉的末端，木质部中仅有1～2个短的螺纹管胞，韧皮部中则只有短而狭的筛管分子和增大的伴胞，甚至韧皮部分子也完全消失。

二、单子叶植物叶片的结构

单子叶植物叶片的内部结构也包括表皮、叶肉和叶脉3个部分。现以常见的禾本科植物的叶片为例加以说明（图19-3）。禾本科植物的叶片通常狭长，具平行叶脉，近于直立，两面受光近似，为等面叶类型。

1. 表皮　在横切面上，禾本科植物的叶片上表皮中有一些大型的薄壁细胞，位于两条平行叶脉的维管束之间，排列略呈扇形，细胞内具有大型液泡，称为泡状细胞（bulliform cell）。泡状细胞在高温、干旱时失水收缩，导致整个叶片卷曲成筒，可减少水分蒸发，故又称运动细胞（motor

cell)。上、下表皮都布有气孔。

从表面观上看，禾本科植物的叶片表皮细胞沿纵长轴较规则地成行排列，其有长细胞和短细胞两种类型：长细胞纵向伸长呈长方体柱形，外壁不仅角质化，且硅质化；短细胞又分为栓质细胞和硅质细胞，栓质细胞的细胞壁木栓化，硅质细胞的胞腔则被单个硅质体充满，使得禾本科植物叶片坚硬而粗糙。上、下表皮上气孔均成列分布，数目近乎相等；气孔器的保卫细胞哑铃状，两端膨大部分的细胞壁较薄，中部狭窄部分的壁较厚；每个保卫细胞外侧各有1个略呈三角形的副卫细胞。

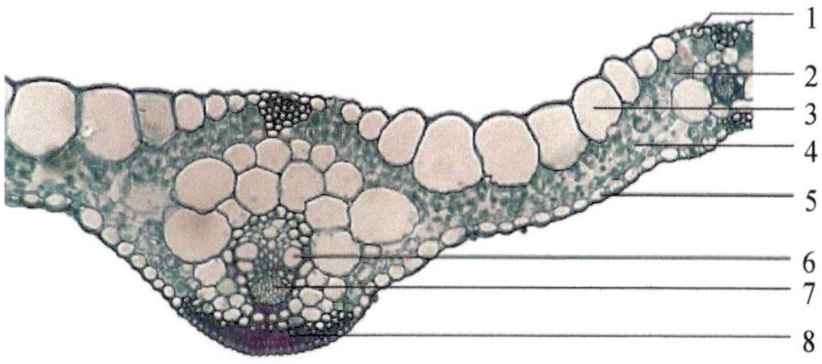

图19-3 淡竹叶叶片横切面

1. 上表皮；2. 栅栏组织；3. 泡状细胞；4. 海绵组织；5. 下表皮；6. 木质部；7. 韧皮部；8. 纤维束

2. 叶肉 禾本科植物的叶片中，叶肉通常没有栅栏组织和海绵组织的明显分化，胞间隙较小，孔下室明显。但淡竹叶等少数植物的叶片中，有1列圆柱形的栅栏组织细胞，以及1～3列疏松排列的、不规则圆形的海绵组织细胞。

3. 叶脉 单子叶植物叶脉中的维管束为有限外韧维管束，与茎中类似。主脉和其他较粗大叶脉处的维管束上下两侧常有厚壁组织分布，有的延伸至与表皮相连，增强了机械支持作用。在维管束外围常有1～2层细胞组成的维管束鞘(vascular bundle sheath)。玉蜀黍等植物的维管束鞘为1层较大的薄壁细胞，内含较多数量的、形体较大的叶绿体，其外紧密毗连着一圈排列整齐的叶肉细胞，生理上属于C4植物，光合效能高；水稻、小麦等植物的维管束鞘则由内侧1层较小的厚壁细胞和外侧1层较大的薄壁细胞组成，几乎不含叶绿体，其外叶肉细胞排列亦不如玉蜀黍中紧密、规则，生理上属于C3植物，光合效能较低。

三、裸子植物和蕨类植物叶的结构

裸子植物的叶片常为条形或针形，结构适于旱生环境。表皮细胞壁厚，角质层发达；气孔内陷，具有条形叶的种类，气孔常集中分布于叶背面的气孔带中；松类针叶在表皮下常有多层厚壁细胞。条形、鳞片状的叶常为两面叶；松针的叶肉细胞则没有栅栏细胞和海绵细胞的分化，细胞壁多处向内褶皱，叶绿体沿褶皱分布，增加光合作用面积；叶肉中还常有树脂道分布，内方或有明显的内皮层。叶脉中维管束1～2个，为无限外韧维管束，由管胞、筛胞和薄壁细胞组成，维管束鞘单层或不明显。

蕨类植物叶片和叶柄中的维管束多为周韧维管束，木质部中为管胞、木薄壁细胞，韧皮部中是筛胞和韧皮薄壁细胞，常有维管束鞘。不同种类的蕨类植物，叶柄中的维管束的数目、类型与排列方式经常不同，这一特点可用于鉴别一些蕨类药材。例如，贯众类药材，来源于多种蕨类植物的根状茎，其叶柄残基中的维管束情形有很大差别：绵马贯众原植物为粗茎鳞毛蕨，叶柄中维管束5～13个，近环状排列，2个大的分布于叶柄的近轴面，几个小的分布在远轴面；紫萁贯众原植物为紫萁，叶柄中维管束1个，呈扁宽的U字形；苏铁贯众原植物为苏铁蕨*Brainea insignis*，叶柄中维管束6～13个，内向的U字形或V字形环状排列；狗脊贯众原植物为狗脊*Woodwardia japonica*，叶柄中维管束2～8个，肾形或短条形，近轴的1对较大，略排成八字形(图19-4)。需要注意的是，叶柄不同部位的维管束数目变化较大。

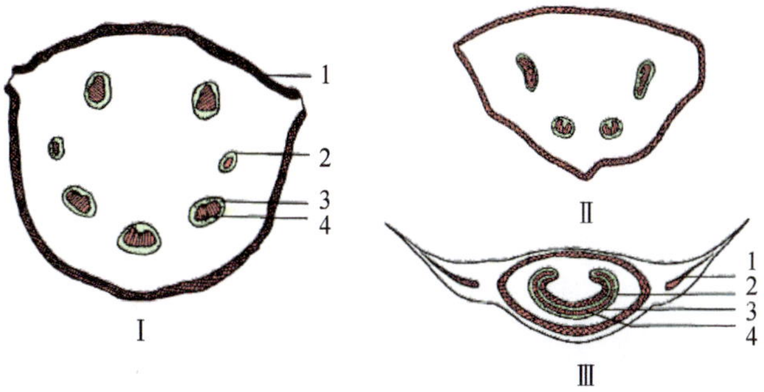

图19-4 不同贯众叶柄基部横切面简图

Ⅰ. 绵马贯众；Ⅱ. 狗脊贯众；Ⅲ. 紫萁贯众

1. 厚壁组织；2. 内皮层；3. 韧皮部；4. 木质部

—•笔记栏•—

叶片显微常数

【小结】

- 叶的结构
  - 双子叶植物叶的结构
    - 叶柄
    - 叶片
      - 表皮
      - 叶肉
        - 栅栏组织，海绵组织
        - 等面叶，两面叶
      - 叶脉
        - 中脉处常为新月形无限外韧维管束
  - 单子叶植物叶的结构
    - 叶柄
    - 叶片
      - 表皮（含泡状细胞）
      - 叶肉
        - 叶肉组织通常分化不明显，为等面叶
      - 叶脉
        - 有限外韧维管束，常有维管束鞘
  - 裸子植物和蕨类植物叶的结构

主要参考文献

陈之端，路安民，刘冰，等．中国维管植物生命之树．北京：科学出版社，2020.

多识团队．多识植物百科．(2022-1-9) [2022-7-10] http://duocet.ibiodiversity.net/.

贾德．植物系统学(中文版).3 版．李德铢，等，译．北京：高等教育出版社，2012.

李德铢．中国维管植物科属志．北京：科学出版社，2020.

刘春生．药用植物学.4 版．北京：中国中医药出版社，2016.

马炜梁．植物学.2 版．北京：高等教育出版社，2015.

张宪春．中国石松类和蕨类植物．北京：北京大学出版社，2012.

赵志礼，严玉平．药用植物学．上海：上海科学技术出版社，2020.

Guiry M D, Guiry G M. World-wide electronic publication, National University of Ireland, Galway. (2022-7-10) [2022-7-10] https://www.algaebase.org.

附　　录

附录一　植物谱系树

附录二　被子植物分科检索表